破产法文库

学 术 系 列

学术系列

徐阳光 主编

绝境再生

破产法
市场化法治化
实施之路

RESCUED FROM DESPERATION

THE PATH OF BANKRUPTCY LAW ENFORCEMENT
TO MARKETIZATION AND THE RULE OF LAW

王欣新 著

法律出版社 LAW PRESS · CHINA
北京

图书在版编目(CIP)数据

绝境再生：破产法市场化法治化实施之路 / 王欣新著. -- 北京：法律出版社, 2022
(破产法文库)
ISBN 978-7-5197-6656-6

Ⅰ. ①绝… Ⅱ. ①王… Ⅲ. ①破产法-研究-中国
Ⅳ. ①D922.291.924

中国版本图书馆 CIP 数据核字(2022)第 063872 号

绝境再生
——破产法市场化法治化实施之路
JUEJING ZAISHENG
—POCHANFA SHICHANGHUA FAZHIHUA SHISHI ZHILU

王欣新 著

策划编辑 沈小英
责任编辑 刘晓萌 毛镜澄 任娜 刘雪莲
装帧设计 汪奇峰

出版发行 法律出版社
编辑统筹 法治与经济出版分社
责任校对 杨锦华
责任印制 吕亚莉
经　　销 新华书店
开本 710 毫米×1000 毫米 1/16
印张 25.75 **字数** 437 千
版本 2022 年 5 月第 1 版
印次 2022 年 5 月第 1 次印刷
印刷 北京中科印刷有限公司

地址:北京市丰台区莲花池西里 7 号(100073)
网址:www.lawpress.com.cn
投稿邮箱:info@lawpress.com.cn
举报盗版邮箱:jbwq@lawpress.com.cn
销售电话:010-83938349
客服电话:010-83938350
咨询电话:010-63939796

书号:ISBN 978-7-5197-6656-6
定价:138.00 元
凡购买本社图书,如有印装错误,我社负责退换。电话:010-83938349

作者简介

王欣新

中国人民大学法学院教授、博士研究生导师，中国人民大学破产法研究中心主任，北京市破产法学会名誉会长。

全国人大财经委《企业破产法》起草工作组成员、修改工作组成员，最高人民法院企业破产法司法解释起草组顾问，联合国国际贸易法委员会破产法工作组（2015年至今）中国代表团成员。

山东、广东、山西、湖南、云南等省法学会破产法学研究会名誉会长，上海、河南、四川、江苏等省市法学会破产法研究会顾问；中国法学会经济法学研究会常务理事。

在《中国法学》《中国人民大学学报》《法学家》《法学》等报刊发表论文300余篇，出版书籍《破产法》《破产法前沿问题思辨》《破产法理论与实务疑难问题研究》《破产王道——破产法司法文件解读》《破产法专题研究》《破产法原理与案例教程》等30余部。

《破产法文库》编审委员会

总　序

现代破产法融清算退出与挽救更生程序于一体，是警醒正常市场主体“向死而生”之法，是帮助困境企业“涅槃重生”之法，是促使失败企业“规范退出”之法。破产法律制度是市场经济法律体系不可或缺的重要组成部分，甚至被称为市场经济之“宪法”。市场经济社会的基本法则乃公平竞争、优胜劣汰。故，凡市场经济之法治国家，无不将破产法视为其法律体系不可或缺之重要组成部分，并将其作为评价一国市场经济地位和营商环境水准的重要标志。

中国自改革开放以来，高度重视营商环境建设，逐步健全完善市场主体退出制度。1986 年 12 月 2 日第六届全国人民代表大会常务委员会审议通过了《企业破产法（试行）》，于 1988 年 11 月 1 日起施行。2006 年 8 月 27 日第十届全国人民代表大会常务委员会第二十三次会议审议通过了《企业破产法》，自 2007 年 6 月 1 日起施行，《企业破产法（试行）》同时废止。2013 年 11 月《中共中央关于全面深化改革若干重大问题的决定》指出：要“健全优胜劣汰市场化退出机制，完善企业破产制度”。2014 年 10 月《中共中央关于全面推进依法治国若干重大问题的决定》指出：“社会主义市场经济本质上是法治经济。使市场在资源配置中起决定性作用和更好发挥政府作用，必须以保护产权、维护契约、统一市场、平等交换、公平竞争、有效监管为基本导向,完善社会主义市场经济法律制度。"2018 年 8 月第十三届全国人大常委会立法规划发布,《企业破产法》的修订纳入立法规划,属于"需要抓紧工作、条件成熟时提请审议"的项目。2018 年 11 月中央全面深化改革委员会第五次会议审议通过了《加快完善市场主体退出制度改革方案》,将加快以破产法为核心的市场主体退出制度建立健全的步伐,以更好地服务供给侧结构性改革和营商环境优化建设。

我国破产法的历史虽然短暂,但也已走过了 30 余个春秋,《企业破产法》及其司法解释构成了较为完整的破产法制度体系,全国各地各级法院组建了约 100 家破产审判庭,北京、上海、深圳三地更是在最高人民法院的批准下组建了破产法庭,破产审判的市场化、法治化、专业化建设取得了长足的进步,破产案件数量逐渐上升,破产法的理念、文化与制度规则也得到了更广泛的传播和认可。

破产法律制度的建立健全和破产审判的市场化、法治化、常态化推进,是市场经济可持续发展、营商环境优化建设的重要保障,市场经济之发展亦注定离不开破产法学研究之繁荣。中国人民大学破产法研究中心和北京市破产法学会自成立以来,始终坚持学术为本、理论联系实际和以问题为导向的研究理念,不遗余力地创办"中国破产法论坛"及其专题研讨会等权威交流平台,多年来持续编辑出版《破产法论坛》等图书,凝聚了中国破产法理论与实务界之顶尖研究力量,致力于破产法治事业之发展与进步,赢得了全体"破人"之赞誉与支持。

为进一步整合中国破产法理论界与实务界之研究力量,经与浙江省高级人民法院民四庭庭长章恒筑法官、中国人民大学破产法研究中心副主任郑志斌律师、中国人民大学破产法研究中心副主任兼秘书长徐阳光教授、法律出版社法治与经济出版分社社长沈小英编审反复商议,中国人民大学破产法研究中心、北京市破产法学会决定联合法律出版社创办"破产法文库",面向国内外同仁开放。

"破产法文库"设置 5 个子系列,其中,学术系列希冀广纳中国学界高水准之破产法专著;译著系列拟推介域外之经典破产法文献与法典;论坛文集系列继续推出"中国破产法论坛"及其专题研讨会之优秀论文;实务系列侧重出版破产法实务经验总结之佳作;茶座系列则旨在分享破产法实施中的趣闻轶事以及破产法同仁办理破产案件的心得体会。

从历史上看,中国是一个缺乏破产法文化传统与理论实务研究积淀的国家。"破产法为一重要之法律,然学者研究之者,远不如研究民刑之法之夥;良以向者适用较少，兴趣遂减。”民国法学家吴传颐先生数十年前之感慨，仍让今人有现实之叹。而今，破产法的社会调整作用日益得到人们的认可与重视，破产法的研究也日益深入。破产法是一个综合性的法学领域，破产法治建设是我们共同的事业追求。但愿“破产法文库”之创办能够团结更多法学同仁来关注和研究破产法理论与实践之重点难点问题，并将自己高水平的研究成果纳入文库中出版，共同推动中国破产法学术之繁荣、立法之完善与司法之进步。

是为序！

 *

2016 年 7 月 16 日撰写

2019 年 2 月 26 日修订

---

* 王欣新，中国人民大学法学院教授、博士研究生导师，中国人民大学破产法研究中心主任，北京市破产法学会会长。

自　序

文集定稿，交付法律出版社编辑审稿，又完成一项工作。悄然关上电脑，打开手机浏览微信。今年就满 70 岁了，从中国人民大学法学院退休也即将 10 年了。过去写致辞、回顾类的发言稿，往往用“白驹过隙，岁月如梭”形容时光流逝，但那时也只是觉得岁月在忙碌中不知不觉地离去，未及品味，也没有什么特别的感受。现在再讲这句话时突然却感觉，好像时光只是对自己才真正是如飞梭般流逝，在年年岁岁相似的花丛中，颇有点“无可奈何花落去”的感叹，至于归来之燕是否似曾相识好像也不再在意了。

2011 年，在我过虚岁 60 岁生日时，弟子们提出，从我当时已经发表的论文中选定部分有代表性的文章出版《破产法理论与实务疑难问题研究》和《公司证券法治与司法制度研究》两本文集以为纪念。到 65 岁生日时，秉承旧规，又从我在 2011 年文集出版后发表的 50 余篇有关破产法的论文中，选定部分文章出版了《破产法前沿问题思辨》。今年过 70 岁生日，从我上部文集出版后发表的文章中选出 46 篇，出版了这一部文集，内容还是有关破产法的，希望能为读者提供一些研究、解决问题的思路。

回首往事，1986 年研究生毕业时，我的工作志愿其一是到中国社会科学院法学所做纯学术研究工作，其二是到最高人民法院从事审判实务工作。但那时实行的是国家分配工作制度,由于学校师资缺乏,最终我服从学校的分配留校任教了。而现在我很庆幸这一与最初志愿稍有差异的职业选择。我这个人是比较喜欢自由的,当然也只是具有相对性的自由,包括自由的思想、自由的工作、自由的时间、自由的生活、自由的财务……哪怕为此放弃一些其他利益也不在意。我不怕与天斗、与地斗,也愿意在学术上深掘、在研究上苦思,但最烦的是与人斗,主要是现在所说的“内卷”,总觉其苦无穷。学校的工作与生活环境总体上是很适合我的,较少受社会上各种官场文化、办公室文化的影响,也避开了一些犯错误的风险。一些利益不去争,也可以多少把握初心,按照自己的路走下去,体现人生的社会价值。而且,和朝气蓬勃的学生们在一起,还有助于保持年轻的心态。每每与弟子们相聚后,看着聚会合影中的年轻一代,颇有些“长江后浪推前浪”“青出于蓝而胜于蓝”的感慨,更有些培养出人才的成就感。

我感到幸运的是,留校后能够在工作中找到兴趣,将兴趣与工作较为融洽地结合。在上大学之前,我曾经在一家砖瓦厂做了10年半岗位体力工。那些工作我相信是不会让人感兴趣的,只不过是活下去的代价与负担。学校的教学与科研包括其考核指标,对我来讲是友好型工作。研究学术问题,教学、指导学术论文,写文章进行科研等,对我不算是负担,而且往往能结合一定的兴趣。如今从事教学研究工作已有36年了,即使在退休之后也没有脱离这一领域,承担的社会工作和事务反而更多,更忙一些。儿子有时劝我多休息休息,享受天伦之乐。现在年纪大了,已经没有年轻时“昨夜西风凋碧树,独上高楼,望尽天涯路”的工作心气,也没有奋笔熬夜,“衣带渐宽终不悔,为伊消得人憔悴”的体力和精力,更不想独立“灯火阑珊处”,不沾世间烟火。我觉得在身体允许的情况下,将破产法等感兴趣的科研工作和退休生活两方面兼顾进行会更为充实,对精神和身体也有益处。在参与立法、发文讲演、出差开会之余,背上相机,游山逛水,欣赏世界的壮美风景,或时而看看以前买了没时间看的学术著书,读读武侠、侦探小说,不亦乐乎。

春秋时,孔子云,四十而不惑。所谓“不惑”,无非是对万物明辨不疑,不再感到迷惑,心境能够超然于物外。继续学习和研究工作的目的之一,也是为自己解惑。现代人的寿命大大延长了,需要后续教育的东西很多,而且现在的社会又太复杂,充满各种欲望的诱惑,所以只能改曰“七十而不惑”。也就是说,要退休10

年，过惯了与在职不同的退休生活后，才可能看破红尘。而我感觉自己对人情世故乃至学术问题仍有许多看不清的困惑、疑问，需要进一步研究学习。生活本是没有退休之说的，所谓不惑者，只是能有更为明确、现实并具有谦抑性的目标，能够让我们较为愉悦地减负前行，“功成归物外，自在乐云霞”。

以往的自序多是直接介绍书中要义，这次先发了些感慨，给大家送点鸡汤。言归正传，对本书的出版，首先我要感谢老师们对我的教导，其次要感谢学生们、同事们、朋友们、从事破产事业的同仁们给我的启发、支持、帮助与陪伴，使自己取得了一点成果，在此可以奉献给大家。尤其是要感谢法律出版社法治与经济分社沈小英社长及本书的责任编辑刘晓萌为本文集出版做出的辛勤努力，以及法治与经济分社对我们“破产法文库”出版的一贯大力支持。讲到本书，就连书名《绝境再生——破产法市场化法治化实施之路》都是与沈小英分社长、陈妮分社长助理和刘晓萌编辑一起商定的，其实我在法律出版社出的上一本《破产王道——破产法司法解释文件解读》的书名也是如此确定的。主标题“绝境再生”，突出破产法的社会调整功能。“绝境”意指债务人陷于难以自救的债务与经营困境之中，“再生”是指债务人借助破产法使其企业、事业以及陷于困境泥潭无法自拔的人力、物力、土地、资产等资源能够再尽其力、创造财富、重归社会。所以，所谓“绝境再生”并非仅指债务人可以借助破产法上的重整、和解制度使企业得到挽救再生，还包括通过对债务人的破产清算使其尽快规范地退出市场，保障对债权人的公平清偿，并且释放出为债务人所困住的各种社会资源，对之再度优化配置，发挥效用。而实现这一切的唯一正确方法，就是要坚决走“破产法市场化法治化实施之路”。由于我国是从计划经济向市场经济转轨的国家，市场经济体制与法律制度尚不完善，在破产法实施的过程中，也难免会出现来自各方面的各种违背市场化、法治化原则的错误思想和做法的干扰，使本可再生的债务人和社会资源真的陷入绝境。本书欲尽微薄之力，促进破产法立法与实施的市场化、法治化，实现其立法目标。

我从事法学研究教学30余年，主要研究方向集中于破产法领域，也涉猎公司法、证券法等内容，发表论文300余篇。破产法是一个颇具综合性的学科，涉及广泛的社会问题。在本文集中，以问题为导向，以解决问题为目的，对破产法的诸多问题进行了研究。有对破产法市场化实施的理论分析，有对民法典与破产法衔接、协调的问题商榷，有对破产挽救制度尤其是市场化预重整制度的研究思辨,以及对一贯感兴趣的破产程序中的担保问题的深入探究,还有对实质合并破产、个人破产和跨境破产等制度建立与完善的立法与实施建议。这些文章提出了一些创新性的学术观点,不一定都能得到读者认同,但可以为破产法的理论研究和实务问题解决提供启发与新的思路。希望本书能够成为同仁们向上攀登的铺路基石,能够为我国破产法与市场经济体制的健全与完善以及营商环境的提升尽绵薄之力。

2022 年 2 月 15 日

目　录

破产法的市场化实施与营商环境

破产法与民法典的协调适用

破产法与债务人困境拯救

破产程序与担保责任

破产债权的保护

程序启动与实质合并

个人破产与跨境破产

典型案例点评

破产法的市场化实施与营商环境

营商环境破产评价指标的内容解读与立法完善*

世界银行制作的《营商环境报告》，是对世界190个经济体的企业进行评价的结果。在《营商环境报告》采用的评价指标中，“办理破产”是对一国破产相关法律法规以及企业破产程序的时间、成本和结果进行评价的标准。

营商环境在评价一国市场经济完善性方面具有重要意义。本文对破产评价指标中的法律框架即破产相关法律法规以及其他指标中涉及破产法的问题进行分析解读，重点是如何正确理解我国破产法律制度以及对破产指标的正确评价，尤其是在理解上易发生歧义的内容，并对立法和实施中存在的问题提出立法完善建议，以进一步优化我国营商环境中的破产法要素。本文中，我国营商环境的评价指标及得分，以上一年度为参照值，在体例上也按照评价指标顺位排序。

《营商环境报告》设置评价指标体系的目的，是更好地综合评价一国市场经济在营商环境方面的健全与完善程度，重点是社会实际效果，评价指标数字的高低仅是其外观透视。在对破产法律制度的评价中，有没有法律规

---

* 本文原载于《法治研究》2021年第3期，中国人民大学报刊复印资料《民商法学》2021年第9期全文转载。

定只是问题的一个方面,法律能不能得到顺利实施,实施的实际社会效果如何,同样应是我们关心的重点。为此,即使对一些形式上我国已经得到满分的评价指标,如果在立法规定和实施措施方面尚存在不足或理解疑点,本文也会作相应分析,以寻求继续完善的路径,提升社会实施效果,把改善我国的营商环境真正落到实处。

一、破产程序的申请权问题

评价指标中的“法律程序的展开”即破产程序的启动,涉及三个问题:债务人可以启动哪些破产程序;债权人能否对债务人提出破产申请;破产程序启动的法律依据是什么。我国《企业破产法》对上述问题均有明确规定,[①]所以在形式上都得到了满分。但这并不表明在当事人的破产申请权方面立法上已经不存在需要进一步优化的问题。

破产申请根据其提出的时间,可分为启动破产程序的初始(启动)申请和在破产程序启动后转换程序性质的后续(转换)申请,后者如在法院受理清算申请后提出转换为重整程序的申请,或者相反,因重整程序失败而提出的转换为清算程序的申请。所以,对当事人破产申请权的保障,也应当包括初始申请权和后续申请权两个方面。根据《企业破产法》第 7 条、第 70 条的规定,债务人、债权人可以提出清算程序或重整程序的破产申请从而直接启动破产程序,即享有对清算程序与重整程序的初始破产申请权。在法院受理债权人对债务人提出的破产清算申请后、宣告债务人破产前,债务人或者出资额占债务人注册资本 1/10 以上的出资人,享有对重整程序的后续即转换申请权。根据《企业破产法》第 95 条第 1 款的规定,债务人享有对和解程序的初始申请权和在已经启动的破产清算程序中的后续申请权。但对提出破产清算申请的债权人之外的其他债权人在清算程序中是否享有对重整程序的后续即转换申请权,法律规定不够明确。

实践中,有人认为,在法院受理某一债权人提出的破产清算申请后,其他债权人便不能再享有将清算程序转换为重整程序的申请权。这种主张在法律上和法理上都是不妥的。首先,这种观点不符合《企业破产法》的立法目的。《企业破产法》第 70 条规定,债务人与出资人享有后续重整申请权的主要立法目的,是要

---

① 参见《企业破产法》第 2 条、第 7 条以及第 70 条的规定。

在破产清算申请受理后,管理人已经依据法律规定接管债务人企业全部事务的管理与处分权,债务人及其出资人的权利行使已经受到法律禁止或限制的情况下,为鼓励对债务人企业的挽救和重整制度的适用,仍允许债务人及其出资人不受破产法的一般性限制规定和管理人的制约,自主决定是否提出转换重整程序的申请。该条未在文字中规定债权人在此时有无重整转换申请权,是因立法目的本不在此点上,所以不能因此就简单地解释为是要限制或者剥夺在此种情形下其他债权人申请重整的权利。

《企业破产法》第一章"总则"第 2 条第 2 款规定,企业发生破产原因,或者有明显丧失清偿能力可能的,可以依法进行重整。据此,是否应当进行重整的关键,是债务人是否已经或者即将发生重整原因,以及债务人是否具有挽救可能和挽救价值。第二章"申请和受理"第 7 条第 2 款规定:"债务人不能清偿到期债务,债权人可以向人民法院提出对债务人进行重整或者破产清算的申请。"法律的总则通常规定立法的基本原则等重要内容,指导对各个法律分则的理解与执行,而分则的各个章节则是专门规定相关具体问题的处理。根据《企业破产法》的上述规定,在法院受理当事人包括债权人提出的破产清算申请后、宣告债务人破产前,没有任何限制其他债权人提出申请转换重整程序的规定。

我国立法明确规定债权人享有直接提出重整申请的权利,为此有人认为,当债权人可以行使直接提出破产申请的权利并已经提出破产清算申请后,不应再允许债权人提出向破产重整转换的申请。这种主张的不妥之处,在于忽视了债权人与债务人两种不同申请主体之间存在的一个重大区别,即在破产程序中债务人仅有一人,作为单一主体提出申请要启动的破产程序的性质,在某一时间点上肯定是统一且确定的。但债权人在破产程序中通常都是多数人,每个债权人作为独立的民事主体,其破产申请权都是独立行使的,不同的债权人对债务人应当适用何种破产程序经常会出现不同意见。在破产程序中,每个债权人都有表达意愿、行使自己对破产程序选择权的自由。所以,一个债权人提出破产清算的申请,或者法院受理了某个债权人提出的破产清算申请,不影响其他债权人提出重整申请包括申请将已启动的清算程序转换为重整程序的权利。否则,当破产案件有多数债权人时,法院受理了某个债权人即使是债权数额最小者提出的破产清算申请,则其他所有债权人便都丧失了申请将清算程序转换为重整程序的权利,这显然是错误的。这种片面的理解既不符合破产法的立法本意,又违背了日常事理,还可能放任故意曲解法律、欺诈性阻击其他债权人正当行使重整申请权、破坏困境企业挽救的行为。①

通常只有在破产案件受理后,债权人才得以逐步深入了解债务人企业的具体情况,才具备判断应否申请债务人进行重整的客观条件,并正确评判自己的利益得失。如果债权人丧失在破产清算申请受理后申请向重整程序转换的权利,将可能使其在很大程度上丧失行使重整申请权的实际机会。

笔者认为,既然目前的立法规定中存在被人误解或曲解的可能,就应当彻底解决这一问题,以保障债权人的后续重整申请权,建议我国在修订破产法或制定司法解释时对此作出完善规定。

此外,对重整的后续申请权依法只能由债务人、债权人及符合法定条件的出资人提出,但在司法实践中曾出现个别由管理人提出后续重整申请的情况,这是错误的。管理人并非破产案件的实际利害关系人,不具有相应权利产生与行使的基础,我国法律也没有赋予其此项职权,对这种严重越位、越权乃至侵权的行为,人民法院应当予以制止和纠正。

二、破产程序启动后新信贷的优先权问题

在营商环境评价中,债务人资产的管理部分包括五个问题。前四个问题②在评价中均得到满分,且我国立法上也不存在其他影响评价目的实现的问题,故在此仅对第五个问题即破产框架是否赋予启动后的信贷以优先权进行分析。

在破产程序特别是重整程序启动后,为保证破产程序的顺利进行、保障重整企业的继续经营,债务人企业往往需要对外借款。但因企业已经进入破产程序,出借人进行借款会存在较之正常经营企业更大的风险,所以往往要求予以相应的权利保障,由此便产生了破产程序启动后的新信贷是否可以享有优先受偿权

---

① 参见王欣新:《破产法》(第4版),中国人民大学出版社2019年版,第295、296页。

② 前四个问题分别是:第一,破产框架是否明确规定继续执行向债务人提供基本货物和服务(企业生存所必需的货物和服务)的现有合同;第二,破产框架是否明确规定债务人(或破产代表或代表债务人的法院)在当事双方未充分履行其义务的情况下拒绝接受负担过重的合同(履约成本大于所能获得的利益);第三,破产框架是否明确规定对在申请破产/启动破产程序之前进行的损害全体债权人利益或偏袒性清偿的交易与行为可以撤销(或认定无效);第四,破产框架是否明确规定债务人可以在破产程序启动后获得信贷(启动后信贷),以便在程序进行期间为其正在进行的需要提供资金。

的问题。在最高人民法院《关于适用〈中华人民共和国企业破产法〉若干问题的规定(三)》(以下简称《破产法司法解释(三)》)实施前,《企业破产法》对此问题的规定不够明确。该法第75条第2款规定,在重整期间,债务人为继续营业而借款的,可以为该借款设定担保。也就是说,新贷款可以通过约定物权担保而取得立法第109条中规定的优先受偿权。但由于该条没有规定无担保贷款享有法定优先受偿权,对解决这一问题没有任何实质意义。《企业破产法》第42条第4项规定,人民法院受理破产申请后发生的,为债务人继续营业而应支付的劳动报酬和社会保险费用以及由此产生的其他债务,为共益债务。共益债务是为全体债权人利益而发生的,所以可以在破产程序中享有优先权,由债务人财产随时优先清偿。在司法实践中,通常都是对上述规定作扩大解释,理解为"为债务人继续营业而……产生的其他债务"中包括新贷款,使其获得共益债务的优先清偿地位。这样做虽符合一般的公平合理原则,但从法律规定上讲仍有不够明确、可能被质疑的地方。主要是在该条法律规定列举的共益债务中,尤其是为债务人继续营业而产生的共益债务中,未包括新贷款这一对继续营业最为重要的科目。此外,立法列举的释例"劳动报酬和社会保险费用"的社会属性,与新贷款相差较远,以"由此产生的其他债务"将其涵盖,文字上也不够确切。如有的人就认为,"由此产生的其他债务",是指与"为债务人继续营业而应支付的劳动报酬和社会保险费用"相关的其他债务,而不能扩大解释为与"继续营业"尤其是新贷款形成的债务。所以在《破产法司法解释(三)》第2条第1款中规定,管理人或者自行管理的债务人为债务人继续营业的借款,可以参照《企业破产法》第42条第4项的规定优先于普通破产债权清偿的,但不能优先于此前已就债务人特定财产享有担保的债权清偿。同时,在程序上要求进行新贷款必须经债权人会议决议通过,在第一次债权人会议召开前则需经人民法院许可。据此,明确了破产申请受理后的新贷款可以参照共益债务优先于普通破产债权的清偿顺位。

在《破产法司法解释(三)》出台后,有的人就该条中的"优先于普通破产债权清偿",提出新贷款能否优先于普通债权中同样具有一定优先清偿顺位的职工债权、税收债权清偿的疑问。笔者认为,这是质疑者对普通债权的概念与范围存在误解。破产程序中,所谓普通破产债权是对特别债权而言的,比较对象是《企业破产法》第109条规定的"对破产人的特定财产享有担保权"的债权。两类债权的区别是有无设置抵押等物权担保,能否就设定担保的特定财产享有优先受偿权。所以,没有物权担保的职工债权、税收债权等虽然在清偿顺位上有一定的优先地位,但同样是普通破产债权,应当在作为共益债务的新贷款之后清偿。《企业破产法》第 113 条对普通债权也按照其不同社会属性分有先后清偿顺位,但这种普通债权之间在清偿顺位上的差异,是不能与具有不同法律属性的共益债务相比较的。①

此外,该条司法解释中关于新贷款不能优先于原来已有的对债务人特定财产享有物权担保的债权清偿的规定,考虑不够周全,存在不妥之处。应当根据新贷款的用途以及物权担保债权人是否从中受益,确定新贷款能否优先于原有担保物权清偿。在原担保物已经不足以清偿全部担保债权的情况下,当新贷款的全部或部分用途提升了担保物的价值,使担保债权人可以获得更多清偿时,在担保债权人受益范围内发生的新贷款,应当优先于在该担保物上原有的担保债权受偿。"例如,在房地产企业的重整中,新贷款用于续建已经设置抵押的未完工房地产项目;在造船企业的重整中,新贷款用于对已设置抵押的未完工船舶续建,则这些贷款均应当优先于对该项房地产和船舶的原有抵押债权受偿。如果不承认新贷款在这些情况下对原有担保物权的优先权,就不可能有人会为这些企业的重整提供新的贷款,也不会有重整的成功,担保债权人的利益会受到更为严重的损失。"②

三、重整程序中的表决权问题

在《营商环境报告》中,重整程序部分有三个问题:哪些债权人有权对重整计划草案投票;破产法是否要求必须遵守报告所列举的相应规定③,才能批准重整计划;破产法是否要求重整计划必须具体规定,对持异议债权人的预期回报至少等于他们在清算中获得的回报。在对第一个问题的评价中,我国只得到一半分数,故本文将对此作深入分析。在后两个问题的评价中,我国得到满分,而且法律有明确的规定,故不再分析。

---

① 参见王欣新:《谈破产程序中为债务人继续营业借款的清偿问题》,载《人民法院报》2020 年 5 月 21 日,第 7 版。

② 同上。

③ 根据营商环境报告的评价标准,必须遵守以下要求才可以批准重整计划:债权人因重组方案表决目的而被划分为若干类,每个类单独表决并且每一类中的债权人都同等对待。

从理论上讲,凡是债权得到确认的债权人,除法律有特别规定者外,均可以享有对重整计划草案的表决权。但为实现表决公平和简化程序,立法是可以对表决权在不损害债权人法定权益的情况下予以调整的。如《企业破产法》第83条规定:“重整计划不得规定减免债务人欠缴的本法第八十二条第一款第二项规定以外的社会保险费用;该项费用的债权人不参加重整计划草案的表决。”此处不得减免的社会保险费用,是指由企业缴纳的应当纳入社会统筹部分的社会保险费用。职工需要连续缴纳社保费用,才能充分享受社会保险。如果重整计划规定可以减免债务人欠缴的社会保险费用,将使对职工利益影响长远的社会保险无法维系,使国家社会保险体系的正常运行受阻。从长远角度看,甚至可以说比工资债权的短期拖欠对职工利益影响更大,所以法律规定重整计划对此项债权不得减免。另外,此类债权人由于其利益不受重整计划的不利影响,重整程序与其无关,也就不应再参加对重整计划草案的表决。否则就会出现表决人的权利与义务不对等,由那些自身利益不受不利影响的债权人去表决决定其他受不利影响债权人的利益,这是不公正的。所以,本条规定不仅确立了社会保险债权人不参加重整计划草案表决的操作规则,而且实际上也建立了在重整计划中利益不受不利调整和影响的债权人类别不参加对重整计划表决的重要原则。

《破产法司法解释(三)》参照《企业破产法》第83条的规定,在其第11条第2款中指出,权益因重整计划草案受到不利调整或者影响的债权人或者股东组别,有权参加对重整计划草案的表决;而权益未受到不利调整或者影响的债权人或者股东组别,无权参加对重整计划草案的表决。此规定以利害关系人权益实际是否受到重整计划草案不利的调整或者影响作为能否实际行使表决权的前提,对表决权的行使作出更为精准的调整。司法解释这一规定的立法依据,便是《企业破产法》第83条及其所确立的相应原则。所以,本条司法解释是有明确上位法律依据的。对这一问题其他国家立法也有类似的规定。如《美国破产法》第1126条第F款规定:“不论本条其他条款如何规定,未受到重整计划消减的债权或权益种类以及该种类中每一位债权或权益的持有人,都被认定已经接受了重整计划。该种类债权或权益的持有人不能申请接受重整计划。”①据此,在美国利益不受重整计划不利影响的债权人类别被视为自动接受重整计划,其对重整计

① 李飞主编:《当代外国破产法》,中国法制出版社2006年版,第662页。

划的反对是无效的,即使是同意也不纳入通过表决组别的基数。这一设置是具有合理性的,我国也可以借鉴。

笔者认为,我国司法解释的这一规定有利于在重整程序中更为公平地维护各类债权人的权益,制约债务人或管理人在重整计划中纳入不利于债权人权益的内容,并更加注重市场化的商业谈判。就本条规定而言,如要实现对债权人等利害关系人权益的公平保护,关键是必须进一步明确何种情况属于利益不受不利调整或影响,保障其正确实施,否则就可能导致规则被曲解或者滥用,反而使违法者获得一个侵害债权人权益的新借口。

对某类债权人的利益是否受到不利调整或影响,需要有明确的判断标准。首先需要明确"利益"的确定时点,司法解释规定中是否受到不利调整或影响的"利益",是指债权人在破产申请受理前的原有的各种清偿利益,而不是指在破产程序启动后破产法上规定的可能已有减损和消弱的清算清偿利益。

其次,利益是否受到不利调整或影响,是指债权人的实体权利和利益。破产程序启动后,对债权人权利与利益产生的损害与限制等不利影响可能存在于实体和程序两个方面。程序性权利设置的目的是维护实体性权利,在不同的权利保护目的与实施背景下,程序性权利必然会有所区别。破产作为专门适用于债务人丧失清偿能力情况的特殊法律程序,必然会对当事人进入破产程序前原享有的各种保障债权实现的程序性权利进行相应的变更与调整,以实现破产法的调整目的。例如,除法律另有规定外,在破产程序启动后应中止债务人对债务的个别清偿,等等。所以,我们评价债权人的程序性权利是否受到限制和损害时,应当以在债务人进入破产程序后破产法规定的相应程序为标准,而对债权人实体性权利是否受到不利调整或影响的评价,则要以进入破产程序前原享有的债权权利为标准,两者的评价标准是不同的。

最后,确立对债权人的实体权利和利益是否受到不利调整或影响的具体标准。以原债权在破产程序启动前的权利与利益为标准,如其清偿数额、利率、偿还期限以及在设有担保情况下担保的方式与数额等,在重整计划中没有被作不利改变,并且及时对破产程序启动前和破产程序中的违约行为进行了补救,如对中止担保物的执行支付延期清偿的利息等,就可以认为债权人的实体性权利没有受到损害。

判断的关键要素包括三个方面。其一,债权获得全额清偿。所谓"全额清偿”，是指债权的本金与利息都得到全部清偿。《企业破产法》第46条规定“附利息的债权自破产申请受理时起停止计息”，通常认为此项规定仅适用于普通破产债权，所以普通债权利息的截止日为破产申请受理时，而对物权担保债权则存在不因破产申请的受理而停止计息的主张。在一些企业的重整中，采用“债转股”的方式解决部分债务的清偿问题。由于在转股后将原有的债务清偿风险，转变为原债务关系所不具有的持有股权的新风险，所以也应当确认为对债权人利益存在不利影响，除非在有合理的选择权下转股人自愿接受。其二，债权得到及时清偿。需要注意，即使对债权在延期期间（指重整计划规定的对债权延期清偿的期间）的损失给予了公平补偿，延期清偿也属于受到不利调整与影响的情况。对债权的清偿是否及时，在重整程序中应当以重整计划规定的清偿日期是否有所延长为判断标准，因破产程序启动而依法中止债权行使权利的期间不应认定为清偿延期。对清偿是否及时，不能简单地理解为在重整计划为法院批准生效的当天就作出清偿，应当允许有一个较短的实施缓冲期间，如在15日或1个月期间内的清偿均可以认定为及时的清偿。其三，担保物权得到充分保护。这是对担保债权人利益的特殊保护措施，主要指在重整计划中未改变担保形式、变更担保物、改变约定清偿方式等，没有使担保债权人的权利与利益受到不利调整和影响。

四、债权人在破产程序中的权利问题

《营商环境报告》中，债权人预期评价指标部分共有四个问题：破产法是否明确要求债权人（通过债权人会议的决定或债权人委员会的决定）任命破产代表或核准/批准/拒绝指定破产的任命；如果在破产程序中出售债务人的实物资产，破产框架是否明确要求债权人（通过债权人会议或债权委员会决定）同意出售前述资产；破产框架是否明确规定个人债权人有权随时要求破产代表提供债务人业务和财务方面的信息；破产框架是否明确规定个人债权人有权反对接受或拒绝其自有债权和其他债权人的债权的决定。我国除第四个问题得分外，其他三个问题均未得分，下面对其中的法律问题进行分析。

（一）管理人的指定

管理人由谁指定，债权人在指定中享有何种权利，是《营商环境报告》中评判债权人权利的一项指标。我国《企业破产法》第22条第1款、第2款规定：“管理人由人民法院指定。债权人会议认为管理人不能依法、公正执行职务或者有其他不能胜任职务情形的,可以申请人民法院予以更换。”第61条规定,债权人会议享有申请法院更换管理人、审查管理人的费用和报酬的职权。最高人民法院《关于审理企业破产案件指定管理人的规定》对债权人会议申请更换管理人问题作出具体规定。

各国破产法对管理人指定的典型模式有两种,一是由法院指定,二是由债权人会议指定,在这两种典型模式之间还存在一些具有不同折中性的模式。例如,有的国家在规定由法院指定管理人的同时,也允许由债权人会议对管理人另行选任。《德国支付不能法》规定,法院在受理案件后即应指定临时破产管理人,但在第一次债权人会议上,债权人可以选任其他人替换由法院指定的管理人,除非被推选担任管理人者不适于担任该职务,法院不能拒绝债权人会议的选任。有的国家规定由债权人会议选任管理人,但当债权人会议无法选任出管理人时,则由法院选任管理人。

各国对管理人指定模式的选择,与其历史和国情有关,两种方法各有优劣。由法院直接指定管理人,成本低、效率高,破产申请受理时可以直接确定,减少周折,但需要有合理、规范的指定制度来指导和制约,以防范指定不公、寻租受贿等问题发生,还应对考虑债权人等利害关系人意愿不足的弱点予以补强。由债权人会议选任管理人,可以充分体现当事人的自治意愿,但可能会因意见不一相持不下,不利于提高效率,还可能影响管理人公正行使职权。此外,因在破产申请受理时无法立即召开债权人会议,往往需要法院先行指定临时管理人,然后在债权人会议召开时再选任正式的管理人,如果两者人选不一致,则需要进行工作交接,使管理工作复杂化。

客观地讲,管理人指定的两种方式各有优劣,并非由债权人会议指定就是最佳选择,要根据各国国情确定。“从破产法的发展历史看,各国破产法在破产管理人的选任主体上,普遍寻求一种融法院指定和债权人会议选任于一体的方法,绝对由法院指定或绝对由债权人会议选任都不是现代破产法的发展趋向。”①但需要指出的是,我国在管理人的指定以及债权人和债权人会议对管理人指定的参与与更换权利的行使等方面,无论是立法规定还是实施措施均有改革和完善

---

① 汤维建:《破产程序与破产立法研究》,人民法院出版社2001年版,第292页。

的余地。

第一，在法院指定管理人的主导原则下，建立债权人参与管理人指定乃至共同指定的相应制度，尊重债权人的权利与利益。例如，对法院以随机方式选定管理人的，应当有债权人参与或主持对摇号、抽签每一具体过程的监督；对以竞争方式指定管理人的，应当有债权人参与对中介机构的共同评审，等等。同时，要确立选定参与监督活动的债权人代表的方式。

第二，进一步保障债权人会议更换管理人权利的顺利行使，并且对法院接到申请就应当更换管理人的情况予以具体化，特别是要明确司法实践中更换管理人最为重要的理由，即“履行职务时，因故意或者重大过失导致债权人利益受到损害”[①]应当如何认定。要健全召开更换管理人的债权人会议制度，《企业破产法》第 62 条中规定的债权人会议召集方式可能难以保障更换管理人会议的顺利召集。依据该条规定，债权人会议“在人民法院认为必要时，或者管理人、债权人委员会、占债权总额四分之一以上的债权人向债权人会议主席提议时召开”。而当需要召开更换管理人的债权人会议时，依“人民法院认为必要”而提议召开可能是没有意义的，因为司法解释规定，当法院认为应当更换管理人时是可以不经债权人会议径行决定更换的。由管理人主动召开更换自己的债权人会议更是不可能的，而可以提议召开的债权人委员会并不是每个案件中均有设置，至于由占债权总额 1/4 以上的债权人提议召开，在没有大债权人的情况下往往也是很难做到的。所以，需要考虑确立召开更换管理人的债权人会议的公平合理的新机制。此外，还应当对在何种特别情况下赋予单个债权人申请更换管理人的权利予以认真考虑，缺乏这一机制，更换管理人问题有时是难以解决的。

（二）债权人在财产处置中的权利

在这个问题上，《企业破产法》对管理人、债权人会议和债权人委员会三者之间的职权划分存在部分重叠和界限不清的情况。《企业破产法》第 25 条规定，管理人的职权之一是“管理和处分债务人的财产”。第 61 条第 1 款第 8 项、第 9 项规定，债权人会议的职权包括通过债务人财产的管理方案和破产财产的变价方案。据此，债务人重要财产包括其实物资产的出售、变价等处置行为，最终应当

---

① 参见最高人民法院《关于审理企业破产案件指定管理人的规定》第 33 条第 1 款第 4 项对应当更换管理人的规定。

由债权人会议决议决定。第 68 条规定，债权人会议的职权可以委托债权人委员会行使。第 69 条规定："管理人实施下列行为，应当及时报告债权人委员会：(一)涉及土地、房屋等不动产权益的转让；(二)探矿权、采矿权、知识产权等财产权的转让；(三)全部库存或者营业的转让；(四)借款；(五)设定财产担保；(六)债权和有价证券的转让；(七)履行债务人和对方当事人均未履行完毕的合同；(八)放弃权利；(九)担保物的取回；(十)对债权人利益有重大影响的其他财产处分行为。未设立债权人委员会的，管理人实施前款规定的行为应当及时报告人民法院。"

由于第 69 条仅规定管理人实施上述财产处置行为应当及时报告债权人委员会，而不是经债权人委员会同意或经债权人会议决议批准，而且与第 61 条规定的债权人会议对债务人财产的管理方案尤其是变价方案的关系，以及管理人对财产的处分职权界限不明，容易导致理解和执行上的歧义，使债权人的权益受到损害。

为解决上述问题，《破产法司法解释(三)》作出补充完善规定。首先，其第 13 条规定："债权人会议可以依照企业破产法第六十八条第一款第四项的规定，委托债权人委员会行使企业破产法第六十一条第一款第二、三、五项规定的债权人会议职权。债权人会议不得作出概括性授权，委托其行使债权人会议所有职权。"以此对债权人会议和债权人委员会的职权包括前者可以授权后者行使职权的范围作出进一步区分，明确对债务人财产的管理方案和变价方案的决定权不得由债权人会议授权债权人委员会行使，以保障债权人尤其是个别债权人在债务人财产处置方面的权益。其次，第 15 条规定："管理人处分企业破产法第六十九条规定的债务人重大财产的，应当事先制作财产管理或者变价方案并提交债权人会议进行表决，债权人会议表决未通过的，管理人不得处分。管理人实施处分前，应当根据企业破产法第六十九条的规定，提前十日书面报告债权人委员会或者人民法院。债权人委员会可以依照企业破产法第六十八条第二款的规定，要求管理人对处分行为作出相应说明或者提供有关文件依据。债权人委员会认为管理人实施的处分行为不符合债权人会议通过的财产管理或变价方案的，有权要求管理人纠正。管理人拒绝纠正的，债权人委员会可以请求人民法院作出决定。人民法院认为管理人实施的处分行为不符合债权人会议通过的财产管理或变价方案的，应当责令管理人停止处分行为。管理人应当予以纠正，或者提交债权人会议重新表决通过后实施。"据此,《企业破产法》第69条规定中列举的管理人各项财产处分行为,仅是对债务人财产管理方案和变价方案的具体实施行为,不得与方案相冲突。所以,债权人是可以通过债权人会议或债权人委员会行使对债务人的财产处分权利的。

需注意的是,《企业破产法》对于管理人应报告债权人委员会的财产处分行为,仅作了定性的规定,而没有定量的规定,即没有规定数额界限,这就使该条规定部分内容的执行可能出现操作困难。如行为性质同样都是转让权利,但转让1000元的债权和有价证券与转让1000万元的债权和有价证券,对债权人利益的影响显然是不可比的,而依据两者的行为性质都需要报告债权人委员会。如果对管理人、债权人委员会以及债权人会议在债务人财产的具体处分权上不能作出明确划分和无缝衔接,将使管理人承担频繁报告的义务与职业风险,既影响破产程序的效率,也不利于债权人的利益得到真正保护。

由于实践中不同企业的财产规模差异较大,由立法作出统一数额规定十分困难,不具有可操作性。笔者认为,可以通过由债权人会议对债权人委员会和管理人进行授权的方式解决。即在债权人会议通过财产管理方案和变价方案的同时,根据本案具体情况对管理人的具体财产处分行为进行授权。根据行为的不同性质,在财产一定数额或比例以下者,管理人可以先行处理,不必逐次报告债权人委员会,在进行定期报告时一并报告;数额在一定区间内者,则应当报告债权人委员会;数额超一定上限者或对债权人利益影响重大的,应当召开债权人会议决定。①

(三)债权人个人的知情权

知情权是债权人行使其他权利的基础。《企业破产法》对债权人知情权主要是从集体权利的角度作出规定,即规定债权人会议和债权人委员会的权利,而对管理人在破产程序中应如何向单个债权人履行信息披露义务,除债权确认环节之外②,其他均未作规定。

没有单个债权人的知情权就不可能真正有债权人集体的知情权,前者是后者的基石。为进一步完善立法,解决实践中矛盾突出的单个债权人知情权问题,

---

① 参见王欣新:《破产法》(第4版),中国人民大学出版社2019年版,第253页。

② 《企业破产法》第57条第2款规定,债权表和债权申报材料由管理人保存,供利害关系人查阅。所谓利害关系人主要是指单个债权人。

《破产法司法解释(三)》第10条第1款规定,“单个债权人有权查阅债务人财产状况报告、债权人会议决议、债权人委员会决议、管理人监督报告等参与破产程序所必需的债务人财务和经营信息资料。管理人无正当理由不予提供的,债权人可以请求人民法院作出决定;人民法院应当在五日内作出决定”。这一规定对单个债权人有权查阅的债务人资料范围、信息披露人、行使权利的方式以及权利的救济措施等作出明确规定,既是对破产立法的完善,也是针对世界银行对营商环境的评价指标所作的法律改革调整。对于知情权权利主体即债权人的范围,有的人认为,那些已申报债权但尚在债权确认过程中的债权人,同样应当享有债权人的知情权。因为在司法实践中,许多债权人在债权审核阶段,对于其债权是否得到确认、债权性质和顺位以及确认金额等情况,尤其是对债权确认或不确认的理由,通常是无法及时知情的。许多债权人往往是在债权人会议上才知道管理人的债权审查结果,而所谓债权人会议对债权的核查实际上是根本不存在的,仅仅是管理人就其对债权的审查结果向各债权人通知宣读一下而已。“如果此时不允许债权申报人行使知情权,那么债权人就只好对管理人审核确认的金额提出异议,甚至由于信息不对称无法提起债权确认之诉,影响破产程序效率,徒增破产程序的对抗性。因此,我们认为,从对债权人知情权的保护角度考量,无论该债权是否已被人民法院裁定确认,均应保证债权申报人依据《企业破产法》第57条、本司法解释第6条的规定,获取债权表和债权申请登记材料等相应信息的权利。”①针对司法实践中管理人的不规范行为,这一观点对知情权人范围的确定,有利于更好地保障单个债权人的知情权。

有文章指出,在上述司法解释规定出台后,“引起了诸多管理人的不安,如担忧债权人的谈判能力增强,在博弈中占据优势,将导致无法达成一致意见,以致谈判破裂,从而使重整进程具有不确定性”。② 某些管理人受执业能力较低和工作消极等原因影响,产生这种错误想法不足为怪。但笔者相信,文章作者指出这种现象存在,并不是同意这种观点。如果认为保障债权人知情权会影响重整程序进行,岂不是说,以前管理人的重整工作主要是借助于债权人的不知情、靠“坑

---

① 最高人民法院民事审判第二庭编著:《最高人民法院关于企业破产法司法解释(三)理解与适用》,人民法院出版社2019年版,第199、200页。

② 丁燕:《世行“办理破产”指标分析与我国破产法的改革》,载《浙江工商大学学报》2020年第1期。

蒙拐骗”办成的。只有在双方信息基本对称的情况下,才会产生谈判的真实参与,才会存在公平、理性的博弈,结果才会被人们所接受、信服和执行。否则,所谓的博弈就可能变成一场骗取不懂事儿童糖果的游戏,最终遗留于社会的只会是对法律尊严的失望、对重整制度的摒弃和对某些管理人的鄙视。

五、其他破产法律问题的理解与改进

(一)办理破产案件的时间

办理破产案件的时间长短,要根据企业的情况、适用程序的性质和程序之间有无转换等因素确定,并非千篇一律。《企业破产法》允许债务人、债权人等申请人直接提出清算申请或重整申请,同时也允许破产程序启动后在符合法律规定条件下进行程序转换,如从清算程序转换为重整程序,或者相反。通常,经过程序转换尤其是由重整程序转换为清算程序的案件,办理时间自然会较长一些。所以,为避免本应直接清算的案件却滥用重整程序拖延时间,损害债权人权益,对重整申请的受理必须经过审查,认定其符合法定条件,而且进行破产程序的转换也必须符合法律规定的条件。

从各国的立法原则看,一般都是希望尽可能地挽救债务人企业的营运价值,我国也是如此。但在实践中,也存在个别人对企业挽救的过度曲解,并在社会上造成了一些误解,如认为只要有当事人提出重整申请就应当受理,有不同性质申请时应不加考虑地优先受理重整申请,甚至认为破产案件都应当考虑先重整,重整不成时再进行清算。这些主张既不符合破产法的规定,也不符合我国的司法实践,而且会严重损害各方利害关系人的权益。

重整失败后转为清算的案件所花费的办理时间,通常是各类破产案件中最长的,据此可以大致评价出办理破产的最长时间。但如果对破产案件都按照先重整、后清算的模式进行评估,并确定一国破产案件办理的普遍时间,必然是不具有充分代表性且不准确的。

如前所述,要减少重整失败后转为清算案件的数量,避免破产程序的延误,就不能让那些不具备挽救希望和挽救价值的企业混入重整程序。《全国法院破产审判工作会议纪要》第14条“重整企业的识别审查”规定:“破产重整的对象应当是具有挽救价值和可能的困境企业;对于僵尸企业,应通过破产清算,果断实现市场出清。人民法院在审查重整申请时,根据债务人的资产状况、技术工艺、生产销售、行业前景等因素,能够认定债务人明显不具备重整价值以及拯救可能性的,应裁定不予受理。"据此,法院对重整申请要进行必要的实质审查,不能无识别受理。允许不符合重整条件的企业滥用重整程序,无助于困境企业的挽救,只会延误破产案件办理时间,浪费司法与社会资源,使各方利害关系人的权益受到不利影响。所以,尽管立法允许在重整失败后转入清算程序,但对于那些明显不具备重整价值以及拯救可能性的企业,则根本就不应允许其进入重整程序。我们在评价破产案件办理时间时,应以正常办理的程序为一般标准,根据实际情况和企业适用的程序性质确认。

(二)破产成本

在《营商环境报告》的评估指标中,所谓破产成本,对照我国破产法规定的概念指破产费用,即为破产程序的进行而必须支付的费用。在一些国家,破产费用也被称为行政费用。《企业破产法》第 41 条规定:"人民法院受理破产申请后发生的下列费用,为破产费用:(一)破产案件的诉讼费用;(二)管理、变价和分配债务人财产的费用;(三)管理人执行职务的费用、报酬和聘用工作人员的费用。"破产法中还规定有共益债务,不过其不属于行政费用的范围,即不是为破产程序进行必须付出的成本性支出。

在《营商环境报告》设定的案例中,评价者列出的企业破产成本包括诉讼费(0.5%),律师费(5% ~ 10%),通知与公布费用(1%),破产代表费(5% ~ 10%),会计、评估员、检查人员和其他专业人员费用(7%),拍卖商费用(1% ~ 5%),以及服务提供者和/或政府征税费用(5%)。

上述费用中,有一部分列入或全部列入破产成本是不适当的。下面根据我国立法和实践进行分析。

第一,诉讼费。属于破产费用的诉讼费包括:(1)法院收取的破产案件受理费用。国务院公布的《诉讼费用交纳办法》第 14 条第 6 项规定:"破产案件依据破产财产总额计算,按照财产案件受理费标准减半交纳,但是,最高不超过 30 万元。"(2)因债权确认或财产争议等衍生诉讼发生的费用。对这些诉讼费用的交纳办法,在上述规定中没有特别规定。在司法实践中,对破产案件中的诉讼费用尤其是债权确认诉讼费用,法院通常都会允许减交费用,有的法院还以非财产确权性质的纠纷按件收费(50 ~ 100 元)。此外,这些诉讼费用均是由败诉方负担的,不一定对债务人企业构成实际的费用支出,即使按照一半的胜诉率计算(实践中管理人对债权的确认和提起异议诉讼是十分谨慎的),债务人的承担诉讼费也要减半。我们在评价诉讼费时必须考虑到上述因素。

第二,律师费。在我国破产案件的支出中,司法解释对此项费用有特殊规定。最高人民法院《关于审理企业破产案件确定管理人报酬的规定》第14条规定:“律师事务所、会计师事务所通过聘请本专业的其他社会中介机构或者人员协助履行管理人职责的,所需费用从其报酬中支付。破产清算事务所通过聘请其他社会中介机构或者人员协助履行管理人职责的,所需费用从其报酬中支付。”规定的目的是为避免出现管理人将其本职工作交由同性质的中介机构承担,并将聘请费用纳入破产费用,从而使管理人报酬和破产费用重复收费。据此,律师事务所担任管理人时(律师事务所在各地的管理人名册中占据大多数,所以此种情况最多),除在境外诉讼等特殊情况外,原则上不存在律师费。因为破产案件中的律师业务均应由担任管理人的律师事务所自行办理,即使其聘请其他律师事务所进行诉讼,所需费用也要从其管理人报酬中支付,而不能作为独立的律师费在破产费用中支出。由破产清算事务所担任管理人时,其聘请律师事务所进行诉讼,所需费用也是从其管理人报酬中支付,不存在律师费。只有会计师事务所担任管理人时,才可能存在律师费问题。另外,在司法实践中,有时法院指定的是联合管理人,如由一家律师事务所和一家会计师事务所担任联合管理人,这时不仅不存在律师费,其他中介费用也可能会减少。

第三,破产代表费,即我国的管理人报酬。对此需注意的是,我国的管理人可以由清算组担任,清算组由政府部门派出工作人员和中介机构共同组成。《关于审理企业破产案件确定管理人报酬的规定》第15条规定:“清算组中有关政府部门派出的工作人员参与工作的不收取报酬。其他机构或人员的报酬根据其履行职责的情况确定。”

第四,服务提供者和/或政府征税费用。所谓服务提供者的费用不包括会计、评估员、检查人员和其他专业人员的费用,我国立法没有将此项费用列入破产费用,在司法实践中一般是作为共益债务支付的。对于政府征税费用,是可以作为“管理、变价和分配债务人财产的费用”列入破产费用的。由于目前我国的税收法律制度是针对常态下正常经营企业制定的,未能及时调整以适应破产法实施的需要,在破产程序尤其是重整程序中的部分税收不够合理,客观上存在税负较重的问题。这也是有待进一步改革的领域。

(三)债务人企业营运价值的保留

在《营商环境报告》的评估指标中,还包括破产程序的处理结果。所谓破产结果,主要是考察债务人企业的营运价值在破产程序结束时是否有法律渠道能够得到保留。在重整程序获得成功时,企业主体得到挽救,其营运价值自然得到保留,无须赘述,故此项指标实际是要考察在破产清算程序(包括重整失败后转清算的情况)中,企业的营运价值是否有法律渠道得到保留。需要提示的是,由于大多数破产清算案件中的债务人早已无营运价值,其财产只能分散出售变价分配,所以能够在破产清算程序中保留营运价值的企业,客观上只能是很少一部分,在任何一个国家均是如此。故此项指标考察的是,在破产清算程序中有无可能保留企业营运价值的渠道,而不是有多少比例的清算企业能够实现营运价值的保留。

根据《营商环境报告》中对其问卷术语的定义,“清算”,是指聚集并出售破产债务人的资产以便解散债务人并将收益分配给其债权人的过程,包括零散出售债务人资产或将债务人资产作为持续经营企业整体出售或出售其大部分资产。“重组”(我国的重整),是指根据重组计划恢复债务人企业的财务状况和生存能力,从而使企业能够通过债务豁免、债务延期、债转股以及出售经营中的企业(或其部分)等方式继续经营的过程。

从上述两个定义可以看出,重组中的以“出售经营中的企业(或其部分)等方式继续经营”,与清算中的“将债务人资产作为持续经营企业整体出售或出售其大部分资产”,两者之间存在明显的相互重合领域。也就是说,根据《营商环境报告》的定义,将持续经营企业整体或部分出售以保留企业营运价值的方式,既可能发生在重整程序中,也可能发生在清算程序中。至于此种方式如何称谓、归于重整程序还是清算程序名下,则看一国之法律如何规定,以及在破产法理论上和司法实践中如何理解适用。

要正确理解《营商环境报告》中对重整和清算实质意义上的定义,理解企业营运价值保留的不同方式,就需要纠正对重整制度认识的一个误区。有些人认为,重整就必须保持债务人企业主体资格的继续存续,如果将经营中的企业出售,导致其主体资格被注销,就不是重整而是清算,不再是挽救企业。这种看法是不符合企业重整制度实质和立法本意的,更不符合《营商环境报告》中对重整(组)的定义。我们不能将企业仅视为固定财产的集合体,而必须看到其还是各种经营资源与经济关系的集合生命体,企业的营运价值主要体现在其营业事业上。重整制度设置的目的是挽救企业所经营的事业,即其营运价值,而不仅仅是企业的一个外形或空壳。所以,挽救企业的营运价值并不局限于使债务人原企业外壳继续存续的一种方式,特别是当企业外壳成为不利于其事业挽救更生的负担时。要建立起重整不必形式主义地维持债务人企业外壳继续存续的适应市场经济的新观念。

从一些国家的立法与实践情况看,重整主要有两种模式。第一种是传统的企业存续型重整,即保留企业原有主体外壳存在,使其营运价值在原企业中存续的重整挽救方式。第二种是出售式重整,即将债务人具有活力的营业事业之全部或部分(通常是具有营业独立性的主要部分)连同相应的有形与无形资产、就业员工等一并转让给其他企业,并在该企业中获得更生,维持营运价值,同时将企业营业的转让款以及其未随营业转让的其他财产变现款清偿全体债权人。之所以称为出售式重整,标志性的特点就是在转让营业后将原企业注销,不再保留其存续,原企业具有的营运价值在收购营业的企业中实现挽救,并得以继续经营。在我国,从战略投资人介入方式的角度看,存续式重整主要是以调整变更债务人企业股东股权的方式进行,而出售式重整则是以转让企业营业与资产的方式进行。

在一些国家的破产法中明确承认出售式重整,并将其作为重整的一种方式,适用重整程序的法律调整,如美国、德国。也有一些国家虽也采取出售经营中企业(或其部分)的方式,维持企业营运价值,但并未将此视为重整程序的组成部分,而是作为清算程序的一种手段。因此,也有人将其称为重整式的清算。我国立法对出售式重整的方式没有具体明确的规定,但在《企业破产法》第 69 条规定,管理人可以转让债务人的全部库存或者营业;第 112 条规定,破产企业可以全部或者部分变价出售,所以采取出售方式挽救企业营业即营运价值是有法律依据的。笔者认为,将此种方式定义为重整程序更为合理,且因其程序制度支撑更有利于获得成功(如在重整程序中限制担保物权的行使等)。不管对此称为出售式重整还是重整式清算,在我国都已经有很多实际案例。也就是说,按照《营商环境报告》的术语定义和评估指标,无论是在重整程序中以"出售经营中的企业(或其部分)等方式继续经营",还是在清算程序中"将债务人资产作为持续经营企业整体出售",在我国的司法实践中,破产程序进行的结果对于实现企业营运价值都是有保留渠道的。所以,我们应当放开视野、更新观念、改革创新,摒弃旧的思维模式和操作惯例,从而对《营商环境报告》评估指标以及我国破产法的立法和实施状况作出正确和准确的评价。

在我国,优化营商环境不仅是立法的问题,更多的是实施的问题。在健全完善破产立法的同时,务必重视对法律的正确理解与顺利实施,才能真正地改善营商环境和我国的法治建设。

论破产法的市场化实施*

《2015年中央经济工作会议公报》强调指出，“要依法为实施市场化破产程序创造条件”。公报提出“创造条件”这一目标，是因为目前完全市场化实施破产程序还不具备充分条件。破产法的市场化实施是以破产法的普遍实施为基础而逐步实现的。为此，最高人民法院多次发文强调，各级法院要积极受理破产案件，不得在法律之外设置破产案件受理条件。要努力解决破产案件受理与审理中的难题，如继续全面建立破产专业审判庭、解决审判力量不足和专业能力提高问题，解决破产案件审判人员工作业绩的合理考核问题，解决破产费用保障问题，等等。我国不同地区破产法的实施，特别是市场化实施是不均衡的。在破产案件审理较多的地方，如浙江省、江苏省、深圳市等，破产法的普遍实施已有规模，破产法市场化实施的迫切性与重要性显得更为突出。而在一些受理破产案件较少的地方，则首先要解决破产案件的受理问题，才能进而逐步解决市场化实施的问题。在市场化不够发达的地区，最初破产法的实施由于理念上的模糊、专业水平审判力量不足、实施经验缺乏、社会配套制度不完善等，可能是不完全市场化的实施，存在诸多的不足与缺陷。但是，只有从积极稳妥地受理破产案件做起，在实践

---

* 本文原载于《人民法院报》2017年12月6日，第7版。

中学,才能实现破产法的实施,并在实施中市场化。所谓:想,全都是难题;做,才会有答案;站着不动,就永远是市场化破产的观众!只有努力奋斗,破产法的市场化普遍实施才会实现。

破产法的市场化实施是以较为完善的市场化社会体系为前提和基础的,所以市场化是一个社会整体性的概念。破产法能否市场化地顺利实施,取决于其所面对的整个社会的市场化程度。破产法作为一个外部性极强的实践性法律,是无法脱离围绕企业破产产生的诸多衍生社会问题的解决与相关制度的制约,而以单枪匹马地突破获得普遍顺利实施的。所以,讲到破产法的市场化实施,我们就不能把视野仅仅停留在破产法的范围内思考问题、解决问题,而是要跳出破产法,从更为宏观的社会角度去思考问题,去解决市场化实施的基础性问题。目前,即使是破产法实施较为先进的地方,也并不代表其已经完全做到市场化实施,因为很多市场化的难题是全国性问题,不是地方政府能够解决的。从这个角度讲,破产法的市场化实施会对整个社会与经济的市场化形成重要的推动力量,是我国社会与经济深化改革发展的重要突破点之一。某种意义上讲,我国破产法普遍顺利市场化实施之时,也就是我国市场经济及其法律体系基本健全之日。所以,破产法实施的市场化应当从法院法官的工作、管理人的工作做起,但却不能止步于此,而要继续深化于社会各个相关领域。

破产法的市场化实施取决于以下关键性的要素:

1. 有市场化破产法的正确理念。

建立市场化的破产法基本理念,就是要正确理解破产法的立法目标、理解破产法规范的立法本意、理解破产法的基本原则,并且能够用来指导司法实践、解决实践中的问题。破产法特别是重整制度在我国还是新生事物,法律规定较为粗略,实践经验亦不丰富。对法律规定如何正确理解执行,对法律规定不详或没有具体规定的实践情况如何正确处理,一些司法实践中的难题如何创新解决,都需要借助破产法的理论指导,要站在遵循破产法立法目的、法律规定的本意和法律基本原则的高度,本着解决问题、服务社会而不是回避问题、逃避责任的勇气,以积极而不是消极的态度,有担当、有原则、有灵活、有创新地予以解决。面对司法实践迫切需要解决的种种问题,不研究法律规范,提不出解决方案的空谈,是在误人;而不重视理论学习,不能正确指导司法实践则会误事。能否在立法本意的理论高度正确把握解决问题的原则,在重整实务工作中对问题的处理是大不一样的。在一些破产重整制度市场化实施较少、理论与实务研究不足的地区,某个法律规定或具体情况如何理解处理的争议,对于那些市场化破产审判工作走在全国前列地区的法官和管理人而言,从立法本意的角度看根本就不是问题。如在《企业破产法》第70条规定下,当法院受理某一债权人对债务人破产清算的申请后,法院还能否受理其他债权人提出的重整申请?在上市公司的重整计划中规定对出资人权益进行调整,需要申请中国证券登记结算有限责任公司办理股权的划转变更时,法院能否按照该公司的业务规则出具协助执行通知书等?破产法的立法本意是鼓励对企业进行重整挽救的,法院应当协助重整企业解决相关问题而不是制造障碍。只要遵循破产立法本意、本着有利于社会、有利于各方利害关系人的原则处理,这些就不再是问题。所以,重视破产与重整制度的理论研究,以正确的市场化破产理论指导实践,是保障破产法正确市场化实施的关键。

2. 有市场化的实施措施,有创新、有发展。

创新既包括对传统理论与观念的创新,也包括对法律规定的具体实施措施在操作层面的完善性创新,更不可忽视对法律未规定问题的制度性创新。例如,重整中的出售式重整、预重整、合并重整等制度的创新,对破产法规定的债务人自行管理制度的完善,管理人指定方式的创新等。

3. 有市场化的社会配套法律与制度作为支撑。

破产法具有的强外部性,使其对整个社会与经济以及相关法律产生广泛而重要的互动性的影响。与之相应,企业的破产除破产法上的债权债务清偿、财产资源分配等问题外,还会产生一系列需要政府履行职责解决的社会衍生问题。没有充分的外部法律与社会制度环境的支撑与保障,破产法普遍的市场化实施是不可能的。在许多国家中,经过长期的发展,诸多破产衍生社会问题都已由政府通过相应的法律予以制度化、社会化解决,不需要再借道破产程序解决。笔者曾指出,目前我国有关破产法实施的各种社会配套法律与制度还未建立完善,一些与破产相关的法律和社会制度往往仅着眼于对正常经营的常态企业的调整,而缺乏对处于债务困境与破产程序中的非常态企业进行常态化调整的理念和措施,落后于现实发展的需要,其与破产法之间的生态关系处于隔离、缺失与冲突的状态,不仅不能对破产法的实施起到有机配套、衔接与融合的保障效应,反而成为破产法市场化实施的障碍。所以,目前破产法的实施在很多地方还离不开乃至依赖于地方政府以“府院联动”等方式直接或间接的个案支持与服务。“府院联动”是目前解决破产衍生社会问题的有效机制,应当大力提倡推广,但不能满足并止步于此。严格地讲,“府院联动”具有较大不确定性社会风险,属于过渡性措施,所以必须在充分总结实践经验的基础上使之法律化、制度化,才能建立起市场化、法治化、常态化的解决机制。这是破产法实现完全市场化实施的关键,是我们在深化市场经济体制改革中必须解决的问题。

为此,首先,要使立法机关、各级政府认识到破产法市场化实施的重要性,明确解决破产衍生问题是其职责内的工作,从而建立有实效的“府院联动”机制,积极解决相关问题。其次,要使立法机关、各级政府主动承担建立解决破产衍生问题常态化、规范化调整的法律与制度的责任,如解决职工债权清偿的工资保障基金、解决无产可破案件破产费用与管理人报酬的破产基金,挽救破产企业的税收优惠,企业信用修复等制度,及时修改那些影响、阻碍破产法市场化实施的法律与制度。最后,还要注意,“府院联动”机制适用的最终目标,是使政府在破产法之外更好地发挥其社会调整作用,通过建立、完善破产社会配套法律制度,完成中央“为实施市场化破产程序创造条件”的任务,而不是将政府重新推向行政干预的非市场化、非法治化的政策性破产老路。破产法的市场化实施是一场深刻的社会革命,大家仍需努力!

论破产法市场化实施的社会配套法律制度建设*

2017年,是企业破产法实施10周年。10周年之际,关心破产法的人们都不禁在回顾与展望。破产法的实施是为了解决问题,回顾与展望也要以问题为导向,回顾以发现问题,展望以解决问题。

《2015年中央经济工作会议公报》强调指出,“要依法为实施市场化破产程序创造条件”。公报之所以提出“创造条件”这一目标,就是因为目前要想完全实施市场化破产程序还不具备充分条件。对当下的中国而言,实施市场化的破产至少应具备三方面的条件:第一,有市场化的破产法,要能够正确理解与执行破产法,对实践中遇到的法律规定不明确或没有规定的问题,要以市场化的观念有担当、有创新的予以解决,对立法与执法中发现的问题要及时修订、完善,包括制定相应的司法解释。第二,法律实施组织与人员的建设,主要包括法院与管理人两个方面。如建立破产专业审判庭或合议庭组织,配备充足的审判力量,健全破产案件审理法官的工作业绩考核与激励制度,对审判人员的常态化业务培训;管理人名册的常态化更新调整,管理人与案件的分级管理,管理人指定方式的改革,管理人的监督与追责制度,管理人协会

---

* 本文原载于《人民法院报》2017年6月14日,第7版。

的建立，等等。第三，破产法市场化实施的社会配套法律与制度建设。

笔者认为，目前“要依法为实施市场化破产程序创造条件”，保障破产法市场化顺利实施的关键，主要不在于前两项事项。尽管破产法本身确实有需要补充、修改、完善之处，对法律的理解与执行同样存在一些问题，组织建设方面也存在问题，但这些问题通常是可以通过法院系统以及破产法律人的内部协调机制，尤其是通过法官、管理人的观念转换、创新担当与努力工作得到解决的。也就是说，至少这些破产法圈内的问题基本上是属于所谓“破人”可以掌控的，原则上可以通过自力解决。例如，最高人民法院出台了《关于适用〈中华人民共和国企业破产法〉若干问题的规定（一）》和《关于适用〈中华人民共和国企业破产法〉若干问题的规定（二）》；实施立案登记制，发布《关于破产案件立案受理有关问题的通知》，以解决破产案件受理难问题；建立全国企业破产重整案件信息网，发布《关于企业破产案件信息公开的规定（试行）》；发布《关于在中级人民法院设立清算与破产审判庭的工作方案》，建立破产审判庭等专业化审判组织；继最高人民法院《关于适用〈中华人民共和国民事诉讼法〉的解释》对执行转破产问题作出原则性规定后，发布《关于执行案件移送破产审查若干问题的指导意见》；等等。现在问题的关键是，破产法实施的各种外部社会配套的法律与制度不完善，即实施市场化破产程序的外部社会条件不完备，而要解决这些问题超出了法院与“破人”们的职权与能力范围。

破产法在市场经济中具有重要的地位，原因之一是它是具有强外部性的法律，可以对整个社会与经济产生广泛、重要的影响。一个企业的破产不仅会产生债权债务清偿、财产资源分配等法律问题，还会产生诸如职工就业安置、社会救济、非经营性资产处置、工商与税务调整、信用修复等一系列需要政府履行职责解决的社会衍生问题，破产制度的发展与改革会对整个社会产生极为深远的影响。另外，没有充分的外部法律与社会制度环境的支撑与保障，破产法普遍的市场化实施是不可能的。在其他国家中，经过长期的发展，诸多破产衍生社会问题都已由政府通过相应的法律予以制度化、社会化的解决，如建立职工工资保障基金、破产基金，有健全的失业救济与再就业保障，在税收与企业管理等方面有与破产法相互配合衔接的制度，所以不需要对这些社会问题通过或借道破产程序解决。但目前我国有关破产法实施的各种社会配套法律与制度远未建立完善，政府尚没有制定相应的法律对破产衍生社会问题以制度化的方式解决，所以破产法的实施在很多地方还离不开乃至依赖于地方政府直接或间接的个案支持与服务。这种问题解决方式是具有较大不确定性社会风险的，是一种人治而非法治的非常态化方式，也是破产法至今难以完全市场化、法治化、常态化实施的原因之一，是我们在深化市场经济体制改革中必须解决的问题。

企业破产社会配套制度不健全的主要原因之一，是政府未能积极、有预见或者亡羊补牢地履行其工作职责，即政府应当办的事没有及时办或没有办好，没有做到“要依法为实施市场化破产程序创造条件”（《2015 年中央经济工作会议公报》），没有“使市场在资源配置中起决定性作用和更好发挥政府作用”（党的十八届三中全会公报）。目前，一些与破产相关的法律和社会制度往往着眼于对正常经营的常态企业的调整，而缺乏对处于债务困境与破产程序中的非常态企业进行常态化调整的理念和措施，远远落后于现实发展的需要，其与破产法之间的生态关系处于隔离、缺失与冲突的状态，不仅不能对破产法的实施起到有机配套、衔接与融合的保障效应，其制度缺陷反而成为破产法市场化实施的障碍。由于法院与中介机构管理人既无财务资源，也无法定职权解决这些本应由政府解决的社会问题（虽因其发生在破产程序中而不得不协助地方政府处理），所以，法院在面临这些难题时不得不更多地依赖于地方政府对破产企业个案的临时性调整。但有些地方政府缺乏对破产法的正确认识，企业一旦进入破产程序，就消极地将本应由其负责的破产衍生社会问题解决责任推卸给法院与管理人，使破产案件的审理陷于困境。这使法院不愿意受理地方政府不承担其应尽社会义务的破产案件，并导致一些法院不得不借助于指定政府清算组为管理人的方式，将政府的行政力量拖入破产案件，以缓解、疏导其面临的解决破产衍生社会问题的压力，严重影响管理人的市场化指定和破产法的市场化实施。

笔者认为，解决这一问题，首先，是要让政府有关部门端正态度，认识到解决企业破产衍生社会问题是政府的本职工作，是其应尽的法定职责，法院和管理人实际上是在帮助政府解决困难，从而依法积极配合各项破产工作。其次，是各级政府要主动承担起建立解决破产衍生社会问题常态化、规范化调整的法律与制度的责任。必须迅速及时地修改那些影响、阻碍破产法市场化实施的各项法律、各种制度，而不能放任其继续制约破产法的实施，要调动社会资源，逐步建立各项具体的配套执行制度与机制，以保障政府解决企业破产衍生社会问题职责的切实履行。

企业破产衍生社会问题是客观存在的，解决问题的正确方法，不是将政府重新推向行政直接干预企业破产的前台，走非市场化、非法治化的政策性破产老路，包括向后退缩到固化由政府清算组担任管理人的模式等。因为政府在破产案件中要实现的目的，与破产法的立法目的以及法院的破产审判目的是存在一定的落差。政府关注的是其行政利益与目标，包括维护社会和谐稳定、维护地方经济、保护地方企业等，往往忽略债权人等破产利害关系人的利益与债务清偿的公平。在政府行政权力直接介入破产案件后，可能会影响乃至破坏破产法的市场化实施，使破产程序变成政府不当干预市场经济的渠道。所以，政府应当在破产法律程序之外发挥其社会调整作用。应当督促、协助政府尽快建立起完善的社会配套制度，如在常态化的政府财政支持企业破产社会费用制度，建立职工工资保障基金、管理人报酬保障基金等制度，以及在工商管理、企业挽救融资制度、重整企业信用修复、破产企业税务合理调整、企业破产注销、企业档案保存管理等方面及时进行适应破产法市场化实施需要的改革，从根本上解决问题。在能够以法律和制度统一解决衍生社会问题之前，地方政府应当采取类似浙江省等地区建立的"府院联动"等机制，对企业破产提供全面的临时性协同处理和个案支持，避免破产的社会负效应过度溢出，影响社会稳定和经济发展。并逐步总结经验，通过地方政府文件制定常态化调整制度，以市场化、法治化的方式保障破产法的实施，实现中央"为实施市场化破产程序创造条件"的目标。在这一过程中，最高人民法院和各级人民法院应当积极向全国人大及其常委会、中央和地方政府就破产衍生社会问题的解决，对影响破产法实施的其他立法与制度的修改与完善，对破产法配套实施制度的建立，提出建议，督促解决，以最终实现破产法的市场化实施。

以破产法的改革完善应对新冠肺炎疫情、提升营商环境*

新冠肺炎疫情在全球的暴发，国内外市场与经贸投资形势的变化，对经济发展产生广泛、持续的不利影响。2020年，李克强总理在全国人大会议上的政府工作报告中指出："受全球疫情冲击，世界经济严重衰退，产业链供应链循环受阻，国际贸易投资萎缩，大宗商品市场动荡。国内消费、投资、出口下滑，就业压力显著加大，企业特别是民营企业、中小微企业困难凸显，金融等领域风险有所积聚，基层财政收支矛盾加剧"。即使在新冠肺炎疫情缓解乃至结束之后，企业和市场的状况也不可能再简单地回到从前，迫切需要国家在法律和政策上的支持与扶助，全方位地解决企业困境，以保民生和就业。为此，最高人民法院于2020年5月15日印发《关于依法妥善审理涉新冠肺炎疫情民事案件若干问题的指导意见（二）》（以下简称《指导意见》），其中第三部分对如何妥善审理涉新冠肺炎疫情破产案件作出规定。《指导意见》强调以破产法的改革与完善，应对新冠肺炎疫情的不利社会影响，妥善审理破产案件，扎实做好"六稳"工作，落实"六保"任务，尤其是实现保市场主体、保居民就业、保基本民生的目标，并进一步提升我国的营商环境。

---

* 本文原载于《法律适用》2020年第15期。

为此，要从破产法的角度分析，新冠肺炎疫情对破产法的实施会在哪些方面产生不利的社会影响，对我国营商环境以及世界银行的破产法评价体系又有哪些影响，进而提出有针对性的应对措施，在坚持市场化、法治化原则的基础上，灵活地解决破产案件审理面临的各种实际问题，并变危机为破产法改革与完善的契机与动力。

一、疫情对破产法实施的影响与应对

新冠肺炎疫情的影响可以细分为疫情本身的影响和因防御疫情而采取各种限制行为措施所产生的影响两类，但就对破产法正常实施的影响而言区别不大，所以，除需要对两者进行分别分析时予以指明外，在下文中统称为疫情影响。

（一）疫情影响下的企业破产及债务危机的化解

由于新冠肺炎疫情突发，导致的停工停产、市场变化，使许多企业陷于债务清偿困境，但其中大部分企业的经营状况和清偿能力仍具有可恢复性。应当本着积极引导、区别对待、多方解决的原则，化解企业的债务危机，实现对企业的支持与救助。《指导意见》第 17 条规定："企业受疫情或者疫情防控措施影响不能清偿到期债务，债权人提出破产申请的，人民法院应当积极引导债务人与债权人进行协商，通过采取分期付款、延长债务履行期限、变更合同价款等方式消除破产申请原因，或者引导债务人通过庭外调解、庭外重组、预重整等方式化解债务危机，实现对企业尽早挽救。"

要在市场化、法治化的原则下，对上述规定正确地理解与实施。第一，明确法院的作用是"积极引导"。所谓"引导"，是指通过提示方向、释明法律、分析路径、促进谈判使问题得到解决，但所有事项均须基于各方当事人的自愿协商，不能强迫，不能主动变相施压。第二，要以"多种方式"解决债务危机，既包括在债务危机爆发前以"分期付款、延长债务履行期限、变更合同价款等"常态化手段消除破产申请原因，也包括在债务危机爆发后以庭外调解、庭外重组，尤其是与破产重整程序前后衔接的预重整等方式化解债务危机。为实现这一目标，需要切实完善解决债务危机的多种方式，如为企业的庭外重组设置指导性的规范流程，提供建议性的各种示范合同和解决方案模本，提供并协调健全各种可能适用的金融手段和融资渠道，培训参与庭外重组的中介机构，通过立法建立、完善涉及法院司法介入的规范的预重整制度（后文将对此进行分析），将以"多种方式"解决债务危机落在实处。并借助与地方政府协调的“府院联动”等机制，使法院的“积极引导”能够以市场化、法治化的具体手段体现出来。

精准判定破产原因，发挥企业挽救法律机制。《指导意见》第18条指出，人民法院在审查企业是否符合破产受理条件时，要结合企业持续经营能力、所在行业的发展前景等因素全面判定企业清偿能力。为此要明确，第一，企业资不抵债并不是破产原因构成的充分条件，还需要看其是否能够清偿到期债务，尤其是看其营业是否具有可持续性。第二，在债务人未能清偿到期债务时，要综合各种情况看其是否完全、长期的丧失清偿能力。在因疫情影响导致大量企业陷于债务困境的情况下，对破产原因的认定应当更为审慎、精准，以适当舒缓企业破产的社会压力，尤其是要采取救助措施防止尚有生存能力的企业被迫过早进入破产清算程序。第三，对于那些无法通过庭外重组等方法挽救，但有希望借助《企业破产法》的重整程序与和解程序解决债务困境的企业，要积极引导对破产拯救机制的适用，及时受理其重整与和解申请，不能盲目地排斥对破产申请尤其是重整与和解申请的受理。

要全面地理解破产法的社会调整作用，并使之得到充分发挥。疫情影响确实是许多企业陷于债务困境的原因或原因之一，这是必须考虑的因素，但这并不是对企业不适用破产程序的充分理由。换言之，法院不能仅仅以债务人发生破产原因是疫情影响所致而不受理当事人提出的破产申请。在实践中，一些企业本身就已经存在破产原因发生的必然性因素，疫情影响仅是加速和加重了其破产原因的发生和表现，使其无法再残喘拖延下去。还有一些企业，虽然其破产原因的发生主要是由于疫情影响，但随着企业自身和国内外市场及经贸形势的变化，使其状况即使在疫情影响消除后也难以逆转，无法再回到从前。破产原因是随着疫情影响而来的，但并不会随着疫情影响的过去而消失。所以，判断企业应否进入破产程序的标准，不是破产原因的发生有没有疫情的影响，而是企业是否真正发生了不可逆转的破产原因。[①] 简言之，判断企业应否进入破产程序的标准是破产原因是否存在，而不是破产发生的原因。这是我们在判断对破产申请应否受理的基本原则。

在企业确已发生破产原因的情况下，不能避讳企业破产的客观事实，在心理

① 参见王欣新：《破产法》（第4版），中国人民大学出版社2019年版，第37页。

上抵触或害怕破产法的适用。对于“确已具备破产原因的企业,应当依法及时受理破产申请,实现市场优胜劣汰和资源重新配置”。① 即使是在疫情影响下,破产清算的重要社会与经济意义也是不容忽视的。社会资源的总量是有限的,在疫情影响下更是如此,如不及时将那些不具有市场挽救价值的“僵尸企业”清出市场,让它们继续占有、浪费社会资源,必然会使其他企业的生存与发展受到挤压与阻碍,甚至因此陷入连锁破产的境地。对“僵尸企业”的破产清除,不仅可以保障整个市场经济的健康发展,而且也是挽救其他企业的需要,应当从社会与企业整体保护的角度予以考虑和评价。

(二)疫情影响下“执转破”制度的发展与完善

在疫情影响下,法院的执行与破产工作尤其是“执转破”工作,也应当在溯本清源的基础上适应新形势的需要。《指导意见》第19条第1款规定:“要进一步推进执行与破产程序的衔接。在执行程序中发现被执行人因疫情影响具备破产原因但具有挽救价值的,应当通过释明等方式引导债权人或者被执行人将案件转入破产审查,合理运用企业破产法规定的执行中止、保全解除、停息止付等制度,有效保全企业营运价值,为企业再生赢得空间。同时积极引导企业适用破产重整、和解程序,全面解决企业债务危机,公平有序清偿全体债权人,实现对困境企业的保护和拯救。”为此,需要认清“执转破”本质,澄清模糊认识,明确其实施与发展方向。

“执转破”的目标之一,是要解决执行难问题。实践中的执行难,相当一部分情况是债务人已丧失清偿能力,客观上无力履行义务,这时即使执行措施再有力也无法最终解决债务清偿问题。因为这时的“难”是难在执行环节之外,是由于债务人客观上无法执行,因为案件本不属于执行能够处理的范围,而应通过破产程序解决。这一类案件形式上看是执行难,而实质上却是破产难,是因为案件应当进入却无法进入破产程序导致的所谓执行难。不解决破产难的问题,案件就会不当地积淀在执行环节,执行难的问题就不可能真正解决。所以,“执转破”措施出台的法律意义直观上看是要解决执行难的问题,但实质上最终是要解决破产难的问题,只有当破产不难时,执行才不会难。②

① 《关于依法妥善审理涉新冠肺炎疫情民事案件若干问题的指导意见(二)》第18条。

② 参见王欣新:《论“执转破”的发展方向》,载《中国审判》2020年第7期。

由于观念误解、适用法律程序失当,用执行手段解决其无力解决的破产问题,不仅未能化解相关社会矛盾,反而导致案件无序积累和集中爆发,使法院的工作陷入困境。所以,我们必须站在破产法的社会调整作用角度来认识、理解、执行并发展"执转破"制度,借助其实现全方位推动破产案件的依法受理,进而从根本上解决执行难问题。

第一,要明确法院在执行程序中,应否引导债务人企业转入破产程序的判断标准,不是执行程序难不难,而是企业是否发生破产原因。所以,对于已经发生破产原因的企业,不宜先在执行程序中将其财产基本执行干净,发生执行困难后,再形式主义地转入破产程序设法结案,而应在发现债务人存在破产原因时,就及时引导案件转入破产程序。一般而言,在执行中个别处置的债务人财产越少,转入破产程序的时间越早,后续各种法律与社会问题的解决就可能越顺利。否则已被执行到无财产的企业即使转入破产程序,也无法再实现破产法公平清偿全体债权人和挽救企业的目标。

第二,"执转破"的主导功能之一,是要使发生破产原因的债务人企业能够及时、顺利地进入破产程序,解决破产案件的申请与受理障碍等问题。所以,"执转破"案件转入的破产程序也不限于破产清算程序,同样也可以适用企业重整与和解的挽救程序。认为"执转破"案件只能是无财产可执行的案件、只能转入破产清算程序的观点,是对"执转破"制度的严重误解。

第三,从解决破产难的角度考虑,"执转破"的措施仅在执行阶段才启动实施,未免时机太晚。要想有实效地解决问题,就不能止步于在执行程序中将案件转入破产,应当采取在一些地方法院开始试行的"诉转破""立转破"措施,即在诉讼中发现债务人发生破产原因时,在诉讼或立案环节就要努力将案件引导入破产程序。要通过"执转破"措施的实施,逐步发展"诉转破""立转破",全方位推动破产案件的依法受理,实现诉讼执行案件与破产案件的依法分流,保障法律程序的正确适用。①

(三)对法定期限的适当延长

《指导意见》的一项重要举措,就是考虑因疫情或者疫情防控措施导致的企业活动中断、停工、停产的影响,对因此难以完成的破产程序相关法定期限予以

① 参见王欣新:《论"执转破"的发展方向》,载《中国审判》2020年第7期。

适当延长,保障债权人的实体权利和程序权利。《指导意见》第21条规定:“要切实保障债权人的实体权利和程序权利,减少疫情或者疫情防控措施对债权人权利行使造成的不利影响。受疫情或者疫情防控措施影响案件的债权申报期限,可以根据具体情况采取法定最长期限。债权人确因疫情或者疫情防控措施影响无法按时申报债权或者提供有关证据资料,应当在障碍消除后十日内补充申报,补充申报人可以不承担审查和确认补充申报债权的费用。因疫情或者疫情防控措施影响,确有必要延期组织听证、召开债权人会议的,应当依法办理有关延期手续,管理人应当提前十五日告知债权人等相关主体,并做好解释说明工作。”

本条规定涉及的期限问题:

第一,是借鉴《民事诉讼法》第83条的规定,临时性允许债权人对申报债权或提供证据资料的期限申请顺延,允许其在障碍消除后10日内补充申报,而且补充申报债权的不必承担审查和确认补充申报债权的费用。需注意的是,根据《企业破产法》第56条规定,债权人在破产财产最后分配前补充申报债权的,除要承担审查和确认补充申报债权的费用外,此前已进行的分配也不再对其补充分配。而《指导意见》中仅规定免除债权人对审查和确认补充申报债权费用的承担,没有规定此前已进行分配的,对债权人是否还可以进行补充分配。笔者认为,如果债权人已经申报债权但未能及时提供证据资料,管理人只是暂时难以确认债权,考虑到疫情对收集、保全、提交证据的不利影响,如在分配时债权人仍未能提交证据,管理人应当对其债权予以预分配并提存。如果债权人未申报债权,管理人不知道其债权存在,鉴于《指导意见》中未规定补充分配问题,似缺乏依据再给予债权人补充分配。

第二,是对在破产程序中确有必要组织召开现场听证会、现场债权人会议的,应当依法办理有关延期手续。在新冠肺炎疫情影响期间,通常听证会、债权人会议等往往通过非现场方式进行,如网络会议、视频会议、电话会议等,但不排除在个别案件中确实需要召开现场会议,此时为避免因疫情影响造成不良社会后果,应当依法办理有关延期手续。

第三,是对重整计划或者和解协议的制定、提交和执行期限的适当延长。对在破产重整程序中,因疫情影响而无法招募投资人、开展尽职调查以及协商谈判等原因不能按期提出重整计划草案的,人民法院可将受影响的期间不计入法定期限,但一般不得超过6个月。对重整计划或者和解协议已经进入执行阶段,但债务人因疫情影响而难以执行的,可由人民法院积极引导当事人按照《全国法院破产审判工作会议纪要》有关规定充分协商予以变更。其中仅涉及执行期限变更的,人民法院可以依债务人或债权人的申请直接作出裁定,延长的期限一般不得超过6个月。

二、应对疫情影响的破产法改革与完善

李克强总理在2020年政府工作报告中指出,要将“强化阶段性政策,与制度性安排相结合。”《指导意见》中的许多措施不仅是在疫情影响期间需要采取的应急措施,而且在总结经验后可以适用于常态化的破产审判工作,包括适用于今后对疫情的常态化防范需要,这对于进一步完善破产立法、提升我国营商环境也具有重要意义。目前,较为急迫解决的工作有以下两项:

(一)建立健全预重整制度

预重整是在破产法的重整程序和庭外重组两种制度的基础上融合创新产生的企业挽救辅助模式,以求通过两种程序的有机衔接、补强组合,发挥其优势,规避其劣势,更好地解决债务与经营困境企业的挽救再生。同时,还可以达到简化程序、提高效率、降低成本、鼓励市场化协商的社会效果。在联合国国际贸易法委员会制定的《破产法立法指南》中,将预重整称为“简易重整程序”,即“为使受到影响的债权人在程序启动之前自愿重组谈判中谈判商定的计划发生效力而启动的程序”。[①] 之所以称为“简易重整程序”,是因为在自愿重组谈判成功后,接续启动的重整程序可以简化许多原有程序,使之能够快速、简易进行。[②] 我国通常称之为“预重整”,之所以称为“预”重整,是因为它在实施时间上先于重整程序,且实施的内容是为重整程序的简化完成做重要工作准备。将其认定为辅助模式,是因为其在实体上依存于重整程序,且从重整的角度看仅具有预备工作的性质,其最终成果要体现在重整程序中。如果在预重整工作完成时就可以直接解决企业的债务困境,不再需要继续进入重整程序,它就转化定性为庭外重组;当其需要继续转入重整程序时,前面完成的各项工作便构成预重整程序。预重整必须与重整程序相衔接、通过重整程序的启动才能够产生其制度性的法律约

① 联合国国际贸易法委员会:《破产法立法指南》(中文版),2006年纽约版,第212页。

② 同上书,第217页。

束力,并以此区别于庭外重组。预重整自身并不能构成独立的司法挽救程序,但它在非司法程序上具有一定的独立性,体现为预定为预重整性质的工作,如在完成时就解决了企业的债务困境问题,便构成独立的庭外重组。预重整为企业的挽救在庭外重组和法庭重整之外,提供了一种新的解决渠道。根据《破产法立法指南》的规定,预重整程序的立法目的是:"一、确认自愿重组谈判是挽救财务困境企业的一种成本效益良好和行之有效的手段,一般涉及调整贷款人和其他机构债权人以及主要非机构债权人的债务的结构,这些当事人的参与对于重组至关重要,而这种谈判并不涉及所有类别的债权人;二、鼓励和便利采取非正式谈判;三、根据破产法制定具有下列作用的程序:1. 可在每一类受影响的债权人的多数都同意计划的情况下,维护自愿重组谈判的良好结果;2. 可尽量减少拖延时间和支出,并确保在自愿重组谈判中谈判商定的计划不会落空;3. 可对每一类受影响的债权人和股东中不接受商定计划的少数成员具有约束力;4. 实体性要求与破产法规定的重整程序相同,包括保障措施也基本相同,但时间期限缩短;(以及)四、在采取适当保护措施的情况下,对其他法律中的可能防止或限制使用程序从而延误诉诸破产法的各项要求暂缓适用。"①

各国因国情有异,预重整的方式也不尽相同,但主要的基本原则和关键特征是一致的,否则也就不能统归于预重整的程序类型。典型的预重整运作模式是,债务人向法院提出重整申请前,在遵循破产法对各方利害关系人权益公平保障的基础上,通过公正的程序和充分的信息披露,与债权人等利害关系人(指在重整计划中调整其权益者)充分协商拟定好重整计划草案,并得到利害关系人通过该计划的实质性多数同意投票后(未得到多数投票通过时,可以直接提出重整申请,转按照正常重整程序进行),由债务人在向法院提出重整申请的同时提交重整计划草案,请求法院通过举行听证会或庭审等方式进行审查并予以批准,进而省略在重整程序中制订计划和债权人会议表决的程序,并使在预重整中利害关系人同意投票的法律效力延续到重整程序中,加快案件办理速度、简化重整程序,提高重整成功率和债务的清偿率。目前,我国破产立法中未规定预重整制度,仅是各地法院在司法实践中自行探索,出台有一些内部规则,也出现一些不合理、不规范的做法。如有的地方将预重整制度理解和设置成对重整申请是否

① 联合国国际贸易法委员会:《破产法立法指南》(中文版),2006年纽约版,第217页。

受理在法外期间进行的预先审查,并不具有区别于现有破产重整程序的实质意义;有的地方将预重整完全控制在法院的手中,使其失去了当事人市场化自治协商的基本属性;有的地方将预重整演化为在法律规定外变相延长重整期间的规避工具,“时间不够预重整凑”;还有的地方简单地将无规则的任意庭外重组理解为预重整,要求法院对无规则的庭外重组的协议直接作为预重整的重整计划草案在重整程序中批准;还有人甚至将预重整和重整程序完全混同,按照重整程序全套的内容去设计预重整程序,乃至于提出在法院受理破产清算申请或者重整申请后还能再转入预重整。① 这些观点与做法都是违背预重整制度的设立宗旨和基本原则的,严重影响预重整制度的正确实施。因此,建议尽快在《企业破产法》的修订中全面建立这一制度,以保障其正确实施。

预重整之所以能够在重整程序启动后,将在程序启动前制定的计划草案直接提交法院审查批准,就在于预重整的进行是有严格规则的,而不是可以由当事人通过任意性谈判形成的庭外重组。从这一角度讲,预重整是兼具有非司法和司法双重性质的。这里的非司法性,是指预重整在债务人向法院提交重整申请前进行的利害关系人谈判,要遵循平等、自愿、协商的原则,不具有强制性效力;而司法性则体现在预重整中具有各方均应遵循的法律规则,这种规则的约束效力主要体现为进入重整程序后,法院将依据规则进行严格的事后审查并决定是否批准,从而迫使当事人在事前的预重整谈判、重整计划制定、利害关系人表决等事项中不得不自觉遵守,否则预重整就会失败。应当指出的是,司法实践中债务人企业在进入重整程序前与债权人等利害关系人进行协商,以图达成债务解决方案,是非常常见的现象,但不能简单地将这种庭外协商均视为预重整程序。预重整的关键是庭外的协商要符合相应规则,要能够保障在重整程序启动后获得法院对重整计划草案的审查和批准。没有了规则的指引,就不是法律意义上的预重整,而仅仅是庭外重组,也不具备在此后启动的重整程序中请求法院直接予以审查批准的资格。我们既不能盲目地将庭外重组拔高为预重整,但也不应认为只有预重整才是解决债务人挽救问题的唯一正确方法,庭外重组在债务人挽救方面同样具有重要的意义。不同的程序适用于不同情况。

根据《破产法立法指南》的规定,预重整具有一些重整所不具有的特点,有些

---

① 参见江丁库主编:《破产预重整法律实务》,人民法院出版社 2019 年版,第 182 ~ 183 页。

特点只是具有外观性的意义，其中值得注意的操作规则有以下几点：

1. 预重整不要求所有债权人等利害关系人都必须参与，那些权益将不受影响的利害关系人可以不参与，且因其利益不受影响，故对他人拟定的重整计划也不会持否定态度。实践中，主要是金融债权人参与，如银行贷款人、债券债权人等，贸易债权人、优先债权人（如税收和社会保险当局）以及职工债权人等通常不参与。

2. 在预重整转入重整程序时，可以将程序的约束效力范围仅限于受重整计划影响的债权人等利害关系人。但为解决财产保全、使用等问题，也可以将范围扩大至相关债权人。

3. 对债权人等利害关系人应进行充分的信息披露，信息披露的要求原则上不低于重整程序的要求。

4. 对受重整计划影响的债权人等利害关系人的参与权和表决权等权利予以充分保障。

5. 对在重整计划表决中的异议债权人的保护不得低于正式重整程序所提供的保护。

6. 在对各方利害关系人的实质权益没有不利影响的情况下，尽量简化破产重整程序。

此外，在预重整程序中，强调的是由债务人主导预重整活动（少数情况下也有由债权人主导的），与之相应的是重整程序启动后通常均采取债务人自行管理模式，所以企业控制权丧失的风险要比正式的重整程序小，其中一个突出的表现就是在预重整中，不指定管理人包括所谓临时管理人去接管债务人企业。为了使预重整能够顺利进行，债务人可以聘请中介机构参加辅助，但这种参加不是管理人的取代与接管性质，控制权仍在债务人手中。法院原则上也不对预重整程序进行干预，以保障其具有的庭外自治协商的基本属性。在强调庭外重组和重整程序衔接融合的前提下，在非司法和司法两个不同程序的各自进行中要保持自身的基本特征，方能构成预重整。

我国目前实施典型预重整程序的主要不足：

第一，没有普遍适用的共同规则，实务操作混乱，既影响预重整的实际效果，也影响对债权人等利害关系人基本权益的保障。

第二，预重整程序的结果有两种情况，一是已形成多数意见支持的重整计划草案,二是仅就未来重整计划形成原则性意见或合意。[1] 后者显然对简化破产重整程序方面的作用不大。即使在预重整中通过了重整计划草案,由于目前法律规定的限制也无法在正式的重整程序中免除债权人会议的召开和表决程序,起不到大幅简化程序的效果,节省的只是谈判时间。预重整和庭外重组相比,程序上的优势不够凸显。

第三,企业适用预重整的普遍时机过晚,使挽救企业可采取的措施和效果受到严重的不利影响。

第四,由于《企业破产法》中没有对预重整的规定,致使预重整的一些重要措施难以实施,如免除债权人会议对预重整中拟订的重整计划草案的表决等,即便司法解释作出相应规定也可能有立法越权的问题。

此外,在目前没有明确法律规则的情况下,实务中易形成许多不规范乃至错误的操作惯例,进而使日后的立法制定和规范操作都受到潜在的不利影响,导致预重整制度的建设可能会偏离正确的方向。为实现《指导意见》中以预重整制度来应对疫情不利影响、挽救企业的目的,可考虑先由最高人民法院出台座谈会纪要或指导意见之类的政策性文件,以指导司法实践中的预重整操作,使之规范化。

(二)建立破产审判的简易程序、运用信息化手段解决程序问题

2020 年 4 月 15 日,最高人民法院印发了《关于推进破产案件依法高效审理的意见》(以下简称《高效审理意见》),强调提高破产审判效率,降低破产程序成本。《指导意见》也强调在应对疫情影响中,要充分利用信息化手段推进破产案件审理的各项工作,尤其是借此在充分保障债权人的知情权和参与权的基础上简化程序、降低成本,提高效率。其第 23 条规定:“疫情防控期间,要根据《最高人民法院关于推进破产案件依法高效审理的意见》的要求,进一步推进信息化手段在破产公告通知、债权申报、债权人会议召开、债务人财产查询和处置、引进投资人等方面的深度应用,在加大信息公开和信息披露力度、依法保障债权人的知情权和参与权的基础上,助力疫情防控工作,进一步降低破产程序成本,提升破产程序效率。”

综合上述最高人民法院两个文件的内容,其中涉及运用信息化等手段简化

---

① 参见张婷、胡利玲编著:《预重整制度理论与实践》,法律出版社 2020 年版,第 120 页。

破产程序的较为重要的措施有以下几项：

第一，破产公告的简化。《高效审理意见》第1条指出，对需要公告的破产事项，“人民法院、管理人应当在全国企业破产重整案件信息网发布，同时还可以通过在破产案件受理法院公告栏张贴、法院官网发布、报纸刊登或者在债务人住所地张贴等方式进行公告”。这里的关键内容是，明确了法院和管理人必须（“应当”）采取的公告方式是在“全国企业破产重整案件信息网”上发布，其他方式均可视情况自由选用，在“人民法院报”上刊登公告也是可以自行决定是否选用的方式。本条规定是对公告适用方式的澄清，有助于缩短公告时间、降低破产成本。

第二，《高效审理意见》第1条第2款规定：“对于需要通知或者告知的事项，人民法院、管理人可以采用电话、短信、传真、电子邮件、即时通信、通讯群组等能够确认其收悉的简便方式通知或者告知债权人、债务人及其他利害关系人。”通知本以信息有效送达为原则和目的，在当前信息化、电子化手段日益完善的情况下，通知不应再局限于传统方式，而应当与时俱进。此项规定是对通知方式的简便化、实用化，大大便利了人民法院和管理人的工作，节省了时间与费用成本，提高了办案效率，解决了实践中的一项难题。

第三，《高效审理意见》第2条规定：“债权人提出破产申请，人民法院经采用本意见第1条第2款规定的简便方式和邮寄等方式无法通知债务人的，应当到其住所地进行通知。仍无法通知的，人民法院应当按照本意见第1条第1款规定的公告方式进行通知。自公告发布之日起七日内债务人未向人民法院提出异议的，视为债务人经通知对破产申请无异议。”在司法实践中，经常出现债权人提出破产申请后，法院无法通知到债务人的情况，从而使破产案件的审理时间被长期延误，影响对营商环境的评价。对本条中规定的无法通知债务人时采用的公告通知方式，从实际效果考虑，以采取在破产案件受理法院公告栏和债务人住所地张贴的方式为宜，而在“全国企业破产重整案件信息网”上公告的实际意义不大。

第四，根据《企业破产法》的规定，管理人应当及时接管债务人的财产、印章和账簿、文书等资料。但在司法实践中，经常有债务人拒不向管理人移交，妨碍破产司法程序的进行。为解决这一难题，《高效审理意见》第8条规定：“债务人拒不移交的，人民法院可以根据管理人的申请或者依职权对直接责任人员处以罚款，并可以就债务人应当移交的内容和期限作出裁定。债务人不履行裁定确定的义务的,人民法院可以依照民事诉讼法执行程序的有关规定采取搜查、强制交付等必要措施予以强制执行。”对处罚措施的明确规定,有助于保障破产程序顺利、快捷地进行。笔者认为,债务人不履行裁定确定的义务时,人民法院除可采取搜查、强制交付等必要措施予以强制执行外,在强制执行未果的情况下,还可以在其履行义务之前,不断限期交付并对每次逾期不交付的违法行为反复采取罚款方式处罚,以惩戒违法行为。

第五,《高效审理意见》第10条规定:“第一次债权人会议可以采用现场方式或者网络在线视频方式召开。人民法院应当根据企业破产法第十四条的规定,在通知和公告中注明第一次债权人会议的召开方式。经第一次债权人会议决议通过,以后的债权人会议还可以采用非在线视频通讯群组等其他非现场方式召开。”第11条规定:“债权人会议除现场表决外,可以采用书面、传真、短信、电子邮件、即时通信、通讯群组等非现场方式进行表决。”为简化破产程序、提高破产审判效率,尤其是应对疫情防控的要求,债权人会议的召开也有必要引入电子化、信息化的方式。本条规定为实践中的创新做法提供了指导依据。

第六,《高效审理意见》中还构建了简单案件快速审理机制,规定对于债权债务关系明确、债务人财产状况清楚、案情简单的破产清算、和解案件,人民法院可以适用快速审理方式。《企业破产法》中对破产案件的审理未设置期限,为使适用快速方式审理的破产案件能够及时结案,《高效审理意见》规定,人民法院应当在裁定受理之日起6个月内审结。同时,对法院受理破产申请后对已知债权人的通知、管理人完成对债务人财产状况调查的一般期限、破产财产分配程序的简化等问题作出相应规定。

三、应对疫情影响与完善营商环境

目前,国家已经出台了很多有力的政策措施支持企业,包括“8个方面90项政策措施,实施援企稳岗,减免部分税费,免收所有收费公路通行费,降低用能成本,发放贴息贷款”,[①]等等。这些宏观上的普惠政策,对缓解企业困境、促进经济复苏、完成“六稳”“六保”任务具有重要的作用。同时,对那些已经陷于破产境地和进入破产程序的企业,还需要更具有针对性的精准法律与政策的支持。

---

① 李克强:《2020年5月22日在第十三届全国人民代表大会第三次会议上的政府工作报告》。

第一，建议中央（最好由中央统一下发文件进行规范）和各级地方政府设置与破产相关的各类政策性基金，支持破产案件审理中的一些费用难题以及因企业破产衍生的各种社会问题的解决。具体包括：破产企业职工债权清偿和就业安置保障基金，用于在破产清算程序中解决破产财产不足以清偿职工债权的情况，以及对职工就业安置的各种社会费用；破产费用保障基金，用于解决债务人财产不足以支付破产费用时的补贴支出，或者债务人进入破产程序时无现金支付必要破产费用的垫付，解决无财产或财产不足破产案件中管理人合理报酬的支付，以维护破产程序的顺利进行，并避免因无破产费用而无法对债务人恶意转移财产等欺诈逃债行为进行调查与诉讼追究；企业重整基金，用于解决企业重整中对过桥资金等方面的需求，以及对重点保障企业的短期财务投资和政策性支持。在政府设立政策性基金之外，还应指导并鼓励社会和企业尤其是资产管理公司设置商业性的危困与重整企业救助基金等，以市场化的手段解决企业重整挽救中的各种困难，同时给予一定的政策优惠支持。

第二，在全国普遍建立破产法实施中的"府院联动"制度（即政府与法院联合行动解决破产社会问题的机制），以解决因配套法律制度等不健全而产生的审理困难问题和社会衍生问题，并积极推动破产法配套法律制度的改革与发展。《2015 年中央经济工作会议公报》强调，"要依法为实施市场化破产程序创造条件"。市场化是一个社会整体性的概念，破产法的市场化实施是以一个较为完善的市场化社会体系为基础的。目前，我国有关破产法实施的各种社会配套法律与制度尚不健全完善，一些与破产相关的法律制度如税收、信用修复、企业注销等制度，往往仅着眼于调整正常经营的常态企业，而缺乏对处于债务困境与破产程序中的非常态企业进行常态化调整的理念和措施。一些相关法律制度与破产法之间的生态关系甚至处于隔离、缺失与冲突的状态，不仅不能对破产法的实施起到有机配套、衔接与融合的保障效应，其存在的制度缺陷有时反而成为破产法市场化实施的障碍。为应对疫情之下企业破产案件数量的上升，高效审理破产案件，拯救困境企业的需要，应当通过积极的"府院联动机制"，协调司法裁判与行政管理服务的关系，协同推进困境企业的拯救再生与市场退出问题的解决。

第三，对企业在破产存续中尤其是重整挽救程序中的税收进行调整，完善重整企业的信用修复制度，保障挽救企业获得实际成功。挽救企业迫切需要有针对性的税收优惠政策的支持，目前的税收法律没有针对破产困境企业的合理调整措施,如对重整中债权人减免债务人的还债金额视为企业的所得,机械地收取所得税等,缺乏支持企业挽救的税收措施。如果说普遍性地降低企业税费,有助于预防企业陷于破产,那么对已经陷于破产程序尤其是进入挽救程序的企业施以税收政策支持,直接有利于促进企业重整挽救成功,防止企业倒闭造成的各种不利社会影响,是更为紧迫的社会需求,更应当优先解决。此外,重整企业的信用不能得到及时修复,严重影响企业在重整计划执行中的贷款资格、招标资格等各方面的生产经营活动,也是必须尽快解决的问题。不重视对破产困境企业的挽救与政策支持,经济问题就可能会演化成社会问题。

上述部分改革原则已经纳入国家发布的《加快完善市场主体退出制度改革方案》的范围,但也有一部分(如各种保障基金的设置、破产程序中税收的调整等)尚未得到充分的重视和解决,尤其是与当前在疫情影响下变化了的国内外经济贸易形势的要求相比,需要进一步加快深化改革开放的步伐,以完成中央“六稳”“六保”的任务。

健全破产相关法制　完善市场退出机制*

经国务院批准，国家发改委、最高人民法院等 13 个部门联合发布《加快完善市场主体退出制度改革方案》（以下简称《改革方案》）。这一重要文件对市场主体退出制度的改革进行了全面的规划与设计。在指导思想上，强调要“按照市场化、法治化原则，建立健全市场主体退出制度，提高市场重组、出清的质量和效率，促进市场主体优胜劣汰和资源优化配置，推动经济高质量发展和现代化经济体系建设”，最终实现“逐步建立起与现代化经济体系相适应，覆盖企业等营利法人、非营利法人、非法人组织、农民专业合作社、个体工商户、自然人等各类市场主体的便利、高效、有序的退出制度，市场主体退出渠道进一步畅通，市场主体退出成本明显下降，无效低效市场主体加快退出，为构建市场机制有效、微观主体有活力、宏观调控有度的经济体制提供有力支撑”的总体目标。《改革方案》对进一步改革、完善市场主体退出制度具有极为重要的意义。

完善市场主体退出制度，是健全完善市场经济体制、优化资源配置的关键环节之一。商品经济是通过商品交换实现商品的价值与使用价值的，所谓商品交换就是资源的配置。商品交换需要通过一个适当的场所（有形的

---

* 本文原载于《中国改革报》2019 年 7 月 17 日，第 4 版。

或无形的),以顺利完成商品的交易行为。这个场所应当对所有参与主体公平、平等、开放,能够自愿、高效地实现商品的等价交换,能够在广阔的领域有充分的机会与渠道,迅速、准确反映社会对商品的需求,并通过竞争机制在诚实信用的基础上有序寻求商品真实价值的实现,进而容纳商品交换关系的总和,这就是市场。市场是实现资源配置的最佳场所,通过市场进行的商品交换是资源的最佳配置方式。所以商品经济的本质就是市场经济,市场经济是商品经济运行与实现的基础。市场中的商品交换离不开市场主体的进入与参与,同时通过市场的优胜劣汰竞争机制实现市场主体的规范退出。

市场的准入与退出,是市场主体参与商品交换活动必然要经过的两个环节。市场的准入,解决市场主体取得进入市场资格的实体条件与程序条件问题,通过国家相关的审核和登记程序,从法律上确认市场主体的资格。市场的退出,则是解决市场主体在结束经营或经营失败后,如何规范、有序、高效、低成本离开市场,并对其原占有社会资源的再度优化配置问题,同时为那些面临退出困境但仍具有挽救希望与挽救价值的主体设置救助渠道,使之涅槃重生,继续生存。

根据《改革方案》的总结,纳入改革范围的市场主体退出方式主要有以下四种:(1)自愿解散退出;(2)破产退出;(3)强制解散退出;(4)特定领域退出。本文着重从市场主体破产退出的角度就文件中关于破产法的立法完善与市场化实施问题进行分析。

市场主体以破产方式退出市场的关键特征,是企业退出市场是因不能清偿到期债务即发生破产原因。与其他市场退出方式相比,自愿解散退出,是在企业发生解散原因时能够自行清算且可以清偿全部债务时的退出。强制解散退出,通常是指《公司法》第182条、第183条规定的司法强制解散与强制清算,即在企业发生司法解散原因时不能自行解散与清算但尚可以清偿债务时的退出。但《改革方案》中的强制解散退出,则是指市场主体因政府公共政策而被强制行政解散退出的情况,与《公司法》上的司法强制解散并非完全同一的概念。至于特定领域退出,是指因公共安全、产业调整、区域发展、技术标准、环境保护等公共利益需要,通过国家有关机关的依法强制或引导,使市场主体从特定生产领域、业务领域退出。其中后两种市场退出由于是在政府以行政手段强制或引导的市场主体退出,必然涉及退出条件、救济与补偿制度等问题,从某种意义上讲,可以归入《公司法》第180条规定的解散原因中第4项,“依法被吊销营业执照、责令关闭或者被撤销”的范围之内。在市场退出方式中，最为复杂且真正体现市场化、法治化的退出方式则是破产退出。

《改革方案》针对破产立法与实施中的问题，着重指出四个改革与完善方向，即完善企业破产制度、分步推进建立自然人破产制度、加强司法与行政协调配合和加强司法能力及中介机构建设。此外，还突出强调对与破产法实施配套的相关社会法律制度的健全与完善，尤其是对信用记录与信用修复制度以及市场主体退出的财政与税收政策的改革完善。笔者认为，在市场主体破产退出制度改革完善方面，要注意以下几个方面的问题：

第一，尽快启动并完成《企业破产法》修订和自然人破产立法工作。《企业破产法》的修订已经纳入全国人大常委会的立法规划，建立自然人破产制度也得到有关部门的重视，并在社会上获得积极反响。考虑我国立法程序的要求和过去立法的实际进展情况，笔者认为，应当借此次修订《企业破产法》的机会，直接扩大破产法的主体适用范围，在现有破产法体系中涵盖自然人破产制度，将企业破产与自然人破产均纳入破产法修订的内容。这样可以避免因单独制定自然人破产法要等待纳入立法规划、单独组建立法班子等程序性工作而延误时间，导致法律出台长期滞后，难以适应社会法律关系调整的迫切需要。考虑《企业破产法》需要及时完成修订出台，可以将企业破产制度与个人破产制度分编一并制定、分时出台，并形成统一的破产法典。

在企业破产制度的改革完善方面，一方面，是对现行立法中存在的错误与不妥之处全面进行修改；另一方面，是要将现行立法在制度方面的缺失充分补足。例如，简易破产程序、关联企业破产规则、跨境破产制度、破产法律责任制度等，尤其是在企业挽救方面要建立预重整制度，完善债务人自行管理制度，并且为庭外重组制度确立适当的规则，同时，建立相应的政府或社会组织指导、保障庭外重组的顺利进行。在破产立法完善方面，要特别强调“宜细不宜粗”的原则，立法要具体化而不是原则化，要使立法能够充分满足实际破产审判与实务工作人员独立判断办理案件的需要，使审理破产案件的法官能够依法独立判案，利害关系人能够依法进行监督，尽量减少因法律规定不明不细，不得不向上级领导和上级法院请示而出现的“审者不判、判者不审”的情况，以及因此导致的个别地方政府对案件审理的不当干预。在立法中，要杜绝过去破产立法中曾出现的盲目限制、减少法律条款数量的情况。

第二,进一步解决破产案件受理难问题。解决这一问题的关键,一是建立、培育破产专业化队伍,取消对破产审判人员在工作上设置的各种不合理的考核指标,大力增加破产审判人员与业务培训,消除部分落后地区因缺乏破产审判力量和有经验的管理人而对案件受理的畏难情绪。二是健全完善与破产案件审理相关的各种社会配套法律制度,解决法官和管理人受理与办理破产案件时的后顾之忧。我们一直强调,不得在法律规定之外为破产案件的受理设置其他条件与程序,这无疑是正确的。但是,要使这一点真正在全国范围内得到实现,就必须做到使破产案件受理后的审理能够不受到除破产法等法律规定之外其他条件的制约。

破产法是一个社会外部性极强的实践性法律,在企业破产程序中除要解决债务清偿、财产分配、企业挽救等破产问题外,还会产生一系列需要政府履行职责解决的与破产相关的社会衍生问题,如职工的救济安置、重整企业信用修复、涉破产的税费缴纳与工商注销登记问题、财政与税收政策等,需要法院在破产程序中一并解决,需要进行大量本不在破产法规定下和法院职责中的社会协调工作。在其他国家中,这些社会问题均是由相关完善的配套法律与制度予以市场化、法治化、常态化解决。由于我国破产立法与实施整体上处于建制初期,目前有关破产法市场化实施的各种社会配套法律与制度尚未建立完善,一些与破产相关的法律和制度往往仅着眼于对正常经营的常态企业的调整,而缺乏对处于债务困境与破产程序中的非常态企业进行常态化调整的理念和措施,其与破产法之间的生态关系处于隔离、缺失乃至冲突的状态。如某些税收法律、信用制度等,不仅不能对破产法的实施起到有机配套、衔接与融合的保障效应,其制度缺陷反而成为破产法市场化顺利实施的障碍,这就使法院在受理破产案件尤其是一些重大破产案件时,对这些问题往往存有后顾之忧。只有逐步解决这些破产衍生社会问题,才能使破产案件的受理真正不再困难。

《2015 年中央经济工作会议公报》强调,“要依法为实施市场化破产程序创造条件”。市场化是一个社会整体性概念,破产法的市场化实施一定是以有一个较为完善的市场化社会体系为基础的,即取决于整个社会的市场化程度,尤其是各种社会配套法律与制度的市场化程度。为此,《改革方案》强调,“鼓励地方各级人民政府建立常态化的司法与行政协调机制,依法发挥政府在企业破产程序中的作用,协调解决破产过程中维护社会稳定、经费保障、信用修复、企业注销等问题,同时避免对破产司法事务的不当干预”。据此,在完善市场主体退出制度的改革中,要建立切实可行的制度督促各级地方政府在相关破产配套制度不健全情况下,积极解决本应由其解决的各种破产衍生社会问题,不仅要建立常态化的司法与行政协调机制,而且要建立破产审判法官、管理人和相关利害关系人对政府有关部门和人员配合破产工作的评价制度,以及对行政人员消极不履职行为的责任追究制度。在司法实践中,已有的司法与行政协调机制,如府院联动机制的实施中,要逐步用制度和法律去约束人,要推动目前从联席会议、人际协商方式向以制度和法律解决问题发展转化。要督促相关机关重视并及时修改那些影响、阻碍破产法市场化实施的法律与制度,争取早日以国家法律制定与建设全国统一制度的方式,彻底解决市场化实施破产程序的配套法律制度问题。

第三,在市场主体破产退出制度的改革与完善中,还要做好与其他市场退出机制以及相关法律制度之间的协调、转换与衔接。在市场主体退出制度中,尽管存在不同的退出渠道,但是一个整体化的法律制度,相互之间存在密切的关系与影响。例如,在市场主体以自愿解散、强制解散等方式退出时,如果发生资产不抵债务的情况时,就需要向破产退出程序转换。为此,需要对市场主体退出制度的转换条件、程序、相互的衔接等问题作出相应规定,“形成协调一致、相互支撑的法律体系”,保障市场主体退出制度整体上的顺利实施。目前,在法院系统内的“执行转破产”,就是解决市场主体退出中不同程序相互转换与衔接的典型。当发现债务人在执行中已经发生破产原因时,将其转入破产程序,适用破产退出机制解决问题是最为适当的选择。所以,在市场主体退出制度的改革与完善过程中,要注意避免割裂不同市场主体退出制度的关系,从整体上改革与完善市场主体退出机制。

《改革方案》为我国市场主体退出制度的改革与完善确立了方向与目标,确立了政府各个部门以及各级地方政府的工作责任,必将进一步提升我国的营商环境,为市场主体依法退出营造良好的法律与制度环境。

保障破产法的市场化、法治化实施*

2019年6月，国家发展和改革委员会、最高人民法院等13个国家机关联合发布《加快完善市场主体退出制度改革方案》(以下简称《改革方案》)。这一方案对市场主体退出制度的改革做了全面的规划与设计，在指导思想上，强调要“按照市场化、法治化原则，建立健全市场主体退出制度，提高市场重组、出清的质量和效率，促进市场主体优胜劣汰和资源优化配置，推动经济高质量发展和现代化经济体系建设”。最终实现“逐步建立起与现代化经济体系相适应，覆盖企业等营利法人、非营利法人、非法人组织、农民专业合作社、个体工商户、自然人等各类市场主体的便利、高效、有序的退出制度，市场主体退出渠道进一步畅通，市场主体退出成本明显下降，无效低效市场主体加快退出，为构建市场机制有效、微观主体有活力、宏观调控有度的经济体制提供有力支撑”的总体目标。

一、市场主体退出制度与破产法

市场是商品经济实现资源配置的最佳场所。市场中的商品交换等资源配置活动离不开市场主体的进入与参与，同时通过市场的优胜劣汰竞争机制实现市场主体的

---

* 本文原载于《中国改革》2019年第5期。

规范退出,并通过市场主体有进有出的良性生态循环进一步实现资源的反复优化配置。

“市场主体退出制度是现代化经济体系的重要组成部分”。市场主体的退出是一个整体性的社会制度,需要适应各种不同情况的退出方式的相互衔接协调与密切配合支撑,以形成一个完善的动态调整体系。在市场退出方式中,最为复杂、规范且能够更好体现市场化、法治化原则的退出方式,是破产法规范下的破产退出。对破产退出,不能将其简单地理解为破产清算、公平清偿、主体注销式的退出。在所谓破产退出中,还包括企业挽救式的退出。我国的《企业破产法》中规定有两类破产程序,即破产清算程序和破产挽救程序,后者包括重整程序与和解程序,而重整程序已被世人认为是对陷于债务与经营困境企业最有力的挽救程序。在企业挽救式的退出方式中,可以通过新战略投资人(包括经营者)的引入,旧投资人的淘汰退出,实现企业资源在投资主体间的优化配置,或者通过对企业营业事业资源的整体出售实现优化配置,使其事业在收购企业中继续实现其营运价值。破产退出,尤其是其中的挽救式市场主体退出,与资源优化配置模式所具有的社会功能和优越性,是其他市场主体退出方式所不具备的,更是其他市场退出机制所无法取代的。

《改革方案》强调,市场主体退出制度的建立、完善与实施要贯彻市场化、法治化的原则。破产法是以市场经济为基础的法律,所以其作为市场化法律的实施,本身理应体现市场化、法治化的基本原则。但是,在破产法实施的实践过程中,往往也难免会遇到各种非市场化、非法治化因素的干扰与影响。这些影响因素多数是由于在市场化实施中遇到行政权力的不当干预,或因其他社会配套法律制度不健全所形成的,当然也不排除存在破产法本身立法不完善的问题。我国破产法的市场化、法治化实施的关键问题是什么,怎么在现实基础上逐步实现破产法的市场化实施,进而实现法治化实施,保障市场主体退出制度的关键环节——破产退出的顺利实现,是需要深入探究的问题。

需要进一步认识破产法市场化实施与市场经济的关系。只有在市场经济的基础上,才会产生对破产法的真实社会需要,才会存在制定市场化的破产法并市场化实施的可能。换言之,在一国没有形成以市场经济为基础的基本经济体制,没有达到市场经济因素占据主导地位并成为确定的发展方向时,往往是不会有市场化的破产法产生的适合空间,更难以做到市场化实施。即使制定了破产法,往往也因实施条件不完备被束之高阁，得不到普遍的市场化实施，或是异化为行政权力的附庸。而当经济体制中的市场化因素发生逆向波动时，甚至可能在实施中出现与破产法的立法目的和基本原则相背离的现象。破产固然是任何一个以市场经济为基础（不管其有何种演变或附加属性）的社会必然会出现的现象，是不以人的意志为转移的客观规律，但是，这是从历史长河发展的时间维度去考察，而在某个特定的时期内，人的意志和努力却是可以影响到历史规律发挥作用的早晚、快慢、深浅和范围的。

市场经济与破产法存在密切的有机互动关系。一方面，市场经济采用何种模式、发展到何种程度，破产法立法与实施的理念、宗旨、规则也就会呈现出相应的特色。另一方面，破产法的立法与实施状况，也会对市场经济的发展产生正向的促进作用，或者反向的阻滞作用。从历史发展的角度看，两者是处于不断的平衡、失衡、平衡的相互促进、螺旋发展的进程中。虽然探索、停滞乃至倒退也可能在一定阶段存在，但是，历史发展的总趋势是无法从根本上改变的。破产法除具有重要的直接法律调整作用，如规范企业的市场退出机制、公平清偿债务、挽救债务人企业与事业外，往往还承担着或被赋予了更多的社会意义与功能，如我国深化供给侧结构性改革、优胜劣汰退出机制、处置“僵尸企业”、实现“三降一去一补”目标、国企改革等。如今，破产法律制度受到党中央和国家的充分重视，在多个中央文件中强调其对市场经济发展的重要性，强调充分发挥破产法的作用，进而促使在我国司法实践中，破产法的实施出现转折性的重大进展。《改革方案》的出台便是促进、保障破产法市场化、法治化实施的重要措施。

在《改革方案》中，针对破产立法与实施中的问题，着重指出四个改革与完善的方向，即完善企业破产制度、分步推进建立自然人破产制度、加强司法与行政协调配合和加强司法能力及中介机构建设。同时，还特别强调对各项与破产法实施配套的相关社会法律制度的健全与完善。笔者认为，从破产法角度实现加快完善市场主体退出制度的改革，需要解决三个方面的问题，即加快完善破产立法，加快完善破产法的市场化实施，加快完善破产法的配套法律制度。

二、加快完善破产立法

第一，尽快启动并完成《企业破产法》的修订工作。《企业破产法》的修订已经纳入全国人大常委会的立法规划。首先，在《企业破产法》的修订完善方面，要将经过长期的理论研究与实际操作检验而发现的现行立法中存在的错误与不妥之处进行全面的修改。在破产法的修订中,要特别强调“宜细不宜粗”的原则,立法要具体化且可操作,而不能是原则化可任意解释。要使修改后的立法能够充分满足实际破产审判与实务工作人员独立判断办理案件的需要,使审理破产案件的法官能够有法可依地独立办案,保障管理人能够依法履行职权,利害关系人能够明确依法进行监督,尽量减少因法律规定不明不细不得不向上级领导和上级法院请示而出现的“审者不判、判者不审”的情况,以及因此导致的个别地方政府对案件审理的不当干预空间。要将破产法的立法和修订当作一门严谨的社会科学,而不能将其简单化。

其次,《企业破产法》的修订完善要将现行立法在制度方面的缺失充分补足,并进行必要的制度创新。《改革方案》中指出,“市场主体达到法定破产条件,应当依法通过破产程序进行清理,或推动利益相关方庭外协议重组,以尽快盘活存量资产,释放资源要素。对陷入财务困境但仍具有经营价值和再生希望的企业,支持债权人、债务人及利益相关方利用破产重整或庭外协议重组等方式,推动企业债务、股权结构和业务重组,恢复生产经营。对丧失经营价值和再生无望的企业,要及时通过破产程序实现市场出清”。为此,需要在立法修改中建立健全原来尚未规定或未具体规定的各种破产制度。例如,简易破产程序、关联企业合并破产规则、跨境破产制度等,尤其是在企业挽救方面要建立预重整制度,完善债务人自行管理制度,并且为庭外重组制度确立适当的规则,强化庭外重组的公信力和约束力。由于庭外重组通常没有法院和管理人的直接参与,所以还应当建立相应的社会组织以指导、保障庭外重组的顺利进行。

第二,尽快推进建立自然人破产制度,尤其是要解决自然人因无力为破产企业承担连带责任担保而产生的破产问题。建立自然人破产制度,是我国在健全完善市场主体退出机制过程中必须完成的任务,要予以充分重视和深入研究。考虑我国立法程序的要求和过去立法的实际进展情况,笔者认为,应当借此次修订《企业破产法》的机会,直接扩大破产法的主体适用范围,在破产法体系中增加自然人破产制度,将企业破产与自然人破产均纳入破产法修改制定内容。这样可以避免因单独制定自然人破产法要等待纳入立法规划,单独组建立法班子等程序性工作而延误时间,导致法律的出台长期滞后,难以适应社会法律关系调整的迫切需要。考虑《企业破产法》需要及时完成修订出台,必要时可以将企业破产制度与个人破产制度分编制定、分时出台,并形成统一的破产法典。

我国的个人破产立法要明确“促进竞争、鼓励创新、宽容失败、保障生存”的立法目的,并通过自由财产、免责和复权等个人破产的特色制度激励财务失败的债务人重新积极融入社会、创造财富,客观上达到使各方利害关系人在既定现实下减少损失或共同增益的效果,同时促进市场经济发展、维护社会稳定。要建立完善的个人破产中的自由财产、免责等特殊制度。自由财产制度要解决的是,在自然人破产时,为债务人及由其抚(扶)养家庭成员的基本生活提供必要的金钱与财产保障,为其继续工作提供合理的条件,以及为其重新创业提供无生存负担的环境,但不是为其保留或提供用于经营活动的、超出工作与生活保障条件的财产与资金资源。免责制度保护的是诚实而不幸的债务人,对那些欺诈债权人、损害债权人利益或违反破产法规定义务者,是不适用免责制度的。我国应当采取法院许可免责主义,而不能采取无审批的当然免责主义,应明确规定债务人的若干种行为属于不免责行为,有此类行为者便不予免责,并确定什么债务属于不免责债务。破产程序终结后,对债务人免责之前要设置一定期间的良好品行期以持续清偿债务。个人破产法的顺利制定并得到市场化的实施,还需要有针对性地健全、完善与影响个人破产法实施直接相关的各种法律制度。在个人破产法出台之后,还要建立对立法及时修订的制度,如每两年提交一项立法修正案,确保法律能够及时满足社会经济发展与司法实践的需要。

个人破产法无疑会对债权人与债务人的正当权益起到重要的保障作用,尤其是那些在企业破产时承担连带责任担保的自然人债务人。但是,我们对自然人破产制度的意义要有更为广阔的眼界,不能局限于孤立的债权人和债务人的利益,要看到个人破产制度对市场经济与社会所产生的全方位、多层次的调整、协调与促进作用,这是在评价和着手个人破产立法时必须充分考虑的因素,并要有意识地致力于实现这些社会利益。

其一,市场经济的发展需要最大限度释放市场主体的经济活力,尤其是释放个人特别是企业家的创造能量。个人破产法中的各项制度设计,有助于通过促进竞争、鼓励创新、宽容失败、保障生存的立法目的,排除各种障碍与顾虑,促使经济活动最大化,为人们的创业、创新与发展,为人们积极参加社会经济活动,提供制度支撑、风险控制和社会保障。通过个人破产法,为市场经济下的金融环境与经济活动提供全面的稳定性和可预期性,提升我国的营商环境,使我国更好地融入国际经济贸易体系。

其二，市场经济要求确立公平、公正的基本理念，尤其是在维系市场经济商品交换、资源配置、信用交易、合同履行正常运转的债权债务制度上。在个人债务人丧失清偿能力的情况下，要想建立规范、公平的债务清偿制度，保障市场经济秩序，离不开破产法的调整。仅有《企业破产法》不足以实现破产制度的社会调整目标。尤其是在私营企业破产时，企业家及其家庭亲友为企业担保的情况非常普遍，导致破产法上的重整程序可能救得了企业，但救不了老板及其家庭，从而使重整制度的适用与效果大为削弱。只有个人破产法与企业破产法有机结合，才能保障破产法立法目标的顺利实现。

其三，通过个人破产制度的建立促进社会诚信的发展。个人破产法中的许多制度都是建立在市场经济的诚信原则基础上的，如免责制度是针对诚实而不幸的债务人适用，而破产撤销权与行为无效等制度则是针对不诚信的债务人适用。个人破产法可以通过各项制度鼓励诚实信用行为，打击破产欺诈逃债等失信行为，健全完善市场经济社会的诚信理念与保障体系。

其四，个人破产法的制定有助于保障债务人的人权，即其作为人的生存权与发展权，使其在财务破产崩溃的情况下能够维持正常的经济活动与社会生活。这是任何一个市场经济社会都应当具备的基本功能，所以在个人破产法中要设置与企业破产不同的相关制度，尤其是体现个人生存权和发展权的自由财产等制度。

其五，通过对个人债务在破产法律制度下的妥善处理，缓和、化解、消除由此可能产生的诸多社会矛盾、负面因素，乃至因债务纠纷激化、生活无出路产生的违法犯罪行为，营造建立稳定、和谐社会的坚实基础，为市场经济的健康发展提供法律与制度保障。

个人破产法对我国处于发展和改革进程中的不够完善的市场经济而言尤其重要，其具有的意义不仅是解决个人债务的公平清偿问题，还具有促进市场经济与社会制度全面发展完善的重要作用，有助于实现促进改革开放、深化供给侧结构性改革等任务。

三、保障破产法的市场化、法治化实施

在具备较为完善的破产立法之后，还要保障破产法的市场化、法治化实施。

在市场化实施与法治化实施之间,市场化实施是关键,在确立了市场化实施的方向之后,法治化实施则是其必然路径。

第一,要正确处理市场与政府的关系。党的十八届三中全会通过的《中共中央关于全面深化改革若干重大问题的决定》指出,要"健全优胜劣汰市场化退出机制,完善企业破产制度"。

正确处理市场与政府的关系,要加强司法与行政的协调配合。

为此,必须强调把握好司法权与行政权各自在破产法实施中的边界。破产案件的审理是法院的职权领域,而企业破产案件中涉及的衍生社会问题以及部分需要地方政府协助处理的难题的解决,则是政府的职责领域。政府应当主要在破产法律程序之外发挥其社会调整作用。因此,在破产法的实施中,还要注意防范一些地方政府可能出现的不当利益冲动与不当干预。

第二,要健全完善破产程序启动制度,进一步解决破产案件受理难及其背后的社会问题。《改革方案》中指出,"企业符合破产条件时,应依法及时启动破产程序,不得设定超出法律规定的条件和程序。研究规定企业和企业高级管理人员等相关责任主体在企业陷入财务困境时负有及时申请破产清算或重整义务的必要性和可行性。总结执行转破产实践经验,明确执行转破产制度的法律地位"。最高人民法院多次强调,不得在法律规定之外为破产案件的受理设置其他条件与程序。笔者认为,要使依法受理破产案件真正在全国范围内得到普遍实现,必须保障法院在破产案件的审理中,能够不受除破产法规定外其他因素的干扰与制约,尤其是企业破产后的各种衍生社会问题以及与破产法实施存在矛盾与冲突的各种配套法律制度的掣肘乃至阻碍,也是解决本文后续将谈到的破产法实施配套法律制度的改革问题。不消除这些后顾之忧,在法律与制度改革完善之前,没有各级地方政府对解决破产衍生社会问题的全力支持,法院就难以真正做到完全依法受理和审理破产案件。

第三,要加强司法能力及中介机构建设。解决这一问题的关键是建立、培育破产专业化队伍,进一步建立破产专业审判庭或合议庭组织,配备充足的审判力量,真正取消各级法院系统对破产审判人员设置的各种不合理的工作业绩考核指标(如结案率等),加强对破产审判人员的常态化业务培训和案件审理指导,破除部分经济落后地区因缺乏破产审判力量和有经验的管理人而对案件受理的畏难情绪。在中介机构建设方面,要进一步优化破产管理人名册制度、管理人选任机制和管理人报酬制度，要重视对管理人的常态化业务培训，健全管理人与案件的分级管理制度，重视对管理人工作的事后考评，对管理人名册的定期更新，对管理人的动态监督与责任追究，建立管理人协会，等等。

四、破产法的配套法律制度

破产法的市场化实施，是以有一个较为完善的市场化社会体系为前提和基础的，所以，市场化本是一个难以割裂的社会整体性的概念。破产法能否市场化的顺利实施，除了破产法本身的问题，更多取决于其所面对的整个社会的市场化程度，尤其是各种社会配套法律与制度的市场化配合程度。破产法作为一个外部性极强的实践性法律，其实施是无法脱离围绕企业破产产生的诸多衍生社会问题的解决与相关制度的制约的。所以，涉及破产法的市场化实施，就不能把视野仅仅停留在破产法的范围内思考问题、解决问题，而更多的是要跳出破产法，从更为宏观的社会角度去解决法律市场化实施的基础性问题。目前，即使是在一些破产法审判工作颇为先进的地方，也难以做到顺利的市场化实施。因为市场化实施遇到的很多难题是全国性问题，不是个别地方政府职权范围内能够解决的。若从此角度考量，解决破产法的市场化实施，是推动整个社会与经济市场化重要的力量，是我国深化改革发展的重要突破点。此次《改革方案》最为重要的意义，就是较为全面地规划了对破产法实施各项配套法律制度的深入改革，以及对企业破产衍生社会问题的解决。这也正是为什么方案要由 13 个中央国家机关共同联合发布，并在每项具体改革措施后明确落实其分工负责单位的原因。

《2015 年中央经济工作会议公报》强调，“要依法为实施市场化破产程序创造条件”。公报之所以提出“创造条件”这一目标，是因为目前要完全实施市场化破产程序还不具备充分条件，其关键就是各种外部社会配套的法律与制度不健全、不完善。在企业破产程序中除要解决债务清偿、财产分配、企业挽救等破产法上的问题，还会产生一系列需要政府履行职责解决的与破产相关的社会衍生问题，如职工的债权清偿保障与社会救济及就业安置、重整企业的信用修复、涉破产税费的合理调整与工商及税务注销登记等，需要在破产案件审理中一并解决，要开展大量本不在破产法规定下和法院法律审判职责范围内的社会协调工作。这些问题的解决往往超出了法院与管理人的职权与资源范围，真正负有解决这些社会问题职责的是各级政府有关部门。在一些市场经济国家中，这些社会问题均是由相关完善的配套法律与制度予以市场化、法治化、常态化的解决，如建立职工工资保障基金、破产基金，有健全的失业救济、社会保障与再就业机制，在税收与企业财务管理等方面建立与破产法相互配合衔接的制度，所以，不需要通过或借道破产程序解决。但是，由于我国破产立法与实施整体上处于初期阶段，目前有关破产法市场化实施的各种社会配套法律与制度还不完善。一些与破产相关的法律和制度往往仅着眼于对正常经营的常态企业的调整，而缺乏对处于债务困境与破产程序中的非常态企业进行常态化调整的理念和措施，远远落后于现实发展的需要，其与破产法之间的生态关系往往处于隔离、缺失乃至冲突的状态，如某些税收法律、财务制度、信用修复制度等，不仅不能对破产法的实施尤其是困境企业的挽救起到有机配套、衔接与融合的保障效应，其制度缺陷反而成为破产法市场化实施难以逾越的障碍。这必然会影响法院依法受理和审理破产案件，使其不愿受理地方政府不肯承担解决社会问题职责的破产案件，乃至一些法院不得不借助于指定政府清算组为管理人的方式，将政府半强制地拖入破产案件，以缓解、疏导其面临的破产衍生社会问题。破产法的实施，在很多方面还离不开乃至依赖于地方政府直接或间接的个案支持与协调。《改革方案》强调："鼓励地方各级人民政府建立常态化的司法与行政协调机制，依法发挥政府在企业破产程序中的作用，协调解决破产过程中维护社会稳定、经费保障、信用修复、企业注销等问题，同时避免对破产司法事务的不当干预。"据此，解决问题的正确方法，不是将政府重新推向行政直接干预企业破产的前台，走非市场化、非法治化的政策性破产老路，包括诸如向后退缩到由政府清算组担任管理人的模式等。

在完善市场主体退出制度的改革中，重点是要解决只能由中央政府解决的全国性破产配套法律制度及衍生社会问题，如建立常态化的全国统一的政府财政支持企业破产费用制度、职工工资保障基金、管理人报酬保障基金等，尤其是在重整企业破产财务制度、税收调整等方面，要破除"杀鸡取卵"式的保守思想和陈旧财税制度。在以法律和制度统一解决衍生社会问题之前，司法实践中已有的司法与行政协调机制，如一些地方政府建立的"府院联动"机制的实施中，要推动从联席会议、人际协商等方式向以制度和法律解决问题发展转化，利用政府和法律的力量来解决现实市场缺陷，更好地发挥政府作用。但"府院联动"主要还是接近于人治而非法治的非常态化的解决方式，属于过渡性措施，其具有一定的不确定性风险,所以,必须在充分总结实践经验的基础上使其对问题的解决法律化、制度化、常态化。当相关法律与制度真正健全之时,也就是“府院联动”机制完成其历史使命之日。为此,要持续性地不断逐步深化市场退出机制的改革。

府院联动机制与破产案件审理*

府院联动机制是目前在破产审判工作中解决企业破产衍生社会问题的一种新生机制。要想正确地理解、适用并完善府院联动机制，就必须从破产法的市场经济属性及其市场化、法治化实施谈起。破产是任何一个以市场经济为基础（不管其有何种演变或附加属性）的社会必然会出现的现象。虽然这是不以人的意志为转移的客观规律，但从历史长河发展的时间维度去考察，在某个特定的时期内，人的意志和努力却是可以影响历史规律发挥作用的早晚、快慢、深浅和范围的。我国破产法的产生与实施便是如此。

我国的破产法是在建立市场经济体制过程中诞生的，尤其是2006年《企业破产法》是一个以市场经济为基础制定的法律。作为市场经济之法律，其必然要求市场化的实施，而市场经济乃是法治化的经济，市场化的破产也必然是法治化的破产。所以，只有做到市场化、法治化的实施，才能真正实现破产法的立法目的。

破产法是一个社会外部性极强的实践性法律，在企业破产程序中除要解决债务清偿、财产分配、企业挽救等破产法问题外，还会产生一系列需要政府履行职责来解决的与破产相关的社会衍生问题，如职工的救济安置、重

---

* 本文原载于《人民法院报》2018年2月7日，第7版。

整企业信用修复、涉破产的税费缴纳与工商注销登记问题等,需要进行大量的社会协调工作。这就决定了破产审判工作尤其是重大破产案件的审判工作往往离不开外部支持,尤其是地方政府的支持。破产法的市场化、法治化实施,必然要受到社会环境尤其是相关社会配套法律制度等外部因素的影响与制约,同时其实施也会对市场经济与社会制度产生深远的重要影响。所以破产法除具有重要的直接法律调整作用如规范企业的市场退出机制、公平清偿债务、挽救债务人企业与事业之外,还承担着或被赋予了更多的社会意义与功能。如我国目前强调的深化供给侧结构性改革、优胜劣汰、处置"僵尸企业"、实现"三降一去一补"目标、国企改革等。正因如此,中央这几年特别重视破产法问题,屡发文件强调其重要意义,并促使破产法的实施出现转折性的进展。2017 年 12 月 25 日,最高人民法院在深圳召开了全国法院破产审判工作会议,周强院长出席会议并发表讲话,指出加强破产审判工作,清理"僵尸企业",对于推动高质量发展、深化供给侧结构性改革、防范化解重大风险,具有十分重要的意义。各级人民法院要站在我国经济发展进入新时代、我国社会主要矛盾发生变化的高度,深刻把握做好破产审判工作的重要意义,进一步统一思想、提高认识,切实增强做好破产审判工作的自觉性、主动性。

破产法的市场化实施是以有一个较为完善的市场化社会体系为前提和基础的,即取决于其所面对的整个社会的市场化程度,市场化是一个难以割裂的社会整体性的概念。为此,《2015 年中央经济工作会议公报》强调指出,"要依法为实施市场化破产程序创造条件"。笔者曾发文指出,目前我国要想完全市场化的实施破产程序还有待努力创造条件。在许多市场经济国家中,经过长期的发展,诸多破产衍生社会问题都已由通过制定相应的法律和制度予以制度化、社会化、常态化地解决,不需要再借道破产程序。而目前我国有关破产法市场化实施的各种社会配套法律与制度尚未建立完善,一些与破产相关的法律和制度往往仅着眼于对正常经营的常态企业的调整,而缺乏对处于债务困境与破产程序中的非常态企业进行常态化调整的理念和措施,其与破产法之间的生态关系处于隔离、缺失乃至冲突的状态,如税收法律、信用制度等,不能对破产法的实施起到有机配套、衔接与融合的保障效应。所以,目前要想使破产法能够逐步做到市场化、法治化实施,就离不开各级政府在解决破产衍生社会问题方面直接或间接的支持与服务。由于立法与制度的供给不足,目前这种支持主要是以"府院联动"的方式进行。这就是府院联动机制产生的社会原因,而破产法调整功能泛化产生的社会化、复杂化,也促使我们要更加重视府院联动机制在现阶段的作用与意义。

“府院联动”作为目前司法实践中创造出的解决企业破产相关衍生社会问题的有效机制,有助于较为高效地解决实际问题,应当予以提倡。同时,我们对府院联动机制如何正确实施、向何方向发展,也要有全面、清醒的认识。

首先,府院联动机制建立与实施的宗旨,是要完成中央“为实施市场化破产程序创造条件”的任务,是要在当前努力保障破产法的市场化、法治化实施。“府院联动”机制适用的目标,是使政府在破产审判之外更好地发挥其社会调整作用,最终通过建立、完善破产法社会配套法律与制度,“为实施市场化破产程序创造条件”。为此要把握好司法权与行政权各自在破产法实施中的边界。破产案件的审理是法院的职权领域,而企业破产案件处理中涉及或衍生的社会问题的解决,则是政府的职责领域。政府既不能缺位,也不能越位,法院更不能让位。我们要注意,由于地位与职责的不同,法院实施破产法要实现的目标与地方政府在企业破产案件中要实现的目标之间,有时可能会存在落差,所以还要注意防范地方政府可能出现的不当利益冲动。

其次,从长远看,我们不能满足于现有的府院联动机制并止步于此,在承认其具有的积极作用的同时,也要清醒看到其存在的体制性不足。从某种意义上讲,目前实践中的府院联动在许多方面还是非制度化的个案解决方式,属于过渡性措施,依赖于人与人之间以及以人为代表的机构之间的协调,能否协调解决问题则取决于人的态度而非制度,有时府院联动的建立与运行主要依靠政府的重视程度,具有较大的不确定性。所以,我们必须在充分总结实践经验的基础上进一步完善府院联动机制,并使之法律化、制度化,从而最终使企业破产衍生的社会问题能够完全依靠法律与制度解决,真正建立起市场化、法治化、常态化的解决机制。例如,浙江省以及浙江省温州市、绍兴市等一些地方总结府院联动过程中的经验并制定成政府有关文件,使之可以规范地、可复制地普遍适用。府院联动机制的产生,就是因为目前没有制度化、法律化的社会问题解决渠道,所以当相关法律与制度真正健全之时,也就是府院联动机制完成其历史使命之日。为此,在府院联动机制的实施中,要逐步用制度和法律去约束人,要推动目前以联席会议、人际协商的方式向以制度和法律解决问题发展转化。

为此，要使各级政府充分重视破产法市场化、法治化实施的重要社会意义和影响，认识到解决破产衍生社会问题本来是其法定职责内的工作，要建立有解决问题实效而非仅形式上的府院联动，积极、主动地协调解决相关问题。各级政府还要在其权限范围内主动承担起立法建制的责任，以解决破产衍生问题的常态化、规范化调整。例如，建立保障无产可破案件破产费用与管理人报酬的破产基金、保障职工债权清偿的工资保障基金，挽救破产企业的税收优惠，重整企业信用修复等制度。各级政府还要将在破产法实施中，需要中央政府和国家立法机关解决的问题，积极、主动、及时地以正规渠道向上反映，使下情得以上传，并传导改革压力，督促相关机关重视并及时修改那些影响、阻碍破产法市场化实施的法律与制度，争取早日以国家法律制定与建设全国统一制度的方式彻底解决市场化实施破产程序的问题。

管理人制度的发展与创新*

企业破产法的重要创新点之一，是用市场化、法治化、国际化的管理人制度取代旧破产法下行政性主导的清算组制度。在破产法实施的10余年之中，管理人制度得到了广泛的适用与长足的发展，但在实践验证中也显现出许多需要继续改革与完善之处。为此，根据企业破产法对管理人制度的立法目的与实践需要进一步转换观念，完善规则，健全制度，不断创新发展。

一、管理人制度立法理念的转换与调整

要想使管理人制度得到发展与创新，就要在制度的立法理念、基本原则上进行一些必要的转换与调整。

第一，从目前注重保障管理人制度运作的形式公平，转换为进一步致力于保障制度实施的实质公平，适应破产法顺利实施的需要。必须承认，有时候法律的形式或程序由于立法背景、制度设计、实践经验等方面的原因，可能不足以在各种情况下都能保障立法目的的实现，保障实施的实质公平。管理人制度作为破产法中的一项新制度，由于缺乏立法经验与实践检验，也难免存在这种情况。目前，管理人制度的实施，通过对形式公平的保障就可以实现实质公平，达到立法目的，两者是一致的。但有

---

* 本文原载于《人民司法(应用)》2017年第19期。

时形式公平与实质公平之间也会出现偏差,仅做到形式公平尚不足以实现法律实施的实质公平,尤其是保障破产法的顺利实施,这就需要对制度实施的形式与方法进行调整改进。例如,适用随机方式指定管理人,在部分情况下可以实现指定的形式公平,但是,对一些案件却不能做到指定与案件所需能力最为适当的管理人就任,导致案件的处理可能失去质量与效率、失去实质公平。要实现立法实质公平的目的,就必须转换管理人指定的理念,适当打破形式公平的过度束缚,适用实质公平优先的原则对管理人指定制度进行不断的创新与发展。此外,在管理人制度的其他方面也存在类似的问题,需要进行相应的调整。

第二,从单纯强调制度的公平优先,转换为效率与公平兼顾。《2015 年中央经济工作会议公报》提出,加快破产清算案件审理。公平是法律追寻的目标,但任何时候对公平的追求都不应以过度牺牲效率与效益为代价,尤其是在企业债务清偿最后环节的破产案件中。没有效率与效益的公平,往往会构成对当事人尤其是债权人权益的实质损害。也就是说,过度迟延实现的公平,对当事人已经不再是真正的公平。当公平的成本超过当事人期望的效率与可能得到的效益时,公平就成为普通人无法承受的奢侈品而失去其本意。实践中,一些破产案件由于种种原因久拖不决,以至于使部分人失去对破产法的信任与尊重,不愿再寻求破产法的保护与救助。所以,在破产法尤其是关系着破产程序进程的管理人制度的改革与完善中,一定要致力于提高管理人的工作素质、提高破产程序的效率,包括健全相关的各项社会配套制度,从管理人工作的角度争取尽快结案,保障当事人尤其是债权人包括担保债权人的权益尽早得到实现。要使公平与效率和效益同时体现在每一个破产案件中。

第三,转换管理人制度尤其是指定管理人方式思维的基点,从最初的制约权力、防范腐败、保护法官,转换为保障破产程序顺利进行,保障破产法立法目标即公平与效益的实现。再严格的制度在人的操作之下也难免会有腐败的缝隙,即使是目前法官权力难以直接渗透的管理人随机指定制度也有可以钻空子的漏洞。如有的破产法官反映,一些法院的随机指定管理人摇号程序规则不明确、程序不公开透明,仍存在"暗箱操作"的可能;管理人名册制度在入册标准、机构评审等问题上也存在利益输送的风险。所以,虽然管理人制度在设计时要考虑不留下司法权力滥用的漏洞,但对司法界的反腐倡廉问题还是应当由其他法律如行政法及刑法等相关的主导法律制度去调整,即由相关的党纪国法来制约、解决。管理人制度建立的目的要保障破产程序的顺利进行,而不能设计成以制约司法腐败为主要导向的制度。我们在改革管理人指定方式等制度时也应当调整这一被扭曲的观念,摆脱其不当约束。

二、管理人制度规则的确立与完善

为了实现破产法建立管理人制度的立法目标,须建立起一系列管理人的行为规范、监督机制与责任追究等方面的制度与规则,不断对管理人制度进行改革与完善,以适应实践发展的需要。笔者认为,目前需要调整的重点领域包括以下几个方面:

第一,在管理人人选的选任范围方面,要确立由社会中介机构担任管理人的市场化主导模式,以此为发展方向,逐步废止旧破产法下遗留的由政府清算组担任管理人的行政主导模式。在目前的司法环境下,实现这一目标、排除不当行政直接干预渠道的关键,是尽快健全企业破产引发的各种衍生社会问题的解决机制与制度,以实现《2015 年中央经济工作会议公报》提出的目标:要依法为实施市场化破产程序创造条件。实践中,中介机构担任管理人经常遇到的一个难题,或者反过来讲,一些人热衷于主张指定政府清算组担任管理人的一个重要理由,就是因涉及企业破产衍生社会问题解决的各项市场化社会配套制度不健全,由中介机构独立担任管理人,在需要协调地方政府解决破产衍生社会问题时存在诸多困难。而由政府官员担任清算组作为管理人直接介入破产案件,可以迫使政府不得不出面处理本应由其负责解决的社会问题,借助政府行政化手段处理,有利于破产程序的顺利进行。

应当说,目前企业破产的一些社会配套制度不健全的主要原因之一,就是一些政府部门未能积极、有预见地正确履行其工作职责,即政府应当办的事没有及时办或没有办好,没有建立起切实保障市场经济正常运行的各种机制和相应制度,没有为实施市场化破产程序创造条件。已有的一些与企业破产相关的法律和制度往往仅着眼于对正常经营企业的常态化调整,而缺乏对处于债务困境尤其是处于破产程序中的非常态企业进行常态化调整的理念和措施,以至于远远落后于现实发展的需要。从法律角度讲,法院与中介机构管理人既无财务资源也无职权和职责解决这些本应由政府负责解决的社会问题(虽然因这些问题发生在企业破产程序中而不得不协助地方政府一并予以处理),由于对企业破产衍生社会问题的解决缺乏法律与制度性的常态化保障，使法院在审理破产案件面临这些难题时不得不更多地依赖于地方政府对破产企业个案的临时性、非制度化调整措施的解决。但一些地方政府缺乏对破产法的正确认识，企业一旦进入破产司法程序，就消极对待本应当由其负责的各种破产衍生社会问题的解决，把自己的责任推卸给法院与管理人。有的地方政府还不承认管理人的法定地位，不配合管理人依法履行职务的行为，使破产案件的审理因衍生社会难题的阻碍而陷于困境。这就使法院不愿意受理地方政府不承担其应尽义务的破产案件，并由此导致一些法院不得不借助于指定政府清算组作为管理人，将地方政府拖入破产案件，以缓解、疏导其面临的破产衍生社会问题的解决压力，由此形成恶性循环。

破产衍生社会问题的存在以及社会配套解决法律制度的不健全，导致实施市场化破产程序往往不具备充分条件，难以市场化、法治化、常态化地处理这些问题，所以不得不强调政府依法履职，这是客观事实。这一现实经过破产法的实践大家已经达成充分的共识，所以关键不是社会问题要不要解决，政府要不要发挥作用，而是政府应当通过何种方式解决问题、发挥作用。笔者认为，解决问题的正确方法，不是向后退缩到固化由政府清算组担任管理人的模式，将政府重新推向行政直接干预企业破产的前台，走非市场化、非法治化的政策性破产老路，而是应当督促、协助政府尽快建立起完善的社会配套制度，如常态化的政府财政支持企业破产社会费用制度，建立职工工资保障基金、管理人报酬保障基金等制度，以及在工商管理、证券发行融资、重整企业信用修复、破产税务合理调整、企业破产注销、企业档案保存管理等方面及时进行适应企业破产需要的全面改革，建立相应的调整机制，从根本上解决问题。在能够以法律和制度统一解决问题前的过渡阶段，应当由地方政府采取类似浙江省等地区建立的府院联动等机制，对企业破产提供全面的临时性协同处理和个案支持，尤其是对中介机构管理人工作予以大力支持，同时通过政府发布相关文件、达成各方的会议纪要等方式逐步建立起常态化调整制度。对那些有重大社会影响的企业破产案件，地方政府应当予以充分关注，并采取相应措施避免企业破产的社会负效应过度溢出，影响社会稳定和经济发展。但是，这些措施应当以市场化、法治化的方式实施，而不能进行直接的不当行政干预，包括任意使用清算组管理人模式进行内部化干预。其实，一些地方如浙江省，在破产案件中全面停止使用政府清算组管理人模式，反而促进了地方政府以市场化、法治化方式建立对破产衍生社会问题的常态化调整制度和机制，并逐步实现中央为实施市场化破产程序创造条件的要求。

为此，首先，要让政府有关部门端正观念，使其认识到解决企业破产衍生社会问题是政府的本职工作，是其应尽的职责，法院和管理人是在帮助政府解决问题，从而依法积极配合中介机构管理人的各项工作。其次，地方政府要主动承担起建立解决企业破产衍生社会问题的常态化调整制度的责任，逐步建立各项具体的配套执行制度与机制，并建立相应的责任追究制度，以保障政府解决企业破产衍生社会问题职责的切实履行。

第二，实现管理人指定制度的改革。管理人的指定要从以随机方式为主（如有的人指出的，从严格的意义上讲，随机方式并不具有法院指定的词义与作用，而是一种运气指定），转变为对管理人实行分级管理、对案件分类适用不同方式指定，并充分发挥在较为重要的破产案件中竞争指定方式的作用，创新指定方式，实行对管理人指定制度的综合性改革。

对资产负债关系简单的普通破产案件可以适用随机方式或者“轮候 + 摇号”的复合随机方式指定管理人，对较为重要、复杂的案件可以适用竞争或以竞争为主的综合复合方式（如“竞争 + 随机”“轮候 + 竞争 + 随机”等）指定管理人，使随机方式的形式公平与竞争方式的能力优先有机结合，使随机的运气优先与轮候的机会平等相结合。对不同类型的破产案件可以采用不同的指定方式，如对清算管理人和重整管理人在履职能力与经验方面有不同的要求，可以适用不同的指定方法和选任标准，并扩大重整管理人包括联合管理人的选任范围，使企业经营管理、资产管理、投资银行与金融方面的人才也能在企业重整中发挥作用。选任管理人时的考虑因素，应从注重名册机构的历史业绩转向对具体管理团队与个人履职能力并重，避免因个人的离职流动导致机构原有工作水平和能力发生变化，而使指定判断标准失去实际意义。

有人认为，采用竞争方式指定管理人，会造成部分先行进入破产服务领域、具有竞争优势的中介机构垄断案件出现“马太效应”，使强者恒强、弱者愈弱，所以应当对其担任管理人予以一定限制。笔者认为，这种顾虑则是不必要的。在国际上要形成具有竞争力的破产管理人团队，不是阻断高水平机构的发展机会，而是要提升低水平机构的能力，更不能降低在重大、疑难破产案件中指定的管理人的能力水平标准。此外，高端中介机构专业水平的发展、主辅联合管理人等制度的适用,也有助于提升管理人队伍的整体水平。竞争的公平、社会的发展,也不是以对优胜者的遏制和对弱者的过度保护为手段实现的。

在改革管理人指定方式时,需要注意防范伴随改革可能出现的问题。如以“竞争+随机”方式指定管理人时,存在指定期间长、成本大、效率低等问题。法院对参与竞争者的评审尤其是中介机构参与竞聘的成本大、负担重。即使取得较大的竞争优势也可能在随机抽签中落空,还可能发生法院单纯以管理人的报酬报价高低作为主要选任标准的恶意竞争。此外,还要解决部分法院对竞争指定管理人的内部评审程序不够公开透明等问题,为此,应当采取相应措施继续深化管理人指定制度的改革。例如,适当简化竞争及评审程序,降低各方成本与中介机构参与竞争指定的不确定性风险。当参与竞争者的评审分数差距较大时直接指定优胜者,或缩小随机抽签范围,提高竞争优胜者的指定概率;采取主辅联合管理人制度,由经验丰富的中介机构对经验不足的中介机构进行“传帮带”,等等。此外,在确立一般指定原则的同时,也要考虑对例外情况的调整。如以“竞争+随机”指定管理人的假定前提是,经过竞争环节后所有纳入随机摇号的中介机构都具备担任该破产案件管理人的基本资质与能力,但在实践中,有时会因为参与竞争者的人数不足而导致纳入随机摇号范围者的能力仍存在很大差异。所以,当参与后期随机摇号的中介机构之间在任职能力方面存在明显差距时,就应当取消随机摇号程序,直接进行指定。例如,在竞争第一名与其他竞争者之间的评分差距大到一定程度时,就直接指定第一名担任管理人,以避免因高水平的参与竞选人数过少,摇号反而将不具有充分办案能力者选为管理人的荒谬现象。

第三,对管理人报酬的支付,从以债务人最终获得清偿的无担保财产数额为计酬范围与标准的一般原则,转换为兼由担保财产中公平分担。这一改革主要是应对日益增多的债务人企业的有效财产上,全部设置有物权担保、无担保财产不足支付破产费用,尤其是管理人合理报酬的实践难题。

我国的银行向企业发放贷款时,都要求债务人提供抵押等物权担保,其他债权人在可能的情况下也会寻求以物权担保保障其债权安全,并且《物权法》第181条[①]规定了动产浮动抵押制度,导致一些企业在进入破产程序时,基本上所有有效财产之上均设有物权担保。根据最高人民法院《关于审理企业破产案件

① 现为《民法典》第396条。

确定管理人报酬的规定》,人民法院根据债务人最终清偿的财产价值总额,以高额累进、比例递减的方式计算管理人的报酬。担保权人优先受偿的担保物价值,不计入计算管理人报酬的财产价值总额,仅在管理人对担保物的维护、变现、交付等管理工作付出合理劳动的情况下,才有权向担保权人收取适当的报酬。管理人与担保权人就上述报酬数额不能协商一致的,由人民法院确定,但报酬数额不得超出管理人计酬标准的10%。此外,最高人民法院《关于适用〈中华人民共和国企业破产法〉若干问题的规定(二)》第3条第2款规定,对债务人的特定财产在担保物权消灭或者实现担保物权后的剩余部分,在破产程序中可用以清偿破产费用、共益债务和其他破产债权。也就是说,担保财产原则上不得在清偿担保债权之前,用于清偿破产费用和共益债务包括支付管理人报酬。一些破产案件基本上没有无担保财产或其价值很小,使得管理人因计酬标准低而无法获得合理报酬。这种状况的发生若形成常态,必然会使管理人失去任职热情和履行职责的财务基础与积极性。

《企业破产法》第43条第4款对上述情况予以规定:"债务人财产不足以清偿破产费用的,管理人应当提请人民法院终结破产程序。"如因担保财产不能清偿破产费用而终结破产程序,即使债务人还有大量担保财产也无法通过破产程序处置,担保债权人的利益也难以顺利实现。而不终结破产程序,破产费用、管理人报酬又无从支付。这就会形成恶性循环,破坏管理人制度的市场化适用。笔者认为,当担保物基本覆盖债务人全部财产时,管理人的工作主要是为担保债权人保管、处置、分配担保物,解决担保债权人之间的利益分享、担保物变现、费用分担等问题,破产程序是为担保债权人的利益而进行的。所以,根据"谁受益,谁付费"的公平原则,担保债权人应承担无担保财产不足以支付的全部破产费用和共益债务,包括合理的管理人报酬。此时,管理人的报酬应当从担保物变价款中支付,报酬的数额与比例可以按照最高人民法院对于正常情况规定的同等标准执行。此外,对于债务人的无担保财产虽然可以支付破产费用和共益债务,但基本无财产或只有很少财产供无担保债权人分配,以至于按照有关规定管理人不能获得合理报酬的情况,也应当按照上述原则解决,以避免出现债务人有财产、管理人有工作但却基本无报酬的现象,保障管理人的正当权益和破产程序的顺利进行。

三、管理人制度的创新与展望

管理人制度的发展与完善离不开创新。一些地方在积极实施市场化管理人制度的同时，已经开始进行各种制度与规则方面的创新尝试，如尝试取消以管理人名册为指定范围、全面跨地域指定、由债权人或债务人推荐管理人、对特定案件适用直接指定方式，等等。

创新都会突破原有的思维定式、操作惯例以及一些制度局限，改变原有的利益格局，甚至触动一些既得利益者的"奶酪"。创新是为了正确地发展，但创新也存在风险。从某种意义上讲，创新也是一种试错机制，在管理人制度方面的创新也是如此，难免会产生各种问题与不足。这就要求社会有开放的态度、容错的肚量与纠错的保障。只有不断创新，社会才能发展与进步，破产法治下的管理人制度才能逐步完善。

2016 年 G20 峰会期间，在中美元首会晤形成的成果中对破产法问题十分重视，强调中方将通过继续建立专门的破产审判庭、不断完善破产管理人制度以及运用信息化手段等方式推进破产法的实施。此后，2016 年 12 月，在北京和上海分别举办了以破产法为主题的中美法律交流学术会议；2017 年 5 月，在湖南常德举办了第十七届破产法专题的中德法治国家对话研讨会。2017 年 5 月 23 日，习近平总书记主持召开了中央全面深化改革领导小组第 35 次会议，会议强调，要坚持对外开放，适应国际通用规则。充分借鉴世界各国有关破产法立法与实践的经验，可以为我国管理人制度的创新与发展提供助力。

管理人制度的创新必须与司法实践的需求紧密结合，所有的创新都应是为了更好地解决问题。在创新中还要注意辨明改革的实质，从根本上推动制度的前行。例如，现在正在实行的执行转破产，乃至有的地方进一步推行的诉讼转破产的改革措施，从破产角度讲，其最关键的实质内容就是让法院把已经发生破产原因、依法应当受理的企业破产案件及时予以受理，破除当事人对破产申请的惰性认识与错误利益判断，阻断其他制度对破产法实施可能产生的不当替代与恶性循环效应。转破产只是利用程序上的衔接，更好地破除在破产申请、案件受理方面的一些认识误区与行为障碍，管理人制度的改革也应循此思路。笔者认为，目前应当考虑有前瞻性地着重解决以下几个方面的问题：

第一，应对实践中对预重整、债务人自行管理的成长性需求与发展前景，建立预重整中由债务人自行聘请中介机构,并在重整程序中获得继任的管理人指定实质前移等新模式,改变对前期(债务人进入破产程序前)提供预重整咨询指导服务的中介机构属于有利害关系者、在破产程序中不得指定为管理人的错误认识。

就一般原则而言,曾为企业破产或重整提供预先服务,不应简单地视为存在可能影响忠实履行管理人职责的利害关系。中介机构为破产程序提供预先服务,是市场经济发展的客观需要,也有助于破产法的顺利实施和案件的正确审理,是让市场发挥资源配置机制的表现。如果因提供了预先服务就禁止中介机构在随后启动的破产程序中担任管理人,可能导致无人愿为当事人提供预先服务,从而不利于破产与重整的进行。为了更好地挽救企业,实行预重整程序、债务人自行管理程序是肯定需要中介机构事先服务的。将提供破产预先服务视为中介机构存在利害关系,禁止其在破产程序中担任管理人,将严重影响预重整和债务人自行管理程序的适用,不符合破产法的发展趋势和运行规律,也违背了立法规定本意,会对破产立法的发展与完善形成障碍。为当事人提供破产预先服务,性质不同于禁止任职的提供相对固定的中介服务,如担任法律顾问的服务。禁止任职类的服务,通常是在利益冲突的博弈中维护委托人一方的利益,由于事先某一独立利益关系的存在而可能影响后续管理人职责的公正履行。而破产预先服务与管理人工作职责并不存在利益冲突,两者在事务性质上具有同一性和延续性,在利益方面具有一致性和相容性,并不会形成与破产程序利益以及管理人忠实履行职责相对立的独立利益和利害关系。更何况企业的破产特别是重整挽救,还必须在破产程序内进行协商和博弈,其间还有法院与债权人会议的监督,包括对重整计划草案的表决乃至对管理人的更换,拥有足够的制约机制。所以,提供破产预先服务是不具有影响公正、忠实履行管理人职责情形的,不应影响中介机构在破产程序启动后继续担任管理人。与此同时,面对管理人的指定从传统的立案后介入向有前瞻性的事前介入转变的新情况,需要研究解决如何进行规范与监督的问题。

第二,中小微企业简化破产程序中管理人的作用与工作规则。中小微企业在企业总量中占绝大多数,如何高效、快捷地解决这些企业的破产问题,具有重要的社会意义。简化破产程序是市场经济与法治发展的需要,是完善市场化破产法的需要,是优化社会资源尤其是司法资源配置的需要。2016 年,联合国国际贸易法委员会授权第五工作组(破产法组)制定中小微企业破产的立法指南与示范法,指出:“兹授权第五工作组为解决中小微企业的破产问题制定适当的机制和解决办法,其中应侧重于从事商业活动的自然人和法人。虽然关键的破产原则和《贸易法委员会破产法立法指南》提供的指导应当是讨论的起点,但工作组应当着眼于对立法指南中已提供的机制作出特别调整,以专门处理中小微企业问题,并根据需要制定新的简化机制,同时考虑到这些机制需要力求公正、快捷、灵活和节省费用。”

虽然我国尚未制定自然人破产法,但是中小微企业破产程序的简化问题在实践中已经十分突出。一些地方法院已经开始在现有法律规定之下进行简易破产程序的尝试,如浙江省高级人民法院以及温州市、杭州市、嘉兴市、衢州市等一些地方人民法院,北京的朝阳区人民法院等都制定了破产简化审理的规则。管理人的工作对公正、高效、快捷、灵活和低成本地解决中小微企业破产问题具有重要的作用与影响,为此,在通过立法建立破产审判简易程序的同时,需要确立管理人的相应工作规则等制度,充分发挥管理人在实施中小微企业破产简易程序中的积极作用,通过管理人的各项具体工作实现破产简易审理的目标。

第三,跨境破产案件中的管理人工作。随着我国对外贸易与投资日益增多,跨境破产问题日益凸显。无论是对外国与其他法域破产裁判的承认,还是寻求对我国破产裁判在境外得到承认,都离不开管理人的具体工作。管理人如何寻求我国破产裁判在境外的承认?我国破产裁判在境外获得承认后,如何管理在境外的破产财产?如何配合在境外启动主要破产程序地的管理人在我国执行其破产裁判?如何操作在我国启动的次要辅助程序?这些问题都需要确立统一、规范的管理人工作规则。为此,可以学习国际上对解决跨境破产问题所制定的国际通用规则,如联合国国际贸易法委员会制定的《破产立法指南》《跨境破产示范法及立法指南》《跨境破产合作实务指南》《破产立法指南第三部分:破产企业集团对待办法》等文件,并熟悉各国有关立法与执行情况,以保障在跨境破产案件中能够国际化、法治化、市场化、常态化地完成管理人的工作。

破产法与民法典的协调适用

《民法典》与破产法的衔接与协调*

2020 年 5 月 28 日,《民法典》由第十三届全国人大第三次会议通过,自 2021 年 1 月 1 日起施行。由于《民法典》未纳入破产法、公司法等商事法律,这些法律将继续独立存在,且在《民法典》施行后作为优先适用的特别法发挥重要的社会调整作用,所以对原有民事法律中涉及商法的内容,《民法典》在编纂时除从民事角度认为确需添补和调整的之外,没有作过多新的规定,对直接或间接涉及企业破产问题或破产法内容的条款也是如此处理。《民法典》是对当事人在常态下民事权利义务进行调整的基础法律,破产法的许多规定均是在其基础上制定的,但由于破产法是专适用于陷于非常态的债务破产困境者的特别法,其中的诸多权利义务必须针对破产法的特殊适用需要作出调整。有些权利义务的重要内容与行使方式不仅与民事权利义务有所不同,与其他商法上的相关规定也有差异,如破产法关于撤销权、抵销权、保证担保及担保物权的规定等。所以,《民法典》中的一些一般性规定在破产程序中是不适用的,而对那些关乎破产法理解与实施的相关规定,也需要从破产法的角度进行解读与分析,对其中存在的个别不协调之处仍有必要

---

* 本文原载于《山西大学学报(哲学社会科学版)》2021 年第 1 期。中国人民大学书报资料中心《复印报刊资料·民商法学》2021 年第 6 期转载。

进行调整。本部分重点分析《民法典》在担保物权和合同方面的规定与我国现行破产法相关规定的衔接与协调,并提出进一步的完善和实施建议。

一、最高额抵押债权与动产浮动抵押财产范围的确定时点问题

(一)最高额抵押债权的确定时点

《民法典》设置有最高额抵押制度,其第420条规定:"为担保债务的履行,债务人或者第三人对一定期间内将要连续发生的债权提供担保财产的,债务人不履行到期债务或者发生当事人约定的实现抵押权的情形,抵押权人有权在最高债权额限度内就该担保财产优先受偿。最高额抵押权设立前已经存在的债权,经当事人同意,可以转入最高额抵押担保的债权范围。"最高额抵押在设置时其抵押债权的范围和总额是尚不确定的,所以《民法典》第423条对最高额抵押债权的确定时点进行了具体规定:"有下列情形之一的,抵押权人的债权确定:(一)约定的债权确定期间届满;(二)没有约定债权确定期间或者约定不明确,抵押权人或者抵押人自最高额抵押权设立之日起满二年后请求确定债权;(三)新的债权不可能发生;(四)抵押权人知道或者应当知道抵押财产被查封、扣押;(五)债务人、抵押人被宣告破产或者解散;(六)法律规定债权确定的其他情形。"此条中对抵押权人债权确定情形的规定除第5项外均是合理的,而涉及破产的第5项规定,即"债务人、抵押人被宣告破产"时抵押权人的债权确定,则存在不妥。

根据《企业破产法》的规定,破产法发生效力的起始时点,是破产程序启动即破产申请受理时。所以,破产债权范围的确定[①]、破产债权的申报[②]、债务人财产范围的确定[③]、个别清偿的中止[④]、管理人对债务人财产和营业事务

---

① 《企业破产法》第44条规定:"人民法院受理破产申请时对债务人享有债权的债权人,依照本法规定的程序行使权利。"

② 《企业破产法》第45条规定:"人民法院受理破产申请后,应当确定债权人申报债权的期限。债权申报期限自人民法院发布受理破产申请公告之日起计算,最短不得少于三十日,最长不得超过三个月。"

③ 《企业破产法》第30条规定:"破产申请受理时属于债务人的全部财产,以及破产申请受理后至破产程序终结前债务人取得的财产,为债务人财产。"

④ 《企业破产法》第16条规定:"人民法院受理破产申请后,债务人对个别债权人的债务清偿无效。"

的接管①、管理人对双方均未履行完毕合同的选择履行权的行使等②,均以破产案件的受理为时点。《企业破产法》中涉及以破产宣告为时点的规定,仅有第107条第2款的规定。③ 也就是说,破产宣告仅表明对债务人的破产清算程序已经进行到不可逆转的阶段,同时对此前已经确定存在的债权和财产的称谓予以调整,对各方利害关系人而言,并不存在实质性权利义务的产生或变更。所以,对最高额抵押债权的确定,也应当以债务人或者抵押人进入破产程序时,即破产申请受理时为时点,而不能以债务人、抵押人被宣告破产时作为时点,这是保障破产法正常实施的基本要求。

《民法典》将"债务人、抵押人被宣告破产"作为最高额抵押权人债权的确定时点,与《企业破产法》的规定、原则和实践需要均不相符,存在以下问题。

第一,影响最高额抵押债权人的债权申报及相关破产程序的进行。《企业破产法》明确规定,在破产案件受理后,而不是破产宣告后,债权人就必须在人民法院规定的债权申报期间内申报债权,而申报与确认债权的基本要求之一就是债权数额必须确定。司法实践中,即使是破产清算案件,在案件的受理与破产宣告的作出之间,同样需要先行完成诸多相关工作,要间隔较长的期间。《全国法院破产审判工作会议纪要》(以下简称《破产审判会议纪要》)第23条规定,"人民法院受理破产清算申请后,第一次债权人会议上无人提出重整或和解申请的,管理人应当在债权审核确认和必要的审计、资产评估后,及时向人民法院提出宣告

---

① 《企业破产法》第25条规定:"管理人履行下列职责:(一)接管债务人的财产、印章和账簿、文书等资料;(二)调查债务人财产状况,制作财产状况报告;(三)决定债务人的内部管理事务;(四)决定债务人的日常开支和其他必要开支;(五)在第一次债权人会议召开之前,决定继续或者停止债务人的营业;(六)管理和处分债务人的财产;(七)代表债务人参加诉讼、仲裁或者其他法律程序;(八)提议召开债权人会议;(九)人民法院认为管理人应当履行的其他职责。本法对管理人的职责另有规定的,适用其规定。"第17条规定:"人民法院受理破产申请后,债务人的债务人或者财产持有人应当向管理人清偿债务或者交付财产。"第20条规定:"人民法院受理破产申请后,已经开始而尚未终结的有关债务人的民事诉讼或者仲裁应当中止;在管理人接管债务人的财产后,该诉讼或者仲裁继续进行。"

② 《企业破产法》第18条规定:"人民法院受理破产申请后,管理人对破产申请受理前成立而债务人和对方当事人均未履行完毕的合同有权决定解除或者继续履行,并通知对方当事人。管理人自破产申请受理之日起二个月内未通知对方当事人,或者自收到对方当事人催告之日起三十日内未答复的,视为解除合同。管理人决定继续履行合同的,对方当事人应当履行;但是,对方当事人有权要求管理人提供担保。管理人不提供担保的,视为解除合同。"

③ 《企业破产法》第107条第2款规定:"债务人被宣告破产后,债务人称为破产人,债务人财产称为破产财产,人民法院受理破产申请时对债务人享有的债权称为破产债权。"

破产的申请”。《企业破产法》第 62 条第 1 款规定:“第一次债权人会议由人民法院召集,自债权申报期限届满之日起十五日内召开。”因此,人民法院原则上是在债权申报期满、第一次债权人会议召开后,且管理人完成对债权审核确认和必要的审计、资产评估工作,并提出宣告破产申请时,才作出宣告破产裁定。这些工作的一个基础条件,就是必须以破产申请受理为债权数额确定的时点。但按照《民法典》的上述规定,破产案件受理时抵押权人的债权尚不允许得到确定,所以,抵押债权人是无法在破产案件受理时法院就已经规定的债权申报期间内及时、正常地申报债权的,管理人当然也就更无法及时进行全面的债权审核确认等工作,其他相关破产程序都难以顺利进行。

第二,损害最高额抵押债权人的合法权益。《企业破产法》第 44 条规定:“人民法院受理破产申请时对债务人享有债权的债权人,依照本法规定的程序行使权利。”最高额抵押债权人在法院受理破产申请时对债务人享有债权,有权依照破产法规定的程序行使权利。《企业破产法》第 56 条第 2 款规定:“债权人未依照本法规定申报债权的,不得依照本法规定的程序行使权利。”该条第 1 款还规定,“在人民法院确定的债权申报期限内,债权人未申报债权的,可以在破产财产最后分配前补充申报;但是,此前已进行的分配,不再对其补充分配。为审查和确认补充申报债权的费用,由补充申报人承担”。据此,若依《民法典》的上述规定,最高额抵押债权人在破产宣告之前因债权不符合确定条件,无法申报债权,在这阶段的破产程序中便不能行使任何权利,如不能参加债权人会议,不能行使表决权等。虽然最高额抵押债权人可以在破产宣告作出后补充申报债权,但因此产生的所有不利后果,如对此前已进行的分配不再补充分配、承担为审查和确认补充申报债权的费用等,均由债权人承受,这显然有失公平。

第三,损害最高额抵押债权人的担保债权可以及时受偿的权利。《破产审判会议纪要》第 25 条规定,“在破产清算和破产和解程序中,对债务人特定财产享有担保权的债权人可以随时向管理人主张就该特定财产变价处置行使优先受偿权,管理人应及时变价处置,不得以须经债权人会议决议等为由拒绝。但因单独处置担保财产会降低其他破产财产的价值而应整体处置的除外”。据此,最高额抵押债权人作为担保债权人,在破产清算和破产和解程序中,是可以随时向管理人主张就该特定财产变价处置行使优先受偿权的。据此,在破产申请受理后,最高额抵押债权人权利行使的时间与法院是否作出破产宣告是完全没有对应关系的。而依《民法典》的上述规定，最高额抵押债权人因在破产宣告之前债权不能得到确定，无法行使任何权利，尤其是最重要的债权及时受偿的权利，这会给其权利的保障与实现造成严重的风险。

第四，完全无法适用于重整与和解程序。我国《企业破产法》中规定的破产程序包括清算、重整与和解 3 种。在由当事人直接申请启动或者通过清算程序转换申请启动的重整程序或者和解程序中，一直到破产程序依法终结，债权清偿完毕，根本就不存在对进入破产程序的债务人、抵押人作出破产宣告的情况。但是，最高额抵押债权的数额在重整与和解程序启动时也必须及时确定，方能保障债权人在重整计划与和解协议中得到清偿，保障其各项权利能够得到顺利行使，保障重整与和解程序的顺利进行。如果以债务人、抵押人被宣告破产作为确定抵押担保债权范围和数额的时点，由于这一时点在重整与和解程序中依法是根本不可能存在的，必然造成本来在司法实践中不存在问题的最高额抵押债权的确定，反而由于《民法典》的规定陷于无法解决的难堪状态。[①]

第五，《民法典》第 411 条规定，最高额抵押债权人的债权只有在破产宣告时才能得到确定。也就是说，即使债务人、抵押人已经进入破产程序，但在法院作出破产宣告之前，债权人的最高额抵押债权仍处于不确定状态，在法律上仍允许继续发生变动。所谓变动，既包括抵押债权数额可能因新债权的继续发生而增加，也包括债权数额因对已有债权的个别清偿而减少，即个别清偿是不停止的。前文指出，《破产审判会议纪要》允许担保债权人在清算程序中随时向管理人主张就其享有担保权的特定财产变价处置行使优先受偿权的。此外，债务人也可以通过清偿债务赎回担保物。在担保债权数额因这种个别清偿而减少的同时，担保物上负担的债务数额也会相应减少，因而使原担保物可用于清偿无担保债权人的财产部分增加。所以，对最高额抵押之外的其他类型担保物权而言，这种个别清偿是不会对担保债权人的自身权益和其他债权人尤其是无担保的普通债权人的利益造成不利影响的。但是最高额抵押则有不同，抵押债权人的担保物是确定的，但是其抵押债权在得到确定之前，数额却是不确定的，所以最高额抵押债权的数额可能会低于也可能会高于担保物的市价。当最高额抵押债权的数

---

① 参见王欣新：《谈民法典各分编编纂中与破产法的正确衔接》，载《人民法院报》2018 年 10 月 17 日，第 7 版。

额高于担保物的市价时,就可能出现在破产案件受理时因抵押债权尚不确定,而且仍允许对债权人进行个别优先清偿,等到破产宣告作出时,其原超过担保物市价、不应享有担保权的债权却在破产案件受理后的期间错误地得到优先清偿,使原应用于清偿无担保债权人的部分财产被占用的情况,从而损害无担保债权人的权益。

此外,《民法典》第 420 条第 2 款规定,"最高额抵押权设立前已经存在的债权,经当事人同意,可以转入最高额抵押担保的债权范围"。此项规定也不能适用于破产程序。《企业破产法》第 31 条明确规定,人民法院受理破产申请前一年内,对原没有财产担保的债务提供财产担保的,管理人有权请求人民法院予以撤销。而在破产法规定的撤销期间内,将最高额抵押权设立前已经存在的无担保债权转入最高额抵押担保的债权范围,属于对原没有财产担保的债务提供财产担保,将损害其他债权人的利益,即使当事人同意也不能允许,否则应当由管理人依法予以撤销。

(二)动产浮动抵押财产范围的确认时点

《民法典》第 411 条规定:"依据本法第三百九十六条规定设定抵押的,抵押财产自下列情形之一发生时确定:(一)债务履行期限届满,债权未实现;(二)抵押人被宣告破产或者解散;(三)当事人约定的实现抵押权的情形;(四)严重影响债权实现的其他情形。"

《民法典》第 396 条规定动产浮动抵押问题。[①] 浮动抵押,是指"企业以其全部资产包括现在的和将来可以取得的全部资产为标的设定抵押"[②]的担保制度。"由于动产浮动抵押是不以特定的动产作为担保标的物,因此只有因担保权的实行、债务人违约、约定事件、企业合并或企业破产等确定事由发生而转换为特定担保,才以抵押人当时拥有的全部动产特定为抵押物,抵押权人对于浮动抵押确定时属于抵押人的全部财产,享有优先于其他债权人受偿的权利。浮动抵押在担保事由确定或者抵押权实现前,提供担保的财产处于浮动状态进行流动,各个

---

① 《民法典》第 396 条规定:"企业、个体工商户、农业生产经营者可以将现有的以及将有的生产设备、原材料、半成品、产品抵押,债务人不履行到期债务或者发生当事人约定的实现抵押权的情形,债权人有权就抵押财产确定时的动产优先受偿。"

② 最高人民法院物权法研究小组编著:《〈中华人民共和国物权法〉条文理解与适用》,人民法院出版社 2007 年版,第 542 页。

财产不受担保权的支配”。[①] 所以,动产浮动抵押中担保财产范围的确认时点,对当事人权利义务的实现和尤其是抵押债权人权利的保障具有重要的意义。但是,《民法典》第411条对动产浮动抵押担保财产范围的确定时点为破产宣告时的规定,与其第423条对最高额抵押债权数额确定时点的规定存在类似的问题,尚有不妥之处。

第一,根据《企业破产法》的相关规定和基本原则,在动产浮动抵押的情况下,应当以抵押人破产案件受理时点作为对其浮动抵押担保的财产范围特定化的确定时点。以抵押人被宣告破产作为确定抵押担保财产范围的时点,不符合破产法的基本原理和实践需要。如前所述,《企业破产法》明确规定破产程序的启动以破产申请(包括清算申请、和解申请、重整申请)的受理为时点。破产程序的启动直接影响各方当事人的权利和义务以及其行使方式等,破产程序的各项特殊法律效力也是自这一时点发生,尤其是债务人财产的范围和债权的范围与数额原则上均是以破产申请受理时作为确定与权利行使的时点。[②] 确认用于浮动抵押的债务人的担保财产范围自然也应当遵循这一基本原则,在债务人财产范围确定的同时,其财产中用于浮动抵押的担保财产范围也应当随之区分确定,而不能再以抵押人被宣告破产这一与破产程序启动和财产范围确定无关的时点作为确定标准。此外,在重整程序与和解程序中,根本就不存在对抵押人的破产宣告,这将使动产浮动抵押担保财产的范围自始至终都无法确认,使抵押债权人的权利无法正常实现,破产程序也难以顺利进行。此点在前文已经论及,不再赘述。

第二,《民法典》的前述规定使动产浮动抵押的担保财产范围在破产案件受理后至法院作出破产宣告的期间内无法确定,也就是说,债务人的动产仍处于非特定化的浮动变化状态,对各项财产的处分也不受担保权的限制,无法实现对抵押权人以特定化财产担保的效果。根据动产浮动抵押的基本法律特征,当债务人的动产处于浮动状态时是允许发生变化的,即未来用于抵押的动产可能会增

---

① 最高人民法院物权法研究小组编著:《〈中华人民共和国物权法〉条文理解与适用》,人民法院出版社2007年版,第543页。

② 《企业破产法》第30条规定:“破产申请受理时属于债务人的全部财产,以及破产申请受理后至破产程序终结前债务人取得的财产,为债务人财产。”第44条规定:“人民法院受理破产申请时对债务人享有债权的债权人,依照本法规定的程序行使权利。”

加或减少,如管理人将动产变现用于支付各种费用、清偿浮动抵押权人以外的债权人,或者以货币购入新的动产,从而影响抵押权人和其他利害关系人的利益。

有观点认为,破产受理后到破产宣告之前抵押财产范围仍可变化,管理人可将相关财产作为非抵押财产进行处置,这是一种不应存在的误读。因为《民法典》第411条第1项规定,债务履行期限届满,债权未实现属于浮动抵押财产确定事由之一。而根据《企业破产法》第46条规定,未到期的债权,在破产申请受理时视为到期。因此,不必等到抵押人被人民法院作出破产宣告后才确定浮动抵押财产范围,而应在破产案件受理后,根据债权的到期或提前到期的规定,确定浮动抵押的财产范围。

这种观点是对《民法典》第411条的误解,是不能成立的。如果按照此种观点,无论浮动抵押债权人的债权是否到期,在破产申请受理时依据《民法典》或《企业破产法》的规定,均应视为"债务履行期限届满,债权未实现",并据此确定浮动抵押的财产范围。这一推论将破产案件受理时未到期的浮动抵押债权,通过破产法的加速到期规定解释为属于《民法典》第411条第1项规定的"债务履行期限届满,债权未实现",这与立法本意不符。因为,该项规定中的"期限届满"明显是指在浮动抵押合同中约定的"债务履行期限届满",而不包括因破产程序启动的加速到期情况,否则该项规定就应当直接而明确地规定,"在破产申请受理时债权未实现,无论其债务履行期限是否届满",抵押财产的范围均应当确定。但若如此规定就是公开承认应当以破产申请受理时作为浮动抵押担保财产范围确定的时点,明显与该条第2项以"抵押人被宣告破产"时确定浮动抵押财产范围的规定自相矛盾了。关键是按照这一逻辑,《民法典》第411条第2项规定中的"抵押人被宣告破产"就不存在任何可能适用的情况了,完完全全变成了一句废话,显然这不符合《民法典》的立法本意。其实联系《民法典》第423条对最高额抵押债权应当在破产宣告时确定的规定,就可以看出这两条规定采纳的标准是完全相同的,而第411条第2项规定的本意,就是指在破产程序启动后,只有法院作出了破产宣告裁定浮动抵押财产的范围才可确定,与未到期债权是否加速到期无关。

二、保证合同与破产法的关系

《民法典》将原《担保法》中的"保证"担保纳入"合同编"调整,同时对保证合同中需要增加和修改的内容作出相应调整,其中部分内容也直接或间接涉及破产法适用的相关问题,需要对之从破产法的角度进行解读与分析。

(一)保证合同的一般规定

《民法典》第681条规定:"保证合同是为保障债权的实现,保证人和债权人约定,当债务人不履行到期债务或者发生当事人约定的情形时,保证人履行债务或者承担责任的合同。"这一规定与原《担保法》第6条的规定相比,对保证人应当承担保证责任的情形增加了一项"发生当事人约定的情形"。这一修改具有重要的意义,有助于使保证合同的内容更精准地体现当事人的订立目的,同时也可能使企业破产时的保证责任问题可以得到更灵活、适当的解决。例如,《民法典》规定债务人不履行到期债务,债权人可以追究保证人的保证责任,但对债务尚未到期时主债务人就已经明显丧失清偿能力,又未进入破产程序的,能否请求保证人提前履行保证责任则未作规定。所以如果债权人认为需要及时维护权利,可以在保证合同中约定,当债务未到期时,债务人丧失清偿能力、发生破产原因,但又因种种原因未能及时进入破产程序的,保证人的保证责任加速到期,包括相应取消一般保证人的先诉抗辩权,提前向债权人履行未到期的保证责任,从而更好地保障债权人的正当权益。

《民法典》第686条规定:"保证的方式包括一般保证和连带责任保证。当事人在保证合同中对保证方式没有约定或者约定不明确的,按照一般保证承担保证责任。"而原《担保法》第19条规定,当事人对保证方式没有约定或者约定不明确的,按照连带责任保证承担保证责任。显然,《民法典》规定对保证方式无约定或者约定不明时按照责任孰轻原则推定更合理。这一对保证责任推定的修改必然会影响破产程序中对保证人责任的认定与追究,尤其是涉及债务人或保证人进入破产程序时对一般保证人先诉抗辩权的处理。

就一般保证人的先诉抗辩权问题,《民法典》第687条规定:"当事人在保证合同中约定,债务人不能履行债务时,由保证人承担保证责任的,为一般保证。一般保证的保证人在主合同纠纷未经审判或者仲裁,并就债务人财产依法强制执行仍不能履行债务前,有权拒绝向债权人承担保证责任,但是有下列情形之一的除外:(一)债务人下落不明,且无财产可供执行;(二)人民法院已经受理债务人破产案件;(三)债权人有证据证明债务人的财产不足以履行全部债务或者丧失履行债务能力;(四)保证人书面表示放弃本款规定的权利。"

对本条规定中"就债务人财产依法强制执行仍不能履行债务"情节的认定，以法院作出对债务人终结本次执行的裁定书为标准较明确和适宜。在此须注意的是，立法对应取消一般保证人先诉抗辩权各项情形的补充和修改。立法对第一项情形规定的文字进行了调整，以"债务人下落不明，且无财产可供执行"，替换了原《担保法》"债务人住所变更，致使债权人要求其履行债务发生重大困难的"规定，将人之"住所"的变更，改变为人之"下落不明"，对实现债务发生重大困难的表述更准确，涵盖的范围也得到适当合理扩张，避免了债务人住所未变而人已下落不明，却无法取消一般保证人先诉抗辩权的尴尬局面。第二项中，将原《担保法》规定中"人民法院受理债务人破产案件"后面的"中止执行程序的"半句赘语删除，因为人民法院已经受理债务人破产案件时，依法就应当中止执行，不必再予重复。最重要的是增加了应取消一般保证人先诉抗辩权情形的第三项规定，"债权人有证据证明债务人的财产不足以履行全部债务或者丧失履行债务能力"。增加规定此种情况的实践意义在于，有时候债务人事实上已经发生破产原因，丧失履行债务能力，但又因种种当事人主观或客观原因而未进入破产程序，此时如继续维持一般保证人的先诉抗辩权，则不利于对债权人权益的及时保护，所以，立法规定此时也应取消一般保证人的先诉抗辩权。

此外，本条规定仅指明在"人民法院已经受理债务人破产案件"的情况下，一般保证人的先诉抗辩权应予以取消，但是对"人民法院已经受理保证人破产案件"时，一般保证人的先诉抗辩权应否取消却未作规定，应当说这是一个疏漏。最高人民法院公布的《关于适用〈中华人民共和国企业破产法〉若干问题的规定（三）》第4条第2款规定："主债务未到期的，保证债权在保证人破产申请受理时视为到期。一般保证的保证人主张行使先诉抗辩权的，人民法院不予支持，但债权人在一般保证人破产程序中的分配额应予提存，待一般保证人应承担的保证责任确定后再按照破产清偿比例予以分配。"据此，在此种情况下，一般保证人的先诉抗辩权也应予以取消。《民法典》既然已经对债务人破产时应取消先诉抗辩权作出规定，那么同样应当对保证人破产也应取消先诉抗辩权作出明确规定，以保障破产法的顺利实施。

《民法典》第690条规定："保证人与债权人可以协商订立最高额保证的合同，约定在最高债权额限度内就一定期间连续发生的债权提供保证。最高额保证除适用本章规定外，参照适用本法第二编最高额抵押权的有关规定。"但如前文所述,《民法典》关于最高额抵押权的债权确定时点的规定是存在不妥之处的,会影响破产程序的正常进行。所以,对最高额保证的债权数额确定时点,应当为债务人、保证人进入破产程序时,即破产申请受理时,而不能以债务人、保证人被宣告破产时作为保证债权确定时点,否则就会发生同样的错误。

(二)保证责任

《民法典》第698条规定:"一般保证的保证人在主债务履行期限届满后,向债权人提供债务人可供执行财产的真实情况,债权人放弃或者怠于行使权利致使该财产不能被执行的,保证人在其提供可供执行财产的价值范围内不再承担保证责任。"此条规定在债务人进入破产程序后不能再适用。因为在破产程序中债务人的全部财产将用于对所有债权人共同公平清偿,而不能再单独向保证人担保债务的某一债权人个别清偿。所以,即使一般保证的保证人向债权人或法院提供了债务人财产的真实情况,由于这些财产不可能再用于对其保证担保的债权人个别执行,故不能再以此为由免除保证人的保证责任。

《民法典》第701条规定:"保证人可以主张债务人对债权人的抗辩。债务人放弃抗辩的,保证人仍有权向债权人主张抗辩。"此条规定在破产程序中应当继续适用。为此,破产法应当明确规定保证人也有权参加对破产债权的核查,并可以主张债务人对债权人的抗辩。在目前的司法实践中,保证人的此项权利往往被忽视,不允许其参加债权核查程序主张抗辩。而此时的债务人因财产不足以清偿全部债务,债务是否存在、数额多少不影响其实际利益,已经丧失对债务的抗辩动力,这就可能使保证人的权利和利益在债务人消极放弃抗辩的情况下受到损害,并可能失去适当的救济渠道。

《民法典》第699条规定:"同一债务有两个以上保证人的,保证人应当按照保证合同约定的保证份额,承担保证责任;没有约定保证份额的,债权人可以请求任何一个保证人在其保证范围内承担保证责任。"这一规定本身是正确的,但是联系到原《担保法》的有关规定,《民法典》此条的实施可能在实践中出现适用上的副作用。原《担保法》第12条规定:"同一债务有两个以上保证人的,保证人应当按照保证合同约定的保证份额,承担保证责任。没有约定保证份额的,保证人承担连带责任,债权人可以要求任何一个保证人承担全部保证责任,保证人都负有担保全部债权实现的义务。已经承担保证责任的保证人,有权向债务人追偿,或者要求承担连带责任的其他保证人清偿其应当承担的份额。"而《民法典》

在编纂时，删除了《担保法》中同一债务有两个以上保证人的，“没有约定保证份额的，保证人承担连带责任”，“已经承担保证责任的保证人，有权向债务人追偿，或者要求承担连带责任的其他保证人清偿其应当承担的份额”的内容，这就使对保证份额无约定的各保证人之间有无追偿权的问题失去了明确的法律依据，在实践中可能会出现争议。

如果上述《民法典》对《担保法》内容的删除可以理解为已经承担保证责任的保证人，无权要求其他保证人分担其清偿的份额（笔者认为，如此理解应当是立法本意），由此产生的保证责任承担的随机性难免会使保证人产生各种寻租行为，以获取利益。对保证人之间有无追偿权的两种处理方式均有其一定的合理性，但无论立法选择何种解决方式，对因此可能产生的衍生问题与负面影响，必须在法律上预先设计好防范和解决措施，否则就可能出现新的法律困境。

三、《民法典》其他合同规定与破产法的关系

（一）委托合同

委托合同是委托人和受托人约定，由受托人处理委托人事务的合同。依据《民法典》第934条[①]的规定，除当事人对委托合同的终止事由另作有约定外，并没有将委托人或者受托人进入破产程序（包括被宣告破产），直接列为委托合同终止的事由，但是，委托人或者受托人的终止（包括作为自然人时的死亡），则属于法定委托合同终止的事由。《民法典》第73条规定：“法人被宣告破产的，依法进行破产清算并完成法人注销登记时，法人终止。”根据《民法典》第935条[②]、第936条[③]的规定，在委托人、受托人为法人且被宣告破产的情况下，为保障委托人的利益，需要受托人或其继承人等继续处理受托事务或采取必要措施。上述规定中的“宣告破产”，并非简单地指法院作出了一个破产宣告裁定，而是指因法人

---

① 《民法典》第934条规定：“委托人死亡、终止或者受托人死亡、丧失民事行为能力、终止的，委托合同终止；但是，当事人另有约定或者根据委托事务的性质不宜终止的除外。”

② 《民法典》第935条规定：“因委托人死亡或者被宣告破产、解散，致使委托合同终止将损害委托人利益的，在委托人的继承人、遗产管理人或者清算人承受委托事务之前，受托人应当继续处理委托事务。”

③ 《民法典》第936条规定：“因受托人死亡、丧失民事行为能力或者被宣告破产、解散，致使委托合同终止的，受托人的继承人、遗产管理人、法定代理人或者清算人应当及时通知委托人。因委托合同终止将损害委托人利益的，在委托人作出善后处理之前，受托人的继承人、遗产管理人、法定代理人或者清算人应当采取必要措施。”

被宣告破产而发生解散事由，经清算必然使法人终止，并进而致使委托合同终止。此外，从司法实践需要看，尽管委托人或者受托人的终止才是委托合同的终止事由，但委托合同的终止并非要一直等到委托人或者受托人作出注销登记。因为在委托人或者受托人发生必然导致其终止的事由，实际失去委托合同履行能力时，就需要确定具有合理提前量的适用标准，切断风险传导链，及时终止委托合同，以免各方当事人的权益因此受到损失。所以从这一角度讲，将《民法典》中的“宣告破产”理解为是对委托合同终止事由的规定也有一定道理。

就委托合同终止时相关事务的处理，前述《民法典》第935条规定：“因委托人死亡或者被宣告破产、解散，致使委托合同终止将损害委托人利益的，在委托人的继承人、遗产管理人或者清算人承受委托事务之前，受托人应当继续处理委托事务。”第936条规定：“因受托人死亡、丧失民事行为能力或者被宣告破产、解散，致使委托合同终止的，受托人的继承人、遗产管理人、法定代理人或者清算人应当及时通知委托人。因委托合同终止将损害委托人利益的，在委托人作出善后处理之前，受托人的继承人、遗产管理人、法定代理人或者清算人应当采取必要措施。”

上述关于委托合同终止的规定，仅从《民法典》的角度看是具有合理性的，但要想在破产程序中获得顺利实施，还必须确定其与《企业破产法》的相关规定尤其是管理人对双方均未履行完毕合同的选择履行权如何协调处理。

《企业破产法》第18条规定，“人民法院受理破产申请后，管理人对破产申请受理前成立而债务人和对方当事人均未履行完毕的合同有权决定解除或者继续履行”。联系《民法典》的有关规定，由此会产生以下问题：其一，管理人的合同选择履行权对委托合同是否适用？其二，在破产重整与和解程序中，自始至终不存在对委托人、受托人的破产宣告，委托合同应如何处理？其三，委托合同应在何时终止？是破产案件受理时还是破产宣告时？

第一，委托合同，是指以为他人处理事务为目的的合同，所以当事人之间通常都是具有充分的人身信任关系的。也就是说，“委托合同的订立以委托人和受托人之间的相互信任为前提”。[①] 也正因如此，《民法典》对转委托予以限制，同时第933条规定，“委托人或者受托人可以随时解除委托合同”，即当事人双方在

① 崔建远：《合同法》（第3版），北京大学出版社2016年版，第647页。

失去信任时均享有任意解除权(但该权利不得恶意行使)。①

《企业破产法》规定,在债务人进入破产程序时,法院指定的管理人将接管债务人企业,负责经营管理等全部事项,并对破产申请受理前成立而双方当事人均未履行完毕的合同享有决定解除或者继续履行的选择履行权。这时委托合同的一方当事人已经从债务人变更为主要由中介机构担任的管理人,尽管该当事人的名称没有改变,但实际上已物是人非,双方之间并无信任关系。由于委托合同已经失去存在基础,符合终止合同的条件,加之若进入的是破产清算程序,债务人随之将被注销终止,仍继续履行委托合同显然是不妥的。所以,在破产程序中,应当将合同当事人发生实质变更以及出现注销终止事由作为委托合同可以终止的事由。根据委托合同的法律属性,管理人不应再享有合同选择履行权,除法律规定为委托人的利益需继续处理委托事务的情况外,无权单方要求继续履行合同。

第二,《企业破产法》中存在3种破产程序,即清算、重整与和解程序。除破产清算程序必然导致债务人企业终止外,重整与和解属于债务人的挽救程序,通常并不使债务人企业终止,而且在这两种程序中均不存在破产宣告。但在重整程序与和解程序中,法院同样要指定管理人接管债务人企业(在重整程序中的债务人自行管理模式中仍由债务人负责经营管理,但其法律地位和权利发生明显改变),同样产生委托合同当事人实际已经变更的问题。根据委托合同的法律特性,在此情况下,即使没有破产宣告作出,也应当及时在破产程序启动后终止委托合同。

第三,委托合同应在何时终止,是破产案件受理时还是破产宣告时?之所以需要在破产程序中终止委托合同,实质性的事由是委托合同当事人实际上发生了变更,在破产清算程序中则更进一步,即当事人之一还发生了终止事由。所以,判断委托合同应否终止的时点应当是委托合同当事人发生实际变更的时点。在破产程序中,这一时点是人民法院受理破产申请,而不是作出破产宣告裁定。据此,在委托合同终止的问题上,应当以破产申请受理为时点。当然,委托合同终止的事由并非只有一种,法人的终止包括委托合同一方当事人因被宣告破产而必然引发的法人终止,也是委托合同终止的事由。

---

① 参见崔建远:《合同法》(第3版),北京大学出版社2016年版,第661页。

(二)所有权保留合同

所有权保留合同,是指当事人约定买受人未履行支付价款或者其他义务的,标的物的所有权属于出卖人的买卖合同。①《民法典》第642条规定:“当事人约定出卖人保留合同标的物的所有权,在标的物所有权转移前,买受人有下列情形之一,造成出卖人损害的,除当事人另有约定外,出卖人有权取回标的物:(一)未按照约定支付价款,经催告后在合理期限内仍未支付;(二)未按照约定完成特定条件;(三)将标的物出卖、出质或者作出其他不当处分。出卖人可以与买受人协商取回标的物;协商不成的,可以参照适用担保物权的实现程序。”第643条规定:“出卖人依据前条第一款的规定取回标的物后,买受人在双方约定或者出卖人指定的合理回赎期限内,消除出卖人取回标的物的事由的,可以请求回赎标的物。买受人在回赎期限内没有回赎标的物,出卖人可以以合理价格将标的物出卖给第三人,出卖所得价款扣除买受人未支付的价款以及必要费用后仍有剩余的,应当返还买受人;不足部分由买受人清偿。”此外,《最高人民法院关于审理买卖合同纠纷案件适用法律问题的解释》(法释〔2012〕8号)第37条第3款也规定:“出卖人另行出卖标的物的,出卖所得价款依次扣除取回和保管费用、再交易费用、利息、未清偿的价金后仍有剩余的,应返还原买受人;如有不足,出卖人要求原买受人清偿的,人民法院应予支持,但原买受人有证据证明出卖人另行出卖标的物的价格明显低于市场价格的除外。”②

《企业破产法》中对所有权保留买卖合同未作规定。《最高人民法院关于适用〈中华人民共和国企业破产法〉若干问题的规定(二)》(以下简称《破产法解释(二)》)第34条规定:“买卖合同双方当事人在合同中约定标的物所有权保留,在标的物所有权未依法转移给买受人前,一方当事人破产的,该买卖合同属于双方均未履行完毕的合同,管理人有权依据企业破产法第十八条的规定决定解除或者继续履行合同。”同时,按照出卖人破产、买受人破产以及管理人决定继续履行或者解除所有权保留买卖合同,组合为四种情况,分别在第35条、第36条、第37条、第38条中作出规定。其中,需要与《民法典》等规定进行协调的主要是出卖人取回标的物的条件以及买受人已支付价款处理。

① 《民法典》第641条第1款规定:“当事人可以在买卖合同中约定买受人未履行支付价款或者其他义务的,标的物的所有权属于出卖人。”

② 该条已于2020年12月删除。

在《破产法解释(二)》中规定,出卖人主张取回标的物,买受人已经支付标的物总价款75%以上或者第三人善意取得标的物所有权或者其他物权的,人民法院不予支持。2012年最高人民法院《关于审理买卖合同纠纷案件适用法律问题的解释》第36条[①]作了相同规定。而《民法典》中对此情况下出卖人能否取回标的物未作规定,是否沿用原有规定需要明确。

在出卖人收回标的物后,需要解决买受人已支付价款的处理和双方买卖合同的结算问题。根据《民法典》及最高人民法院有关合同的司法解释规定,以出卖人再次出卖标的物为假定前提,就出售价款和买受人已支付价款对买卖合同的权利义务进行多退少补的实际结算,这是合理的处理方式。由于收回的标的物对出卖人来讲是需要通过交换实现价值的商品,而非自用物,所以通常是会再次出售的。《民法典》及相关司法解释未规定出卖人收回标的物后未再次出卖时如何作价结算,虽此种情况较少见,但立法应作有澄清规定。

《破产法解释(二)》对此问题规定了不同的处理方式,其第36条第3款规定,出卖人破产,其管理人决定解除所有权保留买卖合同的情况下,“买受人依法履行合同义务并依据本条第一款将买卖标的物交付出卖人管理人后,买受人已支付价款损失形成的债权作为共益债务清偿。但是,买受人违反合同约定,出卖人管理人主张上述债权作为普通破产债权清偿的,人民法院应予支持”。这一规定是不妥的。首先,如果买受人在返还标的物后,其已支付的价款损失形成的债权都可以作为共益债务全额清偿,岂不等于买受人在返还标的物之前可以无偿使用标的物而不支付任何费用,这显然有失公平。其次,在买受人存在违反合同约定行为的情况下,出卖人管理人可以追究其违约责任,这是正当权利行使。但是,将买受人的债权性质从共益债务改变为破产债权就缺乏法律依据了,而且没有合理性可言,除非是在合同中作有此项违约责任规定。最后,上述规定与《破产法解释(二)》第38条第2款的规定也存在矛盾,第38条规定,买受人破产,其管理人决定解除所有权保留买卖合同的情况下,“出卖人取回买卖标的物,买受人管理人主张出卖人返还已支付价款的,人民法院应予支持。取回的标的物价值明显减少给出卖人造成损失的,出卖人可从买受人已支付价款中优先予以抵扣后,将剩余部分返还给买受人;对买受人已支付价款不足以弥补出卖人标的物

① 该条已于2020年12月修改为第26条。

价值减损损失形成的债权,出卖人主张作为共益债务清偿的,人民法院应予支持”。同样的情况却采取不同的方式处理,这是不妥的,而《民法典》及合同法相关司法解释的规定更符合法理原则与实际。此外,第38条没有以《民法典》规定的出卖人再次出卖标的物的合理价款作为判断是否给出卖人造成损失的标准,而是以“标的物价值明显减少”作为判断标准,从司法实践看缺乏确定性。

谈民法典各分编编纂中与破产法的正确衔接*

民法典各分编(草案)日前已提交全国人大常委会审议,通过将该草案中与破产法相关的条款梳理,笔者发现,在部分涉及与破产法衔接的条款中存在一些需要修改或进一步明确的问题,而此类问题在以前的一些立法中已经存在,并对破产法的实施造成不利影响。

第一,涉及最高额抵押担保债权范围与动产浮动抵押财产范围的确认时点存在不妥之处,误将破产程序的启动时点理解为破产宣告。在动产浮动抵押的情况下,抵押人进入破产程序,应当作为对其抵押财产范围确定的时点。在最高额抵押的情况下,债务人或者抵押人进入破产程序,应当作为对于抵押权人债权范围确定的时点。但是,在草案中涉及浮动抵押和最高额抵押权的几处规定,以抵押人、债务人被宣告破产作为确定担保债权与抵押财产范围的时点,这是与破产法规定明显相违背的。根据现行破产法规定,最高额抵押和浮动抵押的债权与财产范围确认时点,应当以抵押人或债务人进入破产程序即破产申请受理时为标准。在2006年出台的《企业破产法》中,明确规定破产程序的启动以破产申请(包括清算申请、和解申请、重整申请)的受理为时点,修正了

---

* 本文原载于《人民法院报》2018年10月17日,第7版。

原《企业破产法(试行)》中以破产宣告为时点标准的不当规定。企业破产法的各种规定都体现、贯彻这一原则。其第30条规定:“破产申请受理时属于债务人的全部财产,以及破产申请受理后至破产程序终结前债务人取得的财产,为债务人财产。”据此,确认用于清偿浮动抵押的债务人财产范围也应当遵循这一原则,以破产申请受理时为标准,与破产宣告无关。第44条规定:“人民法院受理破产申请时对债务人享有债权的债权人,依照破产法规定的程序行使权利。”最高额抵押权形成的担保债权也属于破产债权,其构成时点应当按照这一规定于破产申请受理时确认。此外,破产法对其他相关问题的调整,如第46条规定“未到期的债权,在破产申请受理时视为到期。附利息的债权自破产申请受理时起停止计息”,以及其他各种在破产程序中的权利义务,也均是以破产申请受理时作为产生与行使的时点。如果以抵押人、债务人被宣告破产作为确定担保债权与抵押财产范围的时点,会与破产法的所有规定相冲突,造成法律适用上的严重困难。

我国的破产申请包括对清算程序、重整程序与和解程序3个程序的申请。即使是在破产清算程序中,在破产申请受理后至对债务人作出破产宣告,通常也会有一个较长的间隔期间。但是,不管是抵押债权还是清偿浮动抵押的债务人财产范围都必须在破产程序启动时就及时确定,不可能等到破产宣告时再确定。而且在这一期间,破产清算程序还可能依法转换为重整程序或者和解程序。最关键的是,在由当事人直接申请启动或者通过清算程序转换的重整程序或者和解程序中,一直到破产程序终结,根本就不存在对债务人以及抵押人的破产宣告。如果以抵押人、债务人被宣告破产作为确定担保债权与抵押财产范围的时点,由于在实践中这一时点根本就不存在,必然造成本来在重整程序或者和解程序中对担保债权与抵押财产根本不存在问题的范围确认,反而由于民法典的错误规定无法确认的立法难堪状态。

对于破产程序的启动以何为标准,各国确实存在不同的规定。有部分国家对破产清算程序规定是以法院作出破产宣告为程序启动时点的,在破产程序中不存在受理阶段以及其与破产宣告的时间间隔。这些国家对于重整程序与和解程序均是规定适用与清算程序相互独立的申请与受理,甚至是对三种程序完全分别独立立法,如日本,而且通常在破产宣告作出后,不再允许债务人的破产程序向重整等挽救程序转换(但允许重整程序不成功时向破产清算程序转换)。所以,这些国家对重整程序与和解程序中涉及的担保债权与抵押财产范围的时点是有独立的标准的,不受破产宣告影响。而我国以及其他一些国家采取的立法模式与之不同,不仅在破产清算程序中以破产申请受理作为确定各种权利义务的时点,而且在重整程序与和解程序中也是如此,同时允许破产程序在受理破产清算的申请后,向重整程序与和解程序转换,所以在我国是不能以破产宣告作为各种破产权利义务确定时点的。

第二,在涉及委托合同等规定中,简单地将委托人或受托人的“破产”作为应对委托合同终止等处理的情节。这一规定的问题主要是“破产”的概念过于模糊,极易造成执行中的混乱。首先是“破产”概念本身有多层次的广狭之义。从破产法律制度的角度讲,狭义的破产仅指破产清算程序,而广义的破产不仅包括破产清算程序,还包括破产重整程序与和解程序等债务人挽救程序。时至今日,仍有些法律工作者由于破产法律知识缺乏,认为破产法的诸多规定仅仅适用于破产清算程序,而不适用于重整程序与和解程序。从程序进展的角度讲,破产既可以指债务人客观上发生了破产原因(但尚未进入破产程序);也可以是指破产申请的受理,即破产程序的启动;还可以是指破产宣告,即债务人不可逆地进入清算程序,将彻底退出市场。由于概念的模糊加之我国缺乏破产文化的基础,所以仅使用“破产”概念就很可能造成法律适用上的混乱。为此,建议使用“破产申请(包括清算申请、重整申请、和解申请)受理”的概念替代破产的概念,以保障法律的正确适用。

第三,类似的问题其实在其他个别立法中已经存在,希望能够借民法典编纂之际也一并予以清理、解决。例如,《劳动合同法》第44条规定,“用人单位被依法宣告破产”,劳动合同终止,这一规定也存在不妥之处。其一,终止劳动合同的目的之一,是要在债务人企业发生破产危机的情况下,尽早解除不必保留的劳动合同,减少债务人财产的损耗支出,降低破产成本,使债权人得到更多清偿。为此法律应当将可以终止劳动合同的事由规定为破产程序启动即破产申请受理,确定为破产宣告有些过晚,不利于这一立法目标的实现。其二,应当将劳动合同发生上述情况就可以强制性终止的规定,修改为“在法院受理破产申请后,管理人有权解除不需要维持的劳动合同”。一方面,使劳动合同解除的规定与破产法第十八条关于管理人对合同享有选择履行权的规定相互协调;另一方面,也更符合司法实践中灵活处理的需要。因为即使在清算程序中作出破产宣告,也可能存在一定期间内保留部分劳动合同的需要。根据《企业破产法》第 61 条的规定，为了处置债务人的原材料、半成品等财产，提高破产财产的价值，债权人会议有权“决定继续或者停止债务人的营业”；第 25 条规定，管理人“在第一次债权人会议召开之前，决定继续或者停止债务人的营业”。此外，还存在债务人企业以租赁、委托管理等方式继续营业、提升破产财产价值，在破产分配时对企业财产整体处置的情况。在企业继续营业的情况下，通常是不需要解除与继续工作职工的劳动合同的。如果简单地将破产宣告规定为劳动合同法定终止理由，则职工就可以不管企业是否继续营业，要求立即解除合同，这显然对破产程序的顺利进行是不利的。

民法典债权人无偿行为撤销权对破产撤销权的影响*

《民法典》第538条规定:“债务人以放弃其债权、放弃债权担保、无偿转让财产等方式无偿处分财产权益,或者恶意延长其到期债权的履行期限,影响债权人的债权实现的,债权人可以请求人民法院撤销债务人的行为。”此条规定较原《合同法》第74条“因债务人放弃其到期债权或者无偿转让财产,对债权人造成损害的,债权人可以请求人民法院撤销债务人的行为”,规定得更为准确、合理。例如,规定对放弃债权行为不再要求放弃的是到期债权,增加了放弃债权担保行为,并将放弃债权、放弃债权担保、无偿转让财产等行为均归入“无偿处分财产权益”的范围,允许债权人请求人民法院予以撤销,更有利于对债权人权益的保护。《民法典》此条对撤销权(以下简称民法撤销权)的规定,不仅是对原合同法债权人撤销权的调整,对破产撤销权的适用以及企业破产法的立法修订也会产生重要的影响。这种影响体现在三个方面,第一,在《民法典》作为由全国人民代表大会新制定的基本法律,其规定更有利于维护债权人权益的情况下,管理人可以参照《民法典》的规定,更合理地适用破产撤销权。第二,债权人可以依据《民法典》的规定,在管理人

---

* 本文原载于《人民法院报》2020年9月24日,第7版。

不行使或无法行使撤销权时，直接向人民法院请求行使民法撤销权（最高人民法院《关于适用〈中华人民共和国企业破产法〉若干问题的规定（二）》第 13 条对此有明确规定）。第三，在《企业破产法》的修订中，应当吸纳《民法典》的合理规定，完善破产制度。

无偿行为，指无对价或实质上无对价的财产权益处分行为。撤销权角度的无偿行为，包括债务人无对价减少财产权益（如财产转让、债务免除、权利放弃）或增加财产权益负担（如无对价承担债务）两类行为。债务人无偿处分财产权益的行为对债权人清偿利益的危害性是十分明显的，因该行为必然使债务人的责任财产减少，所以各国破产法均将其列为首要的可撤销行为，并对其规定较长的可撤销追溯期间。

在其他国家破产法中，对此类可撤销行为通常规定为“无偿行为”，并不限定行为的具体标的和方式。无偿行为涉及的标的除有形财产外，还包括用益物权、债权、专利权、商标权等各种财产性权益。无偿行为的方式也不仅限于转让，尽管无偿“转让”财产是其最典型的表现形式。当涉及无偿转让行为时，既包括积极的作为，如无偿转让债权等，也包括消极的不作为，如不为诉讼时效的中断而消极放弃债权等。在实践中，无偿行为的具体表现形式是多种多样的，除无偿转让财产外，无偿设定用益物权、债务免除、放弃权利、承认并清偿消灭时效完成后的债权、不为诉讼时效的中断、撤回诉讼、放弃诉讼标的等，依其法律性质均属于无偿行为之列。

我国《企业破产法》第 31 条、第 32 条对破产撤销权作出规定。其第 31 条规定对无偿行为的撤销问题，指出人民法院受理破产申请前一年内，对债务人无偿转让财产的行为，管理人有权请求人民法院予以撤销。该条规定中存在立法逻辑不够严谨，“无偿”概念的外延未能包括所有应有选项，与其他规定的分类标准不一致，不能适应司法实践的合理需要等问题。例如，该条将“放弃债权”这种同样是无偿性质的行为规定为一种独立的可撤销行为，未纳入无偿行为的范围；规定无偿转让行为的对象限于“财产”，未包括财产性权益；规定行为方式仅限于“转让”，对无偿设定用益物权（如对房屋等财产的长期无偿出借等）、无偿允许使用专利权、商标权、著作权等处分财产权益的行为则未予规定，使不涉及转让性质的各种无偿行为逃脱法律的调整范围，存在重大疏漏。这就使司法实践中破产撤销权的合理、正当行使受到严重阻碍，债权人的利益难以得到充分保障。

《民法典》第538条规定的出台，为在司法实践中弥补企业破产法规定的疏漏与失当提供了补救机会与渠道。《民法典》本条规定将债务人的放弃债权、放弃债权担保、无偿转让财产等方式无偿处分财产及财产权益，或者恶意延长其到期债权履行期限（属于无偿放弃债权的期限利益，但以存在恶意为前提）的行为，均纳入可以撤销的行为范围内。其中，延长到期债权履行期限，属于无偿放弃财产权利的期限利益，在债务人进入破产程序前，对之撤销以债务人存在恶意为前提，但在进入破产程序后，管理人行使破产撤销权不再需要考虑债务人主观上是否存在恶意，因为该行为客观上造成对全体债权人利益实质损害的后果，甚至还可能因此影响破产案件的及时审结，故应当予以撤销。

破产管理人可以适用《民法典》上述规定，对债务人上述各种无偿处分财产权益、损害债权人利益的行为，请求人民法院予以撤销。债权人在管理人不行使或不能行使此项撤销权（如超过法定破产撤销期间等）的情况下，也可以请求人民法院依据《民法典》的规定予以撤销，并将由此追回的财产权益纳入债务人财产，向全体债权人作统一分配。根据《民法典》第540条的规定，债权人行使撤销权的必要费用，由债务人负担，在破产案件中表现为可以作为共益债务由债务人财产中优先支付。

但是，并非债务人所有的无偿行为均可无条件地予以撤销，某些无偿行为的撤销可能影响市场交易的普遍安全和市场主体对交易的正当预期，进而影响社会营商环境。所以，在确定其是否应当撤销时就需要对适用条件作出合理调整，权衡利弊、综合考虑后予以判定。例如，对债务人无偿为他人提供物权担保或者保证担保的行为，就需要根据实际情况予以合理确定，不能仅因其具有无偿性质便“一刀切”地撤销处理，这时需要考虑债务人尤其是相对人是否存在主观过错。《民法典》第539条规定：“债务人以明显不合理的低价转让财产、以明显不合理的高价受让他人财产或者为他人的债务提供担保，影响债权人的债权实现，债务人的相对人知道或者应当知道该情形的，债权人可以请求人民法院撤销债务人的行为。”鉴于此条规定的其他行为在破产法中已经有调整措施，我们在此仅关注“为他人的债务提供担保”的行为。根据本条规定，债务人为他人的债务提供担保，影响了债权人的债权实现，只有在债务人的相对人知道或者应当知道该情形时，债权人才可以请求人民法院予以撤销。也就是说，在此种情况下，债权人行使撤销权是以相对人因知道或者应当知道该情形存在而具有侵害债权人权益的过错为前提的。这一主观要件对破产撤销权的构成也是必要的,否则可能对市场交易秩序产生不利影响。此外,此条对担保是否为无偿未作规定。换言之,即使该担保为有偿担保,如果影响债权人的债权实现,同样可以予以撤销。如债务人以自己的财产为相对人设定抵押担保,相对人虽然提供有反担保,但在债务人为相对人履行担保责任前,债务人的债权人往往无法追究相对人的反担保责任,这就会增加债权人的风险,影响其权益。对债务人的担保行为尤其是无偿担保行为在破产程序中能否撤销,是一个在破产案件中长期未能合理解决的问题,而现在《民法典》的规定为解决这一问题提供了法律依据。

民法撤销权与破产撤销权在法理基础上是相同的。不同的是,民法撤销权以债务人处分财产的行为对个别债权人造成损害为适用条件,而破产撤销权则是以债务人在被认定或推定丧失清偿能力的法定期间处分财产权益行为损害全体债权人利益或损害公平清偿利益,且破产案件为法院受理为适用条件。民法撤销权在破产程序中同样具有适用空间与效力,并不因破产程序的启动而被排斥适用,但在其与破产撤销权竞合时,应优先适用破产撤销权。

须注意的是,《民法典》关于债权人撤销权的规定主要是调整债务人在未进入破产程序前的不当行为,所以规定的适用条件较之企业破产法的规定要严格一些。例如,《民法典》第539条规定,债务人以明显不合理的低价转让财产、高价受让财产,债务人的相对人知道或者应当知道该情形的,债权人可以请求人民法院撤销债务人的行为。而在破产法的适用环境下,债务人以明显不合理的低价转让财产、高价受让财产,客观上就损害了全体债权人的清偿利益,所以,《企业破产法》第31条规定应当予以撤销,并不考虑债务人主观上是否有过错,而是仅以客观结果作为判断标准。我们要根据《民法典》和《企业破产法》两部法律不同的立法目的和适用条件,对撤销权尤其是破产撤销权的适用作出公正、合理的选择。

现在我国的企业破产法已经进入立法修订阶段,在法律修订中应当适当考虑对《民法典》相关规定的采纳,并将可撤销行为中的“无偿转让财产行为”修改为“无偿行为”,使债权人的权益能够得到合理保证,建立更完善的营商环境。

论清算义务人的义务及其与破产程序的关系*

2008年5月《最高人民法院关于适用〈中华人民共和国公司法〉若干问题的规定(二)》(以下简称《公司法司法解释(二)》)出台至今已逾10年,其第18条关于清算义务人及其法律责任的规定引发了人们的重视,学者们对该规定本身的合理性以及如何正确理解执行议论纷纷。[①] 本文不对规定本身内容进行评价,而是对如何正确理解公司清算义务人的义务以及其与破产程序的关系进行分析,望能抛砖引玉。

一、清算义务人的概念与范围

"清算义务人,是指基于其与公司之间存在的特定法律关系而在公司解散时对公司负有依法组织清算义务,并在公司未及时清算给相关权利人造成损失时依法承担相应责任的民事主体"。[②] 这一概念基本上概括出了清算义务人的本质特征,如果将概念中"依法组织清算"的义务,更明确地界定为"在法定期限内启动清算程序、成

---

* 本文原载于《法学杂志》2019年第12期。中国人民大学书报资料中心《复印报刊资料·民商法学》2020年第4期转载。

① 参见刘敏:《公司解散清算制度》,北京大学出版社2010年版,第230页。

② 同上书,第229页。

立清算组织”,则对于在司法实践中正确理解和认定清算义务人的义务具有更强的指导意义。所以笔者认为,可以将清算义务人的概念界定为,“基于其与公司之间存在的特定法律关系,在公司解散时负有在法定期限内启动清算程序、成立清算组织,并在公司未及时清算给相关权利人造成损失时依法承担相应责任的民事主体”。

在我国立法中,不同的法律对清算义务人的范围规定并不完全一致。《民法总则》第 70 条第 2 款规定:“法人的董事、理事等执行机构或者决策机构的成员为清算义务人。法律、行政法规另有规定的,依照其规定。”[①]据此,法人的执行机构或者决策机构的成员都可以成为清算义务人,但立法并没有直接将股东列入清算义务人范围,更没有将清算义务人范围限定为股东(即使是有限责任公司)。那么在不同的法人中,如何确定是执行机构还是决策机构的成员为清算义务人呢?原则上,应当根据相关法律的一般规定或者法人的章程约定确定。但是,“法律、行政法规另有规定的,依照其规定”。换言之,在法律、行政法规另有强制性规定的情况下,当事人对于清算义务人的自行约定不再具有对抗法律规定的效力;在法律、行政法规没有规定的情况下,当事人是可以通过法人章程的约定确定由谁担任清算义务人的。通常,由法人组织中有权决定法人解散的机构担任清算义务人,从职权衔接等角度讲较顺畅。不过,法人也可以确定执行机构而不是决策机构的成员为清算义务人,将决定法人解散的权力和解散时产生的清算义务分解在不同人的身上承担。

目前,我国《公司法》没有具体规定谁是公司清算义务人。其第 183 条规定:“公司因本法第一百八十条第(一)项、第(二)项、第(四)项、第(五)项规定而解散的,应当在解散事由出现之日起十五日内成立清算组,开始清算。有限责任公司的清算组由股东组成,股份有限公司的清算组由董事或者股东大会确定的人员组成。逾期不成立清算组进行清算的,债权人可以申请人民法院指定有关人员组成清算组进行清算。人民法院应当受理该申请,并及时组织清算组进行清算。”学者们对这一规定是否包含了清算义务人的概念不无争议。[②] 因为从其文义上看,仅确定了有限责任公司和股份有限公司清算组的人员组成,并没有确定

① 现为《民法典》第 70 条第 2 款。

② 参见刘俊海:《现代公司法》,法律出版社 2015 年版,第 1155 页。

谁是公司的清算义务人。在这里需要区分公司清算程序中清算义务人和清算人两个不同的概念。如前所述,清算义务人是在公司出现解散事由时,负有在法定期限内提起清算程序并组织清算义务的人。而清算人则是在清算程序启动后负责公司具体清算事务的人,公司法中的清算人是清算组,破产法中的清算人则是管理人。所以,确定清算组由哪些人组成,解决的仅是清算人的问题,并不涉及清算义务人。清算义务人和清算人的构成人员不同,具有不同的职能,承担不同的义务,产生不同的责任。根据《公司法》第 183 条的规定,不排除甚至主张清算义务人在清算程序启动后继续担任清算人,成为清算组成员,但这并不表示清算义务人和清算人的人员范围、义务和法律责任是相同的。《公司法》和《破产法》对清算组和管理人的职权(既是权利也是义务)作有明确规定,昭示了其与清算义务人之间的区别。认为谁有权启动清算程序、负责组织清算组谁就是清算义务人的理解也不够准确。因为《公司法》第 183 条中还规定,在公司无人组织清算的情况下,人民法院应当受理债权人的清算申请,并及时组织清算组进行清算,但显然不能因此将人民法院理解为清算义务人。

《公司法》中缺失对清算义务人范围及其法律责任的规定,导致在司法实践中公司出现解散事由如被吊销营业执照等,但是却不组织清算,恶意逃废债务和法定义务,致使公司财产贬值、流失、毁损或者灭失,乃至主要财产、账册、重要文件等下落不明或灭失,日后无法进行清算,使债权人遭受严重损失,却难以追究责任、挽回损失的情况时有发生。为此,《公司法司法解释(二)》第 18 条规定:"有限责任公司的股东、股份有限公司的董事和控股股东未在法定期限内成立清算组开始清算,导致公司财产贬值、流失、毁损或者灭失,债权人主张其在造成损失范围内对公司债务承担赔偿责任的,人民法院应依法予以支持。有限责任公司的股东、股份有限公司的董事和控股股东因怠于履行义务,导致公司主要财产、账册、重要文件等灭失,无法进行清算,债权人主张其对公司债务承担连带清偿责任的,人民法院应依法予以支持。上述情形系实际控制人原因造成,债权人主张实际控制人对公司债务承担相应民事责任的,人民法院应依法予以支持。"

值得注意的是,除一部分研究公司解散清算制度的著作外,①在一些公司法的学术著作或教材中,往往关注清算人的概念,而对清算义务人的概念则不够重

① 例如,刘敏:《公司解散清算制度》,北京大学出版社 2010 年版。

视,分析论述不足,甚至没有涉及,[①]尤其是在2008年《公司法司法解释(二)》出台之前。而理论上和实践中对清算义务人的义务尤其是破产程序中清算义务人义务存在一些认识模糊之处,这就使对清算义务人及其义务的研究具有更重要的实践意义。

二、清算义务人的清算义务

清算义务人的清算义务是什么?什么时候才会产生清算义务?清算义务人、清算人(组)以及依法应当全面配合清算人工作的人(以下简称配合清算义务人)各自的义务又有什么不同?

《公司法司法解释(二)》中明确规定,清算义务人的义务是"在法定期限内成立清算组开始清算"。也就是说,只要清算义务人一经依法及时启动清算程序,使清算组组成并开始清算工作,其清算义务就得到了适当履行。而具体各种清算事务的完成,则是清算人的义务,不属于清算义务人的义务。

有学者提出,清算义务人的义务包括三个方面,即作出清算决议、委任清算人、监督清算。[②] 这一观点基本上涵盖了清算义务人的义务,其中需要考虑适当调整的,一是在《民法总则》规定法人的执行机构和决策机构都可能为清算义务人后,可能出现由决策机构作出清算决议(准确地讲,应当称为解散决议),而由执行机构作为清算义务人负责启动清算程序、委任清算人即组织清算组的情况。笔者认为,将"作出清算决议"作为清算义务人的义务,或者作为一项独立的清算义务行为,表述上不够准确妥当,毕竟作出一个决议和实际启动清算程序是不同的行为,而且在实践中清算义务人启动清算程序通常是不再作出决议的,因为这是其法定义务。二是将"监督清算"列为清算义务人的义务也不够准确。《公司法》中涉及对清算组工作进行监督的规定有两条,第186条第1款规定,"清算组在清理公司财产、编制资产负债表和财产清单后,应当制定清算方案,并报股东会、股东大会或者人民法院确认";第188条规定,"公司清算结束后,清算组应当制作清算报告,报股东会、股东大会或者人民法院确认,并报送公司登记机关,申请注销公司登记,公告公司终止。"这里的监督机构均是"股东会、股东大会或者

---

① 例如,在施天涛所著《公司法论》(法律出版社2014年第3版)、甘培忠所著《企业与公司法》(北京大学出版社2012年第6版)、范建、王建文所著《公司法》中,均没有涉及清算义务人的概念。

② 参见刘敏:《公司解散清算制度》,北京大学出版社2010年版,第242页。

人民法院”，主要是由以公司法上的治理机制与组织结构为基础而设置的公司内部机构担任，也包括公司治理机制失灵时法院的介入，而非公司外部的股东个人。法定的监督主体与法律规定的清算义务人的范围并不重合，清算义务人实际上也不可能僭越股东会的权利去监督上述各种清算活动尤其是法院启动的公司清算活动，故不应将“监督清算”列为清算义务人的法定清算义务。据此，笔者认为，清算义务人的义务应当集中在依法及时启动清算程序、组织清算组这两项与清算义务存在实质性联系的事项上面。清算程序启动的典型外观表现是清算组的成立，所以，依法及时启动清算程序和组织清算组这两项清算义务一般情况下都是同时操作并实现的。但有时也会出现两项行为分离的情况，例如，公司出现解散事由，清算义务人决定启动清算程序并组织清算组清算，但由于各清算义务人之间意见冲突等原因而无法在法定期间内组成清算组。为解决这一问题，《公司法司法解释（二）》第 7 条规定，当“公司解散逾期不成立清算组进行清算”时，公司股东申请人民法院指定清算组对公司进行清算的，人民法院应予受理。也就是说，即使公司的清算义务人决定启动清算程序并实施启动行为，但无法成立清算组进行清算，清算义务人的清算义务也不视为已经正确履行。此时清算义务人应当申请人民法院指定清算组对公司进行清算，只有提出此项申请，清算义务人的清算义务在清算组未成立的情况下方视为正确履行，即使法院未受理此项申请或者未指定清算组，申请提出后清算事宜进展如何也与清算义务人的义务无关了。

有学者认为，清算义务人的清算义务不仅是“在法定期限内成立清算组开始清算”，而且包括负责公司具体清算工作。还有学者认为，“清算义务人的清算义务主要表现为组织清算组，担任清算组成员，启动清算程序，并竭尽全力对清算组的清算工作履行必要的协助义务（如提供财务会计报告和会计账簿、原始凭证、公司财产清单等）”。① 这是在不同程度上将清算义务人和清算人的性质与义务混淆了，而将清算义务人的清算义务解释为除依法及时启动清算程序外，还“包括妥善保管法人财产、账册、重要文件等的义务”②或“提供财务会计报告和会计账簿、原始凭证、公司财产清单等”，则更不妥，是将清算义务人与在清算程

---

① 刘俊海：《现代公司法》，法律出版社 2015 年版，第 1156 页。

② 张新宝：《〈中华人民共和国民法总则〉释义》，中国人民大学出版社 2017 年版，第 134 页。

序中负有全面配合和协助义务的公司内部人员即配合清算义务人的义务相混淆了。

在清算程序中,除了清算义务人和清算人之外,还存在配合清算义务人。所谓配合清算义务人,是指在公司清算程序中负有全面配合和协助清算组清算工作义务的公司内部人员(而非公司外部的股东)。妥善保管并向清算组移交公司财产、账册、重要文件等,便是配合清算义务人最为重要的义务。需强调指出的是,一般而言,清算义务人并不负有保管移交公司财产、账册、重要文件等的义务。根据《公司法司法解释(二)》的规定,"有限责任公司的股东、股份有限公司的董事和控股股东"是清算义务人,但在企业的日常经营过程中,实际掌管公司财产、账册、重要文件等资料的人是公司的法定代表人、高级管理人员及财务工作人员等相关人员,而不是公司的股东以及不担任管理职务的非执行董事。在公司清算程序启动前,股东以其所投资公司外部主体的身份,是根本没有权利直接插手公司掌管其财产、账册、重要文件的(股东兼任法定代表人、高级管理人员等公司内部职务者除外)。即使是在清算程序启动后,没有担任清算组成员的股东也同样没有权利去掌管公司的财产、账册、重要文件等。而担任清算组成员的股东享有这些权利也并不是因为其为清算义务人,而是清算人。在司法实践中,导致公司主要财产、账册、重要文件等下落不明或灭失的行为主体或者说直接责任主体,通常是配合清算义务人。如果这些违法行为是在股东、董事、实际控制人的指使下或纵容下进行的,股东等应当承担相应责任,但其性质不属于清算义务人责任。

需注意的是,在公司出现解散事由后法律规定应组织成立清算组的期间内,清算义务人没有保管、移交公司财产、账册、重要文件等义务,也不具备履行这些义务的客观条件;但是如清算义务人未履行清算义务启动清算程序,配合清算义务人在组织清算组成立的合理留守期间之后,因公司已解散可以离开公司另谋职业,其妥善保管并向清算组移交公司财产、账册、重要文件等资料的义务,在向清算义务人办理移交手续后,转由未履行清算义务的清算义务人承担,即使其没有办理移交手续,保管义务也由清算义务人承担。因为在清算义务人未履行启动清算程序义务的情况下,清算义务人负有主动承接财产等保管工作的义务。此时如公司财产、账册、重要文件等灭失导致债权人损失,清算义务人因未尽清算义务,要承担相应的责任。

此外,股东虽然没有直接的保管和移交财产、账册、重要文件等的义务,但是在公司运营过程中却直接或间接负有对公司法定代表人、董事、监事、高级管理人员等的监督职责,如果这些被监督的对象怠于履行义务,导致公司主要财产、账册、重要文件等下落不明或灭失,债权人遭受损失,而股东如对此有过错也应当承担相应的责任。但这时责任的性质不是清算义务责任,而是股东怠于履行公司监督职责等过错责任。

需着重指出的是,即使清算义务人依法及时启动清算程序、组织了清算组,如果配合清算义务人不履行其配合义务,同样可能出现公司的主要财产、账册、重要文件下落不明或灭失等问题,导致债权人等利害关系人的权益受到损失。但是,由于清算义务人已经履行了其清算义务,所以不应当承担对债权人等利害关系人损失的赔偿责任,这一责任应当由配合清算义务人承担。

清算义务是在公司出现解散事由(因公司合并或者分立需要解散的除外,下同)时才发生的,所以讨论清算义务人的清算义务是否存在和正确履行也一定以此为前提。换言之,不存在公司解散事由,就不存在清算义务人的清算义务。

对公司解散的概念,学者们的定义没有实质性差异。"公司解散是指引起公司法人人格消灭的法律事实"。[①] "公司解散,是指已经成立的公司,基于一定事由的发生,致使公司人格发生消灭的原因性行为和程序"。[②]《民法总则》第 69 条规定:"有下列情形之一的,法人解散:(一)法人章程规定的存续期间届满或者法人章程规定的其他解散事由出现;(二)法人的权力机构决议解散;(三)因法人合并或者分立需要解散;(四)法人依法被吊销营业执照、登记证书,被责令关闭或者被撤销;(五)法律规定的其他情形。"[③]《公司法》第 180 条规定:"公司因下列原因解散:(一)公司章程规定的营业期限届满或者公司章程规定的其他解散事由出现;(二)股东会或者股东大会决议解散;(三)因公司合并或者分立需要解散;(四)依法被吊销营业执照、责令关闭或者被撤销;(五)人民法院依照本法第一百八十二条的规定予以解散。"除《公司法》中单独规定有司法强制解散公司的情况外,两个法律的规定基本相同。根据《公司法》第 183 条的规定,除公司因合并或者分立解散的情况外,其他解散原因出现时,清算义务人应当在解散事

① 刘俊海:《现代公司法》(第 3 版),法律出版社 2015 年版,第 1126 页。

② 施天涛:《公司法论》(第 3 版),法律出版社 2014 年版,第 579 页。

③ 现为《民法典》第 69 条。

由出现之日起15日内成立清算组。如果清算义务人未履行上述依法及时提起清算程序的义务，造成债权人损失，便属于《公司法司法解释(二)》第18条规定应当对债权人承担连带责任或相应赔偿责任的情况。

三、清算义务人义务在破产程序中的体现

债务人出现破产原因是否导致清算义务人产生清算义务？根据《企业破产法》的规定在何种情况下才会产生清算义务人的清算义务？在破产程序中，谁负有妥善保管并向管理人交付财产、印章和账簿、文书等资料的义务，并应承担财产、印章和账簿、文书等资料保管不善灭失的责任？

《公司法司法解释(二)》第18条规定的对清算义务人责任的追究，建立在公司已经出现解散事由而清算义务人未履行清算义务、未在法定期限内成立清算组开始清算的基础上。根据《民法总则》第69条、《公司法》第180条的规定，公司出现破产原因并不是其解散原因。立法之所以没有将公司出现破产原因列为解散原因，是因为即使是公司出现了破产原因，也不一定都需要解散清算、退出市场，还可能依据《企业破产法》中的重整程序或和解程序得到挽救重生，继续存在，所以，法律不需要也不应当规定对其进行强制性的解散和清算。

《企业破产法》对清算义务人的清算义务问题是有规定的，其第7条第3款规定："企业法人已解散但未清算或者未清算完毕，资产不足以清偿债务的，依法负有清算责任的人应当向人民法院申请破产清算。"此条规定强调，负有清算责任的人应当履行申请破产清算义务限于"企业法人已解散但未清算或者未清算完毕"的情况，即以企业存在解散事由为前提，这是与公司法的原则相统一的。公司的解散原因和破产原因可能并存，也可能不并存。破产清算是公司清算的一种，但在公司没有出现解散原因的情况下，即使其出现了破产原因，公司法上的清算义务人也没有启动破产清算程序的义务，自然也就不存在未履行清算义务的情况。此外，立法规定应当向人民法院提出破产清算申请的是"依法负有清算责任的人"，而没有使用清算义务人的概念，因为此处的"依法负有清算责任的人"既包括清算义务人也包括清算人，适用不同的情况。在"企业法人已解散但未清算，资产不足以清偿债务的"情况下，即解散原因与破产原因同时并存时，应当向人民法院提出破产清算申请的是清算义务人；在"企业法人已解散但未清算完毕，资产不足以清偿债务的"情况下，应当向人民法院提出破产清算申请的是

清算人即清算组。对此,《公司法》第187条有呼应性规定:“清算组在清理公司财产、编制资产负债表和财产清单后,发现公司财产不足清偿债务的,应当依法向人民法院申请宣告破产。公司经人民法院裁定宣告破产后,清算组应当将清算事务移交给人民法院。”

需注意的是,清算义务人的清算义务与债务人企业及其内部相关人员在破产清算中的义务不能混淆,这是两个不同的概念。前者以在企业存在解散原因时对破产程序的提起为义务的履行,后者以全面配合管理人完成破产清算工作为义务的履行,确认义务是否履行的法律依据是《企业破产法》中的各项相关规定。在企业未出现解散事由的情况下,债权人或债务人提出对债务人的破产清算申请且为法院受理后,所谓清算义务人提起清算程序的义务,即使在以后企业再发生解散原因时(通常是不可能的),也已经由于他人申请已使清算程序启动而解除,不复存在。这时,破产程序中剩下的只是破产企业的相关人员应履行的全面配合破产清算的义务。

在破产程序中,同样存在配合清算义务人。债务人企业的哪些人员应当负有全面配合清算工作的义务,是由《企业破产法》明确规定的。该法第15条规定:“自人民法院受理破产申请的裁定送达债务人之日起至破产程序终结之日,债务人的有关人员承担下列义务:(一)妥善保管其占有和管理的财产、印章和账簿、文书等资料;(二)根据人民法院、管理人的要求进行工作,并如实回答询问;(三)列席债权人会议并如实回答债权人的询问;(四)未经人民法院许可,不得离开住所地;(五)不得新任其他企业的董事、监事、高级管理人员。前款所称有关人员,是指企业的法定代表人;经人民法院决定,可以包括企业的财务管理人员和其他经营管理人员。”该规定中确定的人员范围并不包括企业的股东,而且在债务人有关人员承担义务的第1项中就指出,“妥善保管其占有和管理的财产、印章和账簿、文书等资料”是这些人员的义务,其保管的目的是依据《企业破产法》第25条的规定向管理人移交,由其接管。由于“妥善保管”并不是股东的义务,所以出现未能“妥善保管”的现象也不应追究股东的责任。在实践中,公司具体事务的经营管理是由公司的董事、监事、高级管理人员等负责,而不是由股东负责。尤其是具体到公司的财产、印章和账簿、文书等资料的保管,是由公司的法定代表人以及企业的财务管理人员和其他经营管理人员负责的,股东无权更不可能直接占有、保管和管理这些财产和资料。所以,对债务人企业财产、印章和账簿、文书等资料灭失的责任,《破产法》规定应当由上述人员承担。为此,《企业破产法》第127条还专门规定了其责任,指出:"债务人违反本法规定,拒不向人民法院提交或者提交不真实的财产状况说明、债务清册、债权清册、有关财务会计报告以及职工工资的支付情况和社会保险费用的缴纳情况的,人民法院可以对直接责任人员依法处以罚款。债务人违反本法规定,拒不向管理人移交财产、印章和账簿、文书等资料的,或者伪造、销毁有关财产证据材料而使财产状况不明的,人民法院可以对直接责任人员依法处以罚款。"据此,破产程序中上述违法行为的责任包括因上述违法行为导致企业无法清算的责任,立法并没有直接追究到股东身上。当然,上述规定并不排除股东在公司中因担任董事、监事、高级管理人员等一身二职而承担前述有关责任。此外,如果股东对上述直接责任人员的违法行为存在过错,也应当承担相应责任,但这不再是清算义务人的责任。

此处特别说明的是,最高人民法院《关于正确审理企业破产案件为维护市场经济秩序提供司法保障若干问题的意见》第16条规定:"人民法院在审理债务人人员下落不明或财产状况不清的破产案件时,要从充分保障债权人合法利益的角度出发,在对债务人的法定代表人、财务管理人员、其他经营管理人员,以及出资人等进行释明,或者采取相应罚款、训诫、拘留等强制措施后,债务人仍不向人民法院提交有关材料或者不提交全部材料,影响清算顺利进行的,人民法院就现有财产对已知债权进行公平清偿并裁定终结清算程序后,应当告知债权人可以另行提起诉讼要求有责任的有限责任公司股东、股份有限公司董事、控股股东,以及实际控制人等清算义务人对债务人的债务承担清偿责任。"从该条规定似乎能得出清算义务人为债务人的法定代表人、财务管理人员、其他经营管理人员不向人民法院提交有关材料须承担责任的结论。该条有关清算义务人责任的规定,是从《公司法司法解释(二)》第18条规定引用而来的,其适用的前提仍然是债务人企业已经出现解散原因,但清算义务人未"在法定期限内成立清算组开始清算",导致"债务人人员下落不明或财产状况不清",无法"向人民法院提交有关材料"。因为在企业未出现解散原因时,根本就不存在所谓清算义务人的清算义务,更不存在其需要因未履行清算义务而承担债务责任的问题。所以,尽管上述规定中可能存在表述不够清晰的问题,但并不能作为在破产程序中任意扩张清算义务人的义务与责任的依据。而且,其并非司法解释,不具有改变《公司法司法解释(二)》规定的效力,更不能解释、修改《企业破产法》的前述有关规定。

由于对清算义务人的清算义务以及《破产法》对清算义务人清算义务的规定缺乏正确的理解,有的债权人认为只要是在破产程序中出现因债务人财产、印章和账簿、文书等下落不明而无法清算的现象,在法院作出终结破产程序的裁定以后,就可以引用《公司法司法解释(二)》的规定追究股东等清算义务人的连带责任或相应责任。有的法院和法官也对此存在误解,认为只要是无法进行破产清算,就一定是股东等清算义务人未尽到清算义务。这些看法都存在片面性。只有在债务人企业同时存在解散事由和破产原因的情况下,才可能产生清算义务人的清算义务,只有在清算义务人对存在解散事由的债务人企业未依法及时提起清算程序包括破产清算程序的情况下,才可以认定清算义务人未履行清算义务。在债务人企业不存在解散事由的情况下,因债务人财产、印章和账簿、文书等下落不明而无法进行破产清算的法律责任,应当由《企业破产法》规定的配合清算义务人承担,而不是由《公司法司法解释(二)》规定的清算义务人承担。

下面举一案例说明并作为本文的结束。A 公司是 B 公司的股东。B 公司因不能清偿到期债务而被债权人提出破产申请,法院对破产申请裁定予以受理。破产案件受理后,因管理人未能接收到公司任何财产、印章和账簿、文书等资料,无法进行破产清算,法院根据管理人的申请宣告 B 公司破产并终结破产程序。其后,债权人起诉 A 公司,要求依据《公司法司法解释(二)》第 18 条的规定追究 A 公司对其债权的连带清偿责任。经查,A 公司在法院裁定受理债权人对其提出的破产清算申请时,未被市场监督管理部门吊销营业执照,也不存在其他公司法上的解散事由。诉讼双方的争议焦点在于,A 公司是否未履行清算义务人的义务;对管理人未接收到债务人的财产、印章和账簿、文书等资料应否承担责任,对债权人应否承担连带清偿责任。

笔者认为,B 公司作为债务人在进入破产程序前本身并没有出现解散事由,不引发清算义务人的实际清算义务,所以根本不存在 A 公司未履行其清算义务的问题。根据《企业破产法》规定,在企业法人未出现解散事由的情况下,负有保管和交付债务人财产、印章和账簿、文书等资料责任的人不是股东,而是债务人企业的法定代表人、财务管理人员、其他经营管理人员。管理人未能接收到 B 公司的财产、印章和账簿、文书等资料的责任,应当由这些人员承担,而不应由 A 公司以与之不相干的所谓清算义务人的名义承担。所以,A 公司不应对债权人承担连带清偿责任。

《全国法院破产审判工作会议纪要》要点解读*

最高人民法院于2018年3月4日印发了《全国法院破产审判工作会议纪要》(以下简称纪要),这一文件名为会议纪要,不属于司法解释的范围,但在破产法的司法实践中实际上将起到重要的指导作用。之所以采取会议纪要的方式,而不是直接制定为司法解释,是因为目前对破产法的一些问题在理论上还需要进一步探讨,实践经验也有待进一步积累。所以,纪要的内容既是一种创新的努力,也是一种试错的尝试,要待通过实践检验加以修正完善后再出台为司法解释。本文将重点分析纪要中一些新的规定,突出对纪要在理解与执行中需要注意的问题,以及对其规定的补充完善,并延伸至一些破产法理论和实践问题,希望对读者能有所裨益。

一、重整程序

(一)重整企业的识别审查

纪要第14条"重整企业的识别审查"中规定:"破产重整的对象应当是具有挽救价值和可能的困境企业;对于僵尸企业,应通过破产清算,果断实现市场出清。人民法院在审查重整申请时,根据债务人的资产状况、技术工

---

* 本文原载于《法治研究》2019年第5期。

艺、生产销售、行业前景等因素,能够认定债务人明显不具备重整价值以及拯救可能性的,应裁定不予受理。"

一方面,法院对于当事人提出的重整申请要进行必要的实质审查,不能无识别受理。重整案件不能完全适用立案登记制,它与清算案件的受理审查适用不同的原则,否则只会延误破产清算的及时启动,损害债权人等利害关系人的权益,耗费法院司法资源。根据上述规定,重整的对象企业应具有挽救价值和挽救可能。所谓挽救价值也就是重整价值,除了规定中列举的有关"债务人的资产状况、技术工艺、生产销售、行业前景等"经营方面的判断因素外,还应当着重考虑评价企业的重整经济价值,因为这涉及对债权人清偿利益的维护。具体来说:

第一,对企业存续价值与清算价值比较。重整企业的存续价值应当高于清算价值以及重整增加的费用与时间等相应成本。企业存在的价值就在于它是一个能够不断提供社会需要的商品与服务并从中获得利润的活的生命体。不具备此项条件者,就只剩下企业中已经无生力的财产价值,通常会随时间的推移而不断贬值,只能及时清算、退出市场。在对存续价值与清算价值进行比较时,其一,要考虑依附于企业而存在,但在破产清算时则丧失价值或可能大幅贬值的无形资产,如专有技术、商标、商誉、专利权,以及由于中国特殊市场准入限制而产生的行政资源等,如金融等特殊行业的营业牌照、上市公司的融资外壳、特殊的经营资质、特殊的经营许可(如军工许可)、政府行政认可(如名单制、目录制)等。这些资源有一部分是因行政审批而产生的,虽然在政府层面不认为这是可以进行市场转让并获得货币对价的,但在目前的中国市场上其决定或辅助企业营业与盈利的事实仍然得到市场的承认。这种市场对营业资源的承认,是不以政府或个人的意志承认与否为转移的。其二,企业经营过程中形成的活体生命体系,包括营销体系、客户资源、上下游业务协助关系、人力资源、技术研发体系等。其三,企业的专用设备、基础设施等。一方面,因其有专用价值;另一方面,因其如无法转为通用或得到继续使用,破产清算时会严重贬值或丧失价值。

第二,企业的重整价值得到市场的认可,也就是在重整程序内通过资产与业务重组、竞争性实质出售,以及新战略投资者的招募等方式,能够得到市场的真实承认,即重整计划草案得到债权人会议表决通过,得到新战略投资者的加入。如果不能得到市场认可,则应转入破产清算。未得到市场的认可,既包括市场本身不认可,也包括未得到市场认可的机遇,而能否得到充分的认可机遇便与我国资本市场的发达程度、在何等市场渠道寻求认可、管理人的重整工作能力和市场推广能力等有关。

另一方面，对债务人是否具有挽救价值和挽救可能，往往更需要从商务角度作出判断。而通常认为法官是作法律判断而不作商务判断的，但在重整程序中却不得不让法官在一定程度上作出商务判断。显然，让法官正向地认定某一债务人具有挽救价值和挽救可能是困难的，所以纪要规定是从反向作出判断，即债务人是否"明显不具备重整价值以及拯救可能性"，进而作出相应裁定。这种判断有利于体现鼓励企业的重整挽救，排除判断中间模糊地带，减少误判的发生。

为了更好地审查重整申请，纪要第15条规定了重整案件的听证程序："对于债权债务关系复杂、债务规模较大，或者涉及上市公司重整的案件，人民法院在审查重整申请时，可以组织申请人、被申请人听证。债权人、出资人、重整投资人等利害关系人经人民法院准许，也可以参加听证。听证期间不计入重整申请审查期限。"在司法实践中，有时还可能需要利害关系人之外的其他主体参加听证，如涉及企业的环保问题时可能需要政府环保部门参与。

（二）建立法院与政府的沟通协调机制

纪要第16条规定："……人民法院要与政府建立沟通协调机制，帮助管理人或债务人解决重整计划草案制定中的困难和问题。"第21条规定："……企业重整后，投资主体、股权结构、公司治理模式、经营方式等与原企业相比，往往发生了根本变化，人民法院要通过加强与政府的沟通协调，帮助重整企业修复信用记录，依法获取税收优惠，以利于重整企业恢复正常生产经营。"

上述两条规定确定了"法院要与政府建立沟通协调机制"，目的是"帮助管理人或债务人解决重整计划草案制定中的困难和问题"以及对"重整后企业正常生产经营的保障"。2018年11月23日，国家发展改革委等11个部委发布《关于进一步做好"僵尸企业"及去产能企业债务处置工作的通知》，也明确提出，在破产法实施与僵尸企业处置的工作中，要"鼓励各地方建立政府法院协调机制。"之所以要设置这一机制，关键就是要由政府出面负责帮助解决法院、管理人、当事人解决不了的企业破产重整中的各种衍生社会问题，如税收、工商、信用修复、职工安置、维稳等。实践中，最典型的沟通协调机制，也就是通常所说的"府院联动"机制。

这个问题的产生是源于破产法的社会功能与广泛影响。破产法作为市场经济社会中具有强外部性的法律,在企业破产过程中,除了要面对破产法上的诸多问题外,还要附带一并解决因企业的破产而出现的一系列需要政府履行职责解决的衍生社会问题,如职工的救济安置、重整企业信用修复、涉破产的税费缴纳与工商和税务注销登记问题等。这些问题并不属于破产法调整,严格地讲,也不在法院的审判职能与管理人的破产管理工作范围之内,而是政府有关部门应履行的职责,本应由其负责解决。但由于这些工作需要在破产案件审理过程中一并解决,从而造成一种误解:好像应当由审理破产案件的法院解决。在这种背景下,需要明确通过"府院联动"机制解决。

(三)重整计划的正常批准

根据纪要第 17 条的规定,"……重整不限于债务减免和财务调整,重整的重点是要维持企业的营运价值。人民法院在审查重整计划时,除合法性审查外,还应审查其中的经营方案是否具有可行性。重整计划中关于企业重新获得盈利能力的经营方案具有可行性、表决程序合法、内容不损害各表决组中反对者的清偿利益的,人民法院应当自收到申请之日起三十日内裁定批准重整计划"。

一方面,本条规定强调指出,重整的重点是要维持企业的营运价值。将企业的重整限于债务减免和财务调整,实际上就是使重整程序混同于和解程序了。重整程序与和解程序的区别就在于,和解程序解决的是对债务的和解,和解协议的内容仅仅限于债务减免和财务调整,而重整程序的重点是要维持企业的营运价值。所以,除债务减免和财务调整之外,还需要对债务人企业的股东、股权、营业、融资等各方面进行综合调整,以达到维持企业营运价值、挽救企业的目的。

另一方面,此条规定了对各个表决组均通过重整计划草案时法院正常批准重整计划草案的审查原则,而对此问题《企业破产法》中没有具体规定。

第一,"法院在审查重整计划时,除合法性审查外,还应审查其中的经营方案是否具有可行性"。要求法官确认重整计划中的经营方案具有可行性是十分困难的,而且所谓是否具有可行性往往与实施措施是否正确、得力密切相关,且在实践中具有唯结果论的性质。笔者认为,法官在审查重整计划时,重点方向应当是经营方案是否具有法律上、经济上明显的不可行性,并以此考虑对重整计划的批准。由于这是对重整计划的批准,虽然也是从不可行性方面予以审查,但需要比对重整申请的审查更严格慎重。

第二,重整计划内容不损害各表决组中反对者的清偿利益。这是非常重要的一项新规定。在司法实践中存在一个认识误区:就是只要债权人会议的各个表决组均通过了重整计划草案,对各表决组中反对者的清偿利益是否受到损害,法院便无须再予关注和审查。重整程序中的债权人会议表决,仅仅是当事人自治团体内部的协调与议决活动,无权决定损害当事人的法定权益。为了防止在债权人会议中出现多数人决断,侵害少数人的法定清偿利益,即使是债权人会议分组表决通过了重整计划草案,法院也必须审查其是否存在损害各表决组中反对者法定清偿利益的内容,并在发现时予以纠正。

(四)重整计划草案强制批准的条件

根据纪要第 18 条规定,“……人民法院应当审慎适用企业破产法第八十七条第二款,不得滥用强制批准权。确需强制批准重整计划草案的,重整计划草案除应当符合企业破产法第八十七条第二款规定外,如债权人分多组的,还应当至少有一组已经通过重整计划草案,且各表决组中反对者能够获得的清偿利益不低于依照破产清算程序所能获得的利益”。

法院强制批准重整计划草案,除应遵循必须审慎适用原则、符合《企业破产法》第 87 条第 2 款规定外,还应特别注意以下条件:

第一,债权人会议中“债权人分多组的”,“应当至少有一组已经通过重整计划草案”。纪要规定中“债权人”组的概念未能包括出资人组,与法律规定及司法实践中参与债权人会议对重整计划草案表决的组别范围不一致,故对此条的文义应作扩大解释,并予以修正澄清。

此外,《最高人民法院关于适用〈中华人民共和国企业破产法〉若干问题的规定(三)》第 11 条第 2 款规定:“根据企业破产法第八十二条规定,对重整计划草案进行分组表决时,权益因重整计划草案受到调整或者影响的债权人或者股东,有权参加表决;权益未受到调整或者影响的债权人或者股东,参照企业破产法第八十三条的规定,不参加重整计划草案的表决。”据此,法院强制批准重整计划草案的条件将比过去变得更严格。在我国的司法实践中,债权人会议对重整计划草案的表决通常分为担保债权人组、职工债权人组、税收债权人组和普通债权人组,此外在普通债权组中可以设小额债权组,在对股东权益进行调整时可以设立出资人组。职工债权人组和税收债权人组由于其债权具有特殊的社会属性,在重整计划草案中通常都是在短期内以现金方式全额清偿,即其权益不受到调整或者影响,尤其是在法院强制批准重整计划的案件中。纪要明确规定“债权人分多组的”,至少要有一组表决通过。过去这两个组别由于利益不受不利影响都是会表决同意重整计划草案的,从而使法院强制批准重整计划往往可以轻易达到至少有一组表决通过的条件。而今后由于权益不受到调整或者影响的组别将无表决权,这就使得想获得法院强制批准重整计划就必须在担保债权人组和普通债权人组中获得至少一组表决同意。所以,这一规定有利于在重整程序与重整计划中更好地保障债权人权益,制约债务人或管理人的不当行为。

第二,强调对通过重整计划草案的组别中反对者利益的保护,即各表决组中反对者能够获得的清偿利益不得低于依照破产清算程序所能获得的利益,以避免多数决原则被滥用。此项内容的制定也是由于《企业破产法》第 87 条规定第 2 款存在文字表述不准确的问题,可能造成理解误区,即只要各个表决组通过了重整计划草案,对各表决组中反对者的清偿利益等是否受到损害,法院无须再予关注审查。如《企业破产法》第 87 条第 2 款的第 1 项、第 2 项、第 3 项、第 4 项中的前半部分均规定,某一组别未通过重整计划草案时,要保障相应组别的法定既得清偿利益,如物权担保债权“就该特定财产将获得全额清偿,其因延期清偿所受的损失将得到公平补偿,并且其担保权未受到实质性损害”,职工债权和税收债权等优先债权“将获得全额清偿”等。但又在每一项的后半部分中规定了适用除外的但书,即“或者该表决组已经通过重整计划草案”。由于立法文字表述得不全面不准确,由此就可能在解读时被扭曲为,如果相应表决组已经通过重整计划草案,虽然存在部分反对者,但各项前半部分中规定的“获得全额清偿,得到公平补偿,未受到实质性损害”等条件就不再适用,对该组内反对重整计划草案的少数债权人的法定利益就无须再加以考虑,这显然是错误的,所以纪要专门规定予以澄清。

(五)重整计划执行中的变更

纪要第 19 条规定了重整计划执行中的变更条件和程序:“……债务人应严格执行重整计划,但因出现国家政策调整、法律修改变化等特殊情况,导致原重整计划无法执行的,债务人或管理人可以申请变更重整计划一次。债权人会议决议同意变更重整计划的,应自决议通过之日起十日内提请人民法院批准。债权人会议决议不同意或者人民法院不批准变更申请的,人民法院经管理人或者利害关系人请求,应当裁定终止重整计划的执行,并宣告债务人破产。”第 20 条规定:“重整计划变更后的重新表决与裁定批准。人民法院裁定同意变更重整计划的，债务人或者管理人应当在六个月内提出新的重整计划。变更后的重整计划应提交给因重整计划变更而遭受不利影响的债权人组和出资人组进行表决。表决、申请人民法院批准以及人民法院裁定是否批准的程序与原重整计划的相同。”

根据《企业破产法》第 93 条规定，“债务人不能执行或者不执行重整计划的，人民法院经管理人或者利害关系人请求，应当裁定终止重整计划的执行，并宣告债务人破产”。但在重整计划的执行中，其部分内容会由于政策调整、法律变化，或市场变化如资产重组中置换的资产价格或盈利能力发生变化不得不调整，或因战略投资者的情况变化需要变更。如果仅因为重整计划的部分内容不能执行就“终止重整计划的执行，并宣告债务人破产”，其实，转入破产清算程序，可能对债权人的利益更不利，且无法实现挽救企业的目标。所以，应当允许在合理理由下对重整计划进行变更。

1. 变更条件。债务人应严格执行重整计划，但因出现国家政策调整、法律修改变化等特殊情况，导致原重整计划无法执行的，债务人或管理人可以申请变更重整计划一次。需要特别注意的是，对“等特殊情况”可包括哪些情况，纪要没有规定，实际上允许法官自由裁量。从理论上讲，在“等”前后的情况应当在性质与程度上大体相当，否则就将“等”变成了“不等”。但是在实践中，能够与国家政策调整、法律修改变化具有对等分量的其他特殊情况基本上不存在，更多导致原重整计划无法执行的，是市场变化、债务人或战略投资者情况变化。所以，对允许变更重整计划的情况，法官在裁量中应当适当放宽，更多应交由因重整计划变更而可能遭受不利影响的债权人、出资人决定，由债权人会议决定。对涉及当事人对自身权益的判断与调整，应当更多地尊重利害关系人的意愿。

2. 变更申请程序。根据此条规定，负责执行重整计划的债务人或负有监督职责的管理人在向法院提出变更申请前，必须先召开债权人会议表决得到同意。“债权人会议决议同意变更重整计划的，应自决议通过之日起十日内提请人民法院批准。债权人会议决议不同意或者人民法院不批准变更申请的，人民法院经管理人或者利害关系人请求，应当裁定终止重整计划的执行，并宣告债务人破产。”实际操作中还可能出现的问题是，在出现应当宣告破产的情况时，如果无人提出破产宣告申请怎么办？法院能否强制要求管理人、债务人等利害关系人申请，或直接依据职权宣告破产？这是在一些企业重整中现实发生的问题。从权利制约的角度讲，法院可能强行要求管理人提出破产宣告申请。但是在重整计划中，有时管理人负责的监督期与重整计划的执行期限并不一致，当重整计划的执行发生问题时，管理人早已经结束监督期彻底退出企业重整活动，法院无法律依据再要求管理人介入并提出破产宣告申请。至于债务人等利害关系人则会根据自己的利益判断行事，在其不自愿的情况下，法院是没有办法强迫其提出破产宣告申请的。所以，对此种情况如何解决，司法解释应作出相应规定。

3. 变更后重整计划的表决与批准。纪要规定，人民法院裁定同意变更重整计划的，债务人或者管理人应当在6个月内提出新的重整计划。根据《企业破产法》的规定，重整计划由债务人负责执行，所以由债务人提出新的重整计划有相应法律依据。但是管理人仅负监督职责，且《企业破产法》第91条规定，在“监督期届满时，管理人应当向人民法院提交监督报告。自监督报告提交之日起，管理人的监督职责终止”。所以，如果原出资计划是由管理人制定的，在监督期届满后，管理人是否还负有提出新重整计划的责任，法律依据是什么，是否需要单独支付管理人报酬，这些问题均需要解决。

纪要规定，变更后的重整计划应提交给因此受到不利影响的债权人组和出资人组进行表决。表决、申请人民法院批准以及人民法院裁定是否批准的程序与原重整计划的相同。据此，在重整计划执行中已经完全受偿的债权人包括相应组别无权对重整计划变更进行表决；已经获得部分清偿的债权人应以其持有的剩余债权额进行表决；已经在原重整计划中被剥夺全部权利的利害关系人如出资人组因已无利益可受影响所以无表决权；没有在变更后的重整计划中受到不利影响的利害关系人也无表决权。但是司法实践中，可能存在所有利害关系人组别均没有在变更后的重整计划中受到不利影响，均没有表决权，这时是否还需要进行表决，变更后的重整计划能否直接由法院批准通过，需要进一步予以明确。

二、破产清算程序

破产清算作为破产制度的重要组成部分，具有保障债务公平有序清偿、优化市场资源配置、规范企业市场退出的社会作用。对于丧失清偿能力而又缺乏重整价值和可能的企业，应当及时通过破产清算程序退出市场，重新有效配置社会资源。在各国的破产案件中，清算案件的数量都是居于主导地位的，这是常态也是常识,我国也是如此。据统计,在全国法院近年来受理的各类破产案件中,破产清算案件所占的比例达到80%以上。虽然有“要尽可能多兼并重组、少破产清算”的提法,但这里“多”与“少”的关系,不能简单地理解为重整企业与清算企业数量比例上的关系,这只是强调地方政府与法院要对企业重整多予以积极、主动的支持。所以,要充分重视破产清算程序的运用,会议纪要中对清算程序中的若干问题作出重要的新规定。

(一)明确及时作出破产宣告的条件

根据我国破产法的规定,破产程序的启动以案件的受理为标志。尽管在破产申请中会说明申请启动何种破产程序,但在申请受理后仍存在程序的相互转换问题。如果在破产清算申请受理后不能及时作出破产宣告,排除程序的转换可能,确定程序发展方向,就会影响破产程序的及时顺利进行。

纪要第23条规定强调要及时对债务人企业作出破产宣告,并为此设定了破产宣告的条件。“……人民法院受理破产清算申请后,第一次债权人会议上无人提出重整或和解申请的,管理人应当在债权审核确认和必要的审计、资产评估后,及时向人民法院提出宣告破产的申请。人民法院受理破产和解或重整申请后,债务人出现应当宣告破产的法定原因时,人民法院应当依法宣告债务人破产。”

这一规定有助于解决个别法院或管理人不当拖延破产宣告,影响破产程序尽快进行,或者利用迅速作出破产宣告来阻止企业重整的问题。通常认为,在第一次债权人会议上应当完成债权审核、确定是否转入重整或和解程序等工作。但是在司法实践中,由于案件情况复杂、管理人能力差异等原因,实际上经常会完不成债权审核等预订工作。所以,以第一次债权人会议结束作为排除或不再考虑当事人是否再提出重整或和解申请的时间标准,不一定合适所有案件。如果在召开第一次债权人会议时审核确认债权和必要的审计、资产评估均未完成,未经确认的债权人是否具备申请重整的实质资格、判断债务人能否进行重整的一些条件如资产与负债情况等尚不确定,债务人、债权人不完全具备提出重整或和解申请的客观条件,这时便匆忙通过破产宣告确定向清算程序的发展方向,恐怕是不妥的。其实,纪要中“管理人应当在债权审核确认和必要的审计、资产评估后”申请破产宣告的表述也表明了这一点。所以在司法实践中,根据案件具体情况确定何时申请作出破产宣告更妥当,避免出现及时宣告破产与保障债权人提出重整或和解申请权利两者间的失衡。

(二)确定程序转换限制

纪要第24条规定了破产宣告及程序转换限制。“相关主体向人民法院提出宣告破产申请的,人民法院应当自收到申请之日起七日内作出破产宣告裁定并进行公告。债务人被宣告破产后,不得再转入重整程序或和解程序。”

这一规定明确宣告破产后,债务人不得再转入重整或和解程序。在深圳曾有允许在破产宣告后又转换为重整程序的案例,但案件是在旧破产法实施期间进入破产程序的,此前企业未能得到利用重整程序获得挽救的机会,所以存在新旧破产法衔接期间特殊适用的问题,不能简单类比。这一规定为利害关系人之间就是否同意重整或和解的博弈,设定了更严格的规则,要求更认真、理性地对待。如果在被宣告破产后,确实需要保留债务人企业的存续,可以适用《企业破产法》第105条规定:“人民法院受理破产申请后,债务人与全体债权人就债权债务的处理自行达成协议的,可以请求人民法院裁定认可,并终结破产程序”。

(三)破产清算程序中担保权人权利的行使与限制

根据《企业破产法》规定,在重整程序中原则上暂停物权担保权人的权利行使(第75条);在破产和解程序中不停止行使(第96条第2款);但在清算程序中是否停止行使,立法未作规定。纪要第25条规定:“……在破产清算和破产和解程序中,对债务人特定财产享有担保权的债权人可以随时向管理人主张就该特定财产变价处置行使优先受偿权,管理人应及时变价处置,不得以须经债权人会议决议等为由拒绝。但因单独处置担保财产会降低其他破产财产的价值而应整体处置的除外。”

据此,原则上在破产清算程序中,“对债务人特定财产享有担保权的债权人可以随时向管理人主张就该特定财产变价处置行使优先受偿权”。在此需要注意以下三个问题。

第一,物权担保债权人就担保物行使权利,不需要经过债权人会议的决议,更不受其表决结果的限制。破产程序是一个集体清偿程序。无物权担保的普通债权人的权利行使受集体清偿程序的限制,因其受偿财产的范围是债务人的非特定财产,在债务人财产不足以清偿全部债权的情况下,彼此的清偿权利相互冲突,所以,只有通过集体清偿程序才能保障债务清偿的有序公平。同时,由于债权人有多数,便需要设置债权人会议作为自治组织,并通过集体议决的方式协调、决定破产程序中的活动。物权担保债权人的优先受偿财产是设定物权担保的特定财产，每个物权担保债权人对应的受偿特定财产都是不同的，因此即使是在破产程序中，其受偿也是适用个别的清偿程序，与其他债权人不发生清偿矛盾和利益冲突，所以原则上不受集体清偿程序的限制，也不受由集体清偿程序衍生出的债权人会议的限制。

第二，可以阻止物权担保债权人就担保物行使权利的情况，是“单独处置担保财产会降低其他破产财产的价值而应整体处置”。实际上，除了此种情况外，还应包括法律规定相关财产应当一并处置等其他情况，如对抵押的房产和未抵押地产需要一并处置；对于处置担保财产可能使其他破产财产受损的，如抵押担保的厂房中有机器设备或商品存货需要提前安置等，也可暂缓处置，但不应拖延时间过长。此外，须注意的是，在上述情况下阻止债权人行使的权利是对担保财产的变现权，也就是担保财产因其实物状态而衍生的关联性限制；但是，如果该项担保财产变现后，担保债权人就变现款的优先受偿权是不受限制的，必须立即个别优先清偿担保权人，而无须等待所谓的集体分配。

第三，这一规定在确立“对债务人特定财产享有担保权的债权人可以随时向管理人主张就该特定财产变价处置行使优先受偿权”权利的同时，也间接但明确地表明，担保债权人原则上也应不受《企业破产法》第 19 条破产清算申请受理后要停止执行规定的限制，因为其在破产清算程序中都随时可以个别受偿，清算程序的启动也就没有必要阻止其继续执行；不受第 16 条关于破产申请受理后债务人对个别债权人清偿无效的限制；不受第 32 条规定受理前债务人对债权人的个别清偿可以撤销的限制，以及相关对个别清偿的系列限制。当然，担保债权人要依据相关法律程序行使权利，而且法律另有规定的情况除外。

(四)企业破产与职工权益保护

在破产程序中要依法妥善处理劳动债务关系，推动完善职工欠薪保障机制，依法保护职工生存权。对此，纪要规定有三项具体保障措施：

第一，在破产程序启动前，由第三方垫付的职工债权，按照垫付的职工债权性质进行清偿。这一原则早在 2009 年最高人民法院《关于正确审理企业破产案件为维护市场经济秩序提供司法保障若干问题的意见》第二部分即有规定，但其对于适用范围规定不够明确。

第二，在破产程序启动前，由欠薪保障基金垫付的职工债权，按照《企业破产法》第 113 条第 1 款第 2 项的顺序清偿(破产人欠缴的除前项规定以外的社会保险费用和破产人所欠税款),即不能取得职工债权的第一清偿顺位,而是第二清偿顺位。因为欠薪保障基金的法律地位和社会属性均与社会保障机构相同,所以其以专门保障职工权益基金身份垫付的职工债权在破产程序启动后,应当与欠缴职工的社会保障机构社会保险费处于相同清偿顺位。

第三,债务人欠缴的住房公积金,按照债务人拖欠的职工工资性质清偿。此前债务人欠缴的住房公积金按照何种清偿顺位清偿,《企业破产法》没有规定,所以这是一项保障职工权益的新规定。规定本身没有什么问题,但在执行上可能存在一些实际困难需要解决。实践中,不仅不少民营企业由于运营不规范,阶段性地欠缴住房公积金,还有些企业从来就没有为职工缴纳过住房公积金,也没有建立过住房公积金账户,其历史上欠缴的职工住房公积金数额巨大。如果将历史欠缴住房公积金数额全部补缴,可能会使破产企业其他债权人的清偿利益受到严重影响。如果启动的是重整程序,也可能因此项债务数量过大而无法成功,乃至使此项职工债权与现企业职工的就业权等出现矛盾。此外,如果企业从未开立账户,加之存在职工入职、离职的历史变动,职工个人应缴纳的住房公积金部分也未缴纳,即使想顺利补缴也存在很多程序性难题需要解决。

(五)破产债权的清偿原则和顺序

纪要第 28 条规定:“对于法律没有明确规定清偿顺序的债权,人民法院可以按照人身损害赔偿债权优先于财产性债权、私法债权优先于公法债权、补偿性债权优先于惩罚性债权的原则合理确定清偿顺序。因债务人侵权行为造成的人身损害赔偿,可以参照企业破产法第一百一十三条第一款第一项规定的顺序清偿,但其中涉及的惩罚性赔偿除外。破产财产依照企业破产法第一百一十三条规定的顺序清偿后仍有剩余的,可依次用于清偿破产受理前产生的民事惩罚性赔偿金、行政罚款、刑事罚金等惩罚性债权。”本条针对司法实践中经常发生,但在《企业破产法》中却缺少规定的一些破产债权的清偿原则与清偿顺序作出明确规定。

首先是确立了符合市场经济的破产债权清偿的基本原则:“人身损害赔偿债权优先于财产性债权、私法债权优先于公法债权、补偿性债权优先于惩罚性债权。”尤其是人身损害赔偿优先原则的确立,解决了长期以来司法实践中人身损害赔偿债权只能作为普通债权,债权人的生存权、健康权等基本人身权利在破产程序中难以保障的社会问题。

其次是建立劣后债权制度。在破产申请受理前产生的对债务人的惩罚性债权,包括民事惩罚性赔偿金、行政罚款、刑事罚金等,形成于行政、司法机关对实施违法行为的债务人采取财产处罚措施,是具有人身不可替代性质的财产责任。债务人进入破产程序时,通常其资产已不足以偿还全部债务,若惩罚性债权也可以作为普通破产债权获得清偿,只能使其他破产债权人应分得的补偿性清偿减少,实际受到财产处罚损失的并不是违法之债务人,而是无辜的债权人。故为使民事、行政与刑事惩罚的实施符合其设立目的,避免处罚对象的不当转移,对惩罚性债权的清偿权利需特殊处理。

各国破产法对于惩罚性债权在破产程序中清偿权利的处理有两种模式,一是作为劣后债权,即其清偿只能劣后于其他普通破产债权,也就是仅在所有普通破产债权获得全额清偿后仍有剩余财产时,惩罚性债权方享有清偿权利;二是作为除斥债权,即在破产程序中不予清偿。尽管从绝大多数破产案件的清偿结果看,无论是除斥债权还是劣后债权都得不到清偿,但两者的清偿权利还是存在区别的。我国破产法对此问题没有规定。2002 年最高人民法院《关于审理企业破产案件若干问题的规定》第 61 条曾规定:“下列债权不属于破产债权:(一)行政、司法机关对破产企业的罚款、罚金以及其他有关费用……”这一规定将惩罚性债权定为除斥债权。破产企业通常均无法清偿全部债务,但在个别情况下,也可能因市场变化使其财产如房地产、股票等大幅增值,在清偿全部债务后仍有剩余财产,实践中已出现此类案例。如在对普通破产债权全额清偿后,便将剩余财产分配给对违法行为可能负有责任的股东,而不交纳罚款、罚金等惩罚性债权,逃脱本应承担的法律责任,显然是不公正的,所以劣后债权的立法设置更合理。

在纪要的这一规定中,虽然没有使用劣后债权的概念,也没有对劣后债权制度作出全面的构建,一些在法律性质上应属劣后的债权也未全部提及,但其提出的劣后清偿顺序,即“破产财产依照企业破产法第一百一十三条规定的顺序清偿后仍有剩余的,可依次用于清偿破产受理前产生的民事惩罚性赔偿金、行政罚款、刑事罚金等惩罚性债权”,为解决司法实践中的诸多难题确立了基本原则,我们要正确地解释与执行纪要规定。

第一,破产法上劣后债权的制度,是普遍适用于所有破产程序的原则,不仅在破产清算程序中,在重整程序、和解程序中也同样适用,不能因纪要将其规定在“破产清算”部分而误解为仅适用于清算程序。

第二,根据纪要关于私法债权和补偿性债权优先于惩罚性债权清偿的原则,在债务人财产清偿全部普通破产债权后仍有剩余时,纪要未完全列举到的因法律规定在破产程序启动后失去清偿权利其他私法债权和补偿性债权也应当优先于惩罚性债权清偿,如《企业破产法》第 46 条第 2 款规定的附利息的债权自破产申请受理时停止计算的利息等。

第三,要正确理解纪要关于"破产财产依照企业破产法第一百一十三条规定的顺序清偿后仍有剩余的"情况的适用范围。在重整程序与和解程序中,如果重整计划或者和解协议规定未对普通债权人作出全额清偿,在执行完毕后继续存续的债务人企业,不能视为债务人仍有剩余财产,惩罚性债权仍然不应享有受偿权利。

第四,根据司法实践的需要以及对立法原则本意的遵循,应当适当调整扩张劣后债权的时间构成范围,即将"破产受理前产生"的惩罚性债权,调整为"针对债务人企业在破产案件受理前的违法事实作出的惩罚性债权"。但对因债务人企业在破产程序中发生的违法行为作出的惩罚性债权应作为共益债务清偿,同时应一并追究违法责任人对债务人企业的赔偿等法律责任。

(六)保证人的清偿责任和求偿权的限制

纪要第 31 条规定:"……破产程序终结前,已向债权人承担了保证责任的保证人,可以要求债务人向其转付已申报债权的债权人在破产程序中应得清偿部分。破产程序终结后,债权人就破产程序中未受清偿部分要求保证人承担保证责任的,应在破产程序终结后六个月内提出。保证人承担保证责任后,不得再向和解或重整后的债务人行使求偿权。"

本条规定三句话的内容是彼此相互关联的,不能割裂开理解。

首先,本条规定承认了债权人可以同时向债务人和保证人同时追偿。所谓"已向债权人承担了保证责任的保证人,可以要求债务人向其转付已申报债权的债权人在破产程序中应得清偿部分",这只可能发生于债权人在破产程序中申报了债权、并同时向破产债务人和破产程序外的保证人追偿的情况。同时,追偿本是破产债权人的法定权利,但过去一些法院为了偏袒地方企业、防止所谓担保链引发担保企业连带破产问题,将担保法司法解释中"债权人要求保证人承担保证责任的,应当在破产程序终结后六个月内提出"的规定,曲解为债权人不能在破产程序进行中追究保证人的责任,只能"在破产程序终结后六个月内提出",而对债权人对保证人的正当诉讼权利、追偿权利拒绝予以保护。有的法院对债权人的起诉拒绝受理,有的虽然受理但却中止审理,还有的允许受理、审理案件但拒绝执行,这些做法都是错误的。个别在1986年《企业破产法(试行)》下制定的司法答复文件也存在同样的问题。还有的人认为,如果允许债权人可以同时向债务人和保证人追偿,就会出现重复清偿。其实,如果债权人先在破产程序中得到债务人的清偿,则应当根据破产清偿数额相应减少或免除对保证人保证责任的追偿。如果债权人先从保证人处得到全部清偿,保证人有权向债务人行使相应求偿权,债权人则应当将其在破产程序中申报的债权转让给保证人。只要遵循基本的法律规则与常识,就不会出现所谓的重复清偿问题。

其次,纪要规定破产程序终结后保证人承担保证责任的期间为6个月。在此要正确理解保证责任的起算时间点,清算程序终结的时点是法院裁定终结破产清算程序之时;重整程序终结的时点是法院裁定批准重整计划、终止重整程序之时,特别需要注意的是,重整计划的执行期间不属于重整程序内的期间;和解程序终结的时点是法院裁定认可和解协议、终止和解程序之时。在这一意义上,《企业破产法》中的“终结”与“终止”具有相同的含义与法律效力。

最后,确立了在破产程序中申报债权的债权人,未得到全额清偿时,向保证人就剩余债务追究保证责任后,保证人不得再向和解或重整后存续的债务人行使求偿权的原则。确立这一原则的目的,是防止出现对同一笔破产债权进行重复清偿。需注意的是,这仅限于债权人已经在破产程序中申报债权求偿的情况,如果债权人未在破产程序中向债务人申报债权要求清偿,则保证人应当在破产程序中预先申报保证债权要求清偿。

三、关联企业合并破产

纪要在第六部分专门规定了“关联企业破产”问题。纪要指出,“人民法院审理关联企业破产案件时,要立足于破产关联企业之间的具体关系模式,采取不同方式予以处理。既要通过实质合并审理方式处理法人人格高度混同的关联关系,确保全体债权人公平清偿,也要避免不当采用实质合并审理方式损害相关利益主体的合法权益”。对关联企业的实质合并破产要审慎适用。“人民法院在审理企业破产案件时,应当尊重企业法人人格的独立性,以对关联企业成员的破产原因进行单独判断并适用单个破产程序为基本原则。当关联企业成员之间存在法人人格高度混同、区分各关联企业成员财产的成本过高、严重损害债权人公平清偿利益时,可例外适用关联企业实质合并破产方式进行审理。"

关联企业在破产程序中的合并有实质合并与程序合并之别。实质合并是对各关联企业的资产与负债在破产程序中合并处置,即将多个关联企业视为一个单一企业,在统一财产分配与债务清偿的基础上进行破产程序,所有实质合并企业同类债权的清偿率相同,各企业的法人人格在破产程序中不再独立。在目前我国的实践中,实质合并主要以各关联企业资产与负债严重混同导致法人人格混同为适用条件。程序合并是对不同法院管辖的多个破产案件的程序合并至一个法院进行审理,在《会议纪要》中称为协调审理,体现为对多个企业破产案件的程序并案审理、整体重整或破产。程序合并通过统一制定集团各企业相互协调衔接的重整计划乃至整个集团企业合一的整体重整计划,可以挽救企业或使破产财产实现更高的价值。但在程序合并中,各关联企业仍保持法人人格的独立,每个企业的资产与债务清偿比例分别确定。

也有观点认为,协调审理与程序合并概念不同,前者是指"关联企业破产时,通过法院、管理人和债权人的合作,协调各个破产程序的管理和进行,以保持关联企业之间的协调效应,提高破产重整机会。与以上两者相比,程序协调制度未合并任何财产或程序,各个程序保持独立"。笔者认为,此种类型的协调审理不涉及任何对破产程序的实质或程序的调整,属于法律制度之外自行协商,在任何情况下都可以自行适用,原则上不需要借助新的立法或制度建设即可实现,不属于关联企业合并破产的内容,与纪要中所规定的协调审理不是一回事。

(一)关联企业实质合并

1. 实质合并破产的概念与效力

关联企业的实质合并破产,是指将两个及两个以上关联企业视为一个单一企业,合并全部资产与负债,在统一财产分配与债务清偿的基础上进行破产程序,各企业的法人人格在破产程序中不再独立。联合国贸易法委员会制定的《破产法立法指南》第三部分"破产企业集团对待办法"在其"术语表"中简略地指出,"实质性合并"是"将企业集团两个或两个以上成员的资产和负债作为单一破产财产的组成部分对待"。也就是说,"不考虑企业集团每个成员的独立身份而将其资产和负债合并,视同由单一实体持有的资产和承担的负债",统一进行破产程序。

纪要在其第36条规定了实质合并破产的法律后果,"人民法院裁定采用实质合并方式审理破产案件的,各关联企业成员之间的债权债务归于消灭,各成员的财产作为合并后统一的破产财产,由各成员的债权人在同一程序中按照法定顺序公平受偿。采用实质合并方式进行重整的,重整计划草案中应当制定统一的债权分类、债权调整和债权受偿方案"。实质合并破产的关键是对各关联企业的资产与负债合并处理。据此法院裁定各关联企业进行实质合并破产后,纳入实质合并的各关联企业之间的债权债务因权利义务主体合一而消灭,关联企业彼此之间提供的保证担保关系也随之消灭,债权债务的消灭也包括关联企业对应当消灭的内部债务在彼此之间设置的物权担保,即在内部债务关系基础上设置的物权担保消灭。但是,关联企业为关联企业间的债务向关联企业外的第三人提供的物权担保并不消灭,即在外部债务关系基础上设置的物权担保依然成立,视为以同一企业财产提供的担保,仍然在原担保财产的范围承担责任。各关联企业的财产全部合并作为实质合并破产后单一企业的破产财产,各关联企业的债权人作为实质合并破产后单一企业的债权人,在破产程序中按照统一的清偿比例公平受偿。原各关联企业相互之间存在的破产撤销权因权利义务主体的合一而不复存在,但涉及向第三人追回财产的情况除外。但在实质合并破产下也可能产生新的权利,例如,原对不同关联企业分别享有债权和负有债务的当事人,因为主体不同而无法行使抵销权,在实质合并破产后,因债权与债务主体的合并而享有抵销权。对因实质合并形成的抵销权应当予以承认。

法院裁定受理实质合并破产申请后,此前已进入破产程序的各关联企业已经完成的破产管理工作的效力,在不与实质合并破产程序相冲突的前提下,可以在合并后的破产程序中得到延续,如债权申报登记、债权确认、资产评估等。合并之前已经发生、尚未清偿的破产费用和共益债务,由各关联企业实质合并后的债务人财产中清偿。但对关联企业之间提供保证担保等而产生的重复债权申报,以及其他依据实质合并破产的原则应当进行调整的事项除外。各关联企业进行实质合并重整的,在合并后因重整主体本身发生重大变更,所以应当自法院作出实质合并重整裁定之日起,统一重新起算法定重整期间。此外,对纳入实质合并范围的多个关联企业,并不要求必须实行同一性质的破产程序,即全部企业统一进行清算或者重整,可以根据实际情况对部分企业破产清算、部分企业重整挽救,但债务清偿必须统一。

2. 适用实质合并破产的标准

纪要第32条中对适用实质合并破产的标准表述为:“……当关联企业成员之间存在法人人格高度混同、区分各关联企业成员财产的成本过高、严重损害债权人公平清偿利益时……”纪要第33条“实质合并申请的审查”规定:“……人民法院在审查实质合并申请过程中,可以综合考虑关联企业之间资产的混同程度及其持续时间、各企业之间的利益关系、债权人整体清偿利益、增加企业重整的可能性等因素。”

从上述适用实质合并破产标准的规定看,虽然在原则上还是限于公司法上法人人格严重混同的范围,但也开始考虑其他适用因素的影响,并重视对法人人格严重混同的具体认定情况,如关联企业之间资产的混同程度及其持续时间、区分各关联企业成员财产的成本、债权人的整体公平清偿利益、增加企业重整的可能性等因素,尽管在不同条款中规定的内容并不统一。需注意的是,上述规定并没有在法人人格混同概念之外,明确设立其他独立的适用标准,而仅将其他因素作为对适用法人人格混同标准时的辅助性或补强性内容,这对充分利用实质合并法律手段解决关联企业实质合并破产问题而言还是有所不足的。

联合国贸易法委员会制定的《破产企业集团对待办法》对各国在关联企业实质合并破产立法与司法方面的经验作了较全面的总结。根据其介绍,可以适用实质合并破产的标准包括四种情形,尽管不是所有国家均将这四种情形规定为实质合并破产的标准。一是“企业集团成员的资产和债务相互混合”,可以简称为法人人格混同;二是从事欺诈图谋或毫无正当商业目的的活动,简称欺诈;三是债权人受益标准,即债权人可以通过实质合并得到更大的清偿利益;四是重整需要。这四项标准在实践中往往会存在相互涵盖与交叉重叠,但理论上都是可以独立适用或者在部分情况下独立适用实质合并破产的标准。在司法实践中,进行实质合并破产的企业往往都是同时存在多种适用情况的,仅由于一项原因而适用实质合并的情况颇为少见。这四项标准适用时相互之间都可能具有一定的关联性,但是也具有一定的独立性,并不完全互相依存。其中第三、第四项之间明显具有较大的关联性,存在重合、包容的关系,因为通常只有实质合并重整才更有可能使企业运营价值得到较大幅度的提升,使债权人得到更多的利益回报。

据此,关联企业的法人人格混同虽然在实质合并破产的判断标准中起着最重要的作用,而且是实践中大多数关联企业适用实质合并破产的理由,但并不是唯一的判定标准,或者说是适用实质合并破产必须具备的条件。这就是公司法上的法人人格混同理论与破产法上的实质合并破产理论的区别。从公司法的角度看,只有在法人人格混同的情况下才可以打破法人人格独立的壁垒,适用“揭开公司面纱”处理。但当我们在破产法领域探讨实质合并破产的标准时,除了考虑公司法上的法人人格混同理论外,必然还会有从破产法解决关联企业实质合并破产问题的立法目的和价值角度的特殊考量,权衡破产费用成本、债权人收益、企业重整挽救成功等因素,才可能适应破产法上制度建设的特殊需要,更好地发挥实质合并的效用,解决实际问题。而在目前涉及关联企业实质合并破产的理论与实践中存在一种误解,就是将法人人格混同作为适用实质合并破产的唯一标准,完全局限于对公司法制度的借鉴,对此,应当进一步开放以适应破产法的调整需要。

(1)法人人格混同标准

如前所述,法人人格混同是实践中关联企业适用实质合并破产最重要且常见的理由。需要着重指出的是,判定关联企业的人格混合是否达到严重程度、是否适用实质合并破产的关键标准,是资产和债务的严重混同及其衍生带来的进行独立区分是否会发生过度的费用或迟延。因为在实质合并破产中,所合并的就是各个企业的资产与负债,破产程序所要解决的也是如何公平、有序、及时地将债务人的财产清偿给全体债权人,包括通过重整程序清偿债权人。所以,判定是否适用实质合并破产的关键因素就是资产和债务是否严重混同,至于关联企业间存在的其他一些现象或情况,如关联企业的控制人同一、高管人员的相互兼职、经营场所的同一或一定程度上的混同使用、经营权力的集中控制、相互担保、相互资金融通等等,往往是几乎所有集团企业或多或少存在的普遍现象。只是集团关联企业的一般特征,至多算是一般性事务混同,根本不足以说明企业的法人人格尤其是资产与负债存在严重混同,更不能作为适用实质合并破产的充分理由,应当适用实质合并的情况是法人人格的严重混同。如果企业间虽有某些资产或债务事项的混同,但并非严重,仍可以正常予以区分,则不应适用实质合并破产。

有人反对将关联企业间区分资产和债务的成本过高作为适用考虑理由之一,这是不妥的。区分资产和债务的费用,主要是指复杂的证据收集、法律调查、性质判定、行为纠正、财务调整、资产回收、诉讼仲裁等方面发生的经济与人力等费用成本。费用成本是从债权人利益角度考虑的成本，所以不能仅以方便法院或管理人工作、减少其工作时间、人力成本为由进行实质合并。当清理资产与债务混同的费用足以吞噬债权人尤其是无担保的普通债权人可能受偿的大量财产，或者足以使原形式上资产较多的关联企业的普通债权人可能得到的清偿降低到与其他企业相同甚至更低时，继续寻求以企业法人人格独立作为破产程序进行的基础就丧失了意义，与破产立法与司法的目标之一——实现债务人资产价值的最大化相互冲突了，破产程序过高的成本给债权人带来的不再是公正，而是损失。此外，评价区分成本还应当考虑过度迟延而给债权人造成的时间损失、机会成本以及清偿的折现损失如利息损失等。迟到的公正已经不再是真正的公正，这在破产程序中尤其突出。

（2）欺诈标准

欺诈是另一项可以独立适用实质合并破产的充分理由。“所谓欺诈，并非是指公司日常经营中发生的欺诈，而是指其活动根本没有正当的商业目的，这可能与创建公司的用意及其创建后从事的活动有关。这类欺诈的实例包括：债务人几乎将其所有资产转移至某个新设立的实体或其自身拥有的不同实体，目的是为了自己的利益而保全和保留这些资产；对其债权人进行阻挠、拖延和欺诈；设局假冒或庞氏骗局和此类其他欺诈计划。”①如果“法院确信企业集团成员从事欺诈图谋或毫无正当商业目的的活动，为取缔这种图谋或活动必须进行实质性合并”。② 在此列举了欺诈实质合并标准的两种表现，其一是“欺诈”，其二是“毫无正当商业目的的活动”。这主要是从举证能力和证明情况的角度作的区分。如果有充分的证据证明当事人进行了欺诈行为，可以直接认定为欺诈。有时可能没有充分的直接证据证明欺诈的存在，但人们进行任何活动都是有目的的，当有人进行被公认是毫无正当商业目的的活动，又因企业破产给债权人造成损失，那么其背后的非正当目的就可以推定为欺诈。

从上述规定对欺诈所举的实例看，有一部分欺诈行为与其他适用实质合并破产的标准尤其是法人人格混同完全不相干，如设局假冒、“庞氏骗局”以及对债

---

① 联合国国际贸易法委员会：《破产法立法指南》第三部分“破产企业集团对待办法”（中文版），2012 年纽约版，第 63 页。

② 同上书，第 72 页。

权人进行阻挠、拖延和欺诈等；还有一部分欺诈行为与其他适用实质合并破产的标准在外观上易于混淆，如几乎将其所有资产转移至某个新设立的实体或其自身拥有的不同实体、以企业集团结构作为伪装逃避法定义务或合同义务等，与法人人格混同的外在表现就颇为相似。欺诈与一般法人人格混同的区别在于，前者设立企业的目的就具有明显的主观恶意，即使采用了各种可能导致了法人人格混同的行为，也是以此作为欺诈之手段；而法人人格混同通常则是由企业集团经济高度一体化的运营模式不当适用造成的，虽然未能遵守法人企业独立经营的原则，但主观上的初始出发点往往不具有欺诈的故意，或者说不具有足以认定为欺诈的证据包括推定证据。所以，欺诈可以是一个不依赖于其他条件而存在的实质合并破产标准，无论关联企业法人人格是否混同均可独立适用。此外，根据《破产法立法指南》第三部分“破产企业集团对待办法”的要求，在企业集团成员存在欺诈的情况下，法院的态度是“必须进行实质性合并”，以取缔违法行为。

(3)债权人受益标准

债权人受益判断的标准包括两种情况：一是实质合并有利于所有债权人，即不会降低任何一个关联企业债权人的清偿率，使其造成损失，而只会受益，可以称为绝对受益标准；二是对全体债权人来说，实质合并产生的利益大于其造成的损害，也就是对部分企业债权人来说，实质合并会带来损失，即使其债权的清偿率降低，但这部分债权人的损失不会超过其他债权人或整体债权人获得增加的收益，可以称为相对受益标准。这两种受益标准的适用存在差异。在第一种情况下，因对所有人都有益，法院无须再作权衡，甚至不需要考虑是否存在法人人格严重混同问题，应当毫不犹豫地作出合并裁定。使所有债权人获益本身就构成进行实质合并的充分理由，如一些案件通过重整可以使各个关联企业的债权人都得到比分别重整或者清算更高的清偿。但在第二种情况下可能对部分债权人造成利益损失，法院在判断是否应当进行实质合并破产时，就必须权衡考虑损失的合理性、可接受性尤其是公平性，以及是否存在其他实质合并事由等，慎用实质合并破产的裁判权。

(4)重整需要标准

这一标准是以保障企业重整挽救成功而适用实质合并为主要目的。通过多个关联企业的实质合并可以提高重整的司法效率，使分开的营业资源有效整合，给企业整体重整或营业整体出售带来价值提升与操作便利，实现破产的经济效率,也可以更有力地保障企业挽救成功。

重整需要在多数情况下不宜作为一个独立的实质合并标准,往往要结合债权人受益等标准适用,仅因关联企业重整成功需要就完全否认各企业独立的法人人格,打破公司有限责任原则实施实质合并是不妥的。但因为重整通常可以最大限度地提高全体债权人的清偿利益,所以当其本身也蕴含、叠加债权人受益标准时,就可以考虑适用。

此外,一些人还主张债权人信赖利益的标准,即以债权人与公司发生交易时,是基于对整个企业集团信用的信赖,还是基于对单个交易对手公司独立信用的信赖,确定是否适用实质合并破产。不过本文认为,债权人信赖利益的标准更多应适用于个别债权人反对进行实质合并的抗辩理由。因为债权人的信赖仅是一种主观状态的表述,是不足以完全据此就认定应否实质合并的,是否实质合并必须建立在可以证明信赖合理存在的各种客观证据基础之上才可能被法院所采纳。这些证据通常也是证明法人人格混同、欺诈等现象是否存在的事实,而当债权人可以证明这些事实时,往往也就不再需要以单纯的主观信赖作为实质合并理由了,所以它难以构成独立适用实质合并破产的类别性标准。但是,个别债权人确实可以在他人主张实质合并时以此作为反对的理由,并寻求相应救济。此外,债权人信赖利益作为标准适用还存在诸多复杂问题难以解决,如债权人的类别不同,对因侵权产生的债权人显然就不存在信赖对象差异问题。再如,当多数债权人的信赖对象出现差异,分别提出支持或者反对实质合并的彼此相反的信赖利益时,以此作为标准就会出现判断困局。信赖关系不仅存在于债权债务关系中,还可能存在于关联企业之间相互保证担保的情况下,如适用实质合并破产,关联企业间的担保会因权利义务主体合一而消灭,如对各关联企业分别独立破产,则债权人可以分别从债务人和保证人处得到多重清偿,这种利益的纠葛也会使信赖利益标准的适用更复杂,不易公正判断。

但是,在实质合并破产中完全排除债权人信赖的因素也不合适,特别是关联企业存在误导债权人行为,使其认为该集团各关联企业是一个经济整体的情况下。故债权人的信赖虽然不足以作为适用实质合并破产的独立判断标准,但可以作为依据其他标准判断时的补强考量因素。例如,浙江省高级人民法院在《关于航运、造船企业破产案件的审理指引(征求意见稿)》中将判断合并破产的因素分为内部因素与外部因素,其第32条规定:"(合并破产的外部因素判断)相关企业在对外宣传、人事任免及经营过程中混同使用关联公司名称，致使相关债权人无法区分的，可以视为符合合并破产的外部条件。”《破产法立法指南》第三部分“破产企业集团对待办法”也将“对企业集团的实际性质进行不实陈述，致使债权人相信他们的交易对象为单一企业，而并非集团的某个成员”，作为考虑可以适用实质合并的理由之一。此外，《破产法立法指南》第三部分“破产企业集团对待办法”认为，还可以将相关利益人协商一致作为适用实质合并破产的依据。不过这虽然是法院可以适用实质合并破产的情况，但并不完全具有判断标准的性质，因为这是只需进行事实核实而无须法院再运用裁判功能对关联企业具体情况作出任何判断的事项。

3. 实质合并破产的程序

(1)管辖

由于各个关联企业所处的司法管辖地理位置不同，当对其进行合并破产时，就会出现合并破产案件应由何法院管辖、出现争议又如何解决等问题。

纪要第35条“实质合并审理的管辖原则与冲突解决”中对此作有原则性规定：“……采用实质合并方式审理关联企业破产案件的，应由关联企业中的核心控制企业住所地人民法院管辖。核心控制企业不明确的，由关联企业主要财产所在地人民法院管辖。多个法院之间对管辖权发生争议的，应当报请共同的上级人民法院指定管辖。”对这一管辖原则规定本身的理解不存在问题，主要是要明确核心控制企业住所地和主要财产所在地的具体认定标准。所谓管辖权发生争议，是指多个法院之间就管辖权已经发生争议，如果仅仅是当事人包括管理人提出的管辖权异议，尚不构成本条所讲的争议，而应按照《民事诉讼法》第127条规定的管辖权异议程序处理。所谓争议，是指一法院受理实质合并破产案件后，其他法院对其管辖权提出异议，或者多个不同法院受理涉及实质合并关联企业的破产案件，对管辖权不能通过协商达成协议的。

据此，当一家法院在其他法院受理涉及实质合并破产的关联企业的破产案件之前，将原由其他法院管辖的破产案件通过实质合并破产的方式纳入本院管辖之下，尚不构成发生管辖权争议。只有在对方法院提出异议而双方又不能协商解决时，才视为发生管辖权争议。但是在司法实践中，为了表示对对方原有管辖权的尊重，通常在将其他法院管辖的破产案件通过实质合并破产纳入本院管辖之前，都会与其他法院事先进行沟通协商，以解决可能发生的争议。

(2)实质合并破产申请的受理

纪要第33条“实质合并申请的审查”规定:“……人民法院收到实质合并申请后,应当及时通知相关利害关系人并组织听证,听证时间不计入审查时间。人民法院在审查实质合并申请过程中,可以综合考虑关联企业之间资产的混同程序及其持续时间、各企业之间的利益关系、债权人整体清偿利益、增加企业重整的可能性等因素,在收到申请之日起三十日内作出是否实质合并审理的裁定。”

纪要第34条还规定了对裁定实质合并时利害关系人的权利救济:“相关利害关系人对受理法院作出的实质合并审理裁定不服的,可以自裁定书送达之日起十五日内向受理法院的上一级人民法院申请复议。”其中相关利害关系人包括债务人、债权人、债务人的保证人等。如各个关联企业之间往往设有担保,债务人的其他保证人在各个关联企业独立破产的情况下,因关联企业中担保企业的清偿可能会减轻其担保责任的承担,但实质合并后因合并企业间债权债务的消灭而加重其担保责任,所以应当享有异议权。

此外,根据一般原则,申请复议是不停止执行的,所以上一级人民法院在接到复议申请后,应当尽快对复议作出处理决定,以免因程序的进行和破产事务处理的不可逆性影响当事人的权益。

对关联企业是否应进行实质合并破产程序,应当由法院裁定确定。在早期实质合并破产的实践中,曾存在先由各个关联企业分别召开债权人会议对是否适用实质合并破产进行表决,在表决通过后再由法院裁定批准的操作模式,这是错误的。决定是否适用实质合并破产的权力属于法院,而不属于债权人会议,各关联企业债权人会议的表决通过不是适用实质合并破产的前提条件。首先,关联企业的实质合并破产,可能降低形式上资产多、债务少的关联企业债权人的清偿率。所以,经常会有部分企业的债权人会议因利益所在而反对实质合并破产,使之无法进行。其次,确定是否进行实质合并,涉及对关联企业是否存在法人人格混同的认定,影响相关当事人的实体权利义务。这一认定是具有司法效力的裁判,只有法院才有权作出,而债权人会议仅是债权人决定其破产内部事务的自治平台组织,且这一事项不属于《企业破产法》规定的债权人会议的职权范围,其无权超越设立宗旨决定各关联企业的法人人格混同问题。

4. 各关联企业在实质合并重整后的主体资格问题

在关联企业实质合并重整程序(包括和解,下同)结束后,经实质合并的各关联企业原独立的法人资格后续应如何处理是一个必须明确的问题。纪要在第37条“实质合并审理后的企业成员存续”中规定,“适用实质合并规则进行破产清算的,破产程序终结后各关联企业成员均应予以注销。适用实质合并规则进行和解或重整的,各关联企业原则上应当合并为一个企业。根据和解协议或重整计划,确有需要保持个别企业独立的,应当依照企业分立的有关规则单独处理”。此规定存在不妥之处,它对实质合并中的“合并”概念作了错误的理解。破产法上的实质合并,其法律性质是完全不同于公司法等组织法上的企业合并的。该规定在适用中对合并破产清算没有影响,因为清算企业的破产程序终结后都是要予以注销的,区分是由破产清算还是实质合并引发的已没有意义,对实践的不利影响出现在实质合并重整程序中。

如前所述,“实质合并破产中的‘合并’,并不是公司法、企业法上的组织合并即公司合并。当法院作出实质合并破产的裁定时,并不具有对所涉各关联企业在破产程序中实行公司法上合并程序的效力,如注销被合并的公司等,即使是在维持企业持续存在与经营的重整程序中也是如此。实质合并破产的各企业的法人人格,仅仅是在破产程序中不再视为独立。也就是说,这是一种以对资产与负债统一公平处理为目的的法人人格模拟合并,目标是解决以资产与负债混同为关键特征的法人人格混同造成的不当法律后果。虽然在破产程序中,实质合并对各关联企业的资产与负债产生实体法意义上的合并法律后果。但在重整程序结束,经过实质合并重整的法律处置,消除了各企业法人人格混同的不当后果,也就是修复其独立的法人人格后,各企业自然应当恢复原正常的独立状态”。①

重整程序结束后,从集团运营的角度,各个企业是否保留原有的法人资格,是否需要履行公司法上的合并程序进行注销或变更登记,则可以在经法院批准的重整计划中确定,或者完全由重整成功后的企业自行决定。强制要求实质合并重整后的关联企业进行组织合并,不仅缺乏法律依据,违背实质合并破产法理,而且可能使各关联企业丧失营业资质,严重影响其正常经营管理。

在我国的司法实践中,关联企业实质合并破产主要是参照《公司法》有关“法人人格否认”的规定解读出其适用制度空间。但无论从公司法还是破产法的角

---

① 王欣新:《谈关联企业实质合并重整后的法人资格问题》,载《法制日报》2018年6月27日,第12版。

度分析,法人人格的混同均不是相关企业进行组织合并的法律理由,更不会自动产生企业合并的法律效力与后果。公司法对“公司股东滥用公司法人独立地位和股东有限责任,逃避债务,严重损害公司债权人利益”的处理,是“揭开公司的面纱”,由股东“对公司债务承担连带责任”,而不是合并企业。破产法对各关联企业法人人格严重混同的处理,是进行实质合并破产,是对各企业的资产与负债统一处置,同样也不是合并企业。无论是在非破产程序中还是在破产程序中,法律解决法人人格混同的措施,是超越其独立人格,纠正人格混同不当行为产生的债务清偿问题,而不是组织合并。只要在重整程序中通过实质合并措施纠正了关联企业法人人格混同的所有不当后果,各关联企业之间便不再存在人格混同,根本不存在进行组织合并的理由和需要。这时,各个关联企业的独立法人人格与组织独立应当得到法院的充分尊重。无论是在公司法中还是企业法中(包括其他国家的破产法、公司法),都没有法院可以以法人人格混同为理由强制企业进行合并的规定。由于强制合并都是没有法律依据的,先强制合并再强制分立,即所谓“根据和解协议或重整计划,确有需要保持个别企业独立的,应当依照企业分立的有关规则单独处理”,就更没有法律依据了。综上所述,对法人人格混同问题,法院的司法权限是纠正违法行为的不当后果,而不能介入当事人自治领域的企业组织形态问题。

从实际操作效果看,如果按照纪要上述规定对实质合并破产的各关联企业进行强制合并,则企业集团的市场组织优势将因此丧失,原各关联企业分别享有的经营资质与牌照等也将因为组织合并、营业混同等而不再符合颁发条件,直接丧失经营条件与基础,甚至连再申请的条件也不具备,使企业陷于死地。此外,许多大型集团的关联企业分布在全国各地,甚至世界各国,强行组织合并为一个法人企业,公司治理与经营管理也会存在严重问题。例如,目前在辽宁辉山乳业集团有限公司与其关联企业的合并重整案中,已经进行实质合并的企业有 83 家。如果重整程序结束后这 83 家企业都必须合并为一个企业,显然将使整个集团无法维持正常经营管理。所以,经过实质合并重整后的各个企业是否保留原有的法人资格,应当由市场决定,应当由重整成功后的企业自行决定,而不是由法律或法院强制干预。

除此之外,由于将实质合并破产错误地理解为合并企业组织,必然把实质合并破产的各关联企业视为一个组织合并后的统一企业,所以还衍生出诸如统一各实质合并破产企业的案件受理时间、统一债权停止计息时间、统一破产撤销权行使期间的计算起始日期等一系列伪命题,还出现不同观点的争议。其实,这些所谓的问题都是根本不存在的,由于实质合并破产不是企业的组织合并,所以只需按照关联企业各自实际进入破产程序的时间确定就可以了。

(二)关联企业程序合并

纪要第39条中规定了程序合并即协调审理及其法律后果。协调审理不对各关联企业的财产进行合并,不消灭它们之间的债务关系,各关联企业成员的债权人仍以该企业成员财产为限依法获得清偿。但是也要利用其他法律手段解决关联企业成员之间尚不构成法人人格严重混同的不当资源配置关系,如"关联企业成员之间不当利用关联控制关系形成的债权,应当劣后于其他普通债权顺序清偿",且该劣后债权人不得就其他关联企业成员提供的特定财产优先受偿,即物权担保无效。纪要关于关联企业成员之间不当形成债权劣后清偿的规定,对司法实践具有重要指导意义。

纪要第38条还对关联企业破产案件的程序合并即协调审理与管辖原则作出规定,"多个关联企业成员均存在破产原因但不符合实质合并条件的,人民法院可根据相关主体的申请对多个破产程序进行协调审理,并可根据程序协调的需要,综合考虑破产案件审理的效率、破产申请的先后顺序、成员负债规模大小、核心控制企业住所地等因素,由共同的上级法院确定一家法院集中管辖"。

在司法实践中,已经存在关联企业程序合并的成功案例。如昆明市中级人民法院2017年以程序合并方式顺利审结云南煤化工集团有限公司(以下简称煤化工集团)及其下属4家企业系列重整的全部案件,化解企业债务危机,实现上市公司保壳、集团整体改革脱困的目标,企业集团650亿元负债中的500余亿元得到清偿,同时实现了产业结构的调整,助力供给侧改革,处理僵尸企业,关闭下属煤矿企业18家,清理每年357万吨的过剩煤炭产能,妥善分流安置职工14,552人,为企业集团的后续健康发展奠定了基础。煤化工集团五家企业呈四级产权结构,破产案件分属于昆明市中级人民法院、曲靖市中级人民法院及其下级沾益区人民法院3个法院管辖。在债权人对各关联企业向各法院分别提出重整申请后,云南省高级人民法院与相关法院研究分析了5家企业的内部关系和上市公司的保壳目标等情况,通过指定管辖将集团系列重整案件通过程序合并归集至昆明市中级人民法院统一管辖,确保了企业集团重整工作的统一协调、系统处理和整体推进。

在合并程序重整的基础上,充分考虑单个重整主体与集团内其他重整主体、程序外集团企业的联动调整、有序衔接,遵循最大限度维护债权人利益、各方利益平衡共赢的理念,制定出集团企业相互衔接、上下联动、具有创新性的重整计划草案,一体化解决了企业集团的挽救问题。在合并重整程序的保障下,管理人制定了体现"自下而上"重整工作顺序的系列重整计划草案。系列重整方案考虑到煤化工集团和云维集团均为下属公司提供大量担保,而下属公司很少为集团提供担保的现实,首先由下属公司先制定重整计划并完成重整,一方面,在其部分清偿债权后,逐级减少上级公司为下级公司承担的担保债务,未清偿的债权则通过担保关系由上级集团继续清偿;另一方面,通过下级公司偿还上级公司的借款等债权,向上级企业输送现金、股票等偿债资源,解决了集团企业间债务和偿债资源不匹配、清偿时间错期等问题。实践证明,该案在程序合并保障下的"自下而上"重整思路,奠定了煤化工集团系列重整案成功的基础。应当说,创新性地结合企业实际运用程序合并重整,是煤化工集团系列重整案成功的关键环节之一,其经验值得借鉴。

破产法与债务人困境拯救

破产法可成为最强有力的企业拯救法*

《企业破产法》于2007年6月1日起实施，其实施并非一帆风顺，最初全国法院破产案件的受理数量曾呈持续下降趋势。党的十八届三中全会指出，要“健全优胜劣汰市场化退出机制，完善企业破产制度”。在中央对破产法的充分重视下，法律实施方有重大改观，破产案件受理数量开始出现较大幅度上升。

破产法在实施中成长，但在实践中也显现出亟须改革与完善之处。为此，要根据立法目的与实践需要，进一步转换观念、健全制度，实现破产法的不断创新发展。展望未来，要保障破产法的市场化、法治化、常态化实施，应在以下方面进行改革完善。

第一，转换破产观念。人们要转换旧的观念才能正确理解和执行破产法。首先要改变的是破产的社会荣辱观。众所周知，“失败是成功之母”，但破产至今未得到人们的广泛理解与充分宽容，这使破产法的适用往往遇到消极、排斥的态度。其次要纠正破产法就是清算法、就是市场退出法的片面观念，企业破产法同时也是最强有力的企业拯救法。最后要纠正“破产就是逃债”的错误认识。债务人破产时无力清偿所有债务，是市场经济的正常风险。破产本身并非逃债，真正的破产逃债，是指债

---

* 本文原载于《光明日报》2017年6月15日，第12版。

务人在破产中以虚构债务、抽逃资产、隐匿转移财产等方式损害债权人利益的行为,而破产法恰恰是打击破产逃债最有力的手段。

第二,对破产法及其立法体系不断修改与完善。破产法的实施迫切需要建立一些新的法律制度,以适应实践需要,如挽救企业的庭外重组、预重整及个人破产制度等。对现有立法也需进行修订与完善,如重整中的债务人自行管理、重整计划的强制批准、出售式重整、实质合并破产、管理人制度等。

第三,建立完善企业破产社会配套制度。2015 年年底召开的中央经济工作会议指出,要依法为实施市场化破产程序创造条件。破产法是一部具有强外部性的法律,对整个社会与经济产生广泛、重要的影响。一个企业的破产不仅会产生债权债务清偿、财产资源分配等法律问题,还会产生诸如职工就业安置、社会救济、非经营性资产处置、工商与税务调整、信用修复等一系列需要政府履行职责解决的社会衍生问题。没有充分的外部法律与制度环境的支撑与保障,破产法普遍的市场化实施是不可能的。

由于我国有关破产法实施的各种社会配套法律与制度还须进一步建立完善,在很多地方还不得不借助地方政府直接或间接的个案行政支持。这种解决方式具有较大不确定性风险,是破产法至今难以完全市场化、法治化、常态化实施的原因之一。为此,需各级政府尤其是中央政府积极履行职责,为实施市场化破产程序创造条件,促使市场在资源配置中起决定性作用和更好发挥政府作用,以法治化、市场化的方式解决社会配套制度不健全的破产法实施难题。

第四,重视破产专业审判组织的建立以及管理人等制度的完善。如建立破产专业审判庭或合议庭组织,配备充足的审判力量,健全破产案件审理法官的工作业绩考核与激励机制,完善管理人指定制度,实现对人员的常态化培训等。

破产重整制度的发展与完善*

一、破产法在市场经济中具有何种重要地位，对市场经济有哪些调整作用与社会影响？

市场经济以自由竞争为基本规律。竞争的结果必然是优胜劣汰，进而推动社会发展进步。破产便是淘汰竞争失败者、使其规范退出市场的一种方式。因此，破产是市场经济发展到一定阶段必然产生的法律现象。

破产法是保障市场经济正常运转的关键。市场经济是直接以商品交换为目的运转的经济模式。商品交换是市场经济资源配置的主要方式。在市场经济中，信用交易即钱、货交付时间分离的交易，是商品交换最重要的方式，所以，信用关系的实现也就必然成为维系市场经济正常运转的关键。信用交易在当事人之间形成的借贷关系在法律上称为债。保证债务关系的正常实现，维护债权人、债务人的正当权益，便成为确立市场经济秩序的基础，这是任何一个真正的市场经济国家在法律制度上必须妥善解决的基本问题，做不到这一点，就不是真正的市场经济国家。

破产法对市场经济的调整作用可分为直接与间接两个方面。破产法的直接调整作用，是保障决定市场经济能否正常运转的债务关系在债务人丧失清偿能力时的最

---

* 本文后作为专访载于《人民法治》2017 年第 11 期。

终有序、公平实现,维护全体债权人和债务人的正当权益,维护社会利益与正常经济秩序,使阻塞、混乱的商品交换等经济活动重新顺利、有序进行。从对债权人的保障看,其要旨不仅在于满足个别债权人的利益,更不是要使债权人都获得全额清偿(这在客观上通常已不可能),而是要做到对全体债权人公平和有秩序清偿。从对债务人的保障看,不仅为其提供了免受多重讼累、一体清偿债务的机会,而且给予那些诚实但不幸经营失败的债务人在符合法定条件下,豁免其在破产程序终结后未能偿还债务的途径。破产法还可以对尚有挽救希望与挽救价值的债务人进行挽救。其他任何法律都不具有破产法的上述调整功能,也不可能取代其社会作用。

破产法在调整债务关系的同时,对市场经济还会产生广泛的间接社会影响。它可以完善市场经济的竞争机制,促进供给侧改革,清理"僵尸企业",利用破产的压力,促进企业改善经营管理,提高经济效益;通过破产与重整制度,优化社会资源的配置与使用,调整社会的产业与产品结构等,对市场经济的发展与完善具有重要的意义。市场竞争必然会有企业破产的事实发生,任何人包括政府无论以何种理由、方式强行维持失败者的存续,实质上必然是对优胜者的压抑,是对社会资源的浪费与劣质配置,阻碍社会的进步。我们应当积极主动地发挥破产法的社会调整作用,完善我国的市场经济法律体系。

二、我国的企业破产立法为何确立重整制度?重整制度的价值和优势表现在哪些方面?

重整作为积极挽救企业的再建型债务解决制度,在挽救债务人方面具有突出的效用,被公认为是避免企业破产最有力的制度。重整制度将债务清偿与企业拯救两个目标紧密结合,通过对债务关系的调整,消除破产原因,避免企业破产,将债权人权利的实现建立在债务人企业与事业复兴的基础上,全面采取挽救措施,保留企业的营运价值与社会资源,并最终使债权人等各方利害关系人得到较破产清算更多的清偿等利益。通过重整程序,不仅可以维护债权人、债务人、企业出资人的正当权益,还可以防止出现企业连锁破产、职工失业以及由此引发的社会不稳定等问题,对于我国完善市场经济、建立和谐社会具有重要的现实意义,这也就是我国企业破产法创设重整制度的原因。

重整制度与其他破产制度相比具有以下法律特点:一是重整申请时间提前、

启动主体多元化。二是参与重整活动的主体多元化、重整措施多样化。三是在重整期间,担保物权行使受限。四是在重整程序中,法院可依法裁定强制批准重整程序,以避免因部分利害关系人的反对而使重整无法进行。五是在重整程序中可以由债务人自行管理财产和营业事务,可以消除债务人对重整的抵制因素,促使其在发生债务危机时尽早申请重整,以减少债权人的损失。

此外,破产程序的启动还可以为债务人提供债权停止计息、银行融资等援助企业挽救的新债权取得共益债务的优先清偿地位、管理人对双方均未履行完毕的待履行合同可以行使选择履行权等一系列有助于企业重整成功的法律保障。

三、如何从理论的层面评价重整制度实施10年来的情况?

2017年是《企业破产法》实施10周年。重整制度在中国实施的这10年之中,虽遇有艰难险阻,然破产法为人们日渐接受,企业成功挽救的一个个鲜活案例将重整制度的重要作用展示给大家,破产重整的理念逐步深入人心,重整制度的实施渐入正轨,取得了引人注目的成就。

第一,破产法对企业的重整挽救功能得到了人们广泛的认可与重视,逐步扭转了破产法仅仅是倒闭清算法、是市场退出法的消极狭隘意识。在从传统计划经济转向市场经济的背景下,充斥市场经济血脉的破产法能否顺利实施首先取决于社会观念的扭转。当人们真正从内心里开始接受破产是市场经济必然存在的法律现象、破产法是市场经济必不可少的基础法律的理念时,破产法才真正具有了普遍实施的社会基础与条件。近年来,党中央与国务院愈加重视破产制度在市场经济中的重要调整作用,在多次中央会议上强调要保障破产法的市场化实施,要通过破产制度处置"僵尸企业",规范市场退出机制,促进供给侧改革。中央的正确决策为破产法的顺利实施奠定了坚实的政治与社会基础。

第二,在破产立法完善、健全配套制度方面取得一些实质性进展。例如,最高人民法院近年来出台了《关于适用〈中华人民共和国企业破产法〉若干问题的规定(一)》《关于适用〈中华人民共和国企业破产法〉若干问题的规定(二)》等司法解释;实施立案登记制,发布《关于破产案件立案受理有关问题的通知》,以解决破产案件受理难问题;建立全国企业破产重整信息网,发布《关于企业破产案件信息公开的规定(试行)》;发布《关于在中级人民法院设立清算与破产审判庭的工作方案》,建立破产审判庭等专业化审判组织;继《中华人民共和国民事诉讼法》《最高人民法院关于适用〈中华人民共和国民事诉讼法〉的解释》对执行转破产问题作出原则性规定后,发布《关于执行案件移送破产审查若干问题的指导意见》;等等。一些国家机关和地方政府与法院也制定了许多为重整制度实施配套的措施和文件,这些文件的颁布为破产法的市场化普遍实施确立了制度性基础,同时也为重整制度的顺利实施提供了配套条件。

第三,破产法理论的研究逐步深入,并积极地指导司法实践。破产法是一个理论与实际密切联系的领域,一方面,前行的理论研究指引司法实践对法律正确的执行与创新;另一方面,丰富的司法实践素材反哺理论研究对实务问题的深入探索与突破。在由计划经济转为市场经济的我国,缺乏破产法的传统意识和理念,虽然现在已经有了企业破产法和一系列司法解释等文件,但是在基本理念和基础理论方面仍存在许多模糊认识,需要进一步相互交流、研究解决。为此,中国人民大学破产法研究中心和北京市破产法学会创设了"中国破产法论坛"及其专题研讨会,组织出版了"破产法文库"系列学术作品,以作为破产法理论与实务的研究平台,至今已成功举办了八届全国性论坛和六次破产法专题研讨会,出版了近 20 部破产法理论与实务界的作品。此外,随着人们对破产法的日益重视,在全国各地也纷纷举办破产法的论坛、讲座等研讨活动,全方位地促进了破产法尤其是重整制度的理论与实务研究。

重整制度的理论研究对指导司法实践具有重要的意义。破产法特别是重整制度在我国还是新生事物,法律规定较粗略,实践经验亦不丰富,对法律规定的正确理解执行、对法律规定不详或没有具体规定的实践情况如何正确处理,一些实践中的司法难题如何创新解决,便需要借助破产法的理论指导,要站在遵循破产法立法目的、法律规定的本意和法律基本原则的高度基础上,本着解决问题服务社会而不是回避问题逃避责任的勇气,以积极的态度,有担当、有原则、有灵活、有创新地予以解决。能否在理论高度把握解决问题的原则,在重整实务工作中对问题的处理是大不一样的。例如,在《企业破产法》第 70 条规定下,当法院审理债权人申请对债务人进行破产清算时,其他债权人还能否向人民法院申请重整?在上市公司的重整计划中规定对出资人权益进行调整,需要申请中国证券登记结算有限责任公司办理股权的划转变更时,法院能否按照该公司的业务规则出具协助执行通知书?等等。对这些问题只要遵循重整立法本意、本着是否有利于社会、有利于各方利害关系人的原则处理。破产法的立法本意是鼓励进行企业重整挽救而不是限制重整申请的，所以当然应当允许债权人提出重整申请。如果法院出具协助执行通知书有利于企业重整计划执行，有利于社会和各方利害关系人，就应当及时出具。

第四，破产重整实践取得巨大成就，重整制度获得诸多创新。随着企业重整成功的案例越来越多，重整制度实施取得的有益经验也愈加丰富。在司法实践中，在理论与实践结合的基础上进行的制度创新层出不穷，出售式重整、预重整、关联企业合并重整等创新，为企业重整挽救的军火库增添了大量的高效武器，破产法中的债务人自行管理等制度也得到了落实与发展，重整制度的实施取得了巨大的成就。一个个企业重整成功的案例为重整制度赢得了良好的声誉与广泛的市场，重整制度已经植根于中国，将为中国市场经济的进一步发展提供法律与制度的保障。

四、从现代破产制度的发展趋势看，重整制度发展中的难点问题和前沿问题表现在哪些方面？

自重整制度创建以来，便在司法实践中不断得到创新与完善。从我国重整制度的实施经验与发展趋势看，以下几方面的难点问题和前沿问题需要进一步研究解决。

（一）重整计划中的债转股

国务院2016年10月10日发布《关于市场化银行债权转股权的指导意见》强调，要遵循法治化原则、按照市场化方式有序开展债转股，建立债转股对象企业市场化选择、价格市场化定价、资金市场化筹集、股权市场化退出等长效机制。对商业银行及其他债权的“债转股”，必须建立在自愿、共赢的基础之上，否则就可能使“债转股”变成损害债权人利益的手段，甚至成为为“僵尸企业”“供血续命”的又一渠道，如此不仅会使危机的爆发力与破坏力累积增加，而且还可能使实体企业的危机蔓延成为金融危机。

在企业重整时不得强制债转股。在含有债转股的重整方案中，必须同时设有公正的现金偿债选择权，即债权人不同意转股时可以自愿选择对债务的合理现金清偿，而且债权人不接受债转股时的现金清偿方案必须公平合理，不允许用恶意压低清偿比例的方式逼迫债权人接受债转股，对此应设置公正的异议解决程序。债转股属于对新的权利义务的设定，而不是对原有已存在债权在破产法语境下的调整与清偿,所以必须由每个银行个别自行决定,这就是必须设置选择权的原因。

必须明确,“债转股”中的债权人自愿原则或曰自决权利是一种法定的个体性基础权利,不受债权人会议表决中所谓少数服从多数原则的约束,不允许滥用多数人的暴力损害少数人的权益。无论是在法庭外重组中的银行业金融机构债权人委员会,还是在企业破产重整中的债权人会议,都无权以所谓少数服从多数的表决方式强迫反对的商业银行等债权人进行债转股。但在含有债转股的重整方案中附有现金偿债选择权时,因债权人已经可以自愿选择是否转股,所以可以由债权人会议表决通过。

不得强制债转股,还体现在对法院强制批准债转股的重整计划的限制。对未规定合理的现金偿债选择权的重整计划草案,只要有一个转股债权人反对,法院就不得批准或强制批准,任意剥夺债权人权益。任何人包括法院、地方政府都无权将银行的债权,在未经债权人个别同意的情况下强行转化成在权利实现顺位上要次一等级的股权。如果法院可以任意强制批准债转股的重整计划,那么挽救任何企业都会成为轻而易举的事情,只要强制批准将所有的债权都转为股权就行了。

(二)出售式重整

要理解出售式重整,首先需要转换观念,纠正重整就必须要保持债务人企业继续存续的认识误区。重整制度是要挽救企业所经营的事业以及与其营业相关的社会资源,并解决衍生的社会问题,避免其因破产清算造成的各种不良社会影响,同时使债权人得到较之清算更多的清偿。只要能够达到重整目的,在法律允许范围内适用何种手段与工具,都是符合破产法立法宗旨、符合重整制度立法本意的。所以挽救企业不是必须形式主义地维持债务人企业本身的继续存续,不一定要保留其外壳,特别是当其成为不利于企业事业挽救的沉重负担时。

从各国的立法与实务情况看,重整挽救企业主要有两种模式。第一种是实践中普遍适用的传统的企业存续型重整,适用于企业的挽救价值和重要资源或资产的维持依存于企业外壳的情况,如上市公司拥有的融资外壳、企业具有的特殊经营执照、资格、资质等,以免企业被注销使相应资源随之消灭。第二种是出售式重整,即事业让与型重整,是将债务人具有活力的营业事业之全部或部分通常是主要部分连同无形资产、就业员工一并转让给他人,使之在新的企业中得以继续经营存续，而以营业转让所得对价以及企业未转让遗留财产（如有）的清算所得清偿债权人。其标志性的特点，是不保留原债务人企业外壳的存续，在事业转让之后将债务人企业清算注销，事业的重整挽救是以在原企业之外营业事业继续经营的方式进行。从另一个角度看，存续式重整主要是企业的股东转让股权，而出售式重整则是企业转让营业与资产。我们要根据企业自身的资源占有、债权债务、营业等情况以及新战略投资者的需要等，决定企业的挽救方式。

出售式重整的采用，是因为存续型重整在我国司法实践中遇到了一些难题：第一，在一些困境企业的外壳之内，营业与资产质量良莠不齐，债务与社会负担过重，债务结构过于复杂，在维持债务人企业存续的情况下寻找新的战略投资者非常困难，重整难以成功。第二，重整计划草案中模拟分配计算是否准确的争议难以解决。在存续型重整程序中一般不对企业财产清算变现，无论是债权人"在重整计划草案被提请批准时依照破产清算程序所能获得的清偿比例"，还是重整分配比例，完全是模拟计算出来的。这种模拟计算的结果就可能由于估值不准、利益冲突、技术失误等因素影响而存在不准确、不合理乃至恶意欺诈的问题，成为债权人争议的焦点问题之一，且难以解决，往往影响重整顺利进行。第三，在存续型重整中，清偿债权的财产来源除新投资者的投资外，主要还是存续企业的未来收益，这导致重整计划执行期间较长，市场风险过大，重整仍存在失败的可能性，实践中也已经出现一些重整计划不得不作重大调整的案例。第四，在重整计划执行完毕后，又有债权申报要求清偿的，依据《企业破产法》第 92 条第 2 款规定，债务人就不得不另外筹集资金作出额外清偿，这可能导致债务人再度陷于破产境地。与此相似的情况还有行政罚款或刑事罚金等公法债权在重整计划执行完毕后再遭追缴的问题。第五，重整计划对股东股权进行调整、无偿转让给战略投资者时，因股权上设置了质押担保或者被法院保全冻结，面临难以执行的法律障碍，导致重整计划无法实施。第六，按照目前的财税制度，债务人在重整程序中债务的减免被视为企业的所得收入，要缴纳所得税，这也使企业重整负担重重，影响重整成功。

出售式重整通过营业的出售与实际变现、债务人企业外壳的注销，可以更好地解决前述实践中的各种难题。在我国企业的破产实践中已经出现多个出售式重整成功的案例，但是具体如何规范操作，仍有待于立法对之作出实施规则。

此外，重整制度的实施还要关注预重整、债务人自行管理、关联企业实质合并重整等前沿问题和难点问题,需要通过理论上的研究和实务中的探索,为最高人民法院制定相关司法解释或者今后修改破产法提供经验和智慧。

五、未来的破产法实施中,我国破产重整制度的发展和完善需要做好哪些立法和制度建设方面的工作?

在重整制度发展和完善中需要在立法和制度建设方面做的关键性工作,就是《2015 年中央经济工作会议公报》所指出的,“要依法为实施市场化破产程序创造条件”。该公报之所以提出这一目标,就是因为目前完全实施市场化破产程序还存在条件不够充分的问题。目前,我国已经有了基本上市场化的破产法,只要正确理解与执行破产法,对实践中遇到的法律规定不明确或没有规定的问题,以市场化的观念有担当、有创新地予以解决,并针对立法与执法中发现的问题及时修订、完善立法,立法与执法方面的问题基本可以解决。随着破产专业审判庭或专业合议庭组织的建立,破产案件审理法官工作业绩考核与激励制度的逐步健全,加之管理人与案件的分级管理、管理人名册的常态化更新、指定方式的改革,管理人协会的建立等,在破产法实施组织建设方面的工作也日见成效。

目前“依法为实施市场化破产程序创造条件”面临的关键问题,是破产法实施的各种外部社会配套的法律与制度不完善,即实施市场化破产程序的外部社会条件不够完备。破产法在市场经济中具有重要的地位,原因之一就是它是具有强外部性的法律,可以对整个社会与经济产生广泛、重要的影响。企业的破产不仅会产生债权债务清偿、财产资源分配等法律问题,还会产生诸如职工就业安置、社会救济、营业资源配置、非经营性资产处置、工商与税务调整、企业信用修复等一系列需要地方政府履行职责解决的社会衍生问题,破产制度的发展与改革会对整个社会产生深远的影响。另外,没有充分的外部法律与社会制度环境的支撑与保障,破产法普遍的市场化顺利实施是不可能的。在其他市场经济国家中,经过长期的发展,诸多破产衍生社会问题都已由政府通过相应的法律予以制度化、社会化的解决,如建立职工工资保障基金、破产基金,有健全的失业救济与再就业保障,在税收与企业管理等方面有与破产法相互配合衔接的制度,所以不需要对这些社会问题通过或借道破产程序解决。但目前我国有关破产法实施的各种社会配套法律与制度远未建立完善,一些与破产相关的法律和社会制度往往仅着眼于对正常经营的常态企业的调整,而缺乏对处于债务困境与破产程序中非常态企业进行常态化调整的理念和措施，远远落后于现实发展的需要，其与破产法之间的生态关系处于隔离、缺失与冲突的状态，不仅不能对破产法的实施起到有机配套、衔接与融合的保障效应，其制度缺陷反而成为破产法市场化实施的障碍。目前政府尚没有及时制定或修改相应的法律对破产衍生社会问题以法律化、制度化的方式解决，所以破产法的实施在很多地方还离不开乃至依赖于地方政府直接或间接的个案支持与服务。这种解决问题方式是具有较大不确定性社会风险的，是一种人治而非法治的非常态化方式，也是破产法至今难以完全市场化、法治化、常态化实施的原因之一，是我们在深化市场经济体制改革中必须解决的问题。

解决这些问题的关键，是让政府有关部门端正观念，认识到解决企业破产衍生社会问题是政府的本职工作，是其应尽的法定职责，要主动承担起建立解决破产衍生社会问题常态化、规范化调整的法律与制度的责任。必须迅速及时地修改那些影响、阻碍破产法市场化实施的各项法律、各种制度，而不能放任其继续制约破产法的实施，要调动社会资源，逐步建立各项具体的配套执行制度与机制，以保障政府解决企业破产衍生社会问题职责的切实履行。

企业破产衍生社会问题是客观存在的，解决问题的正确方法，不是将政府重新推向行政直接干预企业破产的前台，走非市场化、非法治化的政策性破产老路，包括诸如向后退缩到固化由政府清算组担任管理人模式等。因为政府在破产案件中要实现的目的，与破产法的立法目的以及法院的破产审判目的是可能存在落差的。所以，政府应当在破产法律程序之外发挥其社会调整作用。我们应当督促、协助政府尽快建立起完善的社会配套制度，如常态化的政府财政支持企业破产社会费用制度，建立职工工资保障基金、管理人报酬保障基金等制度，以及在工商管理、企业挽救融资制度、重整企业信用修复、破产企业税务合理调整、企业破产注销、破产企业档案保存管理等方面及时进行适应破产法市场化实施需要的改革，建立相应制度从根本上解决问题，以市场化、法治化的方式保障破产法的实施，实现中央“为实施市场化破产程序创造条件”的目标。

企业重整挽救应遵循市场规律*

近年来，国家愈加重视企业破产法对市场经济的综合社会调整作用，尤其是对企业的重整挽救功能，并强调破产法的市场化实施。我们需要进一步转换观念、完善制度，在符合破产法立法宗旨、遵循市场经济规则的前提下，有针对性地更好发挥重整的作用。

要充分发挥重整程序的作用，就必须在企业发生债务危机后尽早地启动重整程序。尽管《企业破产法》规定，企业在有发生破产原因可能时就可以申请重整，但从目前来看，企业重整程序的启动时间普遍过迟，这就导致很多企业重整失败；即便重整成功，过程也非常艰难。在实践中，企业发生债务危机后，往往对危机的性质和程度缺乏正确的评价与应对，尤其是不够重视重整法律手段的适用。一般而言，企业都是先自我救赎，几乎将所有可利用的资源全部耗尽，之后再寻求政府的行政干预帮助。在企业无路可走时，才不得不申请重整，以致在耗费重整资源的同时，也丧失了最有利的挽救时机。为此，我们应当建立债务困境企业的重整评估指导制度，确立企业申请重整时机的一般性的量化考量指南，以促使企业及时申请重整挽救。

要确定重整程序的适用标准，防止重整程序被限用

---

* 本文原载于《中国审判》2018 年第 21 期。

或滥用。一方面,符合法律规定重整条件的企业提出重整申请,法院应当依法受理,不得在法外设置不合理条件,甚至将应当在重整程序中进行或完成的事项作为受理前提。地方政府不得对企业重整设置障碍,不得阻碍受理,或拒绝在重整程序中就相关衍生社会问题的解决履行其政府职责。另一方面,并不是所有破产企业都能够通过重整程序获得挽救,重整不是"万能神药",能够适用重整程序的企业是要一定条件的,必须具备挽救价值与挽救希望。有的地方政府在接受了重整挽救的观念后,又出现了对重整制度滥用的倾向,对陷入债务危机的企业无论是否具备条件都先重整,重整不成再清算。这种不具备条件的重整,不仅浪费社会资源、司法资源、时间资源,使债权人的清偿利益进一步受到损害,而且还可能在利益冲动、"面子"冲动、责任冲动下,为达到所谓的重整成功,不惜以严重损害债权人利益为代价,包括在地方政府的压力下法院不当强制批准重整计划等。此外,对那些已不具备市场经济生存能力的企业,重整的滥用只是延缓其倒闭危机的爆发,实际是在保护落后产能、维持"僵尸企业"。更严重的是,这会损害重整制度的法律尊严,使其在社会上、在债权人中失去信用,影响重整的顺利实施。为此,可考虑集中理论与实务各方面的专业人士,制订企业重整申请与受理的识别与审查示范标准,使法院审查受理重整申请能够更合理、更规范。

要公平保障债权人利益,不允许把所谓的重整成功建立在损害债权人利益的基础上,尤其是要防止滥用程序上的多数决原则,损害少数人合法权益。例如,将一些不属于债权人会议表决的事项、不应受多数决原则约束的事项也纳入多数决的范围,如对债权人强制"债转股";误解或曲解法律允许多数决的基本条件,损害少数人的基本法定权益。为此,《全国法院破产审判工作座谈会纪要》专门规定,在重整计划的审查与批准中,不得损害各表决组中反对者的清偿利益,"各表决组中反对者能够获得的清偿利益不低于依照破产清算程序所能获得的利益"。

要充分发挥、利用各种重整手段挽救企业,无论是预重整制度、存续式重整还是出售式重整,只要是法律不禁止而又符合法理与法律原则的,都可以创新适用,要重实质效果、轻形式之争。

要强调重整程序的市场化实施,并为此创造更完善的配套法律制度与条件。《2015 年中央经济工作会议公报》特别强调指出,"要依法为实施市场化破产程序创造条件"。要着重解决各种破产衍生社会问题,如职工的社会保障与救济、税收制度的调整、信用修复等问题。这一问题,各方专家已经研讨多次,不再重复。

要辨明企业破产法现实灵活适用与未来发展方向的关系,既要看到目前由于配套法律制度不健全的现状,企业破产法实施离不开地方政府的协调与支持,尤其是大型企业的重整,需要通过府院联动机制等过渡性措施协调解决企业破产衍生的各种问题以及一些重整难题。同时,也要看到过于借助地方政府行政干预破产法实施和企业重整,可能会存在偏离破产法市场化实施基本方向的风险。我们并不否认这些企业的重整成功具有积极的社会效果,但也要看到,非市场化因素的政府干预和主导,使这些案例往往缺乏或不具有可复制性。换言之,对其他案件不具有真正的借鉴意义。因为市场化条件下实施的企业重整挽救,因为市场具有相同规律与规则,所以市场化条件下实施的企业重整挽救案件仍可以通过市场效仿实施而复制再现。而在非制度化行政介入下实现的企业挽救,在不同的地区、行政环境下是不具有可复制性的。而过于依赖行政化手段,又可能会陷入所谓政策性破产的老路,这就背离了破产法的基本属性和实施原则。所以,我们在借助地方政府协调与支持解决破产相关问题的同时,必须更加重视对相关市场化法律制度的健全与完善,逐步使市场取代政府成为企业重整成功的关键因素。

在破产法逐渐得到人们认可、重整制度日益深入人心之际,我们对重整制度要有正确、客观的评价,既要充分发挥其作用,又不能过度迷信。同时,还需要注意在大潮中潜伏的一些暗流,注意旧体制与观念对人们的束缚和影响,注意不同权利与利益主体在所在位置上对法律理解与执行上可能存在的扭曲和干预。只有正确地认识现实、判断趋势、辨明方向,才能为中国破产法的立法完善与市场化实施选定正确的路径。

建立市场化法治化的预重整制度*

破产法是市场经济国家最重要的法律制度之一。公平清偿债务、完善市场退出机制与保留营运价值、拯救困境企业是现代破产法永恒的主题。根据全国人大常务委员会执法检查组关于检查《企业破产法》实施情况的报告,《企业破产法》实施以来,破产清算的企业约占破产案件总量的90%,重整的企业约占10%,和解的企业不到1%。仅就破产清算与重整挽救的案件数量比例而言,与大多数国家基本一致,但与我国强调发挥企业挽救机制、提升营商环境的社会需求则有不足。随着破产法的普遍、深入实施,破产法治文化与意识的逐步普及,如何健全、完善我国的企业拯救法律体系,创新性地解决司法实践中存在的各种难题,完备相关制度,成为迫切需要完成的任务。预重整制度在司法实践中应运而生,但是,目前我国破产法中尚未对预重整作出规定,各地法院自行规定的规则、程序相差甚大,基本理念也不一致。

一、预重整的范畴界定与制度定性

预重整的范畴界定在我国主要体现为对预重整概念的正确理解。预重整的概念与制度是近年从国外引入的。预重整在不同的国家称谓与模式存在差异,我国学

* 本文原载于《政法论丛》2021年第6期。

者最初对其译称也不一,有的译为“预先包裹式重整”,①有的译为“预先制订方案”②的重整,也有的译为“预重整”。③ 目前国内的通说,是以预重整概念作为这一制度的名称。

联合国国际贸易法委员会(以下简称贸法会)制定的《破产法立法指南》(以下简称《立法指南》),在总结、分析各国预重整的立法规定和实践后,对预重整制度作出规定。《立法指南》中将预重整称为“简易重整程序”,即“为使受到影响的债权人在程序启动之前自愿重组谈判中谈判商定的计划发生效力而启动的程序”。④ 这一定义主要是从预重整庭外重组阶段结束后启动的后续重整程序性质的角度作出的,并明确预重整是在破产“程序启动之前”进行的程序,即当事人的法庭外自愿重组。称其为“简易重整程序”,并非是指预重整本身构成一种独立的司法重整模式,或构成重整程序的组成部分,而是因为在当事人自愿庭外重组阶段谈判成功后,可以使与预重整衔接启动的重整程序得以简易化,省略一些原有的法律程序,能够快捷、顺利进行。⑤ 通过这种“简易重整程序”可以达到避免单纯庭外重组中存在的各种困难,“以及正式重整程序通常相伴随的其中一些费用、拖延以及程序上和法律上的要求”,“成为解决债务人财务困境最有成本效益的手段”。⑥

由于各国的破产法不同,所以重整包括预重整制度也就难免会存在一些差异。如《立法指南》指出,“重整程序可以采用一些各不相同的形式,其中可包括关于债务的简单协议(称作和解协议),举例来说,债权人根据这种协议同意接受一定比例的债务,以此全部、彻底和最终清偿债权人对债务人的债权”。⑦ 由此可见,因为一些国家立法中没有破产和解制度,所以,《立法指南》将我国破产法中的“和解程序”及其他国家的类似程序也视为一种重整程序。而在我国破产法中,重整程序与和解程序是性质与内容不同的程序,不能混为一谈。尽管不同国

---

① 转引自福建省法院系统2017年重点调研课题“预重整研究:运行机理、司法实践与制度构建”,课题负责人:郝勇,厦门市中级人民法院课题组,第3页。

② [美]大卫·G.爱波斯坦等:《美国破产法》,韩长印等译,中国政法大学出版社2003年版,第832页。

③ 王佐发:《预重整制度的法律经济分析》,载《政法论坛》2009年第2期。

④ 联合国国际贸易法委员会:《破产法立法指南》(中文版),2006年纽约版,第212页。

⑤ 参见王欣新:《预重整的制度建设与实务辨析》,载《人民司法》2021年第7期。

⑥ 联合国国际贸易法委员会:《破产法立法指南》(中文版),2006年纽约版,第213页。

⑦ 同上书,第27页。

家的重整和预重整制度存在差异,以适应不同国情,但在基本原则与特征方面是有本质性的一致之处的,进而可以形成共同价值,产生具有共性的法律制度。

笔者认为,预重整是在庭外重组和破产重整两种制度基础上结合创新产生的具有企业挽救辅助性功能的法律制度。预重整包括法庭外重组和法庭内重整前后两个关联阶段,通过两阶段在预重整规则下的有机衔接,使当事人在法庭外重组阶段自行协商达成的重组协议(该协议进入重整程序后,随之从庭外重组阶段的“重组协议”改称为“重整计划草案”,并非进入重整程序后还需根据重组协议再次制订一个重整计划草案)的效力,在进入重整程序经法院审查批准后能够直接延伸到重整程序中,并省略相关程序(如债权人分组会议的召开、表决等),从而市场化、法治化、简易、快捷地解决企业挽救“再生”问题。

体现预重整本质的主导阶段是庭外重组阶段,而与其相衔接启动的重整程序,主要是法院对庭外重组活动和协议进行审查批准、赋予其法律效力的阶段,虽然也是预重整中不可或缺的组成部分,但其内容已经不再是预先对债务人进行的实质性重整活动了。之所以将这一重整阶段也纳入预重整的组成范围,是因为其要实现的目标与正常的重整程序存在重大差异,在具体制度的设计上也与正常重整程序有所区别,这使其成为配合预重整庭外重组阶段专用的特别重整程序,不能在正常的重整程序中适用。所以,预重整的概念也可以借此分为广义与狭义,广义的预重整包括庭外重组和破产重整两个阶段,而狭义的预重整则仅是指进行预重整实质活动的庭外重组阶段。通常,除对预重整制度进行整体研究或对法院后期审批活动进行分析时使用广义概念外,在其他情况下往往都是使用狭义的概念,即专指在预重整规则指引下进行的庭外重组阶段,这是我们在理解有关预重整的文章时需要注意的。本文对预重整概念的使用也存在广、狭两义的差异,为论述文字简化不再单独作出说明,但从概念使用时的语境是可以识别区分的。

预重整是一个独立的破产法律制度,自然也就要有独立的概念与称谓。有的人认为,预重整不是独立的法律制度,只是对(单纯)庭外重组的一种别称。这种观点是不妥的,不仅是对预重整与单纯庭外重组的性质、规则与效果的混淆,而且低估了预重整制度在企业挽救方面的社会调整作用,尤其是低估了在我国目前司法实践中的重要意义。

预重整在企业挽救功能上仅具有辅助性意义。有学者对此说法不理解,原因是未能区分预重整是独立的法律制度和在企业挽救职能上仅具有辅助性这两个不同的概念。具有独立企业挽救职能的制度，是不须借助其他制度，仅依靠自身的制度规定就可以完全实现企业挽救目的，如单纯的庭外重组或法庭内重整。而预重整并非如此。如果当事人在庭外重组阶段就完全解决了企业挽救问题，无须再进入后续的重整程序时，它就仅属于一个单纯的庭外重组活动，并不能定义为预重整。而预重整在庭外重组阶段形成的重组协议，必须要依赖后续重整程序的启动和法院对预重整活动及其制订的重组协议的审查批准，才能转化为具有司法执行效力的重整计划，最终实现企业挽救的目的。这种对后续重整程序（尽管是预重整专用的程序）的依赖，就决定了其虽然是独立于重整程序的不同制度，但在企业挽救职能尤其是挽救法律效力的产生上必须借助司法重整程序的启动与效力，所以仅具有辅助性意义。因此，“预重整不仅具有简化程序、提高效率、降低成本、化解争议、减少社会负面影响的实施效果，作为由利害关系人自主进行的庭外重组活动，还具有鼓励当事人自治与市场化协商、主动自觉遵循法制的良好社会导向。”①

2019 年 6 月 22 日，国家发展改革委等 13 个中央部门联合发布的《加快完善市场主体退出制度改革方案》指出，“研究建立预重整制度，实现庭外重组制度、预重整制度与破产重整制度的有效衔接，强化庭外重组的公信力和约束力，明确预重整的法律地位和制度内容”。最高人民法院在《全国法院破产审判工作会议纪要》和《全国法院民商事审判工作会议纪要》（以下简称《九民纪要》）中对预重整也作有规定，尤其是在《九民纪要》第 115 条指出，“继续完善庭外重组与庭内重整的衔接机制，降低制度性成本，提高破产制度效率。人民法院受理重整申请前，债务人和部分债权人已经达成的有关协议与重整程序中制定的重整计划草案内容一致的，有关债权人对该协议的同意视为对该重整计划草案表决的同意。但重整计划草案对协议内容进行了修改并对有关债权人有不利影响，或者与有关债权人重大利益相关的，受到影响的债权人有权按照企业破产法的规定对重整计划草案重新进行表决”。鉴于破产法中未规定预重整制度，在两个会议纪要中没有直接使用“预重整”这一概念，但规定的内容充分显示其目的与指向是十分明确的，即建立预重整型的企业挽救制度。两个会议纪要均将预重整定性为

① 王欣新：《预重整的制度建设与实务辨析》，载《人民司法》2021 年第 7 期。

利害关系人的“庭外重组、庭外商业谈判”。我们必须也只能围绕由当事人自愿协商、排除司法权力和行政权力强制性干预的“庭外重组”这一法律定性,去设计、规范、实施预重整的制度。

二、我国预重整制度的设立目的与调整作用

一种法律制度如果不具有与其他法律制度不同的、无法取代的社会价值与调整功能,就不具有其独立存在的价值,预重整制度也是如此。所以,预重整的设立目的和要处理的问题,不像有人误解的,是解决重整申请审查期间不足、重整期间不足等个别操作性问题。因为这些问题是完全可以通过修订企业破产法时对个别规定的调整解决,并不需要特别设立一个独立的预重整制度。我国建立预重整制度的目的,是要通过以庭外重组、预重整、破产重整为主导的系列制度,以针对性地适用于不同的调整对象,确立相互衔接配合的全方位、满覆盖的完整企业挽救制度体系与机制。对预重整制度,要站在为市场经济健全企业挽救机制体系、完善破产立法制度、提升社会营商环境的高度去理解。

各国国情不同,在预重整下要解决的社会问题也必然存在一定差异。我们需要的是符合预重整共同价值和基本特征、适合中国国情的预重整制度。所谓预重整的共同价值和基本特征,可以《立法指南》在总结各国立法与实践后对预重整的定性和规定为参考。需要注意的是,其他国家(如一些欧盟国家)存在的法庭外以及法庭内外结合的企业挽救制度,并不限于庭外重组和预重整两种模式,尤其是法庭外的企业挽救模式更是十分发达,多种多样。我们不能按照狭隘思维模式将所有庭外企业挽救模式都强行划分为庭外重组和预重整两种类型,将一些法庭内外结合、司法权力适度介入的其他制度模式也误解为预重整制度,甚至进行效仿。

建立预重整制度是要解决原有庭外重组和重整程序的制度性不足。此前,我国的企业挽救制度主要是庭外重组与法庭重整。但两种制度均存在一定局限性,难以全面满足企业挽救的需要。单纯的庭外重组是非司法性质的当事人自力救济,遵循自愿原则,以当事人全体一致同意为原则,协商不受破产法等法律规则约束(与破产法不相符的内容属于当事人对其民事和诉讼权利义务的协商处置),其协议效力也不能延续到重整程序中。当需要借助司法强制力解决企业挽救问题时,要另行提出重整申请。虽然庭外重组具有快捷、灵活、费用低廉、成

本较低等优势，具有更强的当事人自治和市场调整因素，但因其往往缺乏清晰的法律规则和操作指引，谈判各方因信息不对称难以建立信任关系，不同债权人之间的预期目标与利益冲突难以协调，加之个别人对重组谈判的“钳制”效应，达成一致不易，往往难以成功。目前，我国一些大型企业庭外重组的成功，往往在相当程度上借助政府行政干预和资源供给（包括政策资源），不是充分的市场化、法治化操作，作为个案的可复制性较差，对普遍性问题的解决难以发挥借鉴作用。

重整程序对债务人的挽救具有重要意义，是目前我国主导性的企业挽救制度，但也有一定的局限性。债务人进入破产重整程序，便是走上了“不成功便成仁”的不可逆之路，重整不成功就要直接进入破产清算。这使债务人在决定是否进入重整程序时会顾虑重重，往往申请过晚，延误了最佳挽救时机，以致其中一部分已经不具备或不完全具备重整成功的条件。债务人挽救时机过晚，这是我国实践中最突出的痼疾。主要原因之一就是，缺乏一个能够让债务人放弃各种顾虑，自愿尽早进入挽救程序，且具有可逆性或可复原性保障的制度。此外，破产法对重整程序规定的各种严格期间、行为限制，以及存在的一些不足，也可能使重整运作的时间与空间不足。

曾经有人将重整制度比喻为对困境企业的“医疗”体系。比喻不一定准确，但却是形象的。借用这个比喻可以把企业挽救的医治对象分为3类。第一类是小病者，身体有些小问题，但尚不严重。在实践中，这类病人往往是到药店去问一问，买下非处方药，自己治疗。第二类是普通病人，需要到医院就医，大多数通过一般门诊就可以解决治疗问题，乃至痊愈，不需要看急诊、进抢救室。第三类就是重病号，仅在门诊看病已解决不了问题，发病就需要看急诊，进ICU抢救室进行抢救。尽管3类病人的界限会存在一定的模糊性和转换性，但主体上是可区分的。对应于企业挽救制度的适用，第一类困境企业可以适用单纯的庭外重组，由当事人自行协商解决企业的困境。第三类属于必须直接进入破产重整挽救程序的，要借助法院的司法手段，借助法律规定的各种强制措施，才有挽救的可能。而第二类情况在实践中是最多的，也是真正可能需要借助预重整制度挽救的。在没有预重整制度也就是医院不设一般门诊的情况下，债务人有病只能到药店自己买药，无法及时去医院正常看病，直到病入膏肓才能进医院急诊抢救。这种医疗体系上的空白，就使债务人的挽救因制度性缺失而导致大面积的“瘫痪”，而不仅是个别操作意义上的困难。

预重整制度的建立,可以补齐目前企业挽救制度上的缺失与短板,形成由庭外重组、预重整、庭内重整组成的多层次完整系列的市场化、法治化和国际化的开放式企业挽救制度。预重整程序具有转换的灵活性,不成功时债务人可以退回原状,不会被强制破产清算,预重整失败还可以直接再申请重整程序并获得成功,留有较大回旋余地,有利于鼓励符合预重整条件的企业及早进入挽救程序,解决挽救启动过晚的积年痼疾。预重整客观上还有助于附带解决重整期间不足等操作性问题。由于预重整是由各方利害关系人自愿以市场化谈判方式进行的,可以排除、制约法院与地方政府的不当干预,符合对破产法市场化、法治化实施的要求,有利于正确建立破产文化。

尤其是其庭外重组阶段也有不足之处,较突出的有两点:第一,预重整的进行期间可能延误破产撤销权的行使,使之超过法定行使期间,导致债权人利益损失。第二,预重整期间为企业挽救发生的新融资债务的法定优先权无法解决,预重整费用如辅导机构报酬能否确定为破产费用或共益债务也需要明确。有的法官指出,在"预重整方案按照《企业破产法》规定表决通过后,预重整期间因生产经营所产生的债务及预重整费用可参照《企业破产法》关于共益债务、破产费用的相关规定随时予以清偿"。① 笔者认为,这是符合破产法法理原则的。为此,需要在预重整制度设计中对这一类需要与破产法衔接的问题的解决予以特别考虑。

重整制度的建立,是对企业挽救重整制度的有益补充,而不是否认庭外重组与重整程序的重要调整作用,更不是要取代这些制度。"自愿重组谈判和简易重整程序可以成为国家工商部门可资选用的一系列破产解决办法中的宝贵工具。鼓励采用这种谈判办法,不一定是因为国家的正式破产制度薄弱、效率低或不可靠,而是由于这类办法具有优点,可以是提供公正性和确定性的纯粹正式破产程序的一种补充。"②我们必须从企业挽救体系的健全完善和制度建设高度去理解、建立并实施预重整。为此,在预重整制度建设中,应放开眼界、长远布局,明确制度目标,按类分流适用企业挽救渠道,解决挽救时机过晚痼疾,鼓励企业及早进入挽救程序,扭转错误观念与做法,排除狭隘的短期利益、部门利益和实用主义

① 王欣新、郑志斌主编:《破产法论坛》(第19辑),法律出版社2020年版,第229页。

② 联合国国际贸易法委员会:《破产法立法指南》(中文版),2006年纽约版,第213页。

影响,节省司法与社会资源,全方位、满覆盖、强针对、低成本、高效率实现对各种困境企业的挽救“再生”。

三、预重整与其他企业挽救制度的界分

一项企业挽救制度要称为预重整,应当具备反映其本质属性的基本特征。不同国家的预重整可能因国情不同而存在差异,但其基本特征却是共通的。不具备预重整基本特征的制度不应称为预重整制度。

(一)预重整的阶段划分与衔接特征

预重整由庭外重组和庭内重整前后关联衔接的两个阶段构成。单纯的庭外重组仅存在前一个阶段,与重整程序并无衔接;而单纯的庭内重整仅有后一阶段,并无庭外重组的前导工作,且程序上存在较大差异,这是3种企业挽救程序的区别之一。

在预重整规则指引下,由当事人自愿进行的庭外重组是预重整的关键和主导阶段。当事人的自主协商以及重组协议即重整计划草案的达成等所有实质性的重组活动,均是在庭外重组阶段完成的。而在庭内重整阶段是由法院审查批准庭外重组活动及其形成的重整计划草案,赋予重整程序简化进行的法律效力,当事人仅是配合法院的审查,不再有新的重组意义上的活动,从这个角度上讲,可以称为辅助阶段或效力赋予阶段。但是,如果没有后续启动的庭内重整阶段,就无法借助司法效力彻底完成预重整的工作,达到其目的。所以,法院审查批准的阶段虽已在重整程序中,但仍属于预重整的整体范畴内。

在预重整中,与庭外重组相衔接的重整程序与正常的重整程序不同,法院工作内容、方式、程序以及批准后的法律效力也不一样。这是专门为对预重整庭外重组活动与协议审查批准的需要而设计的程序,正常的庭内重整不能适用这一程序并产生相应法律效力。如果在庭外重组结束后,仍需要启动完整的司法重整程序才能实现企业挽救目标,不能简化原有重整程序,因两阶段之间完全不存在融合连接点,各自独立,所以前期所进行的庭外重组不能称为预重整。

(二)预重整程序的法律定性

预重整的庭外重组阶段是当事人的自愿协商领域,不能由法院或政府主导、干预。这是预重整区别于重整程序最关键的特征,对此定性在最高人民法院的两个会议纪要均有明确规定。《立法指南》在总结各国预重整制度的典型立法与

实践后也作出同样定性。有人认为，其他一些国家的所谓“预重整”，是可以由法院主导干预的，可以具有启动正式破产程序的中止效力等。还有人认为，“各地的预重整模式可归纳为三种：政府主导模式、法院主导模式、当事人主导模式”，并且认为由政府主导进行预重整，“这种良性干预是为市场的运行提供基本条件，为市场的完善提供服务，是破产法市场化实施的过渡阶段所不可或缺的”。[①]但是，上述文中所提及的这些制度不符合预重整的基本属性，其性质属于其他具有企业挽救功能的制度。在有法律依据的情况下，只要有利于企业挽救，这些制度都是可以建立并实施的，但却不应称为预重整，不应将不同制度的属性混淆，造成适用上的混乱。在《立法指南》中也没有将法院或政府的主导与干预视为预重整可以具备的特征，更没有将这些制度归入预重整范畴，而是默认为其他企业挽救制度。需要注意的是，有的人在宏观上承认这一特征，认为预重整是法院不应进行干预的法庭外重组，乃至强调当事人意思自治原则应当贯彻始终（这在观念上是一个很大进步）。但在微观上，却将法院行使法庭内职权的诸多活动排除在应予禁止的“干预”之外，如预重整要经过法院的审查受理、由法院确定预重整期限、指定临时管理人等，没能正确界定当事人的庭外重组活动与法院在法庭内才可以行使职权之间的区别和适用范围。这种对预重整的不当理解不利于制度的规范建立和正确实施。

（三）预重整与庭内法律程序不能同时并存

必须严格区分预重整的法庭外重组性质与其他法庭内程序性质的界限。预重整作为法庭外重组程序，与法庭内的其他破产法律程序是不能同时并存的，更不能在功能、效力上混同。破产程序无论重整、和解还是清算程序启动后，债务人进入法庭内程序，所有行为均要受法律规定限制，不存在再转入法庭外进行预重整的可能。这与破产清算程序启动后，仍可向同是法庭内的重整或和解程序转换是完全不同的。有的人将预重整定义为“一种庭内预设重整程序”，[②]这是混淆了重整和预重整分别是在法庭内外进行的重要区别，违背了两个会议纪要

---

① 陈斌等：《政府主导预重整模式的实证探索》，“第十二届中国破产法”论坛论文集（第二册），2021年9月于北京。

② 李晓锋、杨春平：《预重整的制度价值及其构建：解读陕西高院〈破产案件审理规程（试行）〉》，载微信公众号“中国破产法论坛”2021年7月17日，https://mp.weixin.qq.com/s/PlRafurR-RyOKokCdVF3m4w。

中对预重整是庭外重组的定性。有的人主张在破产程序启动后，如在清算程序启动后、宣告债务人破产前，或者在重整程序启动后，仍可进行预重整，甚至将其作为预重整的一种模式。[①] 还有的人，将法院或政府主导而非当事人主导的在法庭内实施控制、指挥进行的重组，也列为预重整的模式之一。这些观点都是错误的。

（四）预重整是在规则指引下进行的庭外重组

预重整与当事人任意进行的单纯庭外重组的区别，在于其是有法律规则指引的。而单纯的庭外重组，是指“债务人与其主要债权人之间自愿进行不受破产法约束的重组谈判”。[②] 在《立法指南》中的“术语表”中称为“自愿重组谈判”，即“不受破产法调整并一般涉及债务人与其部分或全体债权人之间进行的谈判，旨在对参与谈判的债权人的债权达成一致的更改”。[③] 据此，单纯庭外重组的关键点是谈判与协议“不受破产法约束”，即无规则指引和控制，同时对协议的达成尤其是对债权的更改，需要所有债权人的一致。而预重整中当事人自愿谈判形成的重组协议是要受破产法原则约束的，尤其是要受特定的预重整规则约束。所以，预重整能够将其制订并为法定多数债权人表决通过（而非全体债权人一致通过）的重整计划草案，在后续的重整程序启动后直接提交法院审查批准，付诸执行，使债权人在法庭外表决的效力向重整程序内延伸。预重整的法律规制具有其他制度不具有的间接性和后置性，其规则的约束并不是司法权力的直接介入，不表现为法院在法庭外对预重整启动及进行过程中的各种受理、同意、审查、批准之类的干预，“而是体现为在预重整转入重整程序后，法院将依据这些规则对预重整活动及其形成的重整计划草案进行严格的事后审查并决定是否批准，从而迫使当事人在事前的预重整的谈判、信息披露、重整计划制定、利害关系人权益的维护、权利人的表决等活动中不得不自觉的遵守规则，否则法院不予批准，预重整活动就会失败”。[④]

还有人将单纯的庭外重组与预重整混淆，认为只要是重整程序正式启动前，当事人进行的所有重组谈判都属于预重整，无须考虑是否遵循预重整规则，甚至

---

① 江丁库主编：《破产预重整法律实务》，人民法院出版社 2019 年版，第 182～183 页。

② 联合国国际贸易法委员会：《破产法立法指南》（中文版），2006 年纽约版，第 1 页。

③ 同上书，第 7 页。

④ 王欣新：《预重整的制度建设与实务辨析》，载《人民司法》2021 年第 7 期。

认为立法无须规定预重整规则。这也是误解,没有区分预重整庭外重组活动的法律规制背景与属性。

(五)预重整的简化重整程序效力

预重整的一个关键特征,就是在庭外重组阶段所达成的重整计划草案为法院批准后,可以使债权人表决通过的效力产生向重整程序后延的强制力,进而省略重整中召开债权人会议、表决等程序。这是设立预重整制度要实现的重要目的。"赋予当事人自主协商的重组方案以强制执行力,这就是预重整要解决的核心问题。"①如果在庭外重组阶段不能通过协商达成企业挽救的重组协议,无法产生简化重整程序的强制效力,达到预重整制度设立的这一主要目的,此前当事人进行的活动就仅仅是一个不具有预重整性质与效力的单纯庭外重组而已。或者说,这种实施效果通过单纯的庭外重组制度就可以实现,根本不需要为此建立一个新的制度,更不能将这一制度称为预重整。因为这时所谓的"预重整"与后续重整程序完全没有程序和效力的连接点,无法简化重整程序,仍然是各自独立分离的。所以,如果在庭外重组中仅达成所谓"重组支持协议",不符合破产法对重整计划草案内容的要求,尤其是没有得到债权人的法定多数表决通过,在重整申请受理后仍需要进行完整的重整程序才能使企业得到挽救,此类活动是不符合预重整的主要目的和关键特征的,也不能称为预重整。

有学者质疑:"预重整究竟是否必须要在预重整阶段制定出重整计划草案并形成表决结果?能否仅由债务人与关键(部分)债权人达成庭外重组协议,然后申请正式重整程序后再据此制定重整计划草案并进行表决?"②笔者认为,在司法实践中当然可以"由债务人与关键(部分)债权人达成庭外重组协议,然后申请正式重整程序后再据此制定重整计划草案并进行表决"。但这已不再是我们所界定的预重整,而仅是单纯的庭外重组,因为预重整必须要制订出重整计划草案,并形成法定多数通过的表决结果,这样才能通过进入重整程序后法院对重整计划草案的审查批准,实现预重整的关键立法目的——简化重整程序。如果某一庭外重组程序达不到上述要求,也完全可自愿进行,但它不应称为预重整制度,而仅是单纯的庭外重组或其他属性的挽救制度,更不能适用由法院批准使庭外

---

① 季奎明:《论困境企业的预先重整》,载《上海财经大学学报》2013年第4期。

② 徐阳光:《困境企业预重整的法律规制研究》,载《法商研究》2021年第3期。

重组效力延伸的程序。

我们并不排斥不符合预重整特征的其他模式的庭内或庭外甚至庭内与庭外混同的重组挽救活动,只要不是为了规避法律而藏身在预重整的创新名义之后,并有支持其适用的法律依据。能有更多的挽救模式对困境企业救助是一件好事,但要明确制度的法律性质与效力,不能造成预重整制度建立和实施中的混乱,更不能以预重整的名义规避重整的法律限制与规制,甚至冲击、取代司法重整制度。

“此外,一套破产制度的成功实施需要在建立适当的立法框架之外采取各种措施,特别是具备完备的基础制度设施、组织能力、专业技术知识和适当的人力财力资源。”①预重整制度也是如此,需要与破产法及其他法律的相关制度协调共进。例如,在《企业破产法》的修订中,有人建议,应当规定债务人的董事及高级管理人员(或还包括股东),在企业丧失清偿能力或出现特定事件后的一定期间内负有提出破产申请的义务。抛开此种建议与企业内部治理机制如股东会与董事会及高级管理人员权限是否协调的问题,对申请破产义务本身的设定,本人没有倾向性意见。但因此可能会出现在可以适用预重整时,债务人却不得不履行申请破产的义务的情况,从而使预重整在很大程度上失去适用空间。所以,破产法修订时要充分考虑到各种制度相互之间的衔接与协调,建立预重整适用的完备基础,保障其实施成功。

四、预重整制度的根本属性及其实施要义

本文“预重整与其他企业挽救制度的界分”中的分析,实际已表明了预重整制度的一些建设要点,只不过主要是从预重整与其他企业挽救制度的差异角度进行论述。本部分将着重从具体制度与实施操作方面,分析预重整制度的属性及其实施要义。对预重整制度的全面理解应将两部分内容相互结合。

(一)债务人适用预重整的必要条件

并非所有陷于债务与经营困境的债务人都适合适用预重整程序挽救,适用预重整是要具备相应条件的,对不符合条件的债务人不能滥用预重整。《立法指南》认为,预重整的适用条件包括,“债务人不需要减免贸易债务,也无需正式破

---

① 联合国国际贸易法委员会:《破产法立法指南》(中文版),2006年纽约版,第2页。

产的益处，例如自动中止，或得以甩掉债务负担”。① 所谓贸易债务，主要是指因购买商品或劳务而形成的供应商债务。企业的正常经营需要供应商的保障与配合，如果债务人要在预重整的自行协商中减免此类债务，则可能因供应商不再继续供货或申请其破产，而使企业在庭外的挽救遇到困难甚至失败。所谓无须正式破产的益处，包括破产法规定的程序利益，如破产程序启动对债务人的中止执行、解除保全措施等司法保障效力，也包括实体利益，如停止计算债权利息、对贸易债务减免等，也就是《立法指南》中提到的“甩掉债务负担”。

据此，预重整的适用对象必须在庭外重组中有与债权人谈判的时间与空间，如债务结构相对较简单、明确，自身有挽救价值与希望，有较优质的营运资产与重整资源，至少不依赖地方政府的政策救助和资源投入，其经营与债务困境尚未达到不依靠中止执行、解除保全等司法强制力保障就难以维持的程度等。如重庆市第五中级人民法院制定的《预重整工作指引（试行）》第 3 条第 1 款规定，“具有挽救可能，有能力与主要债权人开展自主谈判的企业，可以进行预重整”。

在目前实践中，许多适用预重整程序的企业并非完全适格对象，往往已陷于难以自行协商化解的债务与经营困境，面临对其财产无法中止、解除的执行与保全等措施，本应直接申请进入重整程序，以求通过司法强制力的支撑进行挽救活动。有的企业申请适用预重整是因法院或中介机构的授意，其目的是为在一些实务操作问题上规避破产法重整程序的限制，降低法院、管理人的风险与工作量。预重整对象的滥用必然会产生对其制度和实施规则的扭曲，还可能迫使法院虽知违法也不得不以各种方法强制中止执行、解除保全，损害债权人的权益，干预当事人的自主协商。正如有法官所直言，否则“预重整”企业的挽救就不可能成功。在所有债务人都可以适用预重整的错误理解下，预重整对象的滥用，不仅“绑架”了法院，也“绑架”了预重整制度的正确建立。这不仅是对预重整制度的内在性破坏，而且会严重冲击破产法上的重整制度，使整个企业挽救制度体系出现混乱与危机。

（二）预重整是当事人在法庭外的自愿协商重组

法院应当遵循最高人民法院在两个会议纪要中明确规定的，预重整是当事

① 联合国国际贸易法委员会：《破产法立法指南》（中文版），2006 年纽约版，第 213 页。

人之间在法庭外自愿协商重组的正确理念。[①] 法院仅对法庭内的事务享有司法权力，对法庭外当事人自愿协商重组是无权力干预的，这是基本的法律规则，并不因企业挽救活动的目的崇高而例外。作为由当事人主导的法庭外重组，其是否进行、如何进行应根当事人意愿决定。"无论是预重整的开始还是结束，都不需要向法院(包括政府)申请，不需要法院的受理或者批准。要降低债务人等当事人主动进行预重整的门槛，消除可能出现的各种准入障碍和阻力。考虑到实践中便于掌握企业预重整情况，在预重整期间进行规则指导，提升债权人等利害关系人对预重整的信心，并在转入重整程序后便于法院的审查批准，可以为进行预重整的债务人在法院备案，甚至也可以考虑由法院予以某种方式的预登记，但法院不应对预重整进行实质性干预。"[②]

预重整中需要解决的各种问题，应当由当事人自行协商确定。例如，预重整是不需要法院规定期限的，但当事人可以自行协商确定解决有关问题的期限。预重整不具有中止对债务人财产的执行、解除对其财产的保全措施、中止诉讼等进入法庭内才可能具有的法律效力。但"为了让企业继续运营和确保有足够的时间获取和评估债务人的资料，以及制订和评估解决债务人财务困境的建议，可能需要达成一项合同协议，暂停债务人和主要债权人的不利行动"。[③] 即当事人可以自行协商约定不进行有碍庭外重组的行为，如执行债务人财产、采取保全措施、申请破产清算等。预重整中不需要法院指定临时管理人，但可以由当事人自行聘请辅导机构。因预重整不需要法院的受理或批准，故不存在所谓的启动主体问题，争议启动主体是债务人、债权人、还是股东，不过是一个伪命题。预重整作为当事人之间的商业谈判，从来不是由哪一方就可以启动的，必须是双方自愿，共同进行的。启动主体概念的提出，仍是将预重整视为司法程序，要由某个资格主体向法院提出准入申请的误解。在预重整的庭外重组阶段，法院是无权

---

① 《全国法院破产审判工作会议纪要》第22条规定，"在企业进入重整程序之前，可以先由债权人与债务人、出资人等利害关系人通过庭外商业谈判，拟定重组方案。重整程序启动后，可以重组方案为依据拟定重整计划草案提交人民法院依法审查批准"。《全国法院民商事审判工作会议纪要》第115条规定，"继续完善庭外重组与庭内重整的衔接机制，降低制度性成本，提高破产制度效率。人民法院受理重整申请前，债务人和部分债权人已经达成的有关协议与重整程序中制作的重整计划草案内容一致的，有关债权人对该协议的同意视为对该重整计划草案表决的同意……"。

② 王欣新：《预重整的制度建设与实务辨析》，载《人民司法》2021年第7期。

③ 联合国国际贸易法委员会：《破产法立法指南》(中文版)，2006年纽约版，第23页。

超越法庭外与法庭内的界限使用司法权力干预的。

（三）预重整仅限于利益受到不利影响的债权人参加

《立法指南》中对预重整的债权人参加范围作有明确规定。预重整不是所有类别的债权人都需要或有权参加的，只有利益受到不利影响的债权人才参加预重整。在其他国家主要是由金融类债权人参加，而利益不受影响的债权人如职工债权人、税收债权人，包括供应商即贸易债权人等，不参加预重整，而是继续得到正常清偿。所以，有的学者在著作中提出，“确立以部分预重整为主的预重整模式”。[①] 这里的所谓部分预重整，就是指仅由部分类别债权人参与的预重整，与《立法指南》中倡导的模式是相符的。由此可知，如果将所谓“预先打包重整”与“部分债权人参加的预先打包重整”的区别，理解为是全部债权人还是部分债权人参加，这是误解。这两者本为同一概念，因为在符合逻辑的正常情况下，预重整都是只有部分类别债权人参加的，需要所有类别债权人参加的是重整程序（根据司法解释规定，即使是在重整程序中，利益不受不利影响的债权人类别也是不参加表决的）。如果债务人到了对所有类别债权人的清偿利益都要作出不利调整的程度，是根本不具备预重整条件的。连职工债权、税收债权都不能全额清偿的债务人，显然是没有任何重整价值包括预重整价值的。

在全部类别债权人均参与预重整的假设前提下，有人认为，预重整是一场债务人和主要债权人的游戏，普通债权人可能处于相对弱势的地位。这也是误解。如前所述，普通债权人如职工债权人、税收债权人、供应商债权人（除少数与金融债权人的债权额相近的大额债权人也可能需要参加预重整）因利益不受影响，是不参加预重整的，而是继续维持全额清偿。“虽然这意味着待遇不平等，但对于一些大债权人来说，这在商业上可能是合情合理的。”[②]因为对供应商等债权人的正常清偿，有助于维持、提升企业的营运和重整价值，提高其清偿能力，使金融等大债权人可以得到更多的清偿利益，所以为其所认可。有的法官在文章中指出，“预重整是非司法程序，是法庭外债务人与债权人等利害关系人自主启动、推动的行为，对于没有参加协商的利害关系人并不具有约束力”。[③] 这一表述较准确地指出了预重整的基本属性，但需要进一步明确的是，那些没有参加预重整协商

---

① 徐阳光、王静主编：《破产重整法律制度研究》，法律出版社2020年版，第43页。

② 联合国国际贸易法委员会：《破产法立法指南》（中文版），2006年纽约版，第25页。

③ 王欣新、郑志斌主编：《破产法论坛》（第20辑），法律出版社2021年版，第573页。

的债权人之所以不参加,是因为预重整的活动与他们的利益已无关系,他们已经不再是预重整的利害关系人。据此,那些普通债权人因为不参加预重整,并非处于劣势,而是处于全额正常清偿的优势,更不存在被强制减免债务清偿而无话语权的问题。所以,不能以重整程序的惯性思维去误读预重整程序。

(四)预重整辅导机构的聘请

预重整中一个重要的参与者是预重整辅导机构。在预重整程序中,债务人不仅是重组谈判和决策的主体,而且仍是企业生产经营的管理者。法院不应也无权在法庭之外的债务人自行协商与持续经营中,指定所谓的临时管理人取代债务人接管企业。而中介机构如不具备对债务人财产的接管、处置等管理职权时,是根本不能称为管理人的,无论临时与否。如果由法院指定临时管理人并接管债务人企业,预重整的控制主体就变成了管理人,预重整也不再是当事人主导的自愿协商重组程序,或者说,这种不是由当事人主导的所谓重组程序,是不能称为预重整的。所以,法院对中介机构的指定和临时管理人的称谓都是错误的。在一些国家的破产立法中存在临时管理人的概念,但仅适用于在正式的管理人指定之前的特定破产程序阶段,并不存在于预重整程序中。

为解决债务人、债权人等在谈判和制定重整计划草案方面专业知识与能力的不足,债务人可以(或与债权人共同)聘请预重整的专业辅导机构,这是各国预重整的惯例。为使辅导机构在进入重整程序后能够继续担任管理人,其选聘应当在管理人名册的范围内进行(但可不限于本地管理人名册)。

重庆市第五中级人民法院在其制定的《预重整工作指引(试行)》中,未使用"管理人"或"临时管理人"的概念,而是采用了"预重整辅助机构"的表述,明确第三方中介机构在预重整中具有的是辅助职能,而非取代债务人的管理职能。目前,重庆破产法庭登记备案的预重整案件,均是由债务人与主要债权人协商选择的预重整辅助机构,而不是由法院指定,充分体现了当事人的意思自治,这种方式并没有影响而是更好地促进了预重整的成功。

辅导机构的职责是以其专业能力辅助债务人完成预重整庭外重组阶段的各项工作,尤其是制订重整计划草案,并在后续的重整程序中协助债务人拟定申请材料、接受法院对预重整的各项审查工作。

(五)制定预重整规则

预重整要遵循相应法律规则进行。"提高预重整效率的关键就在于制定法律或规则明确预重整谈判程序中的实体性和程序性操作标准，使当事人对谈判的效力有一个稳定的预期，从而提高谈判的效率。”①“美国与预先重整程序有关的立法，包括三个层面：一是破产法上的要求，即《联邦破产法典》《联邦破产程序规则》规定的要求和程序。二是地方法院规则，即州破产法院的预先重整程序规则或指引。三是非破产法上的要求，即联邦证券交易法的有关规定”。我国的预重整也必须确立适应国情的法律规则。

笔者认为，预重整规则包括两部分：其一，当事人在庭外重组阶段进行谈判、协议制订等预重整活动的规则；其二，法院在后续重整程序中对预重整活动及重整计划草案审查、批准的规则。一些国家不对预重整的庭外重组阶段制订具体规则，而是根据后续启动重整程序时法院对预重整活动的审查规则去反向确定，由当事人自觉遵守。所以从这个角度讲，预重整规则的效力具有间接性和后置性，这也符合重组阶段当事人自行谈判的庭外属性。但是我国的国情不同，庭外重组没有适用的文化与操作传统，缺失具有共识的规则包括商业规则，尤其是在目前的司法实践中较普遍地存在法院和地方政府对“预重整”的直接干预，如没有严格、具体的预重整规则指引，就可能在预重整协商谈判或重整计划草案制订的过程中，出现在权力干预下或不当操作下，侵害当事人权利、损害利害关系人的利益的现象，甚至在一些错误规则与操作的惯性下将预重整推入歧途。所以，在破产法的修订中，十分有必要直接制定预重整庭外重组阶段的具体规则，一为立规，二为纠错。

预重整庭外重组阶段活动的规则，要以破产法的相关规定为基本准则。预重整的目标之一是，对破产法规定的正常重整程序予以简化，是使庭外重组阶段的协议成果与表决效力在破产法规定的重整程序中得到批准和延伸，故离不开破产法的规制。所以，对预重整的相关活动，如果破产法有规定的就应当依其规定制订规则，若没有规定，应根据破产法的原则确定，并根据预重整的需要制订规则，并进行必要调整。在预重整中，对当事人的程序权利与实体权利的保护不得低于破产法的规定程度。对法院在预重整中的各项工作以及预重整规则的具体设计，笔者发表在《人民司法》2021 年第 7 期的《预重整的制度建设与实务辨析》有详细论述，不在此赘述。

① 王佐发：《预重整制度的法律经济分析》，载《政法论坛》2009 年第 2 期。

预重整不需要法院“越组代庖”的强制干预，但却需要法院对规则的制订、工作文件的提供和相关解释等服务。尽管法院对预重整的审查批准以破产法规定为原则标准，但涉及具体的申请条件（包括其格式化申请表格与文件要求）、审查内容范围、审查程序、批准标准等，许多国家仍有较集中的专门规定。“对债务人等当事人进行预重整的，法院应当向其提供预重整规则以及预重整审查规则，并提供规则的解释服务，法院还可以拟定并向当事人提供各种具体工作文件的范本。在重整程序启动后，法院应当通过听证会和庭审等方式对预重整进行审查，尤其要有不同意见者的参加，审查中由债务人以及辅导中介机构等负责举证。法院依据上述规则审查后，对当事人的预重整活动以及重整计划草案裁定是否批准。”①

《立法指南》规定了重整程序启动后法院对预重整活动审查批准的程序与规则，指出破产法“既一般适用于正式程序也同样适用于这种快速程序（预重整程序，笔者注）的条文（除非作了具体修改），可包括下列规定：申请程序；启动程序；通知启动（可作修改，仅限通知那些受计划影响的债权人和股东）和通知的内容（其中可能需包括债权核实的信息、法院就确认计划进行审理的时间和地点、对确认计划的异议以及计划对股东的影响）；适用中止；对拟定全体债权人名单的要求（目的在于告诉法院，并就谁受到计划影响和谁不受影响提供确定性）；对批准计划的要求（包括向受到影响的债权人提供计划和辅助信息、确定各类债权人、债权人委员会以及批准计划所需的标准和多数）；计划的效力和确认，包括保护持有异议的债权人利益的处理标准；与执行计划有关的问题（包括执行失败）和债权的解除”。② 同时还规定了破产法可能不适用于预重整的内容。这些规定可以为我国预重整制度的建设提供借鉴。

《立法指南》还具体规定了债务人申请重整时应当提交的文件和说明。“申请中可包括经谈判达成的计划和披露说明；介绍已进行的谈判（包括为便利谈判而可能成立的任何债权人委员会的成员）；启动前征求债权人意见和受影响的各类债权人的表决情况（表明破产法就批准重整计划而规定的多数已经在各类受影响的债权人中达到）；未受影响的债权人继续在正常经营过程中获得偿付和计

---

① 王欣新：《预重整的制度建设与实务辨析》，载《人民司法》2021 年第 7 期。

② 联合国国际贸易法委员会：《破产法立法指南》（中文版），2006 年纽约版，第 215 页。

划未变更或影响其权利的证据；以及计划内关于向接受计划的各类债权人中持反对意见债权人所提供的保护。”①

《立法指南》规定，下列情况法院应确认重整计划：“计划符合在对正式重整程序的计划确认时就受影响的债权人和受影响的股东所适用的实体性要求；在自愿重组谈判期间向受影响的债权人和受影响的股东发出的通知和提供的资料足以使其就计划做出知情的决定，而且启动前为争取计划获得接受而开展的任何征集活动均符合准据法；未受影响的债权人在正常经营过程中得到偿付，未经其同意，计划不变更或影响其权利或债权，以及；随申请一并提交的财务分析表明计划符合所有适用于重整的要求。”②

（六）预重整的终止

预重整的法律定性是当事人的庭外重组活动，所以在预重整活动终止后，无论是因成功还是失败，或是因情况变化不需要继续进行，债务人自动恢复其预重整前的原有经营与法律状态，不存在直接被法院强制转入破产清算或重整程序的问题。债务人需要继续通过启动后续重整程序完成预重整的，应当及时向法院提出重整申请。此外，预重整活动的失败，不影响债务人、债权人等可以再向法院提出重整申请，并在司法重整程序中得以挽救成功。③

五、在预重整实务中的错误认识与不妥做法

目前，我国的预重整实践是在尚无法律规则情况下的探索。由于一些地方对预重整法庭外程序和当事人自愿谈判重组的基本性质理解偏差，加之潜在本位利益的诱导，在实施目的和措施方面出现了一些误解和不妥做法。下文对一些典型情况分析并澄清。

（一）法院对预重整不应进行司法权力干预

目前，在司法实践中，最关键问题是法院对预重整以司法权力进行干预较严重。之所以如此，关键是没有正确把握住最高人民法院在《全国法院破产审判工作会议纪要》和《九民纪要》中明确指出的，预重整是债权人与债务人、出资人等利害关系人自愿进行的庭外重组这一基本定性。一些法院在为实现企业挽救目

---

① 联合国国际贸易法委员会：《破产法立法指南》（中文版），2006 年纽约版，第 215 页。

② 同上书，第 220 页。

③ 参见王欣新：《预重整的制度建设与实务辨析》，载《人民司法》2021 年第 7 期。

的的同时，潜意识地受便利工作、减轻风险与责任、提升业绩等利益期望值的影响，对预重整进行直接司法干预，甚至把重整程序法庭内的司法效力毫无法律依据地向当事人的自愿协商程序逆向延伸，使预重整变成了不受法律规制和约束的“变相司法重整”。

有人认为，“预重整的优势在于司法干预”。[①] 这种观点是错误的，完全没有考虑预重整的基本法律属性。谈到困境企业挽救需要司法干预，的确可以举出诸多迫切的理由，但即使这些理由都可以成立，当事人及法院完全可以通过适用破产重整程序来解决司法干预的合法性。对已有存在的规范法律挽救程序有意回避不去适用，却要在法庭外当事人的自愿协商程序中，没有任何法律依据就强行适用法庭内才允许采用的各种司法干预，其目的明显是要利用在创新名义下尚未有统一规则的所谓“预重整”，来规避破产法上的各自法律规制与责任。

企业重整是破产程序中最有难度的工作。由于一些困境企业申请挽救程序过晚，不完全具备重整条件，而地方政府、当事人对重整的期望值过高，加之经济形势不太好，立法中也存在一些问题，使部分企业的重整陷于半“烂尾“的窘境。这给法官和管理人的工作造成困难，对法院产生沉重的压力。如何提高重整成功率是许多法院正在尽力解决的问题，这也诱发了急于求成情绪、过度实用主义和不当干预行为。[②]

解决这个问题最简单、最有效的方法，就是让企业在重整程序外先重整成功了再进重整程序。听起来这好像是个存在严重逻辑矛盾、无法实现的梦想，但在预重整制度出现后却有了实现的希望。于是，预重整在一些地方迅速演变成了司法权力不当扩张的最佳溢出渠道。一方面，违背预重整是当事人主导的庭外重组的基本定性，以司法干预将其实质上变成法庭内的重整；另一方面，又以预重整是当事人的庭外重组为名，对法院的不当干预不承担责任。于是，预重整就变成了法院的“双赢”，不成功是当事人的失败，因为企业名义上没有进入法院的重整程序；成功了，就是一个法院在短期结案的好案例。[③] 尽管法院干预预重整的目的也是想挽救困境企业，但目的正确并不代表可以违法实施。

其实，排除法院对预重整的不当司法干预，并不会影响企业挽救的成功。重

① 潘幼婷、朱晋华：《适度司法干预下的预重整程序》，载《人民司法》2021 年第 16 期。

② 参见王欣新：《预重整的制度建设与实务辨析》，载《人民司法》2021 年第 7 期。

③ 同上。

庆市第五中级人民法院在其出台的《预重整工作指引(试行)》中强调,要坚持预重整的"庭外重组"本质属性;坚持市场主体意思自治;预重整由债务人主导,法院不进行过度司法干预。该指引出台后,重庆破产法庭共接到提出预重整备案申请的案件46件,其中40件已登记备案进入预重整程序,目前已审结的预重整案件全部获得成功。

(二)预重整不具有重整程序启动的法律效力

预重整作为法庭外的重组程序是不能容纳司法权力干预的,更不能具有重整程序启动的各种法律效力,如中止执行、解除保全、停止计息、选择性履行合同等。但是,在一些法院自行制定的"预重整规则""预重整指引"等文件中,规定预重整具有上述法律效力。还有的人理直气壮地宣称,必须让预重整具有上述法律效力,否则预重整就会失败。如前所述,债务人进行预重整是要具备一定条件的,重组协商是需要有足够的谈判时间和让步空间的,如果企业的债务困境已经到了只能靠法院的司法权力强制中止执行、解除查封等才能救助的程度,明显就不具备在自愿协商基础上进行预重整的条件,企业想获得挽救应当直接去申请重整程序。在预重整的庭外重组阶段,施行重整程序启动的各种法律效力是明显违法的,所以被最高人民法院的判例所明确反对。在最高人民法院2021年"中资国本成都公司申请再审案"[(2021)最高法民申1488号]的判决书中指出,"预重整属于启动正式破产程序前的庭外债务重组机制,并不能产生人民法院裁定受理破产申请的效力",不能具有中止诉讼、中止执行、解除查封等效力。

于是,一些法院转变方式,提出通过法院间协商以解除保全措施、中止执行、停止计息的做法,这同样是错误的。有的法院在其预重整规则中规定:"预重整程序不具有重整程序所具有的中止执行、解除保全、冻结担保债权的行使等法定程序效力。但在预重整期间,受理预重整案件的人民法院可以根据预重整的需要,通过采取和相关执行法院(执行部门)协调、沟通等方式,取得有关执行法院(执行部门)的配合,解除有关保全措施和中止有关执行程序,以便保障预重整程序顺利进行。"这一规定错误地将预重整理解为了法庭内的程序。预重整不能具有解除保全措施、中止执行程序等效力的原因,是因为其本质是当事人自愿进行的法庭外重组,所以不应当也不允许具有法庭内程序性质的法律效力,而不是因为其他法院同不同意,即使其他法院乃至所有法院都同意,也是不能将这些法律效力施行于法庭外的重组程序的。上述规定还存在自相矛盾的问题,一方面,预重整程序不具有重整程序的中止执行、解除保全等效力。也就是说,预重整的法律性质决定了其程序中就不允许出现这些情况,任何法院都无权在预重整中采取此类措施。另一方面,又主张法院在预重整中可以和其他法院协商后作出具有这些效力的法律措施。试问,在当事人自愿协商的预重整程序中,法院之间有何法律依据和权力在法庭外跨越当事人去协商处置债权人的权利,去解除保全措施、中止执行?这一主张的提出,表明其没有把预重整理解为最高人民法院规定的当事人自愿协商程序,而是看作法院可以任意控制、干预的司法程序,其尊重的是在预重整中本不存在的其他法院的司法管辖权,而不是当事人的法定权利和最高人民法院的有关规定。

还有人认为,如果债务人作出非经允许不增加新的财产担保、不作出个别清偿的保证和承诺,且临时管理人能够妥善进行监管,法院在预重整期间就可以解除对债务人财产的部分保全以及中止对债务人财产的执行,可以在正在审理的诉讼案件中不对债务人账户采取冻结措施。[①] 这种观点也是不符合最高人民法院对预重整程序的庭外重组定性的。在法庭外的程序中要想停止对债务人财产的保全和执行,必须由债务人与对应的债权人自愿协商达成协议,债务人单方的承诺如不能得到对方的认可是没有任何效力的,法院无权违背债权人的意愿强行干预并实施。如果法院在没有法律规定依据的情况下,以司法权力在预重整中采取解除保全措施或不依法采取保全措施、中止对债务人财产的执行等,如果造成债权人的利益损失,是要承担相应法律责任的。

还有人主张,允许司法干预的前提是不能阻碍债务人企业的正常经营管理,这种观点不妥。首先,预重整不允许法院司法干预,这是基本原则,无论其干预是否阻碍债务人企业的正常经营管理均是错误的。其次,预重整的目的是在相应规则下进行庭外重组以挽救困境企业,而不是仅要进行简单的正常经营管理。所以,法院对企业正常经营管理外的其他重组挽救活动同样是不应当进行干预的。此外,在司法干预之上附加再多的所谓"适度、审慎、尽量、尊重"等缓冲"虚词",以模糊的概念试图得到人们对司法干预的认可都没有意义。因为这些对概念的模糊都无法改变对预重整进行司法干预的本质。

---

① 参见潘幼婷、朱晋华:《适度司法干预下的预重整程序》,载《人民司法》2021年第16期。

(三)法院无权强制批准预重整的重整计划草案

有学者主张,"强制批准规则同样也可以适用于预重整方案的批准"。[①] 这种观点不妥,是将预重整与司法重整程序混同了。尽管提出此观点的人不多,但因对预重整的影响可能巨大,也需要予以澄清。

首先,对预重整中实体上能否适用强制批准规则暂且不谈,仅从程序上讲,就不存在法院对重整计划草案强制批准的可能性。预重整的本质是当事人自愿协商的庭外重组,如果协商失败不能达成重组协议即重整计划草案,预重整就应到此结束。债务人是不能拿着债权人没有表决通过的失败的重整计划草案再向重整程序延伸,请求法院强制批准的。[②] 只有在预重整中达成了重整计划草案,才允许债务人在此基础上提出简易化重整的申请,并将重整计划草案交由法院审查批准,取得"有关债权人对该协议的同意视为对该重整计划草案表决的同意"[③]的效力。预重整失败,债务人如需继续挽救,应当直接申请破产重整程序,而此前预重整中的失败协议是不具有任何效力的。这不是"在重整计划的批准上对预重整施加了更高的要求",[④]而是不应误将预重整的自愿协商属性与重整的司法强制属性混淆。

其次,从实体意义上讲,法院行使司法权力强制批准重整计划草案,调整债权人等的实体权利,仅适用于依法启动的完整法庭内重整程序,根本不能适用于本质上是当事人自愿协商的预重整庭外重组。否则,预重整中的法庭外各方自愿协商、达成协议的基本原则或谈判活动将完全失去意义。预重整将变成债务人单方就可以在法庭外不顾债权人的反对,甚至不再需要债权人是否同意的表决,就可以任意提出所谓的重整计划草案,并直接申请法院强迫批准,进而形成具有超越重整程序强制力的法外司法程序。

须注意的是,如果在预重整的庭外重组阶段完成、进入重整程序后,债务人对向法院提交的重整计划草案进行了重大修改,与原来在当事人之间达成的重

---

① 徐阳光:《困境企业预重整的法律规制研究》,载《法商研究》2021 年第 3 期。

② 联合国国际贸易法委员会在其制定的《破产法立法指南》中特别指出,重整程序与简易重整程序的区别之一,是申请简易重整程序即预重整时,"需附上经债权人批准的计划"(第 188 页的注释 1),而不能是未获批准债权人的计划。

③ 《九民纪要》第 115 条。该条中强调的是债权人同意表决的效力向重整程序延伸,未允许在协议未达成的情况下向法院提交未通过的协议并请求法院强制批准。

④ 徐阳光:《困境企业预重整的法律规制研究》,载《法商研究》2021 年第 3 期。

组协议内容不符,影响相关权利人的权利,是不能直接要求法院批准的。实际上,这种情况的发生表明预重整已经失败,其一,原经债权人表决通过的重组协议即预重整谈判成果不复存在,不再具有任何效力;其二,后续重整程序无法再得到简化,进而丧失预重整的本质属性。这时,继续进行的程序已经不再符合预重整的基本特征,实际上是在重新启动司法重整程序,尤其是债权人会议的分组表决机制,[①]甚至还可能需要启动完整的重整程序。例如,变更后的重整计划草案影响原未参加预重整的债权人类别的利益时,就可能需要这些类别的债权人申报债权,并予以审查确认,享受得到信息披露的权利等;而所有利益受到影响的债权人等利害关系人组别均有权对新的重整计划草案进行表决。此前在预重整中完成的其他程序(如部分债权的确认、资产评估、财务审计等),在不与重整程序冲突且得到债权人认可的情况下,可以继续有效。由于这时进行的程序属于破产重整程序,法院在符合法律规定的情况下,是可以对重整计划草案进行强制批准的,但是这已不再是对预重整的"强制批准"了。

六、结语

在我国企业破产法的修改中,应当对预重整制度作出明确规定。在制定预重整制度时,应当考虑中国目前司法实践中的需要,对庭外重组阶段的规则以及该阶段完成后进入重整程序时法院对预重整活动及重整计划草案的审查与批准规则,均作出详细规定。有的人主张,对预重整不需要在企业破产法中作出规定,或建议只规定几个简单的条款。这种观点是不妥的,不仅不能解决司法实践中已存在的各种问题,更难以保障预重整制度的正确建立和顺利实施。在企业破产法的修改中,我们要建立起以庭外重组、预重整和重整程序为基本框架的开放型债务人挽救机制体系,以进一步提升我国的营商环境,保障企业破产法全方位的市场化、法治化实施。

---

① 《九民纪要》第115条规定,"……受到影响的债权人有权按照企业破产法的规定对重整计划草案重新进行表决"。即适用《企业破产法》的司法重整程序。

预重整的制度建设与实务辨析*

一、预重整的概念和基本特征

预重整是在庭外重组和破产重整两种制度的基础上融合创新产生的一种企业挽救辅助性模式，其设置目的是通过两种制度进行先后的有机衔接、补强组合，发挥各自优势，规避劣势，市场化、法治化地解决债务与经营困境企业的挽救“再生”。随着破产法制的日益发展与健全，预重整在企业挽救制度中逐渐兴起，开始占据重要地位。预重整不仅具有简化程序、提高效率、降低成本、化解争议、减少各种社会负面影响的实施效果，作为由利害关系人自主进行的庭外重组，还具有鼓励当事人自治与市场化协商、主动自觉遵循法制的良好社会导向。

在联合国国际贸易法委员会制定的《破产法立法指南》中，将预重整称为简易重整程序，即“为使受到影响的债权人在程序启动之前自愿重组谈判中谈判商定的计划发生效力而启动的程序”。[1] 在这一定义中，明确预重整是在破产程序启动之前进行的程序，即只能是法庭外的自愿重组程序。之所以称为简易重整程序，不是说预重整本身就构成独立的重整程序或其组成部分，而是因

---

* 本文原载于《人民司法》2021 年第 7 期。

① 联合国国际贸易法委员会：《破产法立法指南》（中文版），2006 年纽约版，第 212 页。

为在预重整阶段的自愿重组谈判成功后，可以使后续启动的重整程序得以简化，省略一些原有的法律程序，能够使我国重整程序快捷进行。[①] 我国通常称为“预重整”。之所以称为“预”重整，是因为它实施于破产程序启动之前，是在法庭外为法庭内重整程序的简化做预先准备工作。之所以说其为辅助模式，是因为预重整的简化效用，依存于后续重整程序的启动和法院对预重整中制订的重整计划草案的审查批准。故从企业重整的角度看，预重整仅具有完成前期预备工作的性质，其协商成果最终要通过启动重整程序的司法效力予以体现。

根据《破产法立法指南》的规定，预重整程序的立法目的是：“1. 确认自愿重组谈判是挽救财务困境企业的一种成本效益良好和行之有效的手段，一般涉及调整贷款人和其他机构债权人以及主要非机构债权人债务的结构，这些当事人的参与对于重组至关重要，而这种谈判并不涉及所有类别的债权人。2. 鼓励和便利采取非正式谈判。3. 根据破产法制定具有下列作用的程序：(1)可在每一类受影响的债权人多数同意计划的情况下，维护自愿重组谈判的良好结果；(2)可尽量减少拖延时间和支出，并确保在自愿重组谈判中谈判商定的计划不会落空；(3)可对每一类受影响的债权人和股东中不接受商定计划的少数成员具有约束力；(4)实体性要求与破产法规定的重整程序相同，包括保障措施也基本相同，但时间期限缩短。4. 在采取适当保护措施的情况下，对其他法律中可能防止或限制使用程序从而延误诉诸破产法的各项要求暂缓适用。”[②]

在各国，困境企业的挽救主要有 3 种模式，即庭外重组、预重整和重整程序。庭外重组是在债务人发生经营与债务危机之后，与债权人等各方当事人通过在法庭外的自行协商，不借助于司法力量解决经营与债务危机，实现企业重组和挽救的活动，属于非司法程序性质的当事人自力救济。庭外重组是一个独立制度，并不与法院的司法重整程序相互关联或影响，当庭外重组因成功或不成功而结束，需要进入重整或清算程序时，要由当事人提出相应的破产申请。庭外重组的重组活动及协议达成遵循自愿原则，以所有当事人一致同意为原则，不受破产法等相关法律规则的约束，当事人各项行为的效力也不能延续到重整程序中。通常，庭外重组具有快捷、灵活、费用低廉、成本较低等优越性，具有更强的当事人

---

① 参见联合国国际贸易法委员会：《破产法立法指南》(中文版)，2006 年纽约版，第 217 页。

② 同上。

积极自治和市场调整因素。由于企业不进入正式的破产程序,对债务人负面的社会影响和商业影响较小,股东、管理层丧失公司控制权的风险也可控,对社会稳定等方面的影响也较小,所以困境企业往往会首先试用。但因庭外重组往往缺乏清晰的法律规则,债务人及其股东与外部债权人之间因信息不对称往往缺乏相互信任,债权人之间存在利益冲突,还可能存在少数人对谈判重组的“钳制”效应,在缺乏强制性措施保证的环境下,要想成功并不容易。在司法实践中,真正对债务人企业的挽救具有效用的主要是破产重整程序。预重整制度的建立,不仅可以补齐我国企业挽救制度上的短板,在庭外重组和庭内重整这两种传统的企业挽救模式之间建立起具有桥梁效应的企业挽救新模式,而且可以促进各种企业挽救制度的相互协同发展、共同完善,使我国形成由庭外重组、预重整、庭内重整组成的多层次完整系列的市场化、法治化和国际化的企业挽救制度。

2019 年 6 月 22 日,国家发展和改革委员会等 13 个中央机关联合发布《加快完善市场主体退出制度改革方案》指出,“研究建立预重整制度,实现庭外重组制度、预重整制度与破产重整制度的有效衔接,强化庭外重组的公信力和约束力,明确预重整的法律地位和制度内容”。2018 年 3 月 4 日,最高人民法院出台《全国法院破产审判工作会议纪要》,其中第 22 条规定,要探索推行庭外重组与庭内重整制度的衔接,指出“在企业进入重整程序之前,可以先由债权人与债务人、出资人等利害关系人通过庭外商业谈判,拟定重组方案。重整程序启动后,可以重组方案为依据拟定重整计划草案提交人民法院依法审查批准”。2019 年 11 月 8 日,最高人民法院发布《全国法院民商事审判工作会议纪要》(以下简称《九民纪要》),其第 115 条进一步规定了庭外重组协议在重整程序中的效力延伸,指出“继续完善庭外重组与庭内重整的衔接机制,降低制度性成本,提高破产制度效率。人民法院受理重整申请前,债务人和部分债权人已经达成的有关协议与重整程序中制定的重整计划草案内容一致的,有关债权人对该协议的同意视为对该重整计划草案表决的同意。但重整计划草案对协议内容进行了修改并对有关债权人有不利影响,或者与有关债权人重大利益相关的,受到影响的债权人有权按照企业破产法的规定对重整计划草案重新进行表决”。在《加快完善市场主体退出制度改革方案》中明确提出要“研究建立预重整制度”。在最高人民法院的两个会议纪要中虽未直接采用预重整的概念,但其目的十分明确,也是要探索建立预重整类型的企业挽救制度。需要特别注意的是,两个会议纪要均将预重整定性为利害关系人的“庭外重组、庭外商业谈判”，我们必须也只能围绕“庭外重组”这一基本法律定性去设计、规范、实施预重整的制度。

预重整是在庭外重组和破产重整两种制度的基础上衔接与融合产生的，其对债务困境企业的挽救工作分为两个阶段。首先是在预重整规则下进行的法庭外重组阶段，其次是预重整完成后转入法庭内重整的审查批准阶段。两个阶段在时间上是前后衔接的，如果在预重整工作完成时就可以解决企业的挽救问题，不再需要进入重整程序，就止步并定性为单纯的庭外重组。两者在程序上的衔接，主要体现为预重整中债权人对重整计划草案的表决效力能够在随后启动的重整程序中具有延续效力。而当预重整转入重整程序，其重整计划草案获得法院批准时，前面庭外重组阶段完成的各项工作方构成预重整程序。预重整与重整程序之间是时间上与工作上前后衔接融合的关系，而不是两种不同性质制度在实施中的相互混同。

预重整作为“庭外重组”的一种特别形式，与庭内重整是不能同时并存的，更不能在实质功能上混同。在破产程序启动后，无论是启动重整、和解还是清算程序，因为债务人已经进入了法庭内的程序，就再也不存在于法庭外进行预重整的可能。这与法庭内的破产清算程序启动后，仍可以向同是在法庭内的重整或和解程序转换是完全不同的。有人主张，在破产程序启动后，如在清算程序启动后、宣告债务人破产前，或者在重整程序启动后，仍可进行预重整，甚至将其作为预重整的一种所谓模式，这是错误的。①

预重整第一阶段活动的本质是当事人主导的庭外重组，那么它与非预重整的庭外重组有什么区别？为什么预重整可以产生与单纯的庭外重组不同的协议效力延伸、简化破产程序的效力？

预重整与单纯庭外重组的关键区别，就在于其进行是有严格法律规则的，不同于由当事人任意进行的庭外重组。所以预重整能够将其制定并为多数债权人表决通过的重组(整)计划草案，在重整程序启动后直接提交法院审查批准，使债权人表决的效力向重整程序内延伸。即使因我国企业破产法对此没有规定，不得不在重整程序中再次启动债权人会议和表决程序，但由于《九民纪要》规定“有关债权人对该协议的同意视为对该重整计划草案表决的同意”，这时债权人会议

① 江丁库主编：《破产预重整法律实务》，人民法院出版社2019年版，第182～183页。

的表决也仅是走一下形式而已，同样可以起到实质性的简化程序、降低成本、提高效率的效果。仅从这一角度讲，预重整兼具非司法和广义司法的双重性质。非司法性，是指预重整中的谈判，要遵循市场化的平等、自愿、协商原则，不具有强制性效力，不存在法院的司法权力干预；而所谓司法性，是指广义上的法律规制，而不是狭义上的司法权力干预。这种规制具有间接性和后置性，体现为在预重整中各方利害关系人必须遵循相应的法律规则，这种规则的约束力不表现也不允许表现为法院的直接干预，或将在重整程序中才允许采取的各种强制措施在预重整中提前适用，而是体现为在预重整转入重整程序后，法院将依据这些规则对预重整活动及其形成的重整计划草案进行严格的事后审查并决定是否批准，从而迫使当事人在事前的预重整谈判、信息披露、重整计划制定、利害关系人权益维护、权利人表决等活动中不得不自觉地遵守规则，否则法院不予批准，预重整活动就会失败。应当指出的是，在司法实践中，债务人企业在进入重整程序前与债权人等协商，以图达成一定的债务解决方案，是常见的现象，但不能简单地将这种庭外重组就视为预重整，并可具有相应效力。预重整中的庭外协商与协议要符合相应规则，没有了法律规则的指引与规制，就再不是法律意义上的预重整，而仅是任意性的庭外重组，不能具有约束债权人等利害关系人并将对重整计划草案的表决效力在重整程序中延伸，以及请求法院对之予以审查批准的资格。

单纯的庭外重组和预重整在债务人挽救方面同样具有重要意义，不同的方法适合于不同情况。为此，我们对预重整要有正确认识，既不能盲目地将所有的庭外重组都拔高认为是预重整，也不应狭隘地认为只有预重整才是解决债务人挽救问题的唯一方法，对所有的庭外重组都按照预重整的规则要求。预重整只是在庭外重组和法庭重整之外，在符合适用条件的情况下，为企业挽救提供了一种新的解决渠道，在我国破产重整立法尚不够完善的情况下，这具有重要的实践意义。

二、对预重整制度的正确理解与实施

制定有预重整制度的国家因国情有异，预重整的具体运行方式不尽相同，但其基本原则和关键特征是一致的，否则也就不能统归于预重整的类别模式中。较典型的预重整运作模式是，债务人在向法院提出重整申请前，遵循预重整规则，在体现对各方利害关系人权益公平保障的基础上，通过公正的程序和充分的信息披露，与权益受到不利影响的债权人等充分自愿协商，拟定重整计划草案，并在利害关系人会议上得以通过该计划草案的实质性多数同意投票后（未得到多数投票通过时，可以直接提出重整申请，转按正常重整程序进行），由债务人在向法院提出重整申请的同时提交重整计划草案，请求法院通过举行听证会或庭审等方式进行审查，并对重整计划草案直接予以批准，通过将部分重整活动向预重整的前移，省略在重整程序中制订重整计划和召开利害关系人会议表决通过（我国称为"债权人会议"）的程序，使预重整中利害关系人投票同意的法律效力延伸至重整程序中，简化程序、提高效率、降低成本、化解争议，减少各种社会负面影响，提高债权清偿率和重整成功率。此外，预重整还具有鼓励当事人自治与市场化协商、积极及早自救、自觉遵循法制的良好社会导向。

根据《破产法立法指南》的规定，预重整具有一些重整程序所不具备的特点，有些特点只是具有外观上的差异，有些则具有实体性意义，其中值得注意的操作规则有以下几点：

1. 预重整不要求所有类别的债权人等利害关系人都必须参与，那些权益不受不利影响的利害关系人并不参与。换言之，预重整并不需要所有债权人均对重整计划草案进行表决，权益不受不利影响的利害关系人无表决权。在其他国家的司法实践中，预重整主要是由金融债权人参与，如银行贷款人、债券债权人等。贸易债权人，尤其是优先债权人（如税收和社会保险当局），以及职工债权人等，因重整计划草案通常不会对其权益作出不利约定，所以并不参与。不参与预重整者，在预重整程序中仍可以继续获得正常清偿。

2. 在预重整转入重整程序时，重整计划草案的约束效力仅限于受不利影响的债权人等利害关系人。但为解决债务人财产的保全、营业使用等问题，也可以在必要时将范围扩大至相关债权人。

3. 在预重整中，对债权人等利害关系人应进行全面、充分的信息披露，信息披露的要求原则上不得低于立法对重整程序的要求。

4. 对受重整计划草案影响的债权人等利害关系人的各项权利，如知情权、参与权、表决权和公平受偿权等，在预重整中应予以充分保障，保障程度原则上不得低于立法对重整程序的要求。

5. 对在重整计划草案表决中持异议的债权人的保护，不得低于正式重整程序所提供的保护。

6. 在对各方利害关系人的实质权益没有不利影响的情况下，应尽量简化破产重整程序。①

我国企业破产法中未规定预重整制度，目前的预重整实践基本上是在无具体规则情况下的探索。一些地方因对预重整具有的法庭外程序和当事人自行谈判重组的基本性质理解存在偏差，加之本位利益的潜在诱导，在实施目的和措施方面出现了一些不妥的观点和做法。例如，有的地方将预重整理解并设置为对重整申请应否受理在法律规定期间外预先审查的制度，有的人甚至将此理解为预重整的一种方式，这是错误的。因其并不具有当事人庭外协商重组的基本属性，只是解决了实践中重整申请审查期间不足的问题，或者说，规避了法律规定的受理期间限制。有的地方适用预重整制度的动机不纯，将其演化为在法律规定外变相延长重整期间的规避工具，"重整期间不够，提前预重整凑"，甚至毫不掩饰地宣称这就是适用预重整的目的，完全忽视预重整的庭外重组定性和"完善庭外重组与庭内重整的衔接机制"（《九民纪要》第 115 条）②的本质作用。有的地方在制度设计上将预重整完全纳入司法权力的控制之下，使其失去作为当事人市场化自治协商的庭外重组的基本特征，变成法院或（临时）管理人主导下不受破产法约束的、名义是庭外实质是庭内的司法重整程序。还有的地方简单地将无规则的任意性庭外重组理解为预重整，要求法院将其重组协议作为预重整的重整计划草案在重整程序中予以批准，并具有对债权人的约束效力。还有的地方按照重整程序去设计预重整程序，预重整要由法院裁定受理，由法院指定管理人，甚至要求具备重整程序启动的各种强制性法律效力，如中止对债务人财产的执行、解除保全措施、中止诉讼、中止担保债权人行使权利、停止计算债权利息等，使预重整与重整程序完全混同，唯一的区别只是在重整的名称前加了一个"预"字。这些观点与做法都是与预重整制度的设立宗旨和基本原则不符的，严重影响预重整制度的正确建立与实施。

实践中之所以出现错误观点和做法，关键是因为没有正确把握住两个会议纪要明确指出的，预重整是债权人与债务人、出资人等利害关系人自愿进行的商

---

① 参见王欣新：《以破产法的改革完善应对新冠疫情、提升营商环境》，载《法律适用》2020 年第 15 期。

② 参见《九民纪要》第 115 条。

业庭外重组这一基本定性,或者出于种种目的(包括工作的便利、责任的减轻、业绩的提升等)总想加以改变。没有理解预重整制度设置的目的,是要在庭外重组与庭内重整之间建立一个以市场化谈判、法治化约束为基础,以债权人对重整计划草案表决效力向重整程序顺向延伸为手段的新型企业挽救模式,而不是要把重整程序的司法效力毫无法律依据地反向向当事人的自行协商程序延伸,干预、扭曲乃至实质上灭活庭外重组的生命力。通过预重整对庭外重组与庭内重整的有机衔接,还可以鼓励困境企业尽早自主寻求挽救并给予制度保障,解决我国企业挽救启动过晚的问题。

我们要明确,既然预重整是当事人自愿进行的市场化庭外重组,这个阶段自然不需要法院和管理人的直接干预,其进行与否不需要法院批准,也不需要指定所谓的管理人或临时管理人去管理当事人之间的商业谈判。其实,中介机构在不接管债务人财产的管理、不监督其财产处置的情况下,是根本不能称为管理人的。为保障预重整的顺利进行,可以由当事人聘请辅导中介机构,这是各国的惯例。预重整作为法庭外的重组显然不能具有重整程序启动的各种法律效力,如中止执行、解除保全、停止计息等。有的主张者理直气壮地宣称,必须让预重整具有上述效力,这有利于挽救债务人,否则预重整就会失败。必须明确,债务人进行预重整是要具备一定条件的,重组协商是需要有足够的谈判时间和让步空间的,所以预重整最适宜在企业遇到债务与经营困境的初期,与债权人的矛盾尚不激烈、但发展趋势又表明已经无法通过内部自救的方法解决。如果企业的困境已经达到无法协商解决,只能靠法院的司法权力强制中止执行、解除查封等才能救助的程度,就已经不具备在自行协商基础上进行预重整的条件了,如果企业还想获得挽救,应当直接去申请重整程序。企业破产法中设置有实现这些救助措施的司法重整程序,债务人也完全可以适用,预重整既不是重整程序的必经前置程序,更非可以无条件适用于所有债务人,为什么一定要在预重整中以不当手段去实现本可依法取得的权利保障?为什么总想寻求规避法律的不当利益?这种做法就好像一个已经严重病危的病人,本应立即看急诊,进抢救室,却非要去看门诊,反而指责门诊中没有设置各种抢救措施。

企业重整往往是破产程序中最具有难度的工作。由于种种原因,相当一部分困境企业进入重整程序的时机过晚,乃至已经不完全具备重整成功的条件,而地方政府、当事人及社会各方面对重整挽救的期望值又不切实际的过高,加之目前经济形势不太好,社会配套制度不够健全,寻找投资人和资金困难,使一些企业的司法重整陷于半“烂尾”状态。我国企业破产法的规定也存在一些问题,如重整申请审查和重整程序进行的时间可能不足、部分内容规定得不够合理等,确实给从事破产审判和管理人工作的法官和中介机构造成一些工作困难,对法院产生沉重的压力,也对其工作业绩造成不良影响。如何提高企业重整的成功率是许多法院面临的问题,这也诱发了急于求成情绪。

解决这个问题最简单、最有效、最直接的方法,就是让企业在重整程序外先重整成功了再进重整程序。听起来这好像是一个存在逻辑矛盾、无法实现的梦想,但在预重整制度恰逢其时地出现后,梦有了实现的希望。预重整制度的规范实施,也确实可以在一定程度上有助于实现这一目标。一方面,违背预重整的基本定性,通过干预、控制预重整程序,避免其脱离法院的管制轨道和目标;另一方面,又以预重整是当事人的庭外重组为名,法院对干预不负责任。于是,所谓的预重整就变成了变相的“双赢”,不成功是当事人的失败,因为名义上企业并没有进入司法重整程序,不会增加重整失败率;成功了,则是一个能在很短时间内结案的好案例。在这种部门利益诱导下,就可能一步步陷于将重整程序及其强制力逐步乃至全部移出破产程序,转入预重整程序,规避法律控制、推卸法律责任的误区。

为此一定要明确,不能允许借预重整的名义进行与其性质完全不符的活动,不能允许借预重整的创新改革之名,以所谓实践需要为由,去掩饰规避法律正当约束、违背重整程序、获取不当利益的行为,不能将预重整变成可以堂而皇之地不遵守企业破产法的理由,要杜绝不规范的操作对重整程序造成的不利干扰和冲击。我们并不否认,地方干预预重整的主要动机也是想将困境企业挽救成功,但目的的正确性不代表可以不择手段地实施。在目前地方法院实际制订、控制预重整规则的情况下,要特别注意对权力的法律约束,防止部门利益公开或隐性溢出产生的不当影响,要保障预重整制度的规范建立与实施。

三、我国预重整制度的建设

预重整制度的建设要遵循其基本原理和规则,不能背离其本质属性。在预重整制度的建立与实施中,必须明确以下原则:

第一,预重整是当事人之间的庭外谈判与重组,是否进行预重整是当事人决定的事情,无论是预重整的开始还是结束,都不需要向法院(包括政府)申请,不需要法院的受理或者批准。要降低债务人的当事人主动进行预重整的门槛,消除可能出现的各种准入障碍和阻力。考虑到在实际中便于掌握企业预重整情况,在预重整期间进行规则指导,提升债权人等利害关系人对预重整的信心,并在转入重整程序后便于法院的审查批准,可以为进行预重整的债务人在法院备案,甚至也可以考虑由法院予以某种方式进行预登记,但法院不应对预重整进行实质性干预。

第二,债务人进行预重整的条件。债务人进行预重整要具备一定的客观条件,不是所有的债务人都适合适用预重整程序。单纯的庭外重组和预重整有各自的存在价值,适用于不同的对象。根据《企业破产法》第 2 条第 2 款的规定,企业在已经发生破产原因或者有发生破产原因可能这两种情况下,可以依法进行重整。鉴于预重整是当事人自愿进行的庭外重组,债务人在重组活动中需要有谈判的时间与空间以及可能让步的余地,所以仅有破产原因发生可能的债务人,更适合适用预重整程序。也就是说,预重整更适合发生债务困境后及早寻求法律挽救且具有更多挽救资源与价值的企业。至于那些已经陷于严重的债务与经营困境,面临对财产无法协商中止的执行、诉讼与财产保全等措施,致使经营已经无法正常进行的企业,实际上已经不具备预重整的条件。此类债务人如果需要挽救,应当直接申请破产重整。其实,预重整在我国的一项重要社会意义,就是为债务人在不得已而申请重整程序、面临失败后破产清算的威胁之前,提供一个能够自主进行、风险更低的预重整挽救程序,促进企业尽早迈入挽救之路。此外,债务人对外债务的结构也是权衡能否适用预重整的考虑因素之一。债务相对集中于金融债务如银行贷款、公司债券的企业,更有利于预重整的谈判进行,而贸易债权人、税收等优先债权人占据主导地位的,会使庭外重组谈判更为困难。

第三,在预重整中不存在指定管理人的问题,即使称为临时管理人,也不能掩饰其与预重整作为当事人自行进行庭外重组的性质冲突。债务人(或与债权人共同)可以聘请在管理人名册中相应级别的中介机构担任预重整辅导机构。在各国的预重整中,均有中介机构承担重要辅导工作,但不是由法院强制指定。为进入重整程序后辅导机构能够继续担任管理人,其选聘应符合后续任职和指定条件,尤其不应存在可能影响公正履行职务的情况。此外,辅导机构(尤其是法院指定的管理人及临时管理人)无权终止由当事人主导的预重整程序。

第四,当事人自行协商进行的庭外预重整,是不需要设定期限的,尤其是不需要由法院来设定期限,各方当事人在谈判中可以自行协商确定期限。

第五,预重整作为当事人之间进行的庭外重组,不具有中止对债务人财产的执行、解除其财产保全措施、停止计算债权利息、中止诉讼等只有在破产程序启动后才可能具有的法律效力,但债权人等自行协商同意接受相关约束的除外。如金融债权人的债委会在进行预重整时,往往会于内部约定不采取对债务人财产的诉讼、执行等可能影响重整成功的措施。法院无权规定预重整具有上述效力,也无权在没有法律依据的情况下采取上述措施。

第六,预重整既然是当事人自愿进行的庭外重组,在预重整终止后,无论是成功还是失败,或是因情况变化不需要继续进行而终止,债务人自动恢复其原有经营状态,不存在直接转入破产程序的问题,无论是转入重整还是清算程序。主张预重整失败就应当直接转入破产清算程序的观点是错误的,完全违背了预重整作为庭外重组的基本属性。预重整成功需要进入重整程序时,应由债务人另行提出申请。在预重整失败后,如需进入破产程序,也需要债务人或债权人另行提出重整、和解或者清算申请。预重整的失败,不影响债务人等再提出重整申请,并在重整程序中获得成功。

第七,在预重整中,法院的工作包括两项。首先是制订规则;其次是审查批准预重整活动及其制订的重整计划草案。需要制订的规则包括以下两种。其一,当事人进行预重整的详尽规则,包括但不限于:确定参与预重整的债权人范围,鉴于利益不受不利影响的债权人是不参与预重整的,要为界定当事人利益是否受到不利影响设定标准;债权的核实方式;通知的方式与内容,保障规范的信息披露,对信息披露的全面性、及时性和完整性等确定具体要求;信息披露的范围应包括每一个参与预重整的利害关系人,而不能仅限于债委会等少数人;资产评估和财务审计报告等必须向所有债权人全面披露,对评估和审计机构的选聘应当有债权人代表参加;设置债权人对资产评估和财务审计报告异议的处理程序;明确重整计划草案应当具有的内容,债权人的受偿情况,对各类利害关系人权益的保护规则,包括保护底线;重整计划草案的效力;利害关系人会议的召开、进行和表决规则、表决效力;与重整程序启动相互衔接的工作规则;等等。在其他国家,预重整规则的内容主要是债务人如何在预重整后申请重整程序启动,应提交何种内容的文件,如何填写申请表格,以及法院如何审查批准预重整活动及其制订的重整计划草案。对预重整阶段通常并不制订规则,而是根据法院在启动重整程序时的审查规则去反向确定,强调司法效力的间接性和后置性。但是我国由于国情不同,实践需要更严格、具体的预重整指引,所以十分有必要直接制订预重整阶段的规则。其二,法院对预重整的审查、批准规则。预重整审查规则包括外部与内部两个方面。在法院外部是要解决当事人申请将预重整转入重整程序时应当提交的各种文件及相关证据材料,包括各项预重整工作按照规则进行的证明材料、利害关系人会议的召开与表决文件、重整计划草案等。在法院内部则是要确定审查预重整工作的各种具体标准和规则,主要是以预重整时的规则为对照模本予以制订,同时应当审查重整计划草案的可行性、合法性等。上述各项规则不得违背企业破产法的有关规定,不得降低对利害关系人实体和程序权利的保护程度,不得改变预重整作为庭外重组的基本属性。

对债务人等当事人进行预重整的,法院应当向其提供预重整规则以及预重整审查规则,并提供规则的解释服务,法院还可以拟定并向当事人提供各种具体的工作文件范本。在重整程序启动后,法院应当通过听证会和庭审等方式对预重整进行审查,尤其要有不同意见者的参加,审查中由债务人以及辅导中介机构等负责举证。法院依据上述规则审查后,对当事人的预重整活动以及重整计划草案裁定是否批准。《破产法立法指南》规定,在下列情况下,法院应确认计划:"计划符合在对正式重整程序的计划确认时就受影响的债权人和受影响的股东所适用的实体性要求;在自愿重组谈判期间向受影响的债权人和受影响的股东发出的通知和提供的资料足以使其就计划做出知情的决定,而且启动前为争取计划获得接受而开展的任何征集活动均符合准据法;未受影响的债权人在正常经营过程中得到偿付,未经其同意计划不变更或影响其权利或债权;随申请一并提交的财务分析表明计划符合所有适用于重整的要求。"①这一原则规定可以供我国在预重整适用中参考。对未遵守规则的预重整,不能在当事人或地方政府的压力下放松批准标准。预重整未被法院批准,仅表明其前期活动不具有在破产程序中延伸的法律效力,不妨碍债务人等当事人继续申请正式的重整程序,并取得成功。此外,在预重整中还要正确处理预重整中当事人之间的自愿商事谈

---

① 联合国国际贸易法委员会:《破产法立法指南》(中文版),2006年纽约版,第220页。

判与法院及地方政府引导和指导的关系。

目前亟须解决的一个问题是,一些地方制订的预重整指引与规则内容中,存在一些对预重整基本性质的认识错误,迫切需要及早纠正,否则就可能在实践中逐步形成错误的观念与操作惯例,为此笔者建议,最高人民法院在进行调研之后尽快制定司法解释,或出台座谈会纪要等形式的政策性指导文件,以确立预重整的基本原则,指导并规范实践操作,使之符合中央提出的市场化、法治化、国际化的改革开放要求,并进一步改善我国的营商环境。

再论破产重整程序中的债转股问题

——兼对韩长印教授文章的回应*

在国务院发布《关于积极稳妥降低企业杠杆率的意见》(以下简称《降杠杆意见》)及其附件《关于市场化银行债权转股权的指导意见》(以下简称《债转股意见》)之后,国家发展和改革委员会等七部委又发布了《关于市场化银行债权转股权实施中有关具体政策问题的通知》(以下简称《债转股通知》),市场化债转股成为企业"去杠杆、降成本、促改革、推转型"的重要手段。在目前的实践中,主动、积极进行的债转股,主要还是对常态下即正常经营企业乃至优质企业的债转股。同时,《债转股通知》也规定,债转股实施机构可以市场化债转股为目的受让各种质量分级类型的债权,包括银行不良类贷款即风险分类中的次级、可疑、损失类贷款。而对不良贷款的债转股,必然会涉及非常态即处于债务困境的企业,尤其是进入破产重整程序中的企业。据此,市场化债转股的有关规定及其基本原则,同样也应当适用于破产重整程序。但是,目前对于破产重整程序中的债转股,债权人更多的还只是被动、消极地接受,在债转股的操作中也缺乏明确的规则以保护债权人的权益。如果在各方利益冲突最严

---

* 本文原载于《法学》2018年第12期,中国人民大学书报资料中心《复印报刊资料·民商法学》2019年第3期全文转载。

重、实务情况最复杂、最难处理的企业重整程序中，对不良贷款的市场化债转股都能够正确、顺利地实施，能够建立起公平、公正的规则以保障各方当事人的权益，我国企业的市场化债转股便可以在法治原则下规范、常态地顺利实施。所以，认真研究破产重整程序中的债转股，具有重要的法律和现实意义。

笔者在《中国人民大学学报》2017 年第 2 期发表了题为《企业重整中的商业银行债转股》的文章，指出企业重整程序中的债转股具有债务清偿和债权出资的双重法律性质，应当同时受破产法和公司法的调整；由于其不是单纯的债务清偿行为，而是将转股人的债权以出资方式转为权利与义务性质完全不同的股权，所以必须贯彻自愿原则，不能适用债权人会议多数决的强迫原则，法院也不能以强制批准重整计划草案的方式迫使拟转股人中的反对者实施债转股。韩长印教授在《法学》2017 年第 11 期上发表了《破产法视角下的商业银行债转股问题——兼与王欣新教授商榷》（以下简称“韩文”）一文，反对笔者上述论文以及相关文章中的观点，提出商榷。鉴于“韩文”对债转股以及笔者的观点存在一些误读，而且其观点和实务分析也颇有待商榷之处，故本文在进一步研究债转股问题的同时一并对其作出澄清与回应，希望能够为读者提供考虑问题的不同思路与观点。

一、债转股中基本概念的澄清

在国务院及有关部门发布的文件中，确立了债转股的基本原则。《降杠杆意见》中指出，降杠杆要强调市场化、法治化的原则，由债权人和债务人等市场主体依据自身需求开展或参与降杠杆，自主协商确定各类交易的价格与条件并自担风险、自享收益，尤其要注重保护债权人等当事人的合法权益。针对降杠杆中最重要的措施——债转股，《债转股意见》指出，要充分发挥市场在资源配置中的决定性作用，建立债转股的对象企业市场化选择、价格市场化定价、资金市场化筹集、股权市场化退出等长效机制，政府不强制企业、银行及其他机构参与债转股。本文首先明确涉及债转股的几个基础概念，然后在共通的平台和语境下进一步探讨问题。

（一）债转股与债转股具体实施方式的区别

债转股与债转股具体实施方式本是不同的概念，是目的与方法的关系，但在理论上与实践中却存在将两者混淆的现象，最典型的是将债转股的某一种具体实施方式混同于债转股本身。由于人们对市场化债转股的集中关注主要是在国务院前述文件发布之后，所以在这方面已经发表的论文较少，而其中最有代表性的便是“韩文”，故在此以其为对照作出澄清与解释，同时也回应其商榷。

首先需要澄清的是，笔者一贯主张在重整程序中可以根据企业具体情况实施债转股，以达到“企业资产负债率降低，利息费用支出减少，将短期贷款变化为长期投资，降低资金压力”①的目的，保障企业重整挽救成功，但同时也坚决反对违背市场化自愿原则的强迫债转股实施方式。笔者从未在任何文章或讲演中反对在重整程序中实施债转股，包括商业银行的债转股，更没有对债转股的合法性提出过异议。为避免误解，笔者在文章中一再指出，反对强迫债转股的错误方式，“并不意味着在重整程序中我们不能使用债转股作为企业挽救工具”。② 笔者反对以债权人会议多数决的方式、以法院强制批准重整计划的方式在转股债权人不同意的情况下强迫进行债转股。然而包括韩长印教授在内的部分读者将上述违背债权人意愿的强迫债转股视为进行债转股的唯一方式，而且在概念上将债转股的实施方式混同于债转股本身。

以何种方式实施债转股，是按照国务院文件中强调的市场化自愿原则，还是采取债权人会议多数决乃至法院强制批准重整计划草案的强迫手段，属于债转股的具体实施方法，与债转股本身不是同一层次的问题。采取债转股的重整措施，其目的显然是要做正确的事情以挽救企业，但关键是怎么把正确的事做正确。目的的正当性并不能说明手段的正当性，正如打击刑事犯罪的正当性不能解释为刑讯逼供的正当性，错误的方法是达不到正确目的的。反对以错误方法进行债转股与反对债转股是不能画等号的，这在逻辑上属于混淆概念。所以，“韩文”所谓“理论界对‘债转股’自身的合法性存在争议”的情况，笔者以为事实上是不存在的，真正争议的不是债转股自身的合法性，而是非市场化、强迫债转股的实施方法有没有合法性。为此，要研究债转股，就必须区分债转股和债转股实施方法，否则就没有在同一概念下讨论问题的基础。

此外，债转股的概念原则上是涵盖所有债权的（除国家另有规定者）。笔者在债转股问题上的观点也同样适用于所有债权，与转股债权是否是银行债权没有关系，文章之所以以商业银行债转股为论述的对象，仅仅是因为在实践中其发

---

① 王欣新、徐阳光：《上市公司重整的法律制度研究》，载《法学杂志》2007 年第 3 期。

② 王欣新：《企业重整中的商业银行债转股》，载《中国人民大学学报》2017 年第 2 期。

生的问题最突出。所以对“韩文”在债转股中“不应基于银行债权与非银行债权、信贷债权与交易债权等因素而区别对待”的观点,笔者本无异议。但双方的争议不是银行或其他债权能否进行债转股、应否区别对待,而是在债权人不同意债转股时,债权人会议能否以多数决强迫其将债权转为股权。所以“韩文”对银行债转股可行性所作的分析与争议问题完全没有关系,是否允许银行债转股(这点根本不存在争议)与能否违背债权人自愿原则强迫债转股是两个不同问题,对前一问题作再多的肯定论证也不能说明后一问题的合法性与合理性。“韩文”中为解决债转股风险提出了一些预防性变通措施,但根据其解释无一不是建立在自愿协商基础上的,而在实践中能够自愿协商解决的根本就不是问题,关键是自愿协商不成时该怎么办。此外,即使对强迫债转股的后遗症和矛盾可以采取措施予以某种程度的缓解或淡化,也不能表明强迫债转股本身就是正确的。因为这些问题往往就是强迫债转股造成的,只要制止强迫债转股就可以彻底解决问题。

(二)债权人会议对债转股实施表决的两个层次

重整程序中债权人会议与债转股有关的表决,涉及两个不同层次的问题。第一个层次是表决事项即债转股方案设计的合法性,属于表决的实体性问题。笔者主张,未设置体现自愿原则的现金清偿等选择权并经其同意转股,转股债权人既不受债权人会议少数服从多数表决原则的限制,也不受法院强制批准包含有债转股内容的重整计划草案的裁定的限制,①反对利用多数决原则或强制批准权力强迫进行债转股。债权人自愿同意的方式,在实践中大多表现为在债转股实施方案中为债权人设置现金清偿等选择权,或事先各方协商一致取得书面同意,当然也不排除其他取得债权人同意的方式。第二个层次是在解决了自愿债转股后,债权人会议对整体重整计划草案的表决,这是表决的程序性问题。即使债转股方案得到每一个拟转股债权人的同意,也并不表明含有该方案的整体重整计划草案就可自动获得债权人会议通过,仍然需要在债权人会议上进行表决,需要法院的批准,这是任何重整计划草案无论其有无债转股设计都必经的法定程序。债权人会议就整体重整计划草案的表决当然要适用少数服从多数原则,这从来无人反对,因为这时通过多数决原则决定的已不再是含有强迫债转股内容的重整计划草案。这两种表决的性质和意义是不同的。前者的表决,是在错

① 王欣新:《企业重整中的商业银行债转股》,载《中国人民大学学报》2017年第2期。

误实体方案基础上对多数决的滥用,所以要予以反对。而后者的表决,是对所有重整计划草案普遍适用的正常法定程序,根本不存在反对问题。对程序性问题的肯定,不能代表对实体性问题合法性的认可。对这两种情况要区分清楚,如果将强迫债转股的违法内容植入对重整计划草案的正常表决程序,就难免会得出反对以"多数决规则实施债转股",将导致企业重整无法进行的错误结论。[①] 所以细究起来,"韩文"提出的"商业银行的债权能否在破产重整程序中通过破产法上的表决规则进行债转股""在重整程序中能否通过法定的多数决规则实施债转股"[②]的命题本身就是含混不清、不能成立的,混淆了强迫债转股的非法实体内容与重整程序中债权人会议的正常表决程序。

此外,法院也是不能强制批准含有债权人不同意的债转股方案的重整计划的。首先,作为整体性概念而言,笔者从不反对法院行使法律规定的强制批准重整计划的权力,至于慎用与否则属于操作层面的问题,与可否行使权力是两回事。其次,笔者反对法院强制批准含有转股债权人不同意的债转股方案的重整计划,反对的不是法院有强制批准重整计划的权力,而是反对借助批准权力强迫实施债转股,这两者不容混淆。所以,如果拟转股债权人全部同意债转股,即使有其他组别未表决通过,就重整计划中的债转股事项而言,也是可以强制批准的(不考虑其他事项能否批准)。[③]

(三)上市公司以股票清偿债务与债转股的关系

"上市公司的股票是可以上市流通的证券,随时可出售变现,所以其债转股与一般公司还有一定区别,它属于用流通证券清偿债务,而不单纯是债转股,或者说主要属性不在于债转股。"[④]由于上市公司的股票有充分流通的交易市场可以随时出售变现,退出机制畅通,其清偿债务的效用与现金清偿基本相同。所以上市公司以股票清偿债务的基本法律属性,虽然具有债转股的外观,但并不是实质意义上的债转股,体现不出众多非上市公司债转股存在的各种市场风险和利益矛盾,适用的原则和程序均有区别。其实当股票可以及时变价为现金时,是否

① 参见韩长印:《破产法视角下的商业银行债转股问题——兼与王欣新教授商榷》,载《法学》2017年第11期。

② 同上。

③ 在此需要注意的是,法院在强制批准重整计划时是否适用"绝对顺位规则",将原股东的股权调整为零,并不能表明强迫债转股是否具有合法性,这两者是不具有关联关系的两回事,不应混淆。

④ 王欣新:《企业重整中的商业银行债转股》,载《中国人民大学学报》2017年第2期。

设置现金选择权就没有什么实质性意义了，[①]故在目前对债转股的实务分析中不具有典型意义。而“韩文”谈及债转股的普遍性适用时，引以为据的基本上都是上市公司的债转股，无论是案例还是数据，并且在分析代物清偿问题时也是如此，而对非上市公司债转股的案例以及其中存在的各种难题甚少提及。由于“韩文”谈及债转股时实际所指的对象（至少是大多数对象），恰恰是笔者已经基本排除在债转股概念之外的无实践意义的非典型样本，扭曲了对争议问题逻辑分析的实践基础，由此也造成双方在结论上的差异。这也是需要澄清的一点。

债转股除将债权通过增资转为新股权的增量债转股外，还存在将原股东持有的部分或全部股权无偿划转，用于对债权人清偿的存量债转股方式。[②] 无论哪种方式的债转股，都应当贯彻转股人自愿原则。尤其是上市公司的重整，目前在实践中大多采用存量债转股方式。因为这种方式能够保留并充分利用已发行流通股份的价值，而且只需进行股东的变更登记，无须履行股票发行的核准、注册资本变更等手续，较简化。但是，由于存量债转股同样要核减转股债权人对公司的债权，进而使公司的资产增加、资本充实，所以其不是新老股东间与公司无关的简单股权转让行为，实质上仍然是对公司的增资行为，只不过不再进行注册资本名义数额的变更。

根据“韩文”注释 1 中作为债转股典型分析所引用的资料，“截至 2016 年 5 月 31 日，在 47 家上市公司中，有 21 家公司采用了‘债转股’方式进行偿债，占全部上市公司的 44.68%”。“在偿债的股份来源上，存在出资人直接让渡股份抵债、资本公积金转增后的股份让渡抵债、缩股等多种方式。其中 *ST 宝硕等 14 家公司采取出资人直接让渡股份抵债的方式；*ST 北生、*ST 凤凰 2 家公司仅采取资本公积金转增后的股份让渡抵债的方式；*ST 科健等 4 家公司同时采取了出资人直接让渡股份抵债、资本公积金转增后的股份让渡抵债的方式；*ST 华源采取了先缩股再由出资人让渡股份抵债的方式。”这些上市公司的债转股案例，除涉及资本公积金转增的部分外，基本上都是采取存量债转股方式，由债务关系外的第三人——债务人的股东无偿让渡股份代替债务人清偿债务。尽管其中可

---

① 但管理人在此种情况下反而往往设置现金选择权，或许是因为以股票清偿的债转股确实对债权人有利，不会受到实质性反对，且极少数反对者对债转股的实施也没有什么影响，所以不妨作出公正姿态。

② 王欣新：《企业重整中的商业银行债转股》，载《中国人民大学学报》2017 年第 2 期。

能体现“对其他利害关系人在债务人企业中的利益关系重新所作的一揽子调整和更新的契约组合”,[①]但与非上市公司债转股的典型方式相比,无论在实施主体、适用原则还是操作方式上都存在重大区别。《企业破产法》第108条允许第三人代为清偿债务。[②] 第三人如以现金代偿无须债权人同意,以流通股票代为清偿因与现金效果类同,对债权人的利益无不利影响,征求债权人同意的实质意义不大,但以非现金方式的替代清偿就应当取得债权人的同意。

在此,还要澄清债转股与以债务人(或第三人)的股权资产清偿债务的区别。债转股是将债权人对债务人的债权增资转为或通过原股东的无偿让渡转为对债务人的股份,债与股的主体是同一的。[③] 而将债务人(或第三人)享有的对其他企业的股权向债权人清偿(往往是因为难以变现),包括将质押担保的股权向担保债权人清偿,其性质是仅以股权转让方式进行的一种破产清偿(包括第三人代偿),不是债转股。虽然债权人的债权在获得清偿之后,从持有权利的性质看也是股权,但往往不是对债务人的股权,而是其他企业的股权。“韩文”对《商业银行法》第42条、第43条规定分析中提及的“债转股”,相当一部分是属于这种情况。此外,不绝对排除存在股东以其持有的债务人股权为债务人担保而形成类似债转股之外观的情况,但通常银行是不接受此种担保的(上市公司可能存在例外)。因为其存在清偿能力相互冲减的问题,在债务人丧失清偿能力的情况下,其股权也是没有价值的,起不到担保效果。所以,《商业银行法》中规定的股权被动持有,虽然具有一些与债转股相似的外观,但实质只是一种单纯的清偿行为,[④]其内在机制与《债转股意见》所规定的具有降低资产负债率和企业挽救性质的债

---

① 参见韩长印:《破产法视角下的商业银行债转股问题——兼与王欣新教授商榷》,载《法学》2017年第11期。

② 《企业破产法》第108条规定:“破产宣告前,有下列情形之一的,人民法院应当裁定终结破产程序,并予以公告:(一)第三人为债务人提供足额担保或者为债务人清偿全部到期债务的;(二)债务人已清偿全部到期债务的。”

③ 国家工商行政管理总局2011年11月23日公布的《公司债权转股权登记管理办法》第2条规定,债权转股权,是指债权人以其依法享有的对在中国境内设立的有限责任公司或者股份有限公司的债权,转为公司股权,增加公司注册资本的行为。这一规定未将通过原股东的无偿转让股份间接实现债转股的方式包括在内。

④ 这种对担保债权人以质押股权的清偿与债转股是不同的。因担保债权人享有对担保物的优先受偿权,所以在重整程序中通常是不会接受债转股的。在实践中,债转股的转股债权一般都是无担保债权,是要根据模拟清偿比例折价转股的,而担保债权的清偿则是在质押股权范围内的全额清偿。此外,第三人以股权质押为债务人担保,对该质押股权的执行属于第三人代为清偿,而不是债转股。

转股非属同类，不是我们所探讨意义上的债转股，不能相互混淆。[①]

二、债转股应否受《公司法》《企业破产法》的双重调整

债转股具有债务清偿和债权出资的双重属性。债转股中“债”的关系主要受破产法调整，而“股”的关系则主要受公司法调整。不同性质的法律关系需要不同的法律调整，而这两种法律关系在企业的破产重整程序中，通过债转股方式交融相汇，并在重整案件中一并处理。因债转股是在破产重整程序中进行，所以对其应否受破产法调整无人异议，但对其应受《公司法》调整则存在不同观点。

有的学者提出，债转股性质为“代物清偿”或“专为清偿”等观点，反对债转股具有股权投资性质、应受公司法调整。以具有代表性的“韩文”为例，虽其对债转股应否受《公司法》及相关规定调整没有明确的正面答复，但认为，“债转股看似具有将债权转换为股权的投资属性，但与其说是通过债权转股权实现的一种投资，毋宁说是债务人在违约后实施的一种代物清偿或者‘专为清偿’”；“无论是代物清偿还是专为清偿，其属性都明显有别于其‘进行股权投资’的性质”，如此等等。[②] 显然，“韩文”对债转股具有债权出资属性是持否定态度的。而对债转股具有债权出资属性的否定，必然会否认《公司法》对其的调整。但是，债转股在法律上的最终实现，必须履行公司法上的增资登记及(或)股东变更等程序，并相应减少公司的负债，而这些行为的法律性质显然属于公司法规制的出资行为，这是无法否认也无法回避的。转股债权人即使在债转股实施完成后仍在公司法上负有后续义务，特别是不得抽逃出资、减资需遵循法定程序以及履行其他有关资本充实义务，完成债转股的债务人企业对外与其他民事主体的交易等民事活动也是必须遵循公司法的上述规则。否认债转股受公司法规制，必然会影响对与重整企业交易第三人权益和市场交易安全的保护。

“韩文”反对债转股受《公司法》调整观点的不合理之处，集中表现在其关于重整计划执行失败转入清算程序后，已经实现债转股的原债权还要恢复其债权性质上。“韩文”中多处强调，“在重整程序转入破产清算后，债转股并不会转换为劣后于普通债权的股权而在清算程序中劣后受偿”，“在重整计划的执行宣告

---

① 王欣新：《企业重整中的商业银行债转股》，载《中国人民大学学报》2017 年第 2 期。

② 参见韩长印：《破产法视角下的商业银行债转股问题——兼与王欣新教授商榷》，载《法学》2017 年第 11 期。

失败，重整执行程序转入破产清算程序之后，债转股的债权还是要恢复原状而不受让步承诺的约束，并非在转入清算程序之后将债转股的债权实际当作股权对待，这与以债权作为投资方式语境下权利属性的永久转变并不相同。如果完全从公司法的视角将其认定为永久性的股权出资，则会抹杀债转股作为重整程序中的'代物清偿'之首要属性，也会与代物清偿的瑕疵担保责任相背离"。这是"韩文"认为债转股不损害债权人权益、可以违背转股债权人意愿强迫进行的主要理由，但是这一结论不仅在法律上不能成立，在实践中更是具有危害性的。

首先，从"韩文"强调的破产法角度分析，这种主张是不能成立的。《企业破产法》第93条第1款、第2款规定："债务人不能执行或者不执行重整计划的，人民法院经管理人或者利害关系人请求，应当裁定终止重整计划的执行，并宣告债务人破产。人民法院裁定终止重整计划执行的，债权人在重整计划中作出的债权调整的承诺失去效力……"但是，法院裁定终止重整计划的执行、宣告债务人破产，绝不是对原有的全部债权都完全恢复原状。该条第2款明确规定："……债权人因执行重整计划所受的清偿仍然有效，债权未受清偿的部分作为破产债权。"需特别指出的是，以债转股方式向债权人所作的清偿，在履行股权变更登记的法律手续后，代物清偿就已经履行完毕后，该债权属于已经完成清偿的债权。[①]而《企业破产法》的上述法律规定只允许"债权未受清偿的部分作为破产债权"，作为执行重整计划已经完全实现受偿的债转股清偿仍然是有效的，根本不属于可以继续作为或自动恢复为破产债权的范围。如果已经完成股权变更登记的转股债权还不能算是清偿完毕的债权，那么有债转股方案的重整计划就永远不可能执行完毕了。

其次，从"韩文"所忽视与反对的公司法角度分析，其不当之处就更加明显了。债转股行为的完成与对外法律效力的产生，以公司的股东与股权的变更经过工商登记对外公示为标志。如果在债转股完成股权变更登记之前，重整计划就已经因执行失败而转入破产清算程序，债权人由于尚未完成债转股的法定手续，转股的清偿行为尚未生效，当然只能以债权人的身份继续参加清算程序。但这并不是所谓的股权转回了债权，而是因为原来的债权根本就还没有转为股权，

---

① 参见韩长印：《破产法视角下的商业银行债转股问题——兼与王欣新教授商榷》，载《法学》2017年第11期。

其性质本就是债权。如果在债转股的股权经过工商变更登记公示之后，债权就确定性、永久地转为了股权（至于以后可能发生的转让、回购等操作也是建立在权利性质为股权的基础上）。《公司法》第 3 条第 2 款规定："有限责任公司的股东以其认缴的出资额为限对公司承担责任；股份有限公司的股东以其认购的股份为限对公司承担责任。"在债转股中，股东认缴或认购的出资额是以债务免除的出资形式在转股完成工商变更登记手续时实际缴纳的，所以必须以此对公司承担责任。2013 年国家工商行政管理总局公布的《公司注册资本登记管理规定》第 7 条规定："债权人可以将其依法享有的对在中国境内设立的公司的债权，转为公司股权。转为公司股权的债权应当符合下列情形之一：……（三）公司破产重整或者和解期间，列入经人民法院批准的重整计划或者裁定认可的和解协议。……债权转为公司股权的，公司应当增加注册资本。"这时，如果想将债权从已经增加的注册资本或者用于转换的存量资本中撤回，则属于公司减少注册资本，必须按照《公司法》的规定进行，[①]而在公司已经丧失清偿能力的重整程序中是不允许再进行实质性减资、抽逃资产的。

《公司法》第 35 条规定："公司成立后，股东不得抽逃出资。"在以现金方式出资时，需要防范的主要是股东通过虚构债权债务关系或利用关联交易等方式抽逃出资。而债转股的出资是以消减债务人公司对外负债的方式缴纳的，所以债转股股东对公司承担的出资责任首先就是不得以恢复债权、消灭股权的方式抽逃出资。因为在第三人与已经实现债转股的公司进行交易时，对因债转股形成的资本以及公司债务的相应减少产生了合理信赖，相信公司的资产可以作为交易的清偿保障，相信该项债转股的投资未经公司法上的法律程序是不会被减资、被抽逃的，而对公司的对外负债数额也是可以信赖的，是不会出现股东的股权基因突变而转换为对公司的债权的。这是市场交易中公司的信用基础，是交易安全最基本的保障。

在实践中，重整计划中的债转股方案因不再涉及清偿能力通常会履行在先，

---

① 《公司法》第 177 条规定："公司需要减少注册资本时，必须编制资产负债表及财产清单。公司应当自作出减少注册资本决议之日起十日内通知债权人，并于三十日内在报纸上公告。债权人自接到通知书之日起三十日内，未接到通知书的自公告之日起四十五日内，有权要求公司清偿债务或者提供相应的担保。"《公司登记管理条例》第 31 条第 2 款规定："公司减少注册资本的，应当自公告之日起 45 日后申请变更登记，并应当提交公司在报纸上登载公司减少注册资本公告的有关证明和公司债务清偿或者债务担保情况的说明。"

而债权的清偿往往是分期的，且执行期较长，很可能在债权转为股权数年后，债务人因对其他债权无力执行重整清偿计划而又转入破产清算程序，这时是绝对不能以所谓股权代物清偿合同解除或失效作为恢复原债权理由的。如果债转股不是重整计划批准生效后与公司交易的当事人可以信赖的“永久性的股权出资”，而是在股权登记变更后、重整计划执行失败时可以随时撤资，甚至转换成此前与公司进行交易的第三人所不知道的对公司的巨额债权，这符合公司法的资本维持原则吗？与对债权人的欺诈逃债行为又有何区别，重整企业的信用何在？目前，重整企业已经因现有法律制度供给不足而在社会各方面陷于信用难以恢复的困境，在各方人士想尽各种办法解决问题之时，如果实施如此毁灭重整企业交易信用的主张，那可真是要彻底置重整企业于死地了。

此外，在债转股行为生效之后，企业因重整计划执行失败而发生破产的情况，也不属于“韩文”主张的股权代物清偿瑕疵担保责任。股权瑕疵或曰出资瑕疵，主要是因在公司设立或增资时股东未出资、出资上存在权利瑕疵或者义务负担、出资不实（如出资价额显著低于章程所定价额、不办理产权变更和财产交付手续等），以及在公司设立后股东抽逃出资等原因造成的。[①] 也就是说，瑕疵股权，是指股权本身存在各种出资瑕疵。股权代物清偿的瑕疵责任，则是指在以股权清偿债权的过程中，由于转让的股权存在出资瑕疵或股权转让的程序存在瑕疵而产生的违约责任承担。在上述情况下，股权受让方可以主张股权转让协议无效或请求撤销从而恢复原状，或者请求赔偿损失。此外，广义的股权瑕疵转让责任还包括对第三人的责任，如公司、其他股东或债权人起诉股权转让双方，要求双方补足出资、消除股权瑕疵等，但此类问题在债转股中通常是不存在的。而在转让的股权本身没有瑕疵、转让过程不存在瑕疵的情况下，在债转股行为发生法律效力之后，重整企业的破产纯属股东持有股权应当承担的市场风险，根本就不是股权代物清偿的瑕疵。如果债权人接受了股权代物清偿，因此后持股企业破产就可以主张所转换的股权本身存在瑕疵而要求恢复为债权，那么任何股权的代物清偿都将难以进行，而公司的资本维持、交易第三人的信赖利益保护、诚实信用原则也将被破坏殆尽。即使转让当事人之间存在破产责任的某些特别约定，这也不是所谓股权代物清偿瑕疵担保责任，而是在债转股完成后对企业市场

① 详见最高人民法院《关于适用〈中华人民共和国公司法〉若干问题的规定(三)》。

风险承担的约定。而且如果债转股中真的存在股权代物清偿的瑕疵,其担保责任的追究,因为涉及对交易第三人及善意债权人合法利益(如信赖利益)的保护、对市场交易秩序的维护,也是不能采用撤回出资、恢复债权原状之方法的,而只能是追究违约赔偿责任。而在违约的债务人已经破产的情况下,即使追究违约责任也难以挽回债权人的损失。

"韩文"将债转股视为"专为清偿",并借此主张在重整计划执行失败时恢复债权的观点也是不能成立的。根据"韩文"的引用,专为清偿,是指债务人虽然交付了不同于原定给付的他种给付,但原债权并不因此当然消灭,仅仅是债权人首先努力以他种给付实现自己的债权。但在实现未果时,债权人仍有权请求债务人清偿原债权。① 据此,构成"专为清偿",首先,要求清偿的他种给付应当是由债务人交付的,而不是第三人如股东交付的;其次,债权人有权请求债务人清偿原债权的前提是他种给付实现债权未果。而债转股的债权清偿实现未果,是指债权未能通过工商变更登记转变为股权。当债权经过工商变更登记转为股权之后,就当事人约定的以股权清偿债权而言,是已经充分实现的清偿,"专为清偿"已经完成,债权已经消灭。这时原债权人是没有任何理由再要求返回原状、清偿原债权的。至于在实现债转股后,转股之企业是否因对重整计划的其他内容无法执行,或者是在重整计划执行完毕后因其他原因而进入破产清算程序,与"专为清偿"无关,已经转为股东的债权人是无权再要求恢复并清偿原债权的,公司破产风险是股东必须自行承担的市场风险。所以,"韩文"在重整计划执行失败时将已转换的股权恢复为债权的主张,无论是在法律上还是实践中都是无法成立的。

三、债转股应否受债权人会议少数服从多数表决的限制

不同意债转股的债权人应否受债权人会议少数服从多数表决的限制(包括法院强制批准重整计划草案裁定的限制),是债转股中至关重要、必须明确解决的一个问题,也是笔者与韩长印教授等争议的焦点。"韩文"认为,在破产这一概括执行程序中,"每一个体债权人的意愿并不需要都给予尊重;相关权

---

① 参见崔建远:《合同法总论》(中卷),中国人民大学出版社 2012 年版,第 34 页。转引自"韩文"。

利的代物清偿(债转股——笔者注)在逻辑上也未必需要得到每一个体债权人的完全同意”,所以不同意债转股的债权人也必须受债权人会议少数服从多数表决的限制;而笔者关于债转股是不受重整程序债权人会议少数服从多数集体表决效力限制、应由债权人在个体基础上自愿行使的权利的观点,“明显忽略了破产程序的概括程序属性,否定了破产程序所独有的多数决规则,将导致破产法的破产预防功能和债权的集体保障功能虚置,有害于破产法的顺利实施和重整程序的有效运用”。[①] 下面对此问题进行分析,并回应“韩文”的观点与商榷。

(一)债转股与债权人会议多数决的关系

笔者认为,破产程序的“总括执行”(又称概括执行或集体执行),应当是指以债务人自己的财产对债权的集体执行。从债务清偿即集体执行的角度讲,破产程序中债权人会议表决的人数与债权额双重多数决原则,只能适用于在债务人所有的财产范围内对其债权清偿事项的调整,即可以通过减少清偿比例、延长清偿时间、改变清偿方式等对债权的清偿事项进行符合实际情况的调整。[②] “韩文”提出的“破产程序的概括属性决定了破产程序中的任何事项,包括重整债权的清偿期限、清偿比例、清偿方式以及清算程序中的财产变价方案、分配方案等,均需按照多数决规则形成债权人或者利害关系人的集体意思”,如果将涉及的范围限定于债务人所有的财产与单纯的债务清偿行为,且不侵害债权人破产法下的法定权利,这一观点是可能成立的。但债转股是以债务人企业的股权进行清偿,股权显然不属于债务人企业自己所有的财产,而是其股东的财产,无论是从存量债转股还是增量债转股的角度看,这都超出了破产程序集体执行的财产范围。此外,债转股还具有债权出资(增资)的性质,不是单纯的债务清偿行为,而主要是重整企业的债权人与新投资人(如有)以及原股东(如其股权未被清零)之间的自愿交易,应当遵守公司法的各项规则。所以债转股并不属于破产程序概括执行的范围,不能适用债权人会议多数决的原则。

债转股使转股债权人的权利发生法律性质上的转换,这也使其不能再适用

---

① 参见韩长印:《破产法视角下的商业银行债转股问题——兼与王欣新教授商榷》,载《法学》2017 年第 11 期。

② 企业重整中不涉及债务清偿事项的股东权益调整问题如股东表决组的设立、表决等,不在此范围内,而且重整程序中股东组的表决也不是适用破产法的表决方式,而是适用公司法的表决方式。

债权人会议多数决原则。破产程序中以债务人的财产进行的清偿,无论如何调整无非是还多还少、还早还晚、现金还是代物的问题,债权的基本性质与债权人对债务人财产的直接受偿权利是不变的,所代之“物”也原属于债务人所有。但债转股使债权的基本性质发生转变,成为权利性质与实现渠道完全不同的股权。转股后的股东以其持有的股权份额享有对债务人企业的权益并承担相应风险,不再对债务人的财产享有直接权利。这也使债转股超出了代“物”清偿的调整范围,变成了代“权”清偿。这种具有基础权利性质转换的清偿,因涉及债权人重大利益的调整,应当建立在每个转股人自愿的基础上,而不能以债权人会议多数决的方式强迫进行。

“韩文”混淆了一个关键性问题,就是债转股不是单纯对债权的清偿调整,而是在所谓的代物清偿中对新权利(与原权利法律性质不同的权利)的创设。而新权利(投资权利)的创设包括变更性创设,是一定要经过每个当事人同意的,即使是在破产程序中也不能以多数决规则强行替代,尤其是该项权利的创设是在债务人已经陷于清偿困境、投资价值存在巨大风险的情况下。债转股将原权利在债权人最关注的方面降级转换,使当事人承担了原来没有的义务与风险,更应当贯彻自愿原则。

股权体现的是投资关系。从投资角度讲,股权价值的实现,一是通过利润分配,收回投资;二是出售股权,变现回收,乃至获得收益。在企业经营不善的情况下是没有利润可供分配的,在企业股权为负值(对应净资产)的情况下往往也是没有多少出售价值的,尤其是对那些非上市公司来说,更是没有可靠的股权出售市场。债转股最大的不确定性风险就在于,转股后如果股东长期既不能分配到利润也无法出售股权时,“韩文”所谓的股权代偿物就既不具有使用价值,也没有价值,而且会给股东徒增监督高级管理人员经营、依法解散清算公司等义务与风险。而当重整计划执行失败或企业重整后经营失败进入破产清算时,转股债权人将会分文不获。这些风险是不能由所谓多数决原则强加于当事人的,所以债转股必须由每个转股人自愿同意,不能适用债权人会议具有强制性的多数决原则。

国务院有关债转股文件中规定的自愿原则,在破产重整程序中也是必须遵守的。中国如此,外国也是如此。“韩文”所举的美国典型案例,浙江海宁蒙努集团有限公司在美国知名家具企业“杰妮芙”重整案件中实施的债转股之所以能够成功,也是因为“两者在提出破产申请之前即磋商了一个债转股方案”。[①] 这是双方磋商自愿同意进行的债转股,而不是所谓债权人会议表决下的强迫债转股,这倒是为笔者的观点提供了一个有力案例。所以,如果债转股真的是符合债权人利益,无须强迫,债权人自然是会同意的,甚至会主动去协商。如果债转股违背债权人的利益,而又以债权人会议多数决的方式强迫实施,那就真会“有害于破产法的顺利实施和重整程序的有效运用”。如果对不同意转股的债权人以债权人会议多数决的方式强迫实施,“如果法院可以在银行不同意的情况下任意强制批准债转股的重整计划,或者在地方政府公开或隐蔽的强迫下强制批准重整计划,那么挽救任何‘僵尸企业’都会成为轻而易举的事,只要强制将所有债权都转为股权就行了”。[②] 这虽然是从极端角度来讲的,但并非杞人忧天,我国实践中已经出现滥用债转股、侵害债权人权益的“苗头”,必须及时澄清观念,确立规则予以防范。

(二)债转股与反对转股者之间的关系

在此还需考虑一个问题,就是债转股是否有少数债权人反对就不能实施。“韩文”一直强调债转股要遵循债权人会议多数决的原则。换言之,其认定反对债转股的只是少数债权人(包括持有少数债权额)。谈及强迫债转股的理由,“韩文”认为,“如果硬性要求重整程序中的债转股这种代物清偿方式必须得到每一债权人的同意,则既会与破产程序的概括性质相违背,又会使重整程序因无法克服‘钉子户’和‘敲竹杠’问题而寸步难行,还会使债权人与债务人的利益陷入‘双输’境地”。

这又是一个似是而非的陷阱。获得集体一致同意的成本非常高,[③]这是不言自明的。但在此必须明确,债转股并非必须所有拟转股债权人都一起参加才能实施。从理论上讲,只要有一个债权人同意,在实践中就可以实施(如浙江海宁蒙努集团有限公司在美国“杰妮芙”重整案件中的债转股),挽救企业的目的往往也只要多数债权人同意债转股就可以实现。所以,有少数债权人或“钉子户”不

---

① 参见韩长印:《破产法视角下的商业银行债转股问题——兼与王欣新教授商榷》,载《法学》2017 年第 11 期,注释[91]。

② 王欣新:《企业重整中的商业银行债转股》,载《中国人民大学学报》2017 年第 2 期。

③ 参见[美]詹姆斯 · M. 布坎南:《制度契约与自由:政治经济学家的视角》,王金良译,中国社会科学出版社 2013 年版,第 179 页。

选择债转股,原本是不会阻碍债转股实施大局的。换言之,只要拟转股债权人有多数人真心同意,就可以实现债转股的目的,根本没有必要一个也不能少的债转股。那么,为什么还有些人一定要强调所有纳入债转股范围的债权人都必须实施债转股?问题的关键恐怕在于,债转股计划的制订者害怕,如果允许债权人享有不进行债转股的选择自由,可能会引发多数乃至全体债权人都不选择债转股。因几个“钉子户”的反对就会导致债权人集体不选择债转股的担心本身,是非常能够说明问题实质的。“困境企业的债权人之所以愿意选择将债权转化为股权,源于债权人在权衡清算与重整的成本收益后,认为给予企业一个再生的机会将会使自己享有的债权获得高于直接清算所获得的清偿”。[①] 那么反过来,如果债权人不选择债转股岂不同样也说明债转股方案真的是对债权人不利,至少并不比直接清算、现金清偿更有利。而一旦设置了其他清偿选择权就会引发多数乃至全体债权人不选择债转股,也说明之前所谓债权人多数表决的同意也并非真心的同意,只是因走投无路逼迫的无奈。而不敢给拟转股债权人以现金等其他清偿选择权,恰恰说明债转股计划的制订者自己也对债转股是否真的比其他清偿方式更有利于债权人没有任何信心。如果真的只是几个“钉子户”反对债转股,而大多数债权人都坚决支持,债转股是不受阻碍的,又有什么可怕的?所以,强调债转股要实行债权人会议多数决,不仅可能剥夺少数人的权利,而且隐含有胁迫所有债权人债转股的目的。

此外,在重整程序中要采取债转股措施,主要是因为债务人及新的战略投资人现金不足,在可清偿资金数额基本锁定的情况下,没有办法给债权人以高于破产清算的较合理的清偿比例,使重整程序成功。所以管理人便设计出债转股的方案,一方面,可以使债权人得到至少是名义上的更多清偿;另一方面,也可以缓解现金清偿压力,还有利于管理人简单、方便地完成重整工作。但是真正解决实际问题的关键,不在于非要论证出滥用债权人会议多数决强迫债权人接受债转股的合法性、合理性,而在于提高业务水平、努力制订合理的债转股方案,通过积极、耐心的说服与谈判,使债权人至少是多数债权人在利益的引导下自愿接受债转股。债转股可以常态化实施,但不能简单、粗暴地滥用于不具备条件的企业。另外,这也说明对那些没有超过市场清算价值、只能靠损害债权人基本权利去进

---

① 李曙光:《债转股应遵循六个法治原则》,载《经济参考报》2016 年 11 月 8 日,A08 版。

行的伪重整应当叫停了。

四、结语

借用“韩文”中的一句话,“债转股并非洪水猛兽”,在债转股中给债权人选择自由,更不是洪水猛兽。只要债转股的方案真的有利于债权人,就算有少数债权人不同意,也不会影响债转股的实施和企业挽救大局。理论上的争议有时可能无法充分体现或解决实践中的多种利益问题,但如不去想办法制订合理的债转股方案解决实际问题,以利益说服债权人,真正实现重整制度多赢的目标,只是想靠权力强迫推行是难以持久的,结果不仅会毁掉债转股的好名声,还会破坏重整制度的实施。从这个角度讲,只有确立自愿债转股的基本原则,才可能真正提高管理人等制订债转股方案的水平与能力,才能真正保障债转股在符合其设立宗旨与目的的情况下正确实施。

落实全国法院民商事审判工作会议精神 完善重整中的债务人自行管理制度*

2019 年 7 月 3 日召开的全国法院民商事审判工作会议强调,要进一步加强破产审判工作。要进一步明确破产审判工作思路和重点,围绕供给侧结构性改革,以处置“僵尸企业”为重点,推动完善市场主体救治和退出机制,促进企业优胜劣汰和市场资源高效配置。

企业破产法建立的重整程序,是实现市场主体救治机制的关键环节。在重整程序中由哪个主体处于中心地位,各国有不同的立法例。一种是以美国为代表的债务人中心主义,另一种是以英国为代表的管理人中心主义,间或有折中主义,适用于不同国情。我国破产法以管理人管理为常见的缺省默认模式,债务人自行管理则为经法院批准的例外,在司法实践中较少见。就我国目前情况而言,两种管理模式均有其适用的必要。市场化的破产制度在我国建立时间不长,一些债务人企业的经营不规范、缺乏诚信,所以管理人管理仍是必要的模式,但对债务人自行管理的模式理论上缺乏重视、实践中甚少适用的现状,也影响了我国重整立法目的的实现。

在企业重整程序中,债务人自行管理制度具有十分

---

* 本文与许胜锋合作,原载于《人民法院报》2019 年 7 月 18 日,第 7 版。

重要的意义。第一,它是重整制度的真谛所在。重整程序产生的本源,就是债务人企业本身具有挽救的营运价值,即挽救价值的关键构成因素存在于债务人企业自身,而不是外来投资人的投资。所以,重整挽救首先应当考虑立足于债务人企业的自救,而不是或者说主要不是依靠外来投资人的投资收购行为。故一般而言,债务人的自行管理本应是能够充分体现重整营运价值的首选方式。第二,要想使企业重整能够更好、更快、成本更低地实现,还需要借助预重整、庭外重组等相关制度的促进与发展。而预重整、庭外重组都是在债务人自行管理基础上进行的,没有债务人自行管理这一基石,预重整、庭外重组往往是无法与重整制度顺利衔接或相互协调促进的。第三,债务人自行管理制度对重整程序的及时启动与顺利进行具有重要的促进与保障作用。尽管企业破产法规定,债务人在有发生破产原因的可能时就可以申请重整,以鼓励其尽早利用重整法律手段达到企业挽救的目的,但在司法实践中,几乎所有企业进入重整程序无不时机过晚,以至于基本上丧失了自救的基础,只能通过引入新的投资人以外力解困。而企业之所以迟迟不愿意进入重整程序,除对破产法缺乏正确理解外,一个重要原因就是因为重整程序的主导运行方式是管理人管理,企业的股东和高级管理人员不愿意失去对企业的控制包括对重整挽救的控制。债务人自行管理的不确定性与实际缺位,导致企业股东和高级管理人员在发生债务与经营危机时,往往是极力在破产程序外自我挣扎,不愿主动进入重整程序,乃至耗尽企业资源,在最终不得不进入破产程序时因错过最佳拯救时机、资源所剩无几而使挽救成功率大幅降低,并增加程序进行的困难,甚至诱发一些不规范行为。第四,债务人自行管理制度的实际缺位,还导致了重整的市场化、法治化运行程度受到不利影响。在债务人自行管理下,重整计划的制订原则上是建立在利害关系人之间相互协商等市场化手段基础上,有助于解决实践中债权人参与重整的意愿消极,谈判协商机制失灵等问题。第五,在管理人管理之下,重整计划草案的制订往往更关注于债务清偿、招募投资人的投资等问题,重整实际上仅仅是对债务的清偿与减免,所谓计划也仅是根据法律对重整债务清偿的要求进行计算与调整,而对企业运营价值的恢复、重整计划在经营上的可行性等重视不足,由此可能导致重整计划的目的偏差和执行失败。第六,目前的重整能否成功,往往过度依赖外部新投资人的招募,陷入"公开遴选投资人 + 价高者得"的定式程序,从某种意义上讲,其与破产清算的区别仅是拍卖股权与拍卖资产的区别,企业的营运价值以及从经营管理角度的挽救往往未能得到真正的重视，难以充分实现。

整体而言，我国的重整审判实务受传统破产清算理念的影响，有些偏重债权人利益的保护而忽视债务人的利益，对企业营运价值的挽救简单化，忽视效率与效益却易失去实益，此外程序亦有些活力不足，以债务人、债权人、投资人等私主体谈判博弈机制为特征的市场化重整原则尚未真正确立。重整制度遭遇上述问题的根源之一，在于债权人、债务人这对核心利害关系矛盾中债务人严重缺位，而被缺乏利益关系的外部管理人替代，致使以谈判、协商、博弈、讨价还价为特征、价值创造型的重整制度因此失去了活力。

从重整制度的发展历史看，美国作为重整制度最发达与成功的国家，也是经历了外部托管人管理、债务人自行管理两种模式反复、波浪式的发展路径。美国重整制度长期的发展历史表明，虽然债务人自行管理有其自身的一些缺陷需要其他制度予以补充完善，但托管人管理在实践中显然更失败。为此，美国在1978年《破产法典》第11章重整程序中采用了债务人自行管理制度（DIP制度），将其设定为默认的首选模式并沿用至今。此后，债务人自行管理制度伴随经济全球化的进程对各国破产法产生了深远影响。如德国最早也是采用管理人管理模式的。1994年《德国支付不能法》引入债务人自行管理制度，但严格规定债务人只有符合下列条件时方可适用自行管理：（1）经债务人申请；（2）破产申请由债权人提出的，该债权人同意债务人的申请；（3）根据情况可以预期自行管理将不致延误破产程序或对债权人造成其他损害；等等。严格的适用条件导致了自行管理制度适用率较低、重整制度仍缺乏活力。2011年德国出台的《企业重整进一步促进法》规定，债务人申请自行管理，只要没有具体证据证明将损害债权人利益则应当批准，同时还规定债务人在申请重整时可以同时申请自行管理，法院不批准自行管理的，债务人可以撤回重整申请，以解除债务人对因适用重整而失去企业控制权的担忧。

我国的社会文化对失败的债务人往往是责难多于宽容的，社会信用体系不健全，公司治理不规范，加之破产及相关配套法律制度亦有差异，因此，适用债务人自行管理制度必须结合我国国情以及现行破产法律制度。

1. 对于存续式重整，应当优先考虑以债务人自行管理为原则，只有在债务人不愿意自行管理、存在违法及不诚信行为、明显不具备管理能力或者有其他显著不利于债权人利益的情形时，才由法院指定的管理人进行管理。通过债务人自行管理鼓励其尽早提出重整申请，通过破产程序启动后的自行管理激励，来平衡和减少债务人破产程序启动前的不诚信和破产危机下的冒险经营行为，最终有利于企业重整成功并维护债权人等各方利害关系人的权益。在具体制度设计上，需要进一步明确在不同情况下债务人内部有权决策申请自行管理的主体，确认债务人可在申请重整的同时申请自行管理、自行管理适用的条件、法院的审查标准、自行管理未批准时的重整申请撤销，以及自行管理的退出与转换制度。

2. 中国式的债务人自行管理应当采用债务人与混合管理人治理的模式。对重整中生产经营管理、与债权人和投资人的商业谈判、重整计划尤其是其中的经营计划的制订等事务应由债务人负责，而对于债务人的资产调查、债权审查以及撤销权、抵销权行使等重整法律事务，尤其是可能与债务人存在利益冲突的事项则应由管理人负责。同时，管理人负责对债务人的自行管理进行监督，保证对重整中各方权利的公平保护。为此，要健全管理人的监督制度，并落实《全国法院破产审判工作会议纪要》第 9 条关于“在债务人自行管理的重整程序中，人民法院要督促管理人制订监督债务人的具体制度”的规定。

3. 债务人的自行管理离不开专业机构的指导与服务，所以应当允许其聘用专业中介机构，使债务人的自行管理真正发挥其在重整中的积极作用。而且在债务人进入重整程序前，也应当允许其聘用中介机构为准备重整与自行管理申请以及相关事项，包括在预重整中提供专业服务。

4. 为使债务人自行管理能够更好地发挥其效用，我国还应建立预重整制度与之衔接。预重整制度是 20 世纪 80 年代从美国重整实践中发展而来，核心是将重整中债务人与债权人的谈判协商、债权人会议表决等程序前移至重整程序启动前，以缩短重整期间、提高效率。在预重整中，债务人同样处于主导地位，与重整中的自行管理制度能够有力衔接，取得更好效果。在此我们要注意，预重整制度与一些地方法院、政府对破产案件的提前介入存在本质区别，预重整制度也不仅仅是对重整申请是否立案的预审查，而且要着重防止个别人假借预重整之名、行变相拖延重整程序之实，损害各方当事人权益。

重整中的管理模式是重整制度中的核心问题之一，也是基础性问题。市场化的重整制度应当鼓励陷入困境的债务人尽早启动重整程序，并能够发挥其在企业挽救、保留营运价值和经营价值创造方面的积极作用。全国法院民商事审判工作会议强调指出,要进一步加强破产审判工作,破产审判工作要开创新局面。而债务人自行管理制度就是在重整程序中开创新局面的一个突破口。未来企业破产法的修改对此问题应予以充分重视,在司法实务中亦应鼓励各地法院积极探索一套符合中国国情的、有生命力的债务人自行管理制度,以保障重整制度设立目的的顺利实现。

谈破产法中的民事和解*

企业破产法规定了重整、和解与清算 3 种程序，并允许程序之间依法进行转化，以充分发挥破产制度对债务危困企业的拯救与市场出清功能。但在司法实践中，因对法律的不同理解等也出现了一些不妥做法，如法院在作出破产宣告裁定后又撤销裁定，转入重整或和解程序。为规范法律适用，最高人民法院在《全国法院破产审判工作会议纪要》第 24 条规定了破产程序转换限制，指出“债务人被宣告破产后，不得再转入重整程序或和解程序”。

明确债务人被宣告破产后不得再转入重整程序或和解程序，是对破产程序不可逆性的正确认识，也是对程序转换的合理约束。此后，清算程序向重整与和解程序的转换只能在法院宣告债务人破产前进行。这一规定为各方利害关系人对债务人企业是破产清算还是重整或和解的博弈，设定了更严格的规则，要求更认真、理性的对待，避免了无理性、无底线的利益争夺，以及执法中的无原则让步。

但是否在法院作出破产宣告裁定后，债务人企业就只能被清算注销，不能再获生存机会，尤其是在《全国法院破产审判工作会议纪要》出台之后？法律规定并非如此。我们还可以借助破产法上的民事和解规定解决企业

---

* 本文原载于《人民法院报》2020 年 8 月 6 日，第 7 版。

的挽救问题。《企业破产法》在第 95 条至第 104 条中规定了破产强制和解的同时,还在第 105 条规定了民事和解,“人民法院受理破产申请后,债务人与全体债权人就债权债务的处理自行达成协议的,可以请求人民法院裁定认可,并终结破产程序”。下面分析破产法上的强制和解与民事和解的区别,以及如何正确地理解与实施。

第一,适用的程序阶段不同。强制和解只能在债务人被宣告破产前适用,而民事和解可以在受理破产申请后至破产程序终结前全程适用,法律没有规定在破产程序中的截止适用期限。据此,民事和解不受破产宣告后不得适用的限制,这是其最重要的特点。从这一意义上讲,民事和解也可以适用于破产重整与强制和解程序,只不过在债务人能够与全体债权人就债权债务的处理自行达成协议的情况下,不需要全体债权人一致同意的条件更低的重整与强制和解,自然就更易获得成功,民事和解也就无用武之地了。民事和解是债务人与全体债权人对自身民事权利处分权的自愿行使,即私法自治下的自行和解。《民法典》第 5 条规定:“民事主体从事民事活动,应当遵循自愿原则,按照自己的意思设立、变更、终止民事法律关系。”在双方就债权债务的处理自行达成协议后,只要没有违反法律,不违背公序良俗,不损害他人的正当权益,法院就应尊重当事人的自愿决定予以认可。在法院裁定认可并作出终结破产程序的裁定后,债务人企业即恢复正常的经营状态,可以进行包括股权收购、资产重组等活动。《企业破产法》第 105 条规定的立法目的,就是为挽救债务人尤其是已经被宣告破产的企业开辟更多的渠道,鼓励并尊重当事人之间通过意思自治,达成民事和解,更好地市场化解决债权债务纠纷和企业经营发展问题。

第二,和解的原则不同。破产法中的和解程序是强制和解,实行少数服从多数的原则,在债权人会议依法定多数通过和解协议后,对反对和解的少数债权人也具有强制服从的效力。而民事和解完全遵循自愿原则,是当事人对自己民事权利的处分,和解的达成实行全体一致同意原则,不能强制任何一个当事人接受和解,所以反对和解者是不受约束的,法院与地方政府也是不能干预的。

第三,债权人约束的范围不同。纳入强制和解范围的债权人仅限于无物权担保的破产债权人,而纳入民事和解范围的是全体债权人,既包括无担保的债权人,也包括有物权担保的债权人,强调债务人与全体债权人就债权债务的处理自行达成协议。

第四,和解程序不同。强制和解是由债务人先申请和解,法院予以受理,然后召集债权人会议讨论、表决通过和解协议草案,再请求人民法院裁定认可。债务人申请强制和解,只需要提出和解协议草案。而请求民事和解的前提,是先由债务人与全体债权人就债权债务的处理自行达成了协议,提交已经签订好的协议才可以请求人民法院裁定认可。

第五,和解协议达成后不能履行时的解决方法不同。《企业破产法》第 104 条第 1 款规定:"债务人不能执行或者不执行和解协议的,人民法院经和解债权人请求,应当裁定终止和解协议的执行,并宣告债务人破产。"也就是说,此时虽然法院已经依第 98 条规定终止了和解程序,但当债务人不能执行或者不执行和解协议时,立法仍规定了法院的强制性介入,要直接继续作出破产宣告,债权人不能申请对和解协议强制执行。但在民事和解达成后,法律规定人民法院裁定认可时要终结破产程序。所以如债务人不能执行或者不执行和解协议,法院不能再直接介入宣告破产。债权人可以申请对债务人破产清算,启动一个新的破产案件,也可以对认可和解协议的裁定申请强制执行。

第六,未依法规定申报债权的债权人的受偿权利不同。根据《企业破产法》第 100 条第 3 款的规定,在强制和解中,"和解债权人未依照本法规定申报债权的,在和解协议执行期间不得行使权利;在和解协议执行完毕后,可以按照和解协议规定的清偿条件行使权利"。而在民事和解中,未申报的债权人不受协议规定的清偿条件和清偿时间的限制,仍享有在破产程序外的正常权利。所以,在民事和解中如有债权人尤其是数额较大的债权人未申报债权,当其在民事和解达成后再要求清偿时,债务人企业在和解协议的履行中可能面临新的债务清偿困境,要有相应的措施防范。

第七,协议内容有差异。在强制和解的协议中,只解决与和解债权人即无担保债权人相关的事项,不涉及担保债权人问题。而在民事和解中,原则上应当将所有未了结的破产事宜全部解决,其内容除所有债权的清偿比例、数额、期限、偿债财产来源、是否新设担保外,对破产费用(包括管理人报酬)和共益债务的清偿问题也应一并解决。和解协议中还可参照企业破产法的有关规定,对债权人的监督权利与方式、债务人不能执行或者不执行和解协议时的债务清偿原则(如是否进入破产程序统一清偿、如何计算债权)等作出规定。在和解过程中,通常是利用债权人会议的平台,进行统一的共同谈判,制作统一的内容有差异的和解协议，以降低成本、提高效率。

第八，对和解协议的审查有别。在强制和解中，人民法院对和解协议要依法进行审查，包括在和解过程中债务人有无欺诈或者其他违法行为，和解协议的内容是否合法，尤其是债权人会议决议的表决程序、表决结果等是否合法，认为符合破产法规定的，裁定予以认可。在民事和解中，人民法院对和解协议也要依法进行审查，但除和解过程中有无违法行为外，重点在于债务人与全体债权人就债权债务处理自行达成的协议是否真实、是否遵循自愿原则、有无损害他人权益等。

对破产案件中的民事和解问题，最高人民法院较早就发布有指导性文件，其2011 年发布《人民法院破产程序法律文书样式（试行）》中，用于认可债务人与全体债权人自行达成协议的“文书样式 92”于适用说明中指出，本样式系根据《企业破产法》第 105 条规定，“供人民法院认可债务人与全体债权人自行达成的协议并终结破产程序使用”。“若宣告破产后裁定认可协议的，应在裁定书的首部增加宣告破产的事实，并在裁定主文中一并撤销宣告破产的裁定。”有的地方也出现了宣告破产之后依据当事人自行达成协议后终止破产程序的案例，包括在《全国法院破产审判工作会议纪要》出台后发生的案例。如苏州市吴江区人民法院审理的纺中纺（苏州）织造有限公司破产案件，2019 年 5 月 20 日，经管理人申请，法院裁定宣告债务人破产；2019 年 7 月 11 日，债务人拟定债权债务处理协议并取得全体债权人的书面同意；2019 年 7 月 16 日，法院裁定认可上述协议，撤销破产宣告裁定，并终结破产程序。

对破产程序中的民事和解问题，我们要遵循企业破产法和《全国法院破产审判工作会议纪要》的立法规定本意，本着积极引导以多种方式化解企业债务风险的原则，实现对具备挽救希望与价值的市场主体的充分保护与拯救。

破产程序与担保责任

论破产清算程序中担保债权人优先受偿权的个别行使*

《全国法院破产审判工作会议纪要》第25条“担保权人权利的行使与限制”中规定：“在破产清算和破产和解程序中，对债务人特定财产享有担保权的债权人可以随时向管理人主张就该特定财产变价处置行使优先受偿权，管理人应及时变价处置，不得以须经债权人会议决议等为由拒绝。但因单独处置担保财产会降低其他破产财产的价值而应整体处置的除外。”

对和解程序中担保债权人优先受偿权的行使问题，《企业破产法》第96条第2款已有明确规定，“对债务人的特定财产享有担保权的权利人，自人民法院裁定和解之日起可以行使权利”。也就是说，在法院裁定受理和解申请后，担保债权人就可随时主张就担保物行使优先受偿权。所以，《全国法院破产审判工作会议纪要》第25条的重要意义，主要是在企业破产法对破产清算程序中担保债权人优先受偿权行使问题规定尚不明确的情况下，确立了担保债权人可以随时向管理人主张就该特定财产变价处置行使优先受偿权的原则，进而明确了担保债权人的优先受偿权是不受破产清算程序限制的个别清偿权利。即便是在《全国法院破产审判工作会议纪要》中规

---

* 本文原载于《人民法院报》2021年2月4日，第7版。

定担保债权人应受到限制的除外情况,也不是产生于破产清算程序的限制,而是《民法典》第 132 条对“不得滥用民事权利”的限制。这也是对过去司法实践中存在的种种不当限制担保债权人行使优先受偿权的错误做法的彻底纠正。在对该规定理解与执行时需注意以下几个问题:

第一,担保债权人就担保物享有的优先清偿权,是一种不受破产清算程序限制的个别清偿权利,这是法律适用的基本原则。在实践中,涉及担保债权人权利行使的大多数乃至绝大多数情况都应当适用该原则,规定的除外情况在适用中只能是少数个别情况,决不能于实践适用中在数量上把原则反变成了例外。

担保债权人的优先受偿权之所以是一种个别清偿权利,是因为其行使对象是因设置物权担保而有明确范围的特定财产。每个担保债权人对应的受偿财产都是通过担保得以特定化的,不仅与其他担保债权人的受偿财产不同,而且与普通债权人的清偿财产对象也是独立区分的,所以与其他所有债权人在债权范围、清偿财产范围上不存在竞合,没有清偿矛盾,故不需要适用协调债权人之间清偿矛盾的集体清偿程序,即使是在破产程序中也应当适用个别清偿的程序。

第二,担保债权人行使优先受偿权与债权人会议无关,债权人会议也无权以决议等方式予以限制。破产程序是集体清偿程序。普通债权人的受偿对象是债务人的非特定财产,在债务人财产不足以清偿全部债权的情况下,各普通债权人的清偿权利必然因相互竞合出现冲突矛盾,为保障清偿的公平,其权利行使必须受集体清偿程序的限制。由于债权人为多数人,便需要设置债权人会议作为自治组织,并通过集体议决的方式协调、决定在破产程序中的活动。而担保债权人在破产程序中行使的是个别清偿权利,自然与在集体清偿程序才会存在的债权人会议及其决议无关,所以《全国法院破产审判工作会议纪要》作出前述规定。也正因为如此,《企业破产法》第 59 条第 3 款规定,担保债权人对债权人会议通过破产财产的分配方案无表决权,而无权表决当然也就不受与自己无关的决议的约束。

第三,有的案件在破产清算申请受理后,担保债权人要求就担保物单独行使优先受偿权,管理人以债务人或债权人准备申请转为重整程序为由,阻止担保债权人行使权利,这种做法的适当性值得推敲。立法是允许破产申请程序转为重整程序的,但在司法实践中有些案件本来就已确定要适用重整程序,只是怕重整时间不够所以先提起清算程序以达到规避法律、延长期间的目的。《全国法院破产审判工作会议纪要》也具有防止规避法律行为的意义。故于此种情况，就应当及时提出重整申请，否则就应允许担保债权人行使权利，而不能滥用程序，以清算程序享受重整程序的利益，任意拖延，损害担保债权人合法权益。

第四，担保债权人就担保物单独行使优先受偿权是基本原则，唯一的例外情况，是“单独处置担保财产会降低其他破产财产的价值”。对这一例外情况需要作更细化的分析。首先，不能仅仅因为担保财产与其他财产曾经处于同一企业的经营资产体系之中，用于同一个企业的生产经营，就认为这些财产必然存在密不可分的关系，不能分别独立处置，否则在实践中就根本不存在《全国法院破产审判工作会议纪要》规定的可以单独处置担保物的情况了。其次，该项规定适用的情况不包括法律规定应当一并处置的财产，如房屋与土地使用权未向同一债权人一起设置抵押担保；也不包括具有主物与从物关系的财产。主物与从物在物理上彼此独立存在，但在经济用途上相互关联，只有结合使用才能发挥其使用价值和经济效益，如船和船桨等，所以从物的使用价值上讲二者必须同时处置。据此，在法律或者合同没有相反规定的情况下，从物的所有权要随主物的所有权一并转移，在设置物权担保时也是适用从物随主物一并担保的原则，由于权利人同一，所以不存在分别处置的问题。

在实践中，单独处置担保财产会降低其他破产财产价值，可能存在几种情况。例如，担保财产仅为某一整体财产如写字楼、商场的部分楼层，单独处置担保财产可能难以实现整体财产的价值最大化。或者是，担保财产与其他破产财产之间具有一定程度的专属用途关系，单独处置会使其他财产价值显著降低。或者由于其他物理原因，使担保财产与其他破产财产客观上难以分离，或存在依赖和庇护关系，分别处置将降低其他破产财产的价值。如果财产价值的变动与分别处置还是合并处置无关，而是由其他因素决定的，就不能再以此主张合并处置。如有的人以分别处置会增加所谓拆装、运输等费用为由阻止担保债权人行使权利，如果这些费用是处置财产时必然会发生的正常费用，无论单独还是共同处置均会发生，则此种理由是不能成立的。在实践中，作为抵押物的厂房和土地使用权等不动产财产，与债务人其他动产财产如一般性生产设备尤其是生产原料和半成品、成品等财产，通常是不存在无法单独处置或单独处置担保财产会降低其他破产财产价值的情况，所以《全国法院破产审判工作会议纪要》才会作出上述原则性规定。

必须强调指出的是,《全国法院破产审判工作会议纪要》规定,限制担保债权人个别行使优先受偿权除外条款的目的,是为避免单独处置担保财产会降低其他破产财产的价值,也就是为了避免因某一类债权人的权利不当行使而给其他债权人的利益造成损失。但该原则不仅是针对担保债权人适用的,对所有可能因权利不当行使而给其他利害关系人造成损失的情况均应当同等适用。也就是说,对管理人错误地整体处置债务人财产而使担保财产价值降低的情况也应当适用,此类行为也应当被禁止,如果个别管理人因故意或重大过失通过这种方式造成担保债权人的财产损失,应当承担相应赔偿责任。在实践中,有时会发生个别管理人因为种种不当目的或利益,将市场价值较高的抵押物与没有什么实际市场价值而虚评高价的其他财产混同在一起拍卖处置,再通过比例分配的方法,从变价款中剥夺担保债权人的部分清偿利益补偿无担保普通债权人或实现其他不当目的。这种处置方式公开或变相侵害担保债权人的合法权益,同样是《全国法院破产审判工作会议纪要》所禁止的。所以,决不是打着对债务人财产进行整体处置的旗号就好像占据了道德高地,就会增加整体财产的变价价值。对债务人财产进行整体处置一定要建立在有充分证据证明可以真正实现担保财产和非担保财产价值增加,或者在不损害担保债权人利益前提下避免其他破产财产价值降低的基础上。利用所谓的财产整体处置,以损害担保债权人权益来实现其他不法利益或目的的错误做法,必须予以纠正。

须注意的是,在上述例外情况下,限制的仅是担保债权人对担保财产的个别变现权,但如果该项担保财产因某种特殊原因而变现后,担保债权人就变现款的优先受偿权是不受任何限制的,必须立即个别优先清偿担保权人,而无须等待所谓的集体分配,更不允许以任何理由非法占用、截留,管理人因此给担保债权人造成损失的,应当承担赔偿责任。

此外,在可以确认单独处置担保财产会降低其他破产财产价值,而所降低的价值又有方法可以公平确定或可以协商确定的情况下,如果担保债权人愿意承担其他破产财产降低价值的损失,同样可以主张对担保财产个别变价处置,行使优先受偿权。

论债务人进入破产程序后其保证债权应否停止计息[*]

在债务人进入破产程序后，根据《企业破产法》第46条第2款的规定，对债务人的"附利息的债权自破产申请受理时起停止计息"。但是，对为债务人提供保证担保的保证人，债权人是否也应停止计息，则存在不同的观点。一种观点认为，在主债务停止计息的情况下，从债务也应当停止计息，否则就会出现从债务大于主债务的情况，这是不符合主从债务关系的。另一种观点认为，债权停止计息是立法对进入破产程序的债务人所作的特别规定，而保证人并未进入破产程序，所以对其的债权不应当停止计息。

笔者认为，在债务人进入破产程序后，其保证债权不应当停止计息。主要理由如下。

一、在破产程序中不适用主债务减免从债务随之减免的原则，保证债权的计息问题也应在此基础上处理

主张保证债权应当停止计息者提出的主要理由及其法理依据，是保证从债权的范围不应超过主债权。笔者认为，债权的主从性关系作为普通民商事规则，仅应适用

---

* 本文原载于《人民法院报》2018年12月12日，第7版。

于主债务人未进入破产程序,或者说,债务人具有清偿能力的情况下。主债务人丧失清偿能力、进入破产程序后,为了保障对债务的公平清偿和破产程序顺利进行,可以依法破除担保人与债务人在责任范围上的从属性即附随关系。债务人清偿责任的减免如利息的停止计算,是在破产程序中依法进行的,而保证人责任的确定与履行则是破产程序之外的一般民事程序中依据担保法等法律进行的,与主债务人责任的法律基础不相关联,即两者依据的法律不同。对债务主从关系的调整,在企业破产法的重整、和解程序中均有明确规定,这是破产法从担保设置目的考虑而确定的与一般民商法不同的特殊原则。

《企业破产法》第92条第3款规定:“债权人对债务人的保证人和其他连带债务人所享有的权利,不受重整计划的影响。”第101条规定:“和解债权人对债务人的保证人和其他连带债务人所享有的权利,不受和解协议的影响。”此外,《企业破产法》第124条规定,“破产人的保证人和其他连带债务人,在破产程序终结后,对债权人依照破产清算程序未受清偿的债权,依法继续承担清偿责任”,也为主从债务调整的分离提供了辅助性依据。据此,重整计划与和解协议对债务人的保证人或连带债务人不产生变更其保证债务关系的法律效力,债权人对债务人所作的债务减免清偿或延期偿还的让步,效力不及于债务人的保证人或连带债务人,他们仍应依据担保法等法律按原来债的约定或法定责任承担保证或连带责任。据此,在保证合同没有对利息作特别排除约定的情况下,法律规定的债权人对保证人不受影响的权利中,也应包括在破产程序启动后继续计算债权利息的权利。

在重整程序与和解程序中,之所以不适用主债务减轻、从债务也随之减轻的原则,是因为债权人设立保证或连带债务之本意,就是为在债务人无力清偿债务尤其是破产时,由保证人或连带债务人承担债务人所无力承担的债务责任。如因债权人在重整计划或和解协议中不得已而减免债务人的部分债务,也随之减免保证人或连带债务人的责任,这与保证或连带债务设立的宗旨是完全违背的,债权人设置担保或连带债务之目的就无法达到,是对担保制度的彻底破坏,也违反了法律规定之诚信、公平原则。

再者,在重整与和解程序中,重整计划与和解协议中约定的债务人清偿数额,原则上是债务人实际尚有能力清偿的数额,而减免的数额则是债务人无能力清偿的部分。如果对因债务人无力清偿部分的被迫减免,以主债务减轻从债务也应同样减轻为由排除出保证人的责任范围，使其不承担所谓超过主债务人实际承担的责任，就会使保证人完全逃脱保证责任。如果形成这种错误惯例，保证人就可能利用这种手段逃避保证责任，甚至与债务人恶意串通逃债，破坏市场经济秩序。尤其是在重整与和解程序中，通常是不对债务人财产进行实际出售的，在重整计划通过或和解协议达成后，债权人的受偿比例与数额均是双方协商确定的，即经法定多数债权人同意的，债务人责任的减免也是当事人间约定的。如果没有《企业破产法》第 92 条、第 101 条的规定，就使保证人可能与债务人串通，恶意利用重整与和解程序，逃脱保证责任。

此外，破产重整与和解是强制性程序，依法定多数即可通过，部分不同意的债权人也要受拘束。对设有保证担保或连带债务的债权来说，在债权人投票反对重整或和解的情况下，仍让保证人或连带债务人的责任随主债务减免，显然是不公平、不合理的。这样做还可能迫使债权设有保证担保或连带债务的债权人不得不为自身利益而强烈反对重整与和解，使之难以达成，反不利于对债务人企业的挽救，破坏破产法的顺利实施。

在确立主债务减免从债务随之减免的原则可不适用于破产程序后，反对保证债权继续计息的所谓绝对法理基础就不复存在了。下面只需要分析在债务人进入破产程序后，其保证债权应否停止计息。

二、看法律有无明文规定

《企业破产法》第 46 条仅规定，债权人对进入破产程序债务人的债权停止计息，未规定债务人的保证人在破产程序外的担保债权也停止计息。要想剥夺债权人对保证人原已经依法享有的权利，必须有法律规定为依据，否则就不应停止原依法应计算的利息。

对破产债权停息的主要原因是：第一，为破产程序顺利进行。如不停止计息，各个破产债权在破产程序中的数额仍然不断无规律地变化，一直到破产分配方案表决时，甚至债权人拿到分配时，债权才可能最终确定。无法及时确定债权数额必然会影响其破产分配，使破产程序的进行受到不利影响。第二，在实践中，各个债权对利息计算的法定或约定方法可能是不同的，继续不统一计息会造成各债权人间债权计算的不公平，所以在进入集体清偿程序后，应当统一停息。第三，假定在不停止计息的情况下为了计息公平而统一了计息标准，因所有债权人均不停息且依统一标准计息，对各债权人来说，无非实际分配到的比例降低，对债权人的分配利益没有什么实际意义。保证担保债权的停止计息，不符合破产法上述设置停息制度的立法宗旨。

三、考虑计息或停止计息对担保人的原有法律地位是否更不利，即是否损害其原有权益或不当加重其责任

在主债务人未破产的情况下，保证人的责任是要承担担保债务在清偿前的利息的。在主债务人破产时，对其不停止计息，保证人自己的法律义务与责任并未加重，未损害其任何原有权益。至于债务人的责任是否在破产程序中依法减轻，则与保证人的利益无关。

四、对保证人超过债务人承担的利息责任问题有无救济渠道

第一，保证人可在债务人进入破产程序时，主动向债权人履行保证责任，从而不承担破产程序启动后的利息。清偿保证债务是保证人应尽法律义务，本应主动履行，只是在我国的实践中却基本上变成不打官司不履行的不诚信的扭曲状态，正应由此纠正。如果保证人提出向债权人履行保证责任，而债权人向保证人明确表示，可以在破产程序终结后根据破产清偿情况再追究保证责任，则保证人可以不承担此期间产生的利息责任。第二，债务人破产时债权人对保证人享有同时追偿的权利，在债权人主张权利时及时履行义务，也可免除或减轻保证人的利息责任。如果本应承担保证责任，在债权人追偿时却有意拖延，甚至以诉讼方式对抗，对因此在最终败诉时造成的利息增加是保证人过失或故意造成的，应当由其承担。

五、法院不得阻碍债权人在破产程序启动后对保证人行使权利

如果法院不依法受理对保证人的诉讼，或仅因破产程序启动而错误裁判中止追究保证人的清偿责任，因此而导致保证人迟延清偿的利息数额增加损失，法院或承办法官应承担相应责任。《全国法院破产审判工作会议纪要》第 31 条规定：“……破产程序终结前，已向债权人承担了保证责任的保证人，可以要求债务人向其转付已申报债权的债权人在破产程序中应得清偿部分……”由于此种情况只可能发生在债权人向债务人和保证人同时追偿的情况下，所以该会议纪要

是明确支持债权人向债务人和保证人同时追偿的。向债务人和保证人同时追偿,本是债权人的法定权利,但过去一些法院在地方保护主义的影响下,却以所谓防止担保链引发担保企业破产而拒绝予以受理或受理后通过中止等方式拖延,这种错误做法应当予以纠正。

此外,我们应当就此问题涉及的各方当事人的权利、义务、责任及法律后果,进行广泛的宣传告知,尤其是要告知保证人和债权人,督促他们及时行使权利、履行义务,以避免或减轻保证人对继续计算利息的责任。同时,应当及时启动司法解释的制定工作,对此问题作出更明确的法律规定。

论破产程序中一般保证人的责任*

一、一般保证人先诉抗辩权的本质

保证担保的方式有一般保证和连带责任保证。两种保证责任的实质区别就在于，一般保证只对债务人无力清偿的部分承担补充性清偿责任，而连带责任保证则要独立对债务人的全部债务承担清偿责任，这也是为什么一般保证往往也被称为补充责任保证的原因。要想实现实体性责任的区别，需要相应的法律程序予以保障。为了使一般保证人能够只对债务人无力清偿的部分承担补充清偿责任，《担保法》第17条第2款规定："一般保证的保证人在主合同纠纷未经审判或者仲裁，并就债务人财产依法强制执行仍不能履行债务前，对债权人可以拒绝承担保证责任。"①这便是一般保证人享有的先诉抗辩权。

先诉抗辩权虽然是程序性权利，但对一般保证人却具有程序和实体两方面的权利保障意义。从程序意义上讲，就是通过清偿顺位先后的设定，确保保证人承担责任的时间在债务人之后，即仅在主合同纠纷经审判或者仲裁，并就债务人财产依法强制执行后，一般保证人才承担保证责任。从实体意义上讲，就是在先诉抗辩程序的支

---

* 本文原载于《人民法院报》2019年2月28日，第7版。

① 现为《民法典》第687条第2款。

持下,实现保证人清偿在后时只承担补充性的责任。这种补充责任机制的确立,是程序上的先诉抗辩必然导致的实体性结果,是随先诉抗辩权而产生的,这也是保证人之所以要选择一般保证而不是连带责任担保的根本原因。所以,一般保证与连带责任保证在责任方面的实质区别,不仅是其承担保证责任的时间要晚于债务人,而在于通过清偿时间差实现保证人仅在债务人还不清的债务范围内承担的补充责任。所以,先诉抗辩权的实质是要辅助实现一般保证的补充性责任,而清偿时间顺序的设定仅仅是其手段而已。在非破产程序中,由于债务人和保证人均未发生破产原因,至少从理论上讲,两者的清偿能力或曰资产之和是足以清偿全部债务的(否则债权人就可以提出对他们的破产申请),所以区分先诉抗辩权的程序意义和实体意义在实务中没有实际意义。因为先诉的抗辩可以同时体现出该项权利的程序与实体作用,即两者是在同一行为下同时完成的,并不分离。但由于先诉抗辩权的实体作用隐藏在程序作用的面纱之下,以至于有的人便根据其表象,仅承认先诉抗辩权的程序性作用,而完全忽视该权利隐藏在先诉程序后的对一般保证人重要的实体意义。还有的人甚至主张,先诉抗辩权在破产程序中被取消后,一般保证人与连带责任保证人的责任就没有任何区别,即不再承担补充责任而要承担连带责任。笔者认为,这些观点都是错误的,必须予以澄清,否则将会影响破产法司法解释的正确制定。

先诉抗辩权带来的一般保证人与连带责任保证人的责任区别,也同样是体现在程序与实体两个方面,而且在实体方面的作用将延续至破产程序中。从程序上讲,连带责任保证人与债务人没有清偿顺序的先后,债权人可以任意选择向连带责任保证人或债务人要求清偿,还可以同时向连带责任保证人与债务人要求清偿。从实体上讲,一般保证人在债权人向其追究保证责任时,仍可以主张实际仅承担债务人清偿后不足的部分。这本是一般性原理,但在非破产程序中即使对此认识存在错误,往往也不一定会造成实际不利影响,但在破产程序中,这种认识错误就会影响保证人的实体权利义务。

二、一般保证人先诉抗辩权在破产程序中的处理

在破产程序中,为体现出一般保证的设立本意,就需要对保证人的权利与义务尤其是先诉抗辩权,根据破产法的需要进行必要调整。涉及的具体问题包括先诉抗辩权在什么情况下应当被取消;一般保证的责任数额如何计算;债权人什

么情况下可以即时领受分配；在什么情况下应当对分配额进行提存；等等。

1. 债务人破产时一般保证人的责任

《担保法》第17条第3款第2项规定，“人民法院受理债务人破产案件，中止执行程序的”，[①]保证人不得行使先诉抗辩权。因为此时债权人已不能通过对债务人财产的个别执行正常地先向债务人行使权利。据此，债权人便可以直接向一般保证人追偿，这也是各国破产立法的惯例。在债务人破产且主债务已经正常到期（不是依据《企业破产法》第46条的规定加速到期）的情况下，一般保证人与债务人在清偿顺序上不再有前后区别，但在保证责任的范围上仍应遵循补充责任的原则，为此要调整责任承担的具体方法。由于债务人尚未向债权人完成破产清偿，债权人无法确定保证人应承担补充责任的具体范围，故可以以保证债权的全额要求保证人预先承担责任。如债权人先获得债务人的破产清偿，便根据清偿结果相应调整保证人应承担的保证数额。如债权人先从保证人处获得清偿，应当先行提存，待从债务人处获偿后，再确定保证人实际应承担的补充责任数额，提存的余款返还保证人。

2. 一般保证人破产以及其与债务人同时破产时的责任处理

对一般保证人破产时应否取消其先诉抗辩权，担保法未作规定。有的学者主张，一般保证人进入破产程序，债权人仍应先向主债务人请求清偿，应维持保证人的先诉抗辩权。还有人认为，债权人如不能证明主债务人无力还债，则不能申报债权参加一般保证人的破产清偿，这是以一般保证人负补充责任为理由来维持先诉抗辩权。但此时如继续维持一般保证人的先诉抗辩权，债权人必须先向债务人求偿（主债务已到期时），或待债务到期后先向债务人求偿（主债务未到期时），然后再向保证人求偿，可能待到其可以向保证人求偿时，保证人的破产财产已分配完毕，这无异于变相免除保证责任。先诉抗辩权之设立，是为了在一般保证人承担保证义务的前提下维护其合法权益，避免债权人在能够向主债务人行使求偿权利的情况下拒绝行使，使保证人的责任范围不当扩大，是从属于保证的一项自卫性权利。但在一般保证人破产而主债务尚未到期的情况下，债权人是不可能先向主债务人求偿的，这时维持先诉抗辩权就会成为保证人逃避保证责任的手段。先诉之抗辩蜕变为免责之抗辩，就与先诉抗辩权乃至一般保证担

① 现《民法典》第687条第2款第2项将该项修改为“人民法院已经受理债务人破产案件”。

保设立之宗旨相违背了。因此,为实现保证担保设置之本意,应当取消保证人的先诉抗辩权。

在一般保证人与债务人同时进入破产程序的情况下,由于二人的破产程序在同时进行,如仍要求债权人遵循先向债务人追偿,然后再以未受偿的余额向保证人追偿的清偿顺序,同样可能出现向保证人追偿时其破产财产已分配完毕,保证人实际被免除保证责任的不合理现象,所以一般保证人的先诉抗辩权依理应予以取消。此外,《担保法》规定,人民法院受理债务人破产案件的,保证人不得行使先诉抗辩权,债务人与保证人同时破产的情况自然也包括在内,故此时一般保证人的先诉抗辩权依法也应当取消。债权人可同时向二破产人申报债权求偿。由于债权人无法确定主债务人能够清偿的数额,其向保证人申报破产债权时,以其承担的保证债权总额为准,待债务人清偿的数额确定后再相应调整对一般保证人的债权数额。

在一般责任保证人破产时,其先诉抗辩权虽被取消,但在实体债务责任上仍应承担补充责任,即仅负责清偿债务人未能偿还的部分。需要注意的是,保证人的补充责任应按破产债权数额而不是实际分配数额予以确定,否则便会不适当地扩大其责任范围,使一般保证人的补充责任扩大变成连带责任。例如,债权人的债权为10万元,保证担保的范围为债务全额,债务人与保证人的破产分配比例均为50%。债权人分别以10万元向二破产人预先申报债权后,先从保证人处获得破产分配5万元,予以提存,后又从债务人处获得破产分配5万元。这时,虽债权人从二破产人处获得的破产清偿总额未超过原债权额,但保证人所作的清偿却超出了其应负的补充责任范围。因为当债权人从债务人处获得5万元的破产清偿后,其对一般保证人享有的保证破产债权便不再是原来的10万元,而应根据债务人的实际清偿情况相应核减为5万元,即保证人仅应对债权人未从债务人处得到清偿的5万元债权承担补充清偿责任,依破产分配比例,实际清偿额应为2.5万元。

在此案例中,债权人的10万元债权额,从债务人和保证人的破产分配中,共应得到7.5万元清偿。而在保证人承担连带责任时,则不调减保证人的清偿数额,仅在债权人从二破产人处所获分配总额高于原债权额时再向保证人返还。这一原则也适用于一般保证人单独破产时补充保证责任债权数额的确定。

《破产法司法解释(三)》关于保证责任规定的评析*

在破产程序中,经常会遇到不同情况下保证责任应如何解决的问题。目前,我国法律对破产程序中的保证责任问题尚缺乏全面、明确、协调的规定,为应对实践中解决相关问题的迫切需要,最高人民法院《关于适用〈中华人民共和国企业破产法〉若干问题的规定(三)》(以下简称《破产法司法解释(三)》)在第 4 条和第 5 条中对若干情况下保证责任应如何处理作出规定。本文针对上述规定中的保证责任问题进行解读与分析,并提出立法完善建议。

一、保证人的清偿义务和对债务人的求偿权

“保证人的保证责任不因其破产而免除,这是一项常识性的基本原则。在我国破产法实施的早期,曾有人主张,保证人已进入破产程序,表明其不具有代为清偿的能力,不具备保证人的资格,所以在破产程序中不应再承担保证责任。这种观点显然是错误的。在保证合同订立之后,保证人对保证责任的承担不以其是否具有清偿能力

---

* 本文原载于《法治研究》2020 年第 4 期。

为前提。”①《担保法》第7条“具有代为清偿债务能力的法人、其他组织或者公民,可以作保证人”的规定,是强调在订立保证合同时各方当事人对保证人的清偿债务能力应进行审慎的审查,并非保证人不具有清偿能力就可以不承担合同约定的保证责任。最高人民法院《关于适用〈中华人民共和国担保法〉若干问题的解释》第14条明确指出:“不具有完全代偿能力的法人、其他组织或者自然人,以保证人身份订立保证合同后,又以自己没有代偿能力要求免除保证责任的,人民法院不予支持。”为此,《民法典》在编纂时删除了《担保法》第7条的规定,并在第683条规定了保证人资格问题,指出“机关法人不得为保证人,但是经国务院批准为使用外国政府或者国际经济组织贷款进行转贷的除外。以公益为目的的非营利法人、非法人组织不得为保证人”。为明确保证人在破产程序中责任的承担,《破产法司法解释(三)》第4条第1款规定:“保证人被裁定进入破产程序的,债权人有权申报其对保证人的保证债权。”下面按照主债务是否到期、保证担保方式的区别等不同构成因素分析保证责任的承担。

(一)主债务已到期时的保证责任

法院受理保证人的破产案件时,主债务已到期的,对负连带责任或补充责任的保证人,债权人均可依保证合同的约定向管理人申报债权追偿。债权人未能从保证人处受偿的债权,可以向债务人要求偿还。债权人得到保证人破产分配时主债务人未进入破产程序的,后续再向主债务人要求清偿时,不能按照原债权额要求清偿,而应当减去已从保证人处获得的分配数额。但如债权人在得到保证人破产分配前主债务人也进入破产程序,两个破产程序有同时存在的交叉时间段,根据《破产法司法解释(三)》第5条的规定,债权人有权向债务人、保证人分别申报全部债权。

有人认为,在保证人破产时,主债务人未进入破产程序的,除非证明债务人无力履行债务,债权人无权在保证人的破产程序中申报债权,否则可能造成债权人从债务人和保证人两处合并获得的清偿总额超过其债权额。② 这种观点是不能成立的。所谓“债务人无力履行债务”,应是指对债务人、保证人担保的该单项债务无力履行,而不是对其他债务是否能够履行,因为其他债务能否清偿与该债

---

① 王欣新:《破产法》(第4版),中国人民大学出版社2019年版,第217页。

② 参见最高人民法院民事审判第二庭编著:《最高人民法院关于企业破产法司法解释(三)理解与适用》,人民法院出版社2019年版,第84页。

权人的利益无关。在实践中,即使债务人的资产不足以清偿全部债务,也并不能表明其对该项设有保证的单笔债务也无力清偿,所以债权人是很难证明债务人是否无力履行该项设有保证的债务的。而且即使当时债务人能够履行该项债务,也并不表明在债权人此后向其实际追偿时也同样能够履行债务,尤其是在保证人进入破产程序时主债务尚未到期的。此外,这种观点在解决可能出现重复清偿问题的思路也过于狭隘。要避免债权人从债务人和保证人两处合并获得的清偿总额超过其债权额,只需要如《破产法司法解释(三)》第5条第2款,规定债权人从债务人和保证人合并获得的清偿总额不得超过其债权额即可,而不能以剥夺债权人对保证人追偿权利、使其承受主债务人不能清偿债务风险的错误方法予以解决。

(二)主债务未到期时的保证责任

"保证人进入破产程序时,主债务仍未到期,主债务人对未到期的债务享有期限利益,自然无清偿义务。但若保证人也可享有此期限利益,等主债务到期时,保证人的破产财产可能早已分配完毕,其保证责任实际等于被免除。"①所以,这时对保证人的保证责任债务应视为到期。

有人主张,这时保证人可享有不承担未到期保证责任的期限利益,认为如果破产程序终结之日债务仍未到期,因保证人的主体资格消亡,债权人将无法再享有保证权益,该债权将成为无担保的债权,②所以保证责任的免除是合理的。还有的地方法院,为缓解本地企业担保链中保证人的还债压力,在其判决中也认为主债务未到期的,不允许债权人向进入破产程序的保证人申报债权。这些观点与做法都是错误的,不符合保证担保的基本原则,更不符合诚信原则。为在此种情况下公平解决问题,须将债权人对保证人之权利在破产程序中适当扩张,即适用《企业破产法》第46条的规定,将保证人进入破产程序后未到期之保证责任视为已到期,允许债权人提前行使权利。所以,《破产法司法解释(三)》第4条第2款明确规定:"主债务未到期的,保证债权在保证人破产申请受理时视为到期。"

有人认为,主债务尚未到期时,保证人进入破产程序的,债权人对保证人

① 王欣新:《破产法》(第4版),中国人民大学出版社2019年版,第218页。

② 参见吴玉亮:《简析破产程序中保证责任的处理》,载《铁路采购与物流》2012年第2期。

享有的是附条件的债权,只有在所附的时间条件成就时才可以行使债权的受偿权。① 这种观点也是不能成立的。因为这时债权人的债权根本不是附条件的债权,而是附期限的债权,两者的法律性质完全不同。《民法总则》在第158条、第159条、第160条中对附条件法律行为与附期限法律行为分别做有明确规定。《民法典》第158条、第159条、第160条中作有相同内容的规定(仅有极个别文字差异)。所谓附条件的法律行为,所附条件必须是其发生与否属于不确定的事实,必然发生或完全不可能发生的事实均不能作为所附条件。而时间期限的到来是必然发生的事实,根本不能作为所附条件,所以这属于附期限的法律行为,而不是附条件的法律行为。这时债权人的债权是附期限的债权,而不是附条件的债权。上述观点与法律规定和法理原则都是不相符的,没有合理性可言。

此外,还有人认为,主债务人应该是真正的偿债对象,保证人偿债只能是一种暂时性的过渡,最终仍要从主债务人那里追偿。因而,被保证人即主债务人破产,未到期的保证责任应视为到期,而保证人破产,保证责任不应视为到期。此外,保证责任视为到期,很可能因保证人的主体消亡丧失追偿权而损害保证人的破产程序中其他债权人的利益,使被保证人因之而获不当得利。② 这种观点也是不能成立的,而且将债务人破产与保证人破产时保证责任应否视为到期的处理完全颠倒了。在主债务人破产时,不应将未进入破产程序的保证人未到期的保证责任视为到期,否则就是错误地因他人的过错或原因而加重了保证人本不应承担的责任(不同于保证人破产是因自己的过错造成的而应导致其保证责任加速到期),但因此问题与该条规定无关,笔者的书中也有相关论述,③故不在此展开分析。而所谓保证人因破产程序终结时主体消亡而丧失追偿权,损害其债权人利益的问题,更是不可能发生,只需在保证人破产程序终结时将对主债务人的求偿权作为破产遗留事项交由管理人继续追偿就完全可以解决。

在主债务尚未到期的情况下,负连带责任的保证人因对债权人负有独立的清偿责任,债权人自然是可以以全部债权申报债权并直接获得清偿的。由于连带责任保证人对债权人负有的是独立的清偿责任,在保证责任视为到期后,应当

① 参见最高人民法院民事审判第二庭编著:《最高人民法院关于企业破产法司法解释(三)理解与适用》,人民法院出版社2019年版,第86页。

② 同上书,第88页。

③ 王欣新:《破产法》(第4版),中国人民大学出版社2019年版,第216~217页。

立即清偿、支付分配，不存在就债权人的分配额进行提存的问题。有人主张，在此种情况下，对连带责任保证人对债权人的分配额也应当提存，并根据主债务人的清偿情况作相应处理，①分析其目的是保障保证人向债务人的求偿权。这种观点混淆了连带责任保证人的独立清偿责任和一般保证人的补充责任，混淆了保证人与债权人的责任关系和保证人对主债务人的求偿权两种不同的法律关系，是不能成立的。所谓就一般保证人对债权人的分配额提存，是为了在主债务人向债权人清偿后从提存的分配数额中消减其清偿相应的数额，以保障一般保证人补充责任的实现。连带责任保证人本人就负有直接清偿全部债务的责任，当然不需要再作无意义的提存。至于连带责任保证人因其向债权人清偿而享有对主债务人的求偿权，那是在连带责任保证人和主债务人之间的法律关系，与债权人无关，不能因此影响债权人的清偿利益。对负补充责任的一般保证人，虽然责任仅限于债务人无法清偿的部分，但因主债务未到期，在债权人获得债务人清偿之前无法确定补充责任的具体范围，为最大限度地保障债权人的利益，也应允许债权人以保证债权的全额申报债权。保证人应承担补充责任的问题后文将另行分析。

主债务人在保证人进行分配之前进入破产程序的，在清算程序中，一般保证人承担的补充责任数额于主债务人破产财产分配方案执行完毕时予以确定。而在重整与和解程序中则较复杂，因要保留债务人的持续经营能力，通常不会对其资产全部进行出售变现，对债权人的分配额是以法院裁定批准的重整计划与和解协议所作约定为准的。但重整计划与和解协议的执行还可能因债务人不能履行而变更，甚至转入清算程序，保证人实际承担清偿额的最终确定需要等待重整计划与和解协议约定的债务清偿执行完毕，乃至在因不能执行转入破产程序后的清算分配完成后方可最终确定。

此外，如果在重整计划中约定采取"债转股"的方式向债权人清偿，而设有保证人担保的债权也纳入"债转股"的实施范围，无论该债权是全部还是部分进行"债转股"，只要债权已经转为股权，进行了企业股权变更登记，因完成"债转股"的债权视为得到了相应清偿，所以保证人对原"债转股"部分的债权不再承担保

---

① 参见最高人民法院民事审判第二庭编著：《最高人民法院关于企业破产法司法解释(三)理解与适用》，人民法院出版社2019年版，第93页。

证责任。

(三)保证人向主债务人或其他债务人的求偿权

根据《破产法司法解释(三)》第4条第3款的规定,“保证人被确定应当承担保证责任的,保证人的管理人可以就保证人实际承担的清偿额向主债务人或其他债务人行使求偿权”。这是因为在保证人向债权人作出分配时,如债务人未进入破产程序,债权人后续再向主债务人要求清偿时,包括主债务人在保证人分配完成后进入破产程序的,均不能按照原债权额提出清偿请求,而应当从中减去已从保证人处获得清偿的数额。因债权人向债务人申报的债权中不包括保证人所清偿的部分,不存在对债权人申报的债权和保证人的求偿权重复清偿的问题,故保证人的管理人可以向主债务人行使求偿权。

保证人向债权人进行破产分配之前,债务人也进入破产程序的,债权人有权向债务人申报全部债权。根据《企业破产法》第51条第2款的规定,债权人已经向管理人申报全部债权的,因其债权中包括了可能将由保证人作出清偿的部分,故保证人履行保证责任后不得再向债务人主张求偿权,否则必然与债权人已申报的全额债权出现重复清偿问题。为避免债务人就一项债权向债权人和保证人作出二次清偿,损害债务人的其他债权人的清偿利益,这时保证人的管理人不能再就保证人承担的清偿额向主债务人行使求偿权。

该款中规定的“其他债务人”,是指其他与债务人一样对保证人的求偿权负有清偿责任的连带债务人、共同债务人。如《担保法》第12条规定,“同一债务有两个以上保证人的,保证人应当按照保证合同约定的保证份额,承担保证责任……”。《民法典》第699条对此有相同规定。据此,保证人中承担了保证责任者,可以按照保证合同约定的保证份额,向其他共同保证人行使求偿权。

二、一般保证人先诉抗辩权的处理

在现行有效的立法中,对一般保证人先诉抗辩权问题只有《担保法》有规定,其第17条规定,债务人进入破产程序的,一般保证人不得行使先诉抗辩权。2021年1月1日施行的《民法典》第687条中,对在何种情况下应当取消一般保证人先诉抗辩权有规定,且较之《担保法》更全面一些,其中涉及破产问题的主要有:“人民法院已经受理债务人破产案件”和“债权人有证据证明债务人的财产不足以履行全部债务或者丧失履行债务能力”。前者与《担保法》的规定实质上相同,而后者主要是强调在债权人有证据证明债务人发生破产原因时,即使债务人尚没有进入破产程序,也应当取消保证人的先诉抗辩权。这是因为在我国的司法实践中,发生破产原因的债务人并不一定就会进入破产程序,即使债务人提出破产申请,法院也可能因种种原因不予受理或不能及时受理。所以需要确认这也属于债权人无法向债务人行使权利、应当取消保证人先诉抗辩权的情况,以维护债权人的权益。

但是《担保法》和《民法典》中对一般保证人自己进入破产程序时,应否取消其先诉抗辩权均未作规定。鉴于在实践中对此问题应如何处理经常发生争议,《破产法司法解释(三)》第4条第2款规定,保证人进入破产程序后,"……一般保证的保证人主张行使先诉抗辩权的,人民法院不予支持……"。

有学者主张,一般保证人进入破产程序,债权人仍应先向主债务人请求清偿,不能直接向保证人申报债权求偿,应维持保证人的先诉抗辩权。[①] 但这时继续维持一般保证人的先诉抗辩权,债权人必须先向债务人求偿,然后才能向保证人求偿。而这时保证人的破产财产可能已分配完毕,尤其是在主债务未到期时,这无异于变相免除保证责任。先诉抗辩权之设立,是为了在一般保证人仍诚信地承担保证义务的前提下保障其合法权益,是在债权人能够向主债务人行使求偿权利而拒绝行使,使一般保证人的责任范围不当扩大时赋予保证人的一种程序性自卫手段,是从属于一般保证的一项权利。而在保证人破产时,尤其是债务尚未到期的情况下,债权人是不可能先行向主债务人求偿的,继续维持先诉抗辩权就可能使其成为保证人逃避保证责任的侵害性手段。先诉之抗辩蜕变为免责之抗辩,这就与先诉抗辩权乃至保证担保设立之宗旨相违背,也不符合诚实信用原则。故在此种情况下,为保障交易安全,实现权利设置之本意,应当取消保证人的先诉抗辩权,而非限制债权人的求偿权利。此项原则同样适用于债务人与保证人同时处于破产程序中的情况。[②] 所以《破产法司法解释(三)》规定,此种情况下不支持一般保证人的先诉抗辩权。

---

① 参见顾培东主编:《破产法教程》,法律出版社1995年版,第178页;柴发邦主编:《破产法教程》,法律出版社1990年版,第154页。

② 王欣新:《破产法》(第4版),中国人民大学出版社2019年版,第218页。

三、一般保证人责任的补充性与破产程序中的提存保障

保证的方式包括一般保证和连带责任保证。《担保法》(第17条)和《民法典》(第687条第1款)均规定:"当事人在保证合同中约定,债务人不能履行债务时,由保证人承担保证责任的,为一般保证。"并据此设定了一般保证人的先诉抗辩权,即一般保证的保证人在就债务人的财产依法强制执行仍不能履行债务前,有权拒绝承担保证责任。

必须明确,一般保证与连带责任保证的实质性区别,在于一般保证的责任是补充性责任,即仅承担债务人无力清偿部分的责任,而连带保证的责任是独立性责任,即无论债务人对债务有无清偿能力,债权人都有权要求保证人独立承担对债务全额的清偿责任。

先诉抗辩权是在常态情况下实现一般保证仅承担补充责任的程序性保障。而当先诉抗辩权因保证人或债务人进入破产程序而被取消时,债权人有权在无法先行向债务人求偿的情况下提前向一般保证人求偿,但这时一般保证人应承担补充性责任的基本原则并不改变。为此,对补充责任的程序保障就必须随之转变实现方式。也就是说,从依据先诉抗辩权而拒绝在债务人清偿债权人之前承担保证责任,转变为允许债权人在获得债务人清偿之前向保证人求偿,但在债务人清偿债权人之前,即一般保证人向债权人承担的补充责任范围确定之前,对债权人所获分配额予以提存(以下将此项措施简称为分配额提存),并在债务人清偿债权人后对其清偿数额在一般保证的责任范围中消减(以下将此项措施简称为债权额消减),以避开可能不当扩大其责任的风险,这是确保一般保证人只承担补充保证责任的关键。为此,《破产法司法解释(三)》第4条第2款规定:"债权人在一般保证人破产程序中的分配额应予提存,待一般保证人应承担的保证责任确定后再按照破产清偿比例予以分配。"这一规定确立的分配额提存和债权额消减的原则,是对一般保证在破产程序中只承担补充责任的保证立法目的和诚信原则的体现。

有学者认为,从简单的解决方法看,负补充责任的保证人也可以采取和负连带责任的保证人一样的清偿方式,即由保证人直接承担全部保证责任,不将债权人的分配额提存,而是通过保证人向主债务人行使求偿权的方式予以解决,这样程序更简洁、方便。但是,这种做法在很多情况下会损害补充责任保证人的合法

权益,是不可取的,下面针对实践中的不同情况进行分析。

第一,一般保证人先行承担全部责任后,如果主债务人此后完全丧失清偿能力,对债权人分文未还,那么提存或者直接领取清偿分配对保证人的实际责任并无影响。因为在债务人向债权人清偿结果为零的情况下,不存在再消减一般保证人责任数额的可能。

第二,如果主债务人在非破产程序中能够对一般保证人清偿后的剩余债务向债权人作出全额清偿或部分清偿,而且在一般保证人向其行使求偿权时,也能够向保证人作出全额清偿或同样比例的部分清偿(这是关键),也不会给已承担全额清偿责任的一般保证人造成清偿风险。但在实践中,很可能出现主债务人向债权人先行清偿后(无论是债务人主动清偿还是债权人强制执行,也无论清偿多少),就没有剩余财产清偿保证人的求偿权,或者不足以同等比例清偿保证人的求偿权的情况。这时保证人求偿权的全部或部分落空,就使想依靠行使求偿权来实现补充责任的方法失败了,而在一般保证人进行破产分配时事先对债权人的分配额予以提存,则可以有效地保障补充责任的实现。

第三,如果主债务人在补充责任保证人代为清偿之后、其向债权人清偿剩余债务之前进入破产程序,但仍有可供清偿的财产(如无财产可供清偿则与前述同类情况相同),且对债权人申报的剩余债权和保证人申报的求偿权债权均能按照同一比例清偿,则对保证人的补充责任也没有不利影响。

第四,如果在一般保证人进行破产分配之前,主债务人也进入破产程序,而保证人较主债务人分配在先时,如不对其分配进行提存,就会出现保证人的补充责任被不当扩大为连带责任的情况。因为《企业破产法》第 51 条第 2 款规定:“债务人的保证人或者其他连带债务人尚未代替债务人清偿债务的,以其对债务人的将来求偿权申报债权。但是,债权人已经向管理人申报全部债权的除外。”也就是说,在保证人未向债权人清偿之前,由于债权人向主债务人已申报了全部债权数额(这是其在保证人与主债务人同时破产时的法定权利),保证人对其代偿部分便不再享有求偿权。对负连带责任的保证人来说,本就负有独立清偿全部债务的责任,但对一般保证人来说,本应只承担主债务人未能承担部分的补充责任,但现却因未能提存分配额,并在债务人清偿后消减相应债权额而承担了连带责任。

由于上述可能影响一般保证人补充清偿利益之诸多因素的发展方向,在其案件进行到破产分配时往往还具有不确定性,所以该条规定的提存分配额和消减债权额的措施是非常必要的,可以切实保障立法对一般保证人补充责任的规定。

还需注意的是,在一般保证人对债权人的分配额提存后,尤其是在保证人和债务人同时进入破产程序(是指两个破产程序有交叉存在的期间,而不是指在同一天启动了破产程序)的情况下,保证人向债权人承担的补充责任,应当以消减后的债权数额作为破产债权额,然后再按照破产分配比例予以分配,否则便会不适当地扩大其责任范围,使保证人的补充责任变成连带责任。例如,债权人的债权为 10 万元,保证人对债务全额承担补充保证责任,债务人与保证人的破产分配比例均为 50% 。债权人分别以 10 万元向两破产人申报债权后,先从保证人处获得破产分配 5 万元,予以提存,后又从债务人处获得破产分配 5 万元。这时,虽然债权人从两破产人处获得的破产清偿总额未超过原债权额,但一般保证人所作的清偿却超出了其应负的补充责任范围。因为当债权人从债务人处获得 5 万元的破产清偿以后,其对保证人享有的破产债权便不再是原来推定的 10 万元,而应根据债务人的实际清偿情况相应核减为 5 万元,即保证人仅应对债权人未从债务人处得到清偿的 5 万元债权承担补充清偿责任,依破产分配比例,实际清偿额应为 2.5 万元。在此案例中,债权人的 10 万元债权额,从债务人和保证人的破产分配中,共应得到 7.5 万元清偿。如不依此方式计算,将使保证人仅对债务人未能清偿部分承担的补充责任变成了实际上对全部债务承担连带责任,违背了保证合同的责任约定,[①]并损害一般保证人的其他债权人的利益。

四、债务人与保证人同时破产时的保证责任

(一)债务人与保证人同时破产时保证责任的一般处理原则

债务人与保证人同时破产时保证责任的处理,要遵循以下几项原则。

第一,在债务人与保证人同时进入破产程序时,由于二人的破产程序在同时进行,如仍要求债权人遵循在非破产程序中的惯例,先向债务人追偿,然后再以未受偿的余额向保证人追偿的清偿顺序,便可能出现向保证人追偿时其破产财产已分配完毕,保证人实际上被免除保证责任的不合理现象。所以,《破产法司法解释(三)》第 5 条第 1 款规定:"债务人与保证人均被裁定进入破产程序的,债权人有权同时向债务人、保证人申报债权。"

---

① 王欣新:《破产法》(第 4 版),中国人民大学出版社 2019 年版,第 219 ~ 220 页。

第二，由于债务人与保证人均已因丧失清偿能力进入破产程序，债权人只以债务全额向任何一方追偿，或者虽可以同时向两个破产人追偿，但分别申报的债权合计不能超过债权总额，都难以使债权人得到充分清偿。所以司法解释规定，债权人向债务人与保证人分别申报的破产债权，均为对二人分别享有的债权全额，但债权人从二人处获得的受偿总额不得超出其债权总额。

第三，在债务人与保证人均被裁定进入破产程序时，由于债权人已在破产程序中向债务人全额申报债权，根据《企业破产法》第 51 条第 2 款和《破产法司法解释（三）》第 5 条第 2 款的规定，保证人在向债权人清偿后不能再取得对债务人的求偿权，以免债务人对一项债务分别向债权人和保证人进行两次重复清偿，损害其他债权人的权益。

（二）一般保证人补充责任的处理

《担保法》与《民法典》规定，人民法院受理债务人的破产案件后，一般保证人不得行使先诉抗辩权，债务人与保证人同时破产的情况自然也应包括在内。所以，此时负补充责任保证人的先诉抗辩权应当依法取消，同时，对一般保证人补充责任的保障方法转变为分配额提存和债权额消减。

需注意的是，《破产法司法解释（三）》第 5 条第 2 款规定，这时债权人"从一方破产程序中获得清偿后，其对另一方的债权额不作调整"。这一规定在"另一方"为债务人或者连带责任保证人时是完全正确的，因为对债权人来说，两者均对全部债务负有独立的全额清偿责任，所以不应当调减其对另一方的债权额。但该规定适用于承担补充责任的一般保证人则是不妥的，忽视了其责任承担的补充性属性，使一般保证变成了连带责任担保，违背了《担保法》与《民法典》对补充责任担保设定的基本原则。

有人解释，该条规定之所以未对连带责任担保与补充责任担保进行区分规定，理由之一是，基于对保证担保对债权的保障功能考虑。"当债务人与一般保证人同时进入破产程序时，允许债权人同时以全额申报债权，即便债务人的破产程序清偿在前，也不在一般保证人的破产程序中调整债权人所申报的债权额，体现了保证担保的功能。"[①]这一理由是不能成立的。《企业破产法》之所以允许债

---

① 参见最高人民法院民事审判第二庭编著：《最高人民法院关于企业破产法司法解释（三）理解与适用》，人民法院出版社 2019 年版，第 112 页。

权人在破产程序中以债权全额同时向债务人与一般保证人申报债权,其目的并不是要让一般保证人以与连带保证人承担同样清偿责任的方式去体现保证担保的功能,而是因此时一般保证人的补充责任范围因债务人尚未作出清偿而无法确定,故为充分保障债权人的利益暂时先以债权全额预先申报。但是,待债务人作出清偿,一般保证人的补充责任范围确定后,还是要按照补充责任的承担方式调减债权人申报债权数额中债务人已经清偿的部分。保证担保的功能必须依法实现,但不能违法滥用,不能为体现所谓的保证担保功能,就将法律明文规定的一般保证的补充责任任意“加码”为连带保证责任(如可以这样操作,还不如直接从法律中取消一般保证的担保方式),这并不是在保障债权人的利益,而是在非法侵害一般保证人及其债权人的合法权益。

理由之二是,基于多个破产程序均能有效推进的考虑,这也是不能成立的。主张者认为,“按照一般保证人仅负补充责任的角度,(应当)在主债务人的破产程序先行分配之后,再予确定一般保证人破产程序的债权额和实际清偿额。但实践中,债务人的破产程序与一般保证人的破产程序是各自独立进行的破产程序,难以确定先后顺序。相反,在程序上不区分多个程序的先后顺序,允许多个破产程序的管理人同时对同一债权人进行分配,不仅可以解决实务中管理人互相推诿不予清偿的实践难题,亦有助于增强债权人行权的便利性,实现对债权人权益的更为充分的保护”。[①] 首先,对一般保证人补充责任的确定,不是要对两个同时进行的破产程序在分配上分先后,也不是要阻止两个破产程序的管理人同时对同一债权人进行分配。两个同时进行的破产程序本就应当同时分配(是指在同一期间进行的破产程序中进行分配,而不是在同一个时点进行分配),只是一般保证人如在债务人之前进行破产分配,需要将债权人的分配额予以暂时提存,以便保障其法律规定的补充责任不被不当扩大。此处不存在管理人对清偿的相互推诿,在如此明确的法律规定下是没有推诿余地的,如管理人有法不依则就是追究其责任的问题。其次,上述对一般保证人补充责任的正确处理,完全不影响破产程序的进行,即便真是想保障破产程序的有效推进,也不能以侵害一般保证人的法定权益为手段,更何况这无助于破产程序的有效推进。此外,以将一

---

① 参见最高人民法院民事审判第二庭编著:《最高人民法院关于企业破产法司法解释(三)理解与适用》,人民法院出版社 2019 年版,第 112 页。

般保证人法定的补充责任任意改变为连带责任，去实现所谓对债权人权益的“更充分的保护”的思路也是错误的。

理由之三是，基于对债权人受偿总额的有效控制的考虑。① 这个理由有些莫名其妙，因为单纯从控制债权人受偿总额的角度看，在债务人清偿后消减债权人对一般保证人的债权数额才更有利于实现这一目标。再者，债权人对一般保证人的债权额应不应当作调整，关键是看保证人承担的是连带责任还是补充责任，调整的目的是要保证法律规定和当事人约定的补充保证责任不被错误地扩大。而所谓超额清偿，是因债权人同时在债务人和保证人的破产程序中申报全额债权，而在两个破产程序的分配比例均高于50%时出现的问题，与保证人的责任形式无关，两者在逻辑毫无关联。其实，只要有司法解释规定的“债权人的受偿额不得超出其债权总额”这一句话，就足以防止、解决因债权人从多处受偿而可能出现的超额清偿问题，而这与强制将一般保证人的补充责任改变为连带责任的错误做法完全无关。在此种情况下，人们要质疑的，不是因对一般保证人的责任债权额作不作调整而导致“超额受偿”，②因为消减债权额只会有利于阻止发生超额受偿，而是为什么要把一般保证人法定的补充责任改变为连带责任。

此条规定出现问题，是因为对一般保证的补充担保责任以及先诉抗辩权理解失误。如前所述，一般保证与连带责任保证的实质区别，在于其只对债务人无力清偿的部分承担补充性清偿责任，而连带责任保证则要对债务人的全部债务承担独立的清偿责任，这也是为什么一般保证也被称为补充责任保证的原因。要想实现这一立法目标，需要相应法律程序的保障，先诉抗辩权便是在通常情况下保障一般保证人仅承担补充责任的程序性措施。

先诉抗辩权虽然体现为程序性的权利，但对一般保证人却具有程序和实体两方面的权利保障意义。从程序意义上讲，是通过清偿顺位先后的设定，确保一般保证人承担责任的时间在债务人之后，进而在实体意义上实现保证人只承担债务人不能清偿部分的补充性责任。这种补充责任的实现机制，是程序上的先诉抗辩必然导致的实体性结果。保证责任的关键要落实在“责任”二字上，一般保证与连带保证在责任方面的实质区别，不仅是其因享有程序上的先诉抗辩权

---

① 参见最高人民法院民事审判第二庭编著：《最高人民法院关于企业破产法司法解释（三）理解与适用》，人民法院出版社2019年版，第112页。

② 同上。

而在承担保证责任的时间上要晚于债务人,而是要通过设置清偿的时间差实现保证人仅在债务人还不清的债务范围内承担补充责任的目的。先诉抗辩权的实质目的是要实现一般保证的补充性责任,而清偿时间顺序的设定仅是其手段①。所以,当这种手段在破产程序中可能损害公平实现保证的担保目的时,就会被立法所取消,并将对一般保证人补充责任的保障转换为其他方法。

在非破产程序中,由于债务人和保证人均未发生破产原因,至少从理论上讲两者的清偿能力或曰资产之和是足以清偿全部债务的,先诉抗辩一个行为就可以同时实现该项权利的程序与实体作用,所以体现不出区分其程序意义和实体意义的作用。一般保证与连带保证的责任区别也同样存续于破产程序中,由于先诉抗辩权在破产程序中被取消,而在非破产程序中其对补充责任的实体作用又是隐藏在程序作用的面纱之下,以至于有的人便错误地根据其表象,仅看到先诉抗辩权的程序性作用,而完全忽视隐藏在先诉程序后的保障一般保证人补充责任实现的实体意义。有人甚至主张,先诉抗辩权在破产程序中被取消后,一般保证与连带保证的责任承担就完全没有区别了。这些错误观点便是导致《破产法司法解释(三)》第5条出现问题的主要根源。其实在该司法解释出台前的征求意见会上对这一问题上就存在激烈争议,笔者对这一错误观点是坚决反对的,并在此后于《人民法院报》上发表文章以阐明观点,但在司法解释中还是留下了些许遗憾。

需要特别指出的是,《破产法司法解释(三)》第5条第2款中债权人"从一方破产程序中获得清偿后,其对另一方的债权额不作调整"的规定,与其第4条关于债权人从债务人处获得清偿后应调整一般保证人责任范围的规定也存在实质性的矛盾冲突,而且其与《担保法》和《民法典》对一般保证的规定也明显不符。此外,在其他一些关于破产法和担保法的司法解释文件中也存在对保证担保规定冲突和不妥的问题。鉴于《民法典》将保证担保在破产程序中的处理问题排除在其编纂调整范围外,作为破产法的调整对象。笔者建议,应当借《企业破产法》修订之机,对保证担保在破产程序中的处理作出全面、协调、正确的规定,以规范立法、统一司法。

① 参见王欣新:《论破产程序中一般保证人的责任》,载《人民法院报》2019年2月28日,第7版。

破产债权的保护

论破产债权的确认程序*

《企业破产法》第57条、第58条对破产程序中的债权确认问题作有规定，这些规定与《企业破产法（试行）》①及其司法解释相关规定②有原则性的重大区别。但在司法实践中，仍存在一些对现行立法规定的误解，乃至出现沿用错误理念与操作惯例损害当事人权利的情况，有的地方法院拟出台的破产案件内部审理指导意见中也存在与立法不甚相符之处。笔者认为，为建立正确的破产债权确认程序，需要厘清以下几个问题。

一、管理人在债权确认程序中的职权

对管理人在债权确认程序中有什么职权，《企业破产法》第57条规定："管理人收到债权申报材料后，应当登记造册，对申报的债权进行审查，并编制债权表。债权表和债权申报材料由管理人保存，供利害关系人查阅。"据此，在整个债权审查确认程序中，管理人的权力是"对申报的债权进行审查，并编制债权表"，法律并没有赋予管理人确认债权的权力，无论是在上述关于债权确认的规定中，还是在《企业破产法》第25条关于管理人职责的规

---

* 本文原载于《法律适用》2018年第1期。

① 参见《企业破产法（试行）》第15条规定。

② 最高人民法院《关于审理企业破产案件若干问题的规定》第24条、第42条、第63条等条款。

定中,这一点是必须明确的。在实践中,许多问题发生的原因,就是因为管理人自认为有确认债权的权力且无人予以纠正。还有的人,在名义上认为法院是确认债权的主体,在实践中却将确认债权的实际权力交由管理人行使。在一些书中也存在管理人对债权享有的是审查权还是确认权表述不清晰的现象。①

管理人对申报的债权经形式审查(审查债权人身份证明文件、申报的债务人是否为同案债务人、申报权利的种类和性质、有无相关证据等)合格的,应当受理债权申报并进行登记,出具债权申报回执。在登记造册之后,管理人应当进行债权的实质审查,编制包括附有债权是否成立、数额多少、有无优先权等审查结果的债权表。根据《企业破产法》第 58 条第 1 款的规定,"依照本法第五十七条规定编制的债权表,应当提交第一次债权人会议核查"。也就是说,即使是对债权审查的权力(而非确认权力),也并不仅在于管理人一人之手。对管理人编制的初步债权表,债权人会议是有权核查的,而且在核查中有权提出异议(包括在会后的规定期限内),并要求对管理人的审查结果进行复核与纠正。否认债权人会议以及债权人的知情权、核查权、异议权,法律规定的核查就会变成走形式。所以,经过债权人会议核查后的债权表以及债权的内容,是有可能与管理人最初的审查结果不完全一致的。在实践中,有的管理人在自己审查债权之后就认为债权确认已经完成,根本不召开债权人会议核查,或者只是在债权人会议上通报一下自己的审查结果,而不接受债权人会议的核查与异议,这些做法都是违背法律规定的,侵害了债权人、债务人等利害关系人的知情权、核查权、异议权等权利。

在实践中,有的案件由于债权人数量过多、情况复杂等原因,导致到了第一次债权人会议召开的法定期限时管理人尚未完成债权审查工作,无法提交债权人会议审核,不得不请求法院批准推迟至下一次债权人会议审核。如果确是由于客观原因造成的,这种推迟是可以理解的,但是管理人仍必须尽快完成债权审查、制表工作并提交债权人会议核查,法院对此应当予以监督,必要时限期完成。如管理人未尽职责或不具备履职能力,应当消减其报酬,必要时可予以撤换,直至将其从管理人名册中除名。不应以债权审查推迟为名,规避债权人会议核查,侵害当事人权利。

---

① 齐明:《破产法学:基本原理与立法规范》,华中科技大学出版社 2013 年版,第 144 页。

二、法院在债权确认程序中的职权

法院的职权是对管理人提交的债权表进行审查和确认。根据《企业破产法》第58条第2款的规定，“债务人、债权人对债权表记载的债权无异议的，由人民法院裁定确认”。需要注意的是，虽然法律规定法院裁定确认的是债权表记载的债务人、债权人无异议的债权（这一规定存在问题，后文详述），但这并不表明法院对债权表可以不加审查、直接确认，不经审查的确认是没有任何意义的，仍然等于将债权的确认权力拱手交给管理人，并为其错误背书担责。如果法院发现管理人制作并提交裁定的债权表存在错误，即使是债务人、债权人因不了解情况等原因未提出异议，也可以行使监督权力，要求管理人予以纠正。如果在债权人会议核查债权时，当事人认为债权表存在错误，请求管理人予以复核纠正，管理人不予纠正的，应当将异议情况在债权表中作出附注说明，以便法院对债权表审查监督。总之，要充分利用管理人对债权的审查、债权人会议的核查、法院的审查确认，发挥及时纠错机制，减少不必要的债权确认诉讼发生，使破产程序可以更简化、迅速、顺利地进行。

一个重要的问题，是明确法院确认债权表的裁定的法律效力与作用。法院确认债权表的裁定是程序性裁定，非实体性判决，不具有确认其中每项债权真实、合法的实体性法律效力，即不具有对债权人的实体权利作出诉讼判决确认的法律效力，所以立法仍允许对债权表上确认的债权或（暂）不确认的债权提出异议，并通过提起债权确认诉讼予以解决。从程序效力的角度讲，法院出具确认债权表裁定的主要目的，是为解决债权人破产程序的参与权问题，如确定债权人会议的参加权、表决权等权利的行使人资格与权限范围，同时确定对债权表有异议者“谁当原告谁当被告”的法律地位等问题。确认债权表裁定的既判力体现为，在法院裁定确认前，债权表是没有法律效力的，即并不能表明在破产程序中哪些债权得到确认，哪些债权人有权参加债权人会议；法院出具债权表确认裁定后，债权得到初步确认，对表内确认的债权有异议，由异议者起诉，表示有异议但不起诉者视为无异议，表内的债权无人起诉就享有破产债权的全部权利；债权人对未被列入债权表、确认债权数额等有异议，由其起诉，不起诉者视为无异议，不再享有相应权利包括财产分配权，如起诉则在生效判决作出前按照诉讼争议标的在破产分配时予以预留。

法院出具债权确认裁定的效力,还体现在使债务人、债权人等了解债权确认的最终法律结果,并揭示债权确认诉讼诉权的成立。当事人诉权的成立,是以权利义务争议在法律上认可其存在为前提。在法院作出债权表确认的裁定之前,从法律角度讲,因尚未在破产程序中明确债权是否得到确认,对债权确认的争议以及相应诉权自然也尚未成立,正如在一审判决作出之前当事人是没有二审上诉权一样。只有在法院已作出债权确认裁定、债权确认的法律程序完成后,才出现确认、不确认或暂时不确认的债权之法律区别,这时对债权确认结果有争议的当事人才产生诉权,法院方可受理其提出的债权确认之诉。否则,即使当事人起诉,法院的受理也是不符合法律程序的。

有人认为,《企业破产法》第58条规定,债权人、债务人对债权表记载的债权有异议的可以向法院提起债权确认诉讼,并没有要求在法院裁定确认债权表以后才能提诉讼,所以在管理人审查并编制债权表后,有异议的债权人就可以提起诉讼了。这种观点是与立法规定的本意与文义不相符的,必然会使法律关于法院裁定确认债权表的规定完全丧失存在意义,失去其重要的调整作用。而且这将使管理人取得法律并未赋予的实际上不受监督的确认债权权力,法院则丧失对管理人在债权审查方面的实际监督权,或得以推脱监督失职的责任,并导致管理人可能滥用权力,通过不确认或暂不确认债权等方法使债权人无法及时参加债权人会议表决,以促成违法决议通过或决议违法通过,使之成为胁迫债权人放弃合法权益、接受不法侵害的工具,逼迫不就范的债权人承担进行债权确认诉讼的各种成本与利益损失,更有甚者,利用确认债权的权力勒索、收取贿赂,中饱私囊。抛开现行立法,单纯从操作程序上讲,由管理人初步确认债权并以此为提起债权确认诉讼的依据和起始时点,至少也是可以操作的,但是却可能引发上述各种侵害当事人权益的问题。《企业破产法》规定,从法律意义上确认债权,必须以法院出具的债权表确认裁定为准,对于防范、制止这些违法行为,具有重要意义。

还有人认为,如果以法院出具债权表确认裁定作为提起债权确认诉讼的前提,会导致债权人长期无法确认债权额,进而拖延破产程序进程。笔者认为,只要依法履行债权确认程序,此种情况是不会发生的。按照现行法律规定,在正常情况下,管理人应当在第一次债权人会议之前完成债权审查工作,制订债权表并提交债权人会议核查。经第一次债权人会议核查后,管理人将核查后的债权表提交法院审查确认。法院对债权表的确认不是等所有债权确认(争议)诉讼结束再出裁定的,部分债权存在争议乃至确认诉讼并不影响破产程序的进行。所以法院应当在管理人提交债权表请求确认后,尽快完成对债权表的审查确认并出具裁定。只要依法及时完成这些法定工作,就不会发生长期无法确认债权,拖延破产程序进程的情况。相反,明确上述债权确认法律程序后,尤其是强调法院出具债权表确认裁定环节的法律效力,反而有利于督促加快债权的确认程序,并保障当事人的法定权益。

有人从权利性质和程序作用的角度提出异议,认为债权申报是债权人私权的行使,管理人不认定或少认定债权数额,债权人如有异议应允许其即时提起确认诉讼,债权人如没有异议,法院则无须介入,尽管债权认定具有一定的司法或公权力色彩,但债权人而不是法院,才是其利益在破产程序中最好的维护者。如果法院对债权表的裁定只是程序性裁定,不是实体性裁定,那么债权人在对管理人的债权审查结果存在异议时,应当可以立刻提起债权确认诉讼尽早解决,没有必要等到法院对债权表进行裁定后再起诉。事实上,不论是法院在作出确认裁定前要求管理人进行核查纠正,还是在法院作出确认裁定后由当事人起诉,都将涉及对实体性问题而不仅是程序性问题的判断。如果法院在审查确认过程中可以要求管理人对提交的债权表进行调整,这种调整更应当在两造充分发表意见和相互质证的基础上即在债权确认诉讼中进行。所以,法院的确认权无论是从实体意义还是程序意义上都没有价值。法院对债权表的程序性确认,不具备减少不必要诉讼的作用,其意义或许仅在于对管理人工作的监督。

这种观点也是难以成立的。破产债权固为私权,但在破产程序这一集体清偿程序中私权之个别行使也要受限,如不得个别清偿等,所以仅以私权行使为由是不足以否定法院确认债权表裁定的必要与效力的。为何立法要设立法院裁定这一程序,其一,从法律上确认当事人对破产程序的参加权利与债权人之表决权所代表的债权额问题,保障破产程序顺利进行。其二,减少不必要的诉讼。法院的程序性裁定同样具备减少不必要诉讼的作用。法院通过对管理人提交债权表的审查和裁定,可以对债权是否成立在大概率上加以预判,使当事人对债权确认诉讼结果有一个合理预期,从而减少其提起不必要诉讼的概率。其三,监督管理人债权审查活动,对此前文已有分析。其四,依据债权在表内或者表外,合理确定在债权确认诉讼中当事人原、被告的身份,即应当由谁起诉并承担成本。这些效用是具有重大意义的,有助于破产程序更简化、经济、快速地进行。

债权人对管理人制作之债权表当然可以提出异议，不然法院的审查也没有充分依据和材料，只是在法院出裁定前异议尚不以诉讼方式解决。法院裁定的所谓形式上审查，是指其法律效力不具有实体性判决的效力，仍可通过一般诉讼调整（因其未经诉讼程序）。但该裁定是具有程序性法律效力的，如债权表外的债权人不具有表决权，其如有异议应当主动起诉，否则会丧失在破产程序中的一切权利等。法院对债权表的审查并非不涉及实体权利，否则又何谈审查？法院的审查不是简单处理，而是可能通过简略审查发现明显有问题的债权，这在实践中已多有发生。这时法院可监督管理人再予核查调整，甚至可撤换恶意造假欺诈的管理人。即便法院对债权表作出确认裁定，实体异议权即债权确认诉讼权作为私权保护的手段仍留给当事人自行行使，当事人当然也可放弃权利，这点没有任何改变。

三、对经法院裁定债权表的异议处理与债权确认诉讼时效

根据《企业破产法》第58条第3款的规定，"债务人、债权人对债权表记载的债权有异议的，可以向受理破产申请的人民法院提起诉讼"。对于暂未确定的债权，《企业破产法》第59条第2款规定："债权尚未确定的债权人，除人民法院能够为其行使表决权而临时确定债权额的外，不得行使表决权。"

在法院对债权表作出确认裁定后发现存在错误应如何处理，也存在多种不同观点。有的人将债权表确认裁定视同一般的民事判决裁定，主张参照启动再审的程序审理。有人认为，根据2020年最高人民法院《关于适用〈中华人民共和国民事诉讼法〉的解释》（以下简称《民事诉讼法解释》）第380条①的规定，适用破产程序审理的案件，当事人不能申请再审。还有人认为，只能通过债权确认诉讼解决。谈到应当如何处理，首先要分清楚所谓的错误是指什么性质的错误。如果是认为债权表确认裁定在程序等方面存在错误，如债权表根本未经债权人会议核查等，而不是指债权表确认的具体债权的内容存在错误，那么可以请求作出裁定的法院或其上级法院予以纠正，但并非通过上诉或再审程序予以解决。如果是认为债权表确认的具体债权的内容存在错误，笔者认为，可以通过两个渠道解决问题，一是对当事人的实体权利争议通过法律规定的债权确认诉讼解决；

① 该条已于2022年修改为第378条。

二是在管理人等对债权确认发生错误无异议的情况下，通过提请债权人会议等利害关系人核查（可以采用书面审核等简易方式），并由管理人向法院申请变更原债权表的方式纠正。有人认为，法院确认债权表的裁定作为生效裁判文书，如果债权人对之提起债权确认诉讼应以重复审理为由驳回，这种观点是不能成立的。

债权人提起债权确认的诉讼适用诉讼时效的规定。债权人对自己债权的确认结果有异议的，其提起债权确认诉讼的时效现在应当按照《民法总则》的相关规定计算。因为只有在债权人提起债权确认诉讼后，法院才可能为其在债权人会议行使表决权而临时确定债权额（必要时），在破产分配时才会为其按照诉讼争议额预留并提存分配额，如果债权人不及时提起债权确认诉讼，只会影响他自己的权利，一般不会影响他人权利和破产程序的进行，所以从理论上讲，可以不为其设定特别时效。关于当事人对他人纳入债权表的债权有异议，是否也适用《民法总则》的时效规定问题存在不同观点，有的人主张适当予以限制，以免影响破产程序的进行。但在司法实践中，有的管理人在通知中规定必须半个月内起诉，且不考虑是否发现权利被侵害，担心对当事人权利行使的时间约定过短，会影响权利正常行使。有一些国家或地区的破产法对债权确认诉讼规定有较短的时效。日本《破产法》第 126 条规定，对于破产债权核准申请作出的决定不服者，可以在该决定送达之日起 1 个月内的期间内提起异议之诉。[①] 对此问题应当通过立法或司法解释加以解决，统一实施。如债权人发现权利被侵害、提起诉讼时破产程序已终结，因破产程序本身无法逆转，所以如果有相应责任人应当承担责任，可以要求其承担责任，如有在破产程序中非法获得利益者，可请求追回财产。

四、债权确认程序立法的修订与完善

《企业破产法》关于债权确认程序中还存在需要完善之处。

第一，设置债权调查会议取代由第一次债权人会议核查。《企业破产法》第 58 条第 1 款规定的由“第一次债权人会议核查”管理人编制的债权表以及全部债权，应当修订为由受理破产案件的法院指定债权调查期日，并主持由债权人、破产人、其他利害关系人及管理人等参加的债权调查会议，这也是日本、德国等国

① 李飞主编：《当代外国破产法》，郑冲等译，中国法制出版社 2006 年版，第 767 页。

有关债权审查确认的立法模式。[①] 债权调查会议可在第一次债权人会议召开之前进行,但通常是与第一次债权人会议同期进行。修订的理由如下。

1. 债权人会议的概念无论是在外延还是内涵上,均不能涵盖所有应当参加债权审查会议的当事人以及债权审查确认的事项。根据《企业破产法》第 59 条的规定,只有债权人才有权利参加债权人会议,其他人无权参加。根据《企业破产法》第 15 条第 1 款第 3 项的规定,债务人有义务"列席债权人会议并如实回答债权人的询问"。同时,从《企业破产法》第 58 条规定中可以推导出,债务人在审核债权的会议上有权对债权表记载的债权提出异议,而不仅是"如实回答债权人的询问"。但是在债权审查中,除债权人、债务人外,其他利害关系人也应当有权参加,如为债务人提供抵押等物权担保的担保人、债务人的保证人(尤其是在债权人已经向管理人申报全部债权、保证人无法申报债权参加债权人会议的情况下)等。债权审查确认的结果与他们的利益密切相关,而在现在的债权人会议核查债权的机制下,他们无法参加,其相关法律规定的权利被漠视。

2. 目前,立法规定在第一次债权人会议上核查债权,但第一次债权人会议召开的日期与债权审查确认实际需要进行的日期往往不协调。如对债权人数量很少的案件(有的案件只有一两名债权人)债权审查确认,可以在法定最短的债权申报期限期满后立刻进行,而债权人数量很多的案件的债权申报,即使是法定最长的债权申报期限(3 个月)也不够用,乃至经常不得不延期。债权的申报审查与第一次债权人会议因工作任务不同,两者的时间不相匹配。《企业破产法》的这一规定,实际上仍受到原破产法将审查并确认债权的职权授予债权人会议规定的不当影响。而将债权调查会议与第一次债权人会议分拆规定,更符合法理和实际需要。

3. 从债权人会议的概念上看,应当是被认定为债权人者方有权利参加,但是在第一次债权人会议所有申报债权者均可以参加,其中就包括那些可能在债权确认环节得不到确认的债权申报者。这就使第一次债权人会议的名称与实际参加者名不符实,也使第一次债权人会议与以后的债权人会议的参加人存在不同,这是不合理的。

---

① 李飞主编:《当代外国破产法》,郑冲等译,中国法制出版社 2006 年版,第 72 ~ 75 页、第 760 ~ 776 页。

第二,《企业破产法》第58条第2款有关“债务人、债权人对债权表记载的债权无异议的,由人民法院裁定确认”的规定也应当适当修改。根据这一规定,法院只有权对债权表中债务人、债权人无异议的债权裁定确认,这既不符合司法实践情况,也不适应法院审查确认债权的实际需要。在司法实践中,管理人审查后的债权通常分为三部分,即拟确认债权、拟不确认债权和暂不确认债权,在提交法院裁定确认的债权表中也并非都是债务人、债权人均无异议的,而是管理人认为应当确认的债权,哪怕其存在争议。其实真正债务人、债权人均无异议的债权往往并不需要法院再裁定确认,或者说,这种确认的实际意义不大。对债权存在异议是很正常的情况,即使是对法院作出的生效裁判债权人也可能存在争议。在破产程序中之所以要设置法院对债权表确认裁定的程序,重点恰恰是要对经债权审查会议核查后仍存在异议的债权进行大概率的初步认定,即裁定该异议是否成立并决定该债权是否纳入债权表,所以即使是在目前的实践中法院审查确认的重点也是针对可能存在争议的债权进行的。如前所述,法院以裁定债权表的方式确认异议是否成立。法院裁定异议不成立时,该债权暂列入债权表,异议人可以该债权人为被告提起债权确认诉讼。法院裁定异议成立时,该债权暂不列入债权表,该债权人可以异议人为被告提起债权确认诉讼。该项裁定无实体法律效力,不影响利害关系人提起债权确认诉讼的权利,债权确认诉讼不视为一事再理。[①]《企业破产法》第59条第2款规定,“债权尚未确定的债权人,除人民法院能够为其行使表决权而临时确定债权额的外,不得行使表决权”,体现的也是同样的原则。这里的“债权尚未确定的债权人”,就应当包括因存在核查异议而尚未确定的债权人。明确建立由人民法院裁定债权核查异议是否成立的程序,可以使存在异议之债权能够按照事实与法律依据、成立与胜诉之概率高低,决定是否将其列入债权表,不仅可以使债权确认诉讼的原告与被告身份的确定更合理、明确,而且因将初判难以成立之债权排除在债权表之外,也有助于促使当事人自动息讼,减少没有必要之债权确认诉讼的提起。此外,也可以防止一些

---

① 有的学者对这一程序存在误解,认为法院对有异议债权以确认债权表方式作出的程序性裁定,是旧破产法司法解释中以裁定确认债权这一错误方式的沿用,违反《企业破产法》第58条的规定。这是没有读懂本人的观点,主观地将确认债权表的程序性裁定与债权确认诉讼两个本不冲突的程序以及它们的法律效力相互混淆。参见邹海林、周泽新:《破产法学的新发展》,中国社会科学出版社2013年版,第226页。

债权人或债务人恶意地对其他债权人提出无理异议,阻碍其参与破产程序行使权利,而法院按照目前立法的文义却因为只能对债务人、债权人均无异议的债权予以确认,而无法通过确认程序确认这些债权成立,排除阻碍正当权利行使的恶意异议。

总之,立法关于债权确认程序的规定不能仅仅考虑工作上的方便,而不考虑对当事人法定权利的充分维护,不考虑对实践中可能发生的各种违法行为的防范和制约,否则反而会影响破产程序的顺利进行。

税收破产债权确认中破产法与税法的适用选择*

破产案件的审理难免涉及破产与税收两方面法律的适用。在破产法与税法对同一问题存在不同规定时，尤其是在税收破产债权的确认问题上应当适用何种法律，是适用税收征收管理法的行政复议等程序解决，还是适用企业破产法的破产债权确认诉讼程序解决，是在理论上和实务中需要研究解决的问题。学者从不同角度对此提出各自观点，争议的焦点集中于在税收破产债权确认的法律冲突中应当如何正确理解法律适用优先的原则。

一、确认法律适用优先的原则

所谓法律适用的优先，是指在不同法律之间，上一层次法律规范的效力高于下一层次法律规范。确定效力优先的原则包括：根本法优于普通法；上位法优于下位法；新法优于旧法；特别法优于一般法。在税收破产债权确认问题上涉及的是新法与旧法以及特别法与一般法的优先关系，而关键是特别法与一般法的确认和优先适用。

在新法与旧法的适用关系上，首先要明确“新”与“旧”的概念。这里的“新”与“旧”，是从具体发生冲突的法律规定的角度进行评价，而不是从整部法律的角度评

* 本文原载于《人民法院报》2021 年 6 月 17 日，第 7 版。

价的。如果是一部从未制定过的新法律出台，当然整部法律都属于新法的范畴，但如果是对原有法律在修订后的重新颁布，则只有新修改的与原有内容不同的规范部分才能算是新法。因为许多法律的修订只是对少数乃至个别条款进行修改，当然不能因修改后重新颁布的时间不同，就认定整部法律都是新法。有人认为，现行《企业破产法》于2006年颁布、2007年实施，现行《税收征收管理法》则是于2015年修订后颁布实施，所以《税收征收管理法》属于新法，应当优先适用。这种观点仅以修订颁布时间认定整部法律是新法，其理解是错误的。《企业破产法》与《税收征收管理法》均是全国人大常委会制定的法律。《立法法》第92条规定也明确了判断法律的新旧要以具体规定为对照因素，而不能以修订的整部法律颁布时间为对照因素。在税收破产债权确认适用法律方面，新法与旧法因素的影响要明显弱于特别法与一般法的因素。

《企业破产法》与《税收征收管理法》在各自适用的主导领域都属于特别法。在实践中对税收破产债权确认应适用的法律认识不一，税务机关往往主张依据税收征收管理法处理，有的法院适用企业破产法中的债权确认诉讼程序解决，而有的法院则要求当事人适用税收征收管理法的行政复议和行政诉讼程序解决，所以对这一问题需要从理论上予以澄清。

税收关系属于债权债务关系（尽管其兼具有公法性质）已是学术界的通说，因税收而发生的争议自然也就是债权债务争议。对于未进入破产程序的正常经营企业，《税收征收管理法》第88条第1款、第2款规定："纳税人、扣缴义务人、纳税担保人同税务机关在纳税上发生争议时，必须先依照税务机关的纳税决定缴纳或者解缴税款及滞纳金或者提供相应的担保，然后可以依法申请行政复议；对行政复议决定不服的，可以依法向人民法院起诉。当事人对税务机关的处罚决定、强制执行措施或者税收保全措施不服的，可以依法申请行政复议，也可以依法向人民法院起诉。"而破产程序中的企业处于非常态状况下，《企业破产法》第58条及相关司法解释规定了在破产程序中债权确认争议的特殊解决程序。但如仅在空洞的理论上争论哪个法律是特别法，应当优先适用，可能意义不大，也难以得出有充分说服力的结论，必须要联系到实践问题的解决。

国家立法机关之所以在一般法之外还要制定特别法，是因为在司法实践中存在一般法无法解决的特殊问题，必须要制定特别法去解决。所以，哪个法律具有正确解决实践问题的特殊功能，能够达到立法调整相关法律关系、解决社会矛盾的目的,哪个就是应当适用的特别法。所以,只有深入分析不同法律的立法目的以及在解决具体实践问题中的特定作用,才能得出哪个法律在税收破产债权确认中应当作为特别法优先适用的正确结论。有人认为,由于两法都具有特殊法的性质,单纯依据特别法理论不足以形成强有力的理由解决二者的冲突。这一抛弃特别法理论的观点也是不妥、片面的。

二、破产法是税收破产债权确认应适用的特别法

企业破产法与税收征收管理法的立法目的不同,保障立法目的实现的程序与手段自然也就存在区别。在破产程序中,对各种债权的确认应当也只能适用破产法规定的程序。《企业破产法》第 58 条规定:“依照本法第五十七条规定编制的债权表,应当提交第一次债权人会议核查。债务人、债权人对债权表记载的债权无异议的,由人民法院裁定确认。债务人、债权人对债权表记载的债权有异议的,可以向受理破产申请的人民法院提起诉讼。”最高人民法院《关于适用〈中华人民共和国企业破产法〉若干问题的规定(三)》对破产债权确认诉讼问题也作了规定,如其第 9 条规定:“债务人对债权表记载的债权有异议向人民法院提起诉讼的,应将被异议债权人列为被告。债权人对债权表记载的他人债权有异议的,应将被异议债权人列为被告;债权人对债权表记载的本人债权有异议的,应将债务人列为被告。对同一笔债权存在多个异议人,其他异议人申请参加诉讼的,应当列为共同原告。”

在非破产程序中,税收债权(包括其他债权)的清偿是单个税收债权人与纳税人即债务人之间的个别问题。而在破产程序中,债务人已经资不抵债、无力清偿全体债权人的所有债权,这就使原本仅存在于税收债权人与债务人之间个别性质的债务清偿矛盾,因多数债权在债务人不足清偿的有限财产上出现竞合,进一步扩展到债权人相互之间。某个债权人清偿得多了,其他债权人的清偿就必然减少,原仅存在于直接当事人内部的债务人与债权人的个别清偿,对此前与清偿无关的其他债权人产生了利益冲突关系,如无法律规制,必然出现各债权人争抢清偿的混乱与不公现象。为此,企业破产法规定,对包括税收债权在内的破产债权的清偿,必须通过集体清偿程序进行,以保障破产清偿的有序与公平。与债权的集体清偿原则相对应,对债权的审查确认以及争议解决同样要经过集体性的程序,扩张到原有债务人和债权人两者之外的其他利害关系人。为此,企业破

产法规定，对管理人制作的债权表要提交债权人会议集体核查，在债权表核查后还要经过人民法院裁定确认，而管理人、债务人（与管理人对债权确认持不同意见时）、每个债权人对债权表记载的所有债权包括税收债权均享有异议权，即使不是原债权债务关系的当事人，也有权向受理破产申请的法院提起债权确认诉讼。这是在破产集体清偿中公平维护多方利害关系人诉讼权益的债权争议解决程序。

《税收征收管理法》第 88 条第 1 款规定："纳税人、扣缴义务人、纳税担保人同税务机关在纳税上发生争议时，必须先依照税务机关的纳税决定缴纳或者解缴税款及滞纳金或者提供相应的担保，然后可以依法申请行政复议；对行政复议决定不服的，可以依法向人民法院起诉。"这种行政复议程序与行政诉讼的特点，仅适用于破产程序外的个别债务人与税收机构之间税收债权争议的解决，不能也无法适用于在破产程序中债权集体化后的税收债权争议的解决。例如，该程序仅限于解决纳税一方（包括纳税人、扣缴义务人、纳税担保人）与征税一方即税务机关双方发生的纳税争议，无法容纳和解决其他利害关系主体参与税收债权争议解决程序的问题。

根据企业破产法的上述规定，不仅债务人（纳税人）有权利对税收债权的争议提起诉讼，而且其他债权人也都有权利就债权确认问题提起诉讼。在债务人与管理人对债权确认的意见不一致时，双方也均有独立提起债权确认诉讼的权利。而税收征收管理法的规定不承认在纳税人之外的管理人、债务人尤其是其他债权人具有提起行政复议和行政诉讼的主体资格，也就是说，该法根本不具备解决破产程序中税收债权争议特殊问题的功能。

所以，税收征收管理法规定的行政复议、行政诉讼只能适用于解决常态化非破产企业的税收债权确认问题，属于一般法，无法适用于破产程序中的税收破产债权确认。只有适用具备对上述问题特别解决功能的企业破产法，才能公正合理地解决税收破产债权的确认问题，才能实现国家立法要实现的目的。所以，在破产程序中，破产法是应当适用的特别法，法院应当适用企业破产法规定的债权确认诉讼程序，而不应以行政复议和行政诉讼解决税收破产债权的确认问题。

《破产法司法解释(三)》第8条之解读*

最高人民法院《关于适用〈中华人民共和国企业破产法〉若干问题的规定(三)》(以下简称《破产法司法解释(三)》)第8条规定:“债务人、债权人对债权表记载的债权有异议的,应当说明理由和法律依据。经管理人解释或调整后,异议人仍然不服的,或者管理人不予解释或调整的,异议人应当在债权人会议核查结束后十五日内向人民法院提起债权确认的诉讼。当事人之间在破产申请受理前订立有仲裁条款或仲裁协议的,应当向选定的仲裁机构申请确认债权债务关系。”因该规定未明确“十五日”期限的法律性质,导致管理人、法官以及异议人出于各自的利益定位、工作性质及活动便利,对“十五日”后异议人能否再提起债权确认诉讼存在争议。而此前司法实践(有管理人自行规定超过一定期限未提起债权确认诉讼者丧失权利)乃至各地高级人民法院的内部审判指引中,对此问题也存在不同理解。本规定之期限的法律性质究竟是诉讼时效(或除斥期间),还是如同企业破产法对债权申报期限的规定,仅起附不利后果承担的引导性作用,在法理上、法律上以及司法实践中都需要予以明确。本文仅就该规定的正确理解和执行试作分析,以抛砖引玉。

---

* 本文原载于《人民法院报》2019年8月15日,第7版。

《破产法司法解释(三)》第8条规定对债权确认作出具体规定。

第一,为提起债权确认诉讼设置前置条件。即对“管理人解释或调整后”仍不服或其“不予解释或调整”时,异议人方可提起诉讼,以尽量使争议解决于诉讼之前。但从其文字看,仅强调以管理人对债权的确认结果作为提起债权确认诉讼前提是不够的,还应更全面地考虑企业破产法规定的债权确认程序。《企业破产法》第58条规定,管理人制定的债权表要“提交第一次债权人会议核查。债务人、债权人对债权表记载的债权无异议的,由人民法院裁定确认。债务人、债权人对债权表记载的债权有异议的,可以向受理破产申请的人民法院提起诉讼”。也就是说,异议人提起债权确认诉讼时的异议,应当是针对经债权人会议审核、人民法院裁定确认之债权表,而非仅由管理人制定、确认乃至解释或调整后的债权表。我们不能忽视债权人会议对债权的核查权利,尤其是在其核查结果与管理人认定结果不同时仅以管理人的认定为准。如企业破产法本意是管理人有完全的债权确认权,就不应规定债权人会议有核查权利,而只需规定管理人向债权人会议通报债权确认结果,在管理人的职权中应明确规定其确认债权权利,并取消法院对债权表的裁定。此外,我们应当重视法院对债权表的裁定及其效力。对法院就债权表所作裁定的法律性质及效力也存在不同理解。在本条司法解释出台后,有人认为,法院就债权表所作裁定具有实体性的既判效力,不允许异议人在15日期限届满后再提起债权确认诉讼。这是一种误解。首先,凡所谓既判效力,均是对当事人权利义务尤其是实体性权利义务的确认而言。在存在既判效力时,各方当事人和各法院都要受相应判决的拘束,当事人在此后其他诉讼中提出与该判决相反主张时法院不予支持,法院也不得在此后的其他诉讼中作出与该判决冲突的裁判。而本条规定允许异议人在一定期限内继续对法院的债权表裁定提起债权确认诉讼,显然是明示该裁定不具有既判效力。其次,立法规定管理人制定的、经过债权人会议核查的债权表要由法院裁定确认,是以该裁定为债权确认诉讼诉权成立的标志。该项裁定是程序性裁定,非实体性判决,不具有确认各项债权真实、合法的实体性法律效力,所以仍允许对债权表上确认的债权或(暂)不确认的债权提起债权确认诉讼。法院确认债权表裁定的作用是从程序上确认债权人的破产参加权与表决权,减少不必要的确认诉讼,监督管理人的债权审查活动,包括在债权人会议核查意见与管理人认定意见不同时裁定采纳何种意见,并依据债权在确认债权表内或表外,确定债权确认诉讼中原告、被告的身份。

第二,本条规定异议人向人民法院提起债权确认诉讼的期限,为债权人会议核查结束后 15 日内。笔者认为,该期间规定是与企业破产法债权申报期限相同性质的附不利后果承担的引导性规定,而不能理解为诉讼时效或是除斥期间。由于两者均会导致异议人丧失债权确认诉权,故下文仅以诉讼时效为对象分析。将这一期限理解为诉讼时效,是对民法时效制度及异议人诉讼权利的重大修整,必须有明确文字规定为前提,而且司法解释是否具有此项权力也颇值得推敲。从立法对相关权利的保护看,企业破产法明确规定,债权人逾期仍可补充申报债权获得清偿(逾期申报的债权也可能不被确认并提起债权确认诉讼),只是需承担一些不利后果。提起债权确认诉讼只是对债权申报权利的延续行使,逾期申报债权者立法都未剥夺其权利,司法解释更无权规定剥夺债权人提起债权确认诉讼权利的特别时效。尤其是在重整与和解程序中,未超过诉讼时效的逾期申报债权在重整计划与和解协议执行完毕后仍可获得清偿,仅逾 15 日期限未提起债权确认诉讼就被剥夺受偿权利,这显然是不妥的。

第三,将这一期限理解为诉讼时效明显不合理,且无法公正实施。本条规定要求异议人在管理人解释或调整后仍不服或其不予解释或调整时,方可提起债权确认诉讼,而这一要求与将该期间理解为诉讼时效存在时间冲突。管理人在债权确认表中往往不附有详细理由,其解释或调整需延后一定时间,确定其不予解释或调整也需经过一定期间,并非债权人会议核查结束之当天就有结果。而本条规定从债权人会议核查结束后开始计算 15 日期间,如将其理解为诉讼时效,必然会出现大部分异议人起诉期间不足,甚至在确定管理人是否解释或调整前就已过期。此外,部分债权人可能未参加债权审核的债权人会议,并不知债权确认结果,虽其放弃参加债权人会议的权利,但不能以此推定其也放弃提起债权确认诉讼的权利。如将 15 日期间理解为诉讼时效,就必须规定管理人在债权人会议核查债权后负有当天立即向所有申报登记的债权人通知到债权确认结果的义务,以使其能及时行使权利。管理人如未做到,影响债权人诉权行使,要承担赔偿责任。诉讼时效期间是“自权利人知道或者应当知道权利受到损害以及义务人之日起计算”(《民法总则》第 188 条第 2 款①),且有中止与中断制度。而将

---

① 现为《民法典》第 188 条第 2 款。

该条规定的不以当事人知道权利受到损害为起算点的不变期间理解为诉讼时效，与法理不符，且必然因各债权人得知债权确认结果时间不同，而实际享有的诉讼时效期间不统一，甚至因未及时得知信息而丧失权利。如将其解释为除斥期间，则会使部分异议人因无法及时得知债权确认结果而彻底丧失权利，更不合理。另外，将该期间理解为诉讼时效也与《破产法司法解释（三）》的其他规定相矛盾。其第 11 条第 1 款规定，"采取非现场方式进行表决的，管理人应当在债权人会议召开后的三日内，以信函、电子邮件、公告等方式将表决结果告知参与表决的债权人"。据此，告知债权确认结果的时间与债权人会议结束就可能存在 3 天时差，加上邮递路途时间、公告刊登生效期间等，也会导致异议人实际享有的时效期间不一致，甚至延误整个期间。再者，管理人对债权确认的分类还可能有待定类债权，如其最终被否认，异议人若提起债权确认诉讼必然会晚于上述期间。故在该规定性质的理解上，不能只考虑管理人或法院的工作效率与便利，不考虑债权人权利的维护及规定的可操作性。

在该规定出台前，债权确认诉讼适用《民法总则》的诉讼时效规定。仅在债权确认诉讼提起后，法院才可能为债权人在债权人会议行使表决权而临时确定债权额，在破产分配时预留分配额。如债权人不提起债权确认诉讼，视为无异议，只会影响其权利行使，并承担不利后果，不会影响他人权利和破产程序进行，所以本不必为此设定特别时效。

该条还规定"当事人之间在破产申请受理前订立有仲裁条款或仲裁协议的，应当向选定的仲裁机构申请确认债权债务关系"。但其仅规定提起债权确认"诉讼"有 15 日期限，而以仲裁确认债权则未设期限。如将此期限理解为诉讼时效，通过仲裁和诉讼不同方式确认债权者的权利就会不平等，甚至将可能的异议人均驱赶至仲裁程序解决债权确认争议。

综上所述，对《破产法司法解释（三）》第 8 条规定的异议人提起债权确认诉讼的 15 日期限，不能理解为诉讼时效或除斥期间，而应当且只能是与企业破产法债权申报期限相同性质的附不利后果承担的引导性规定，否则既不合法理，也不符合法律规定可能合理存在的本意。

谈破产程序中为债务人继续营业借款的清偿问题*

最高人民法院《关于适用〈中华人民共和国企业破产法〉若干问题的规定(三)》(以下简称《破产法解释(三)》)第2条对破产程序中为债务人继续营业的借款之优先清偿问题作出规定,也是为解决世界银行营商环境评价指标中的相应问题。在该司法解释出台前,破产程序(主要是重整程序)启动后的借款是否享有优先受偿权,我国法律规定不够明确。《企业破产法》第75条第2款规定,在重整期间为继续营业发生的借款,可约定物权担保而取得优先权,但因其为约定优先权并非法定优先权,对解决上述问题没有意义。该法第42条第4项规定,为债务人继续营业而应支付的劳动报酬和社会保险费用以及由此产生的其他债务,为共益债务。在《破产法解释(三)》第2条规定出台前,从事破产工作的法官和管理人从对法律原则的理解和公平合理的角度,一般都是将借款理解为该规定中"为债务人继续营业而……产生的其他债务",直接作为而不是参照共益债务优先清偿。这种理解具有合理性,但从法律规定的文义上讲仍不够清晰,且易使人产生误解。虽然从广义上讲,借款可以归入为债务人继续营业而产生的债务,但其一,法律列

* 本文原载于《人民法院报》2020年5月21日,第7版。

举的共益债务中未包括这一对继续营业最为重要的项目,有弃重而用轻之嫌,使人疑虑立法本意究竟如何;其二,立法列举的释例“劳动报酬和社会保险费用”的社会属性也与营业借款相差较远。为解决这一问题,本条第1款规定:“破产申请受理后,经债权人会议决议通过,或者第一次债权人会议召开前经人民法院许可,管理人或者自行管理的债务人可以为债务人继续营业而借款。提供借款的债权人主张参照企业破产法第四十二条第四项的规定优先于普通破产债权清偿的,人民法院应予支持,但其主张优先于此前已就债务人特定财产享有担保的债权清偿的,人民法院不予支持。”此规定不仅明确了重整程序中新发生借款享有参照共益债务的优先受偿权,并进一步将其他破产程序中发生的营业借款也涵盖在内,更有利于企业挽救和保障破产程序顺利进行。

须注意的是,有人对此条中的“优先于普通破产债权清偿”存在误解,提出借款能否优先于普通债权中同样具有一定优先清偿顺位的职工及税收债权的疑问。笔者认为,这是因质疑者对普通债权的概念与范围理解有误。破产程序中的普通破产债权是对应于特别债权,即《企业破产法》第109条规定的“对破产人的特定财产享有担保权”的债权而言的。债权之普通与特别的区别是有无特定财产担保,是否就该特定财产享有优先受偿权。所以,职工债权、税收债权和其他无担保债权均属于普通破产债权的范畴,同样应在新借款之后的顺位清偿。《企业破产法》第113条规定,普通债权也按照其不同社会属性分有先后清偿顺位,但这是同一属性债权之间的顺位先后,根本不存在能否优先于完全不同属性的共益债务清偿的问题。本条中之所以规定借款“参照”而不是“按照”共益债务清偿,不是因其与职工债权、税收债权的清偿顺位不明,而是因为企业破产法中对借款的法律地位无明文规定,无法按照执行。还有人认为,本条规定是将新借款能否优先于职工债权、税收债权的决定权交由贷款人和债权人会议自行协商确定,并提出将贷款人的受偿顺位置后从而降低顺位在先的债权人的决策风险,可能提高债权人会议通过的可能。这也是基于上述误解提出的不当观点。在有法律明文规定的情况下,当事人可以自愿协商放弃或调整权利、改变法定清偿顺序,但这并不表明必须通过协商才能确定已有法定权利是否存在,能否行使。法定权利是不需要协商确定的,将法定权利理解为协商权利是错误的。如果对借款的清偿顺位还需要协商确定,司法解释就没有存在必要了。这种观点不仅不符合本条的立法导向,而且把市场供求和风险承担关系完全搞反了。在破产程序中,不是银行等追着给债务人借款,而相反,因清偿风险严重,即使对贷款人优先受偿都难以借到钱,没有贷款人求着债权人会议通过借款决议,所以借钱时将贷款人的法定受偿顺位再置后是不切实际的。如赋予职工债权、税收债权对借款的优先清偿讨价还价的权利,最终只会是浪费时间,给达成借款协议造成不必要的阻碍,使债务人和债权人的权益受损。

本条规定新借款不能优先于对债务人特定财产已享有担保的债权清偿,笔者认为,有所不妥,对此应根据借款用途确定。如果借款(或其部分,下同)是用于提升特定担保物的价值,为担保债权人的利益而发生,遵循"谁受益,谁付费"的原则,借款应优先于该担保债权受偿。如在房地产企业的重整中新借款用于续建已设置抵押的未完工房地产项目,在造船企业的重整中新借款用于对已设置抵押的未完工船舶续建,则这些借款均应优先于对该项房地产和船舶的抵押债权受偿。如不承认借款此时对原有担保物权的优先权,就不可能有人会为企业重整提供借款,没有重整的成功,担保债权人的利益也会受到严重损失。

还有一点需要注意,本条规定可参照共益债务清偿的"借款",专指单纯借贷法律关系形成的借款,不包括重整计划中约定的投资者的投资款。有些投资款可能也具有借款的名义和外观形式,但其并非简单的借款,而是有其他利益作为目的和(综合)对价的,如有偿或无偿取得企业控制股权等。这些投资款往往是多重法律关系的叠合,且相互牵连,所以其法律性质、清偿顺位、有无优先权等应根据重整计划的谈判和约定确定,不能仅依据本条便取得参照共益债务清偿的优先地位。

本条第 1 款中还规定了借款的法定程序,即"破产申请受理后,经债权人会议决议通过,或者第一次债权人会议召开前经人民法院许可,管理人或者自行管理的债务人可以为债务人继续营业而借款"。只要是履行了上述程序的借款,就应获得参照共益债务优先清偿的法律地位,即"人民法院应予支持"。即使管理人拿到借款后没有用于继续营业,或者用于经营但未取得预期收益甚至亏损,也不影响该借款参照共益债务优先清偿的权利。本条规定对《企业破产法》第 69 条第 4 项中债务人借款的规定在程序与权限上作了调整,将用于继续营业的借款排除出该规定适用范围之外,在程序上由管理人"及时报告债权人委员会",修改为"经债权人会议决议通过,或者第一次债权人会议召开前经人民法院许可"。这是因为将该借款参照共益债务优先清偿,会直接影响债权人的利益,所以要经债权人会决议或法院许可，以体现慎重保护之意。有人主张，管理人参照共益债务清偿上述借款时要报告债权人委员会，由其按照《破产法解释（三）》第15条的规定行权，还提出管理人应将借款列入债权表，出借人有异议可以提起破产债权确认之诉。笔者认为，这种理解是错误的，不仅与实际情况不符，而且违背立法关于共益债务应随时由债务人财产优先清偿的规定，会对实践中利用借款解决债务人继续经营造成不利影响。在债权人会议就某一项具体借款作出针对性决议，或法院直接许可某一项具体借款时，该项借款在法律上的性质就已经确定，具有参照共益债务清偿的优先权利，这一优先权利的产生与债权人委员会事后是否同意无关。是否借款及借款清偿地位的确定，是债权人会议或者第一次债权人会议召开前法院的职权。从属于债权人会议的债权人委员会对债权人会议决议是没有质疑或否决权力的，更无权推翻法院的许可，所以管理人对借款的清偿不需要再报告债权人委员会。此外，上述借款均发生于破产程序中，且大多是在破产债权已经完成确认程序、债权表已经法院裁定确认后才发生的，客观上已无法列入债权表，更何况共益债务根本就不需要列入破产债权的债权表。在法院许可借款的情况下，还要求司法解释明文规定有权参照共益债务获得清偿的贷款人去提起所谓"破产债权"（而非共益债务）确认之诉，显然既不符合实际也不符合法律程序。

本条第2款规定了前述借款设定有抵押担保时新旧担保债权人的清偿顺位等问题。《企业破产法》第75条第2款规定："在重整期间，债务人或者管理人为继续营业而借款的，可以为该借款设定担保。"本条第2款规定："管理人或者自行管理的债务人可以为前述借款设定抵押担保，抵押物在破产申请受理前已为其他债权人设定抵押的，债权人主张按照物权法第一百九十九条[①]规定的顺序清偿，人民法院应予支持。"本条第1款已规定，破产程序中为债务人继续营业提供的借款，应参照共益债务优先清偿。因此，破产程序中发生的设定抵押担保的营业借款，是享有别除权的优先受偿权和参照共益债务清偿的双重优先权保障的。也就是说，该担保债权因担保物不能足额清偿而转化为无担保债权的部分，仍可享有参照共益债务清偿的优先权。

---

① 2020年此处修改为"《民法典》第四百一十四条"。

论破产程序中劣后债权的清偿*

最高人民法院于2018年3月4日印发了《全国法院破产审判工作会议纪要》，在“五、破产清算”第28条规定：“对于法律没有明确规定清偿顺序的债权，人民法院可以按照人身损害赔偿债权优先于财产性债权、私法债权优先于公法债权、补偿性债权优先于惩罚性债权的原则合理确定清偿顺序。因债务人侵权行为造成的人身损害赔偿，可以参照企业破产法第一百一十三条第一款第一项规定的顺序清偿，但其中涉及的惩罚性赔偿除外。破产财产依照企业破产法第一百一十三条规定的顺序清偿后仍有剩余的，可依次用于清偿破产受理前产生的民事惩罚性赔偿金、行政罚款、刑事罚金等惩罚性债权。”这一规定确立了破产程序中债权清偿顺位的基本原则，并建立了劣后债权及其清偿制度，对司法实践具有重要的指导意义。

从破产法理论上讲，破产程序启动前对债务人的民事惩罚性赔偿金、行政罚款、刑事罚金、没收财产等涉及财产的惩罚性债权，清偿顺位应劣后于普通破产债权。因为惩罚性债权是司法等机关针对债务人违法行为作出的民事、行政或刑事处罚措施，具有特定的实施对象，是具有人身不可代替性质的处罚（所谓不可代替指处罚对

---

* 本文原载于《人民法院报》2018年7月4日，第7版。

象的不可代替,而非罚款等债权缴纳的不可代替)。在破产程序中,通常债务人资产已不足以偿还全部债务,若再将惩罚性债权作为普通破产债权甚至优先破产债权予以清偿,只能使全体破产债权人应分得的财产减少,实际受到处罚的并不是违法的债务人,而是无辜的债权人。故为使民事、行政与刑事惩罚的实施符合其设立目的,避免处罚对象的实际不当转移,惩罚性债权应劣后于其他破产债权清偿,即仅在债务人财产全额清偿所有普通破产债权后仍有剩余时,才可依次用于清偿破产受理前产生的民事惩罚性赔偿金、行政罚款、刑事罚金等惩罚性债权。至于不涉及财产的其他民事、行政、刑事处罚,如不影响破产程序的进行,可以继续执行。但对原债务人企业在经营方面的一些限制性处罚,如丧失招投标资格、列入失信名单等失信性处罚,在企业重整成功后,因导致企业失信的情况已在重整程序中通过变更股东、更换董事、监事、高管人员和纠正违法事实或修复其影响而得到改变,所以对其相关信用的限制也应当予以修复,以免使重整企业的挽救因失信状态不能解除而失败。

企业破产法对劣后债权未作规定。2002 年最高人民法院《关于审理企业破产案件若干问题的规定》第 61 条第 1 款曾规定:“下列债权不属于破产债权:(一)行政、司法机关对破产企业的罚款、罚金以及其他有关费用……”据此,该规定将惩罚性债权列为除斥债权,即因特定原因被破产法排斥于破产程序外,不得从破产财产中受偿的债权。破产的债务人企业通常是无法清偿全部债务的,但在某些特殊情况下,也可能因市场变化导致其财产大幅增值,从而在清偿全部债务后仍有剩余财产,如房地产企业的土地、房屋价值暴涨,企业所持股票价值大幅上涨等。实践中已出现极少数此类案例。此时如将剩余财产分配给对违法行为可能负有责任的股东,而不交纳罚款等惩罚性债权,显然会放纵违法行为,是不公正的。尽管从绝大多数破产案件的清偿结果看,无论是除斥债权还是劣后债权都得不到清偿,但两者的权利设置不同。除斥债权在破产程序中完全没有受偿权利,而劣后债权在普通破产债权完全受偿后仍有剩余财产时仍可能受偿,其受清偿的权利未被剥夺。笔者认为,劣后债权的立法设置更为合理,可避免出现债务人企业在破产清偿后仍有剩余财产时,对本有义务偿还的债务却有钱不还。

在理解与执行《全国法院破产审判工作会议纪要》上述规定时需注意以下问题:

第一,劣后债权的规定虽然放在“破产清算”章节之名下,但实际上是应普遍适用于所有破产程序的基本原则,重整程序、和解程序也应遵此执行。不能错误、狭隘地理解为仅适用于清算程序,从而影响《全国法院破产审判工作会议纪要》对破产法创新措施的正确适用。

第二,根据债权清偿顺位的基本原则,债务人财产清偿全部普通破产债权后仍有剩余时,其他因法律规定在破产程序启动后丧失清偿权利的私法债权和补偿性债权,如《企业破产法》第46条第2款规定的附利息的债权自破产申请受理时停止计算的利息等债权,从法理角度讲也应复活其清偿权利,并优先于惩罚性债权清偿。

第三,重整计划执行完毕仍存在的企业,如根据重整计划规定未全额清偿全部债权,不属于债务人财产清偿后仍有的剩余财产,不应再承担惩罚性劣后债权的清偿责任。

在过去的司法实践中,债务人企业执行完毕重整计划后,曾有司法机关或行政机关如税务部门、市场监管部门拿着对企业行政罚款、刑事罚金的法律文件向债务人继续追缴的现象。他们认为,债务人企业既然仍继续存在,而且已经完全脱离了破产保护程序,就应当继续缴纳原在该企业名下的罚款、罚金。这种不考虑实际情况继续强行追缴惩罚性债权的行为,导致本已重整成功的企业又陷于破产境地,使重整挽救失败。

重整计划执行完毕时,从表面上看,债务人企业及其财产仍继续存在,但这并不是债务人清偿全部债权后的剩余财产(因债权人并没有获得全额清偿),而是收购企业的投资者新投入的资金(偿债资金与经营资金)与资产对原企业财产的置换,或是企业在重整计划执行期间新的经营收入,不属于应对劣后债权清偿的情况。即使是依重整计划对全体债权人做了100%的清偿,债务人企业及其财产重整后的存在,也并不一定表明债务人财产在清偿债权人后仍有剩余,因为使债权人获得全额清偿的财产,并不一定就是债务人原有的财产,而更可能是投资者新投入的资金,或是在延期清偿情况下企业新经营活动获得的盈利。所以,判定债务人财产在清偿债权人后是否还有剩余,较为合理的是根据对债务人的模拟清算结果确定。因为这一数据表明在投资者未介入债务人重整挽救情况下,债务人财产对全体债权人的清偿能力,包括清偿债权人后是否还有剩余。由于这只是对清算结果的模拟计算,而不是实际市场变价出售,所以可能出现不准确的情况。为此,当全体债权人的清偿比例达到或者接近100%时,管理人应当对重整后的企业财产是否属于清算剩余财产作出有依据的评价判断和说明,以公平保障战略投资者和劣后债权人的正当权益。上述原则也同样适用于破产和解企业。

第四,由于《全国法院破产审判工作会议纪要》规定"破产财产依照企业破产法第一百一十三条规定的顺序清偿后仍有剩余的",可用于清偿劣后惩罚性债权,即优先于惩罚性债权受偿的仅限于所有破产债权,而不包括股东权益。所以,如重整计划对股东权益作有保留,而重整企业存在尚未清偿的惩罚性债权,则该债权的清偿应优先于股东权益,即应以该项保留的股东权益(而非新产生的股东权益)清偿劣后债权。

第五,在劣后债权不能获得清偿的破产案件中,劣后债权人在债权人会议上无表决权,仅在其有可能获得清偿时,因债权人会议的表决可能影响其权益,方可享有表决权。在劣后债权不能获得清偿的重整案件中,重整计划草案表决时不设劣后债权人组。在劣后债权可能获得清偿的重整案件中,劣后债权人单独设一组别,不能混入普通债权人组,因两者的清偿顺位是不同的。此外,对劣后债权人组表决未通过重整计划草案的,人民法院可以酌情作出强制批准的裁定。

第六,劣后债权的清偿是有一定顺位的,即"依次用于清偿破产受理前产生的民事惩罚性赔偿金、行政罚款、刑事罚金等惩罚性债权",这里也贯彻着私法债权优先于公法债权的原则。不过行政罚款、刑事罚金均属公法债权,彼此之间似无再划分不同清偿顺位的必要。此外,《全国法院破产审判工作会议纪要》第39条中指出:"关联企业成员之间不当利用关联关系形成的债权,应当劣后于其他普通债权顺序清偿,且该劣后债权人不得就其他关联企业成员提供的特定财产优先受偿。"对此项关联劣后债权与其他劣后债权的清偿顺位,《全国法院破产审判工作会议纪要》没有规定。虽然对清偿关联劣后债权没有规定以破产财产清偿普通破产债权后仍有剩余为前提,但"劣后于其他普通债权顺序清偿"的实际结果与其相同。因关联劣后债权仍属私法债权,根据"私法债权优先于公法债权"的原则,其可优先于公法惩罚性债权受偿。又考虑到其债权的成立存在不当关系,在合法性上劣后于民事惩罚性赔偿金,所以,在清偿顺位上劣后于民事惩罚性赔偿金较为合理。

第七,遵循对劣后债权处置的法律原则及立法本意,还可以将劣后债权的构成要件和范围予以适当调整扩张，即将劣后清偿的范围从“破产受理前产生”的惩罚性债权，修订为“针对债务人企业在破产案件受理前的违法事实作出的惩罚性债权”，从而使在重整程序启动后才对上述违法事实作出的惩罚性债权也纳入劣后债权的范围，以更好地实现《全国法院破产审判工作会议纪要》这一规定的立法目标。但对那些针对债务人企业在破产程序启动后才发生的违法事实作出的惩罚性债权不属于劣后清偿范围，而应作为共益债务支付，同时应追究违法责任人对债务人企业的赔偿等法律责任。

程序启动与实质合并

破产案件地域管辖的确定*

《企业破产法》第3条规定了破产案件地域管辖的基本原则，即"由债务人住所地人民法院管辖"。对于"债务人住所地"的概念，最高人民法院《关于适用〈中华人民共和国民事诉讼法〉的解释》（以下简称《民诉法司法解释》）第3条规定："公民的住所地是指公民的户籍所在地，法人或者其他组织的住所地是指法人或者其他组织的主要办事机构所在地。法人或者其他组织的主要办事机构所在地不能确定的，法人或者其他组织的注册地或者登记地为住所地。"但因一些企业的主要办事机构所在地和登记地存在不一致的现象，经常发生管辖权争议。

此外，《公司登记管理条例》第12条规定："公司的住所是公司主要办事机构所在地。经公司登记机关登记的公司的住所只能有一个。公司的住所应当在其公司登记机关辖区内。"据此，企业应当对主要办事机构所在地依法进行登记，并直接登记为住所地，而且住所地应当在其公司登记机关辖区内，不应再存在企业主要办事机构所在地与登记地不一致的情况。之后，《民法典》第63条规定："法人以其主要办事机构所在地为住所。依法需要办理法人登记的，应当将主要办事机构所在地登记为住所。"在《民法典》施行后，可以直接依企业登记地确认管

---

* 本文原载于《人民法院报》2021年4月15日，第7版。

辖法院。

但是，因为一些主要办事机构所在地和登记地不一致的企业没有及时履行将其主要办事机构所在地登记或变更登记为住所地的义务，所以《民诉法司法解释》第3条的规定对管辖权的确定仍具有重要的实践意义。

根据上述法律规定，破产案件的地域管辖属于专属管辖，法律对地域管辖的规定具有唯一性、强制性和排他性。

第一，破产案件的地域管辖只有“债务人住所地”一项确认标准，具有唯一性，不像一些民商事案件，可以同时有两个甚至两个以上具有管辖权的法院。如《民事诉讼法》第23条规定，因合同纠纷提起的诉讼，可以由被告住所地或者合同履行地人民法院管辖；①第30条规定，因船舶碰撞或者其他海事损害事故请求损害赔偿提起的诉讼，可以由碰撞发生地、碰撞船舶最先到达地、加害船舶被扣留地或者被告住所地人民法院管辖。②

第二，破产案件的地域管辖具有强制性，只能依法确定，既不能由当事人协议选择管辖法院，也不能由法院之间任意协商确定。《民事诉讼法》第34条“合同或者其他财产权益纠纷的当事人可以书面协议选择被告住所地、合同履行地、合同签订地、原告住所地、标的物所在地等与争议有实际联系的地点的人民法院管辖”③及类似规定，不适用于破产案件。

第三，由于破产案件只有一个判断地域管辖的标准，也就只能有一个法院有法定的地域管辖权，具有明确的排他性。所以，《民事诉讼法》第35条规定“两个以上人民法院都有管辖权的诉讼，原告可以向其中一个人民法院起诉；原告向两个以上有管辖权的人民法院起诉的，由最先立案的人民法院管辖”，④以及《民诉法司法解释》第36条规定，“两个以上人民法院都有管辖权的诉讼，先立案的人民法院不得将案件移送给另一个有管辖权的人民法院。人民法院在立案前发现其他有管辖权的人民法院已先立案的，不得重复立案；立案后发现其他有管辖权的人民法院已先立案的，裁定将案件移送给先立案的人民法院”，都不适用于破产案件。因为上述两项规定，均是适用于两个以上法院都有管辖权的案件，而破

---

① 该条已于2021年12月修改为第24条。
② 该条已于2021年12月修改为第31条。
③ 该条已于2021年12月修改为第35条。
④ 该条已于2021年12月修改为第36条。

产案件是专属管辖，只能有一个法院有管辖权，所以不存在以立案先后作为确定管辖权的标准，并通过案件移送加以解决的适用前提。在两个法院同时或先后对破产案件立案时，也不属于重复立案，不适用重复立案的解决方法，而是要确定哪个法院立案错误并予以纠正。

第四，由于破产案件的地域管辖法院依法只能有一个，所以当两个法院之间因破产案件管辖权发生争议时，就一定有一个法院关于管辖权的主张是错误的，需要撤销该法院的错误受理裁定。虽然对破产案件的管辖权争议，由于目前立法没有专门的解决规定，仍需适用《民事诉讼法》第 37 条第 2 款规定的"人民法院之间因管辖权发生争议，由争议双方协商解决；协商解决不了的，报请它们的共同上级人民法院指定管辖"[①]的方式予以解决，但破产案件的管辖权争议是只有一个法院有管辖权，所以与那些两个以上争议法院均有管辖权的情况不同。在争议法院对案件均有管辖权时，无论是通过协商还是由共同上级法院指定管辖，都是合法的，差异仅是在合理性的程度上。而破产案件的管辖权争议，因依法仅一个法院有管辖权，所以无论是由争议双方协商解决，还是由共同上级人民法院通过指定管辖解决，都必须遵循一个基本的原则，那就是依法协商、依法指定。在协商与指定过程中，应当也只能解决如何正确理解适用法律对破产案件地域管辖的规定，并依法确定管辖权，而不能通过协商或指定，使依法本没有管辖权的法院反变成有管辖权。协商或指定本是依法确认专属管辖的手段，而不能使其变成规避、破坏专属管辖的缺口和漏洞。

目前在破产案件地域管辖的争议中，关键之一是如何正确理解《民诉法司法解释》第 3 条中的"主要办事机构所在地"。因为该条第 2 款规定"法人或者其他组织的主要办事机构所在地不能确定的"，确定住所地的"法人或者其他组织的注册地或者登记地"通常都是唯一且易于确定的。

确认"主要办事机构所在地"时要考虑以下问题：

第一，因《民法典》颁布和施行前，没有规定明确企业的"主要办事机构所在地"需要进行登记注册，而要求登记注册的目的就是让外部人能够据此识别，故破产管辖权确认的关键是解决外部人包括法院及相关利害关系人对企业"主要办事机构所在地"的识别问题。主要办事机构所在地应当是指企业对外办理主

---

① 该款已于 2021 年 12 月修改为第 38 条第 2 款。

要事务的机构的地点，而不能变更解释为是其内部进行“经营管理决策”的地点。这两者是不同的概念，前者因主要办事机构是组织固化、客观存在的，故可以通过外观为他人所识别；而后者的“经营管理决策”仅是一种人的无外观组织固化的思维活动，可依其主观选择在任意地点进行，没有确定性和可识别性，最后必然演化为以“决策人所在地”偷换“主要办事机构所在地”的概念，甚至使实际控制人的家也可以成为主要经营管理决策地，导致破产案件管辖权的客观判定基础不复存在。另外，很多企业尤其是企业集团，由于法人治理结构不健全，企业的股东或者是企业集团中的控制企业往往在较大程度上直接干预、决定下属企业的经营管理，如以所谓内部经营管理决策地作为确定管辖权的标准，则会使企业股东或控制企业的所在地变成本企业的“主要办事机构所在地”，使其他企业的办事机构所在地被认定为本企业的“主要办事机构所在地”，显然违背我国管辖权确定的基本原则。

第二，主要办事机构在所在地应当有对外明示的标志，如挂有“董事会”“监事会”“经理”以及法定代表人、高级管理人员的办公室门牌，在企业机构办公地点的位置图、内部电话簿中有明确的指引，明确其设立地点，使他人可以识别并找其办理业务。主要办事机构所在地也应当是公司主要业务部门的所在地，是公司对外经营的联系地址。

第三，主要办事机构所在地应当是企业实际办理各项主要对外事务的所在地，以及在办理事务时自认的住所所在地。通常应当包括企业的税收缴纳、发票领取与使用，职工社会保险的缴纳，中央政府以及地方政府对企业采取属地申报和下发的各种补贴资金、优惠政策，企业签订合同（如借款合同，供用电、水、气、热力合同，买卖合同等）中确定的住所地或通信地址，司法文书的送达地点，在法院作出的判决、裁定或行政机关作出的决定中确定的企业住所地以及主要办事机构所在地，包括企业在上述活动中自认的住所地等。此外，企业各项业务公章的稳定所在地对确定主要办事机构所在地也具有重要意义。公章是企业在办理对外主要经营管理事务中必要的效力证明方式，不能控制与使用公章的地点，通常不具有构成主要办事机构所在地的要素。在上述诸多事项中，除法院作出的判决、裁定中确定的企业住所地、企业在起诉与答辩中自认的住所地，对管辖权的确认具有直接效力外，其他单一事项可能不足以构成确认主要办事机构所在地的充分条件，但是诸多事项的集合就足以构成确认主要办事机构所在地的完整证据链条。

此外,需要注意的是,上述关于破产案件管辖权的分析,是针对单独一个企业的破产案件,对于关联企业的实质合并破产和程序合并破产的管辖权问题,则需要适用相关的特别规则处理。

“执转破”的适用问题*

一、“执转破”的法律属性

执行与破产承担着不同的法律使命。一般而言，债务人有清偿能力而拒不履行生效法律文书规定的民事义务，应当适用民事执行程序，强制其履行义务，保障债权的个别实现。而在债务人丧失清偿能力时，为保障对全体债权人的公平、有序、高效清偿，则应适用破产程序。前者是债权的个别实现程序，而后者则是债权的集体实现程序，适用的条件和对象有所不同，社会成本与法律后果也有所区别。这是法律和程序适用的合理分工。从立法目的和法律规定的角度讲，两者有明确的区分界限。但在具体案件的实践中，因对债务人清偿能力认识与判断的差异以及市场的不确定因素，往往使当事人对程序适用的选择存在一定程度可容忍的模糊区域，即存在对执行与破产两种程序合理的选择重合区域，这本是正常的现象。所以，评判程序选择的适当性有时并非简单的非此即彼、黑白分明，而会存在一定的灰色地带。为此，应当承认合理选择重合区域的存在，并尊重当事人在此区域内对程序适用的自主选择。

但在我国的司法实践中，存在大量超过合理范围的对执行与破产程序的错位适用。经常出现债务人企业已

* 本文原载于《中国审判》2018 年第 15 期。

明显丧失清偿能力，本应适用破产程序，却长期滞留于执行程序，不仅使大量案件因难以执行而无法结案，还形成对破产程序的旁支替代循环效应，使破产案件的正常受理受到严重影响。为此，最高人民法院出台《关于执行案件移送破产审查若干问题的指导意见》（以下简称《指导意见》），通过对破产法的宣传与应转破产的执行案件的全面转化，使破产案件的受理更为顺畅，并解决部分案件的执行难问题。但需要注意的是，"执转破"仅是破产程序启动的一种辅助方式，某些执行案件不适合由法院主动征询转入破产程序，不能作为对当事人直接提出破产申请时拒不受理的理由。如一些地方法院制定适用本地的"执转破"规则，有的规定某些类型案件不宜"执转破"，如职工人数众多、存在维稳问题、政府不支持破产、国资监管部门不同意国有企业破产等。对规定的适当性在此不作评价，因"执转破"毕竟是在法院主动释明并征询意见的基础上转入破产程序的，排除法院对一些案件主动劝导的"执转破"，不会影响其他启动破产程序的方式。但如债权人或债务人对这些企业主动提出破产申请时，法院应当根据《企业破产法》的规定决定应否受理，而不能因不适宜"执转破"便拒绝受理，这两者适用的原则是不同的。

二、执行与破产程序的转换

执行转破产是法律适用层面的转换。在转为适用破产法程序时，不能将执行可转换的破产程序狭义地理解为破产清算程序，这是不符合"转破产"中"破产"的立法本意的，而应当包括清算、重整、和解三个破产程序。在司法实践中已出现"执转破"案件转入重整程序使企业得到挽救的成功案例。为此，在确定"执转破"案件及其启动时机时，就要考虑为重整、和解程序的转换适用留有充分的余地，不能因转换前的过度执行而使企业丧失挽救机会。"执转破"要解决的是破产案件受理难问题，同时解决部分案件执行难问题，所以在"执转破"中要充分考虑破产程序转换后的需要。"执转破"是要调整法律程序适用的误区，其意义已超越了单纯解决"执行难"和无产可破企业规范市场退出的范围，只是由于目前解决执行难的社会矛盾格外突出，对法院的工作具有阶段性的重要意义，所以在宣传上更为突出其对解决执行难的效用。

根据《指导意见》规定，执行法院移送破产审查的材料，由受移送法院立案部门负责接收。受移送法院不得以材料不完备等为由拒绝接收。移送的材料不完备或内容错误,影响受移送法院认定破产原因是否具备的,受移送法院可以要求执行法院补齐、补正,执行法院应于10日内补齐、补正。实践中,有的法官认为,移送的材料不符合《企业破产法》第8条、第11条规定的,受移送法院就可以不受理破产案件,这是不妥的。在这一问题上,需要厘清当事人等提交证据义务与法院受理破产申请标准之间的关系。实践中存在一种误解,认为申请人如未履行提交全部证据材料的义务,法院就可以不受理破产申请,这是不符合立法本意与法理逻辑的。当事人申请破产应依法提交破产申请书和有关证据,这是为法院审查应否受理破产申请以及后续审理破产案件提供有利条件。如当事人未能依法提交全部证据材料,无论是债权人因客观条件所限无法提交,还是债务人拒不提交,只要能够根据债务人的外观行为(如未清偿依法成立的到期债务)判定其存在破产原因,法院就应受理破产申请。法院判定应否受理破产申请的标准,不是申请人是否提交法律规定的全部证据材料,而是债务人是否存在《企业破产法》第2条规定的破产原因。将此延伸适用于"执转破"案件,便是应当根据《指导意见》审查,移送材料存在的瑕疵不影响受移送法院认定破产原因存在时,法院不得拒绝受理破产案件。

三、解决"执转破"全面实施的制约因素

第一,破产费用不足问题。由于目前的"执转破"案件相当一部分存在破产财产不足以支付破产费用的问题,如不能及时建立破产费用包括管理人报酬合理支付的全国统一的常态化机制,"执转破"难免会面临"巧妇难为无米之炊"的尴尬境地,在实践中被消极搁置或抵制。

第二,破产审判人力不足问题。首先,需要调整"执转破"案件的管辖原则。《指导意见》规定,适当调整"执转破"案件以中级人民法院管辖为原则、基层人民法院管辖为例外的原则,逐步使基层法院承担起"执转破"案件的主要审判工作。其次,根据"执转破"案件的受理情况,切实做到及时合理配置破产审判力量,否则必然会使"执转破"案件被拒之门外,或停滞于破产程序之中,拖延审理时间,降低审理质量,甚至造成"执""破"两难。所谓合理配置审判力量,就是要科学额定每一审判人员审理的破产案件数量,案件增加达到一个审判人员额度时,就立即增加一名审判人员,不能靠加班加点、压榨法官体力与脑力来应对"执转破"案件数量增加问题,一些不适应甚至阻碍司法审判工作的编制制度规定必须改革。

论"执转破"的发展方向*

最高人民法院2015年出台的《关于适用〈中华人民共和国民事诉讼法〉的解释》规定了"执转破"制度,2017年又出台了《关于执行案件移送破产审查若干问题的指导意见》(以下简称《意见》)。《意见》指出,推进执行案件移送破产审查工作即"执转破",有利于健全市场主体救治和退出机制,有利于完善司法工作机制,有利于化解执行积案,是人民法院贯彻中央供给侧结构性改革部署的重要举措,是当前和今后一段时期人民法院服务经济社会发展大局的重要任务。

实践中的"执行难"存在两种不同情况:其一,债务人有清偿能力,但主观上拒不履行清偿义务。由于债务人客观上具有实际清偿能力,虽然可能存在转移、隐匿财产等行为,甚至导致暂时查不到财产而不得不终结本次执行,但最终是可以在执行程序中解决的,所谓的"难"是难在对执行措施及相关环节的强化与完善方面。其二,债务人已丧失清偿能力,客观上无力履行义务,这时执行措施再有力也无法最终解决债务清偿问题。这时的"难"是难在执行及相关环节之外,是由于债务人客观上无法实现执行。因为案件本不属于执行能够处理的范围,而应通过破产程序解决。后一案件形式上看是"执行

---

* 本文原载于《中国审判》2020年第7期。

难”，而实质上却是“破产难”，是因为案件应当却无法进入破产程序导致的所谓“执行难”，不解决“破产难”，案件就不当积淀在执行环节，“执行难”就不可能解决。所以，“执转破”措施出台的立法本意，直观上看是要解决“执行难”，但实质上最终仍是要解决“破产难”，只有破产不再“难”，执行才会不“难”。

一般而言，债务人有清偿能力而拒不履行生效法律文书确定的民事义务，应当适用民事执行程序，强制其履行义务，保障债权的个别实现。而在债务人丧失清偿能力时，为保障对全体债权人的公平、有序清偿，实现市场主体救治和退出机制，则应适用破产程序。前者是债权的个别实现程序，而后者则是债权的集体实现程序，适用的条件和对象均有不同，这是法律制度和司法程序适用上的合理分工，尽管对债务人是否发生破产原因，可能存在一些认识模糊、判断不明的情况，而产生程序适用的交叉地带。在当前的实践中，许多债务人已丧失清偿能力，本应适用破产程序，却因种种原因仍滞留于执行程序。大量本应通过破产程序解决的案件长期积淀在执行领域无法处理，对破产案件的受理造成了严重的不利影响，也使大量执行积案不能结案，从而由“破产难”引发了“执行难”。

为解决执行程序对破产程序的主动或被动的适用越位与调整混乱，最高人民法院推出“执转破”措施。目前，“执转破”在一些地区一定程度上缓解或解决了部分案件的破产与执行难题，但是，有的法院对“执转破”理解和执行的基本思路出现偏差，仅从解决执行难的角度适用“执转破”，忽视其实质是“破产难”，更没有积极考虑将对“破产难”的解决与对“执行难”的解决结合在一起，因而难以实现“执转破”的真正目的。尤其是在“终结本次执行”制度建立以后，对执行法官来说，执行难以结案等影响其结案率等考核实际利益的问题已经得到解决或缓解，将执行案件转破产的动力不足，仅靠行政命令难以解决。

实践中，“执转破”工作做得好的地区，无一不是根源于其破产审判工作做得好。所以，必须站在破产法的社会调整作用角度来认识、理解、执行并发展“执转破”制度，借助其实现全方位推动破产案件的依法受理，以从根本上解决“执行难”问题。

“执转破”在实施中难免有其不足，但作为一种有益的制度创新与尝试，有助于逐步引导债务人丧失清偿能力的案件从执行程序向破产程序的全面转换，实现破产案件的正常受理。为此，对“执转破”措施要正确地理解与执行，并推动其进一步发展完善。

第一，必须看到，作为同是针对债务人相同财产的法律程序，保障债权个别优先实现的执行程序与保障债权集体公平清偿的破产程序是相互冲突的，因此，在适用上只能选择其一。而在“执转破”的实施中，择一适用不是先适用执行程序将债务人财产基本执行完毕，再形式主义地转化适用破产程序结案。而应是在立案时、诉讼时、执行时就努力查明债务人是否发生破产原因，确定应适用何种程序，并及时引导案件转入破产程序。一般而言，在执行中个别处置的债务人财产越少，转入破产程序的时间越早，后续问题的解决就越顺利。目前，有些法院对“执转破”的实施只从执行角度考虑，在债务人有一些财产、执行尚不太难的情况下，只顾优先执行债务人财产。而当执行难到无法结案，不得不“执转破”时，债务人已经基本上没有什么财产，即使转入破产程序，也无法实现破产法在债务人丧失清偿能力时公平清偿全体债权人的目标。因为在前面的执行中，已经将本应在破产程序中公平分配的债务人财产几乎全部个别清偿完了，更是无法发挥破产法拯救有挽救价值和挽救希望的债务人企业的作用。这时的“执转破”从破产法保护债权人和债务人权益的立法宗旨角度看，已经没有实际社会意义，只是为那些无法善终的执行案件借助破产法画个形式上的句号。所以，必须从完善破产制度、解决“破产难”的角度去理解和执行“执转破”，尽早终止个别执行，才可能达到既解决“破产难”又附带解决“执行难”的最终目的。

第二，“执转破”的主导性功能是，要使发生破产原因的债务人企业能够及时、顺利地进入破产程序，解决破产案件的申请与受理障碍等问题。所以，其适用对象不限于已经基本上无财产可供执行的案件。在执行程序中，凡是债务人企业发生破产原因的，均应向各方当事人释明法律程序的适用，引导案件转入破产程序，尤其是说服那些在执行程序中可能得不到清偿的债权人提出破产申请。“执转破”案件转入的破产程序也不限于破产清算程序，同样可以适用于企业重整挽救程序。认为“执转破”案件只能是无产可执行的案件、只能转入破产清算程序的观点，是对“执转破”制度的误解。

第三，从解决“破产难”的角度考虑，“执转破”的措施仅在执行阶段才得以启动，未免有些时机太晚。要想更有实效地解决问题，就不能止步于在执行程序中将案件转入破产，应当进一步采取目前在一些地方法院开始试行的“诉转破”“立转破”措施，也就是在诉讼中发现债务人发生破产的原因，在当事人起诉时发现债务人发生破产的原因，则在诉讼或立案环节就要努力将案件引入破产程序。

要通过“执转破”措施的实施,逐步发展“诉转破”“立转破”,全方位并行地推动破产案件的依法受理,实现诉讼执行案件与破产案件的依法分流,保障法律程序的正确适用。

此外,还必须采取有效措施进一步解决法院在受理与审理破产案件过程中遇到的各种实际困难。《全国法院民商事审判工作会议纪要》第 107 条指出,要“提高破产案件的受理效率”,“当事人提出破产申请的,人民法院不得以非法定理由拒绝接收破产申请材料。如果可能影响社会稳定的,要加强府院协调,制定相应预案,但不应当以‘影响社会稳定’之名,行消极不作为之实”。

问题的解决需要其他相关制度的密切配合。在放开受理破产案件的同时,亟待解决破产审判专业队伍匮乏问题。各种制度性问题不解决,是难以解决“破产难”和“执行难”的。此外,个人破产立法工作也必须抓紧进行,否则个人债务案件中的“执行难”问题便没有法律渠道解决。

全国法院执行案件的数量远远大于破产案件的数量,所以对执行案件的重视往往也会大于破产案件。但是,执行与破产是具有密切联系的法律程序,尤其是对“执转破”制度,我们只有全面理解其社会意义和发展方向,才能真正完成其历史使命。

实质合并破产中法人人格严重混同的判断标准*

法人人格混同是关联企业适用实质合并破产的重要事由，适用于关联企业形式上独立，但实质只有一个资产基础，只构成一个偿债主体的情况。法人人格混同的主要表现：一是没有独立的意思表示能力；二是资产与负债严重混同，没有独立的民事责任能力。前者体现的是核心企业对关联企业在主观层面的过度控制，使其无独立的经营管理决策权利；而后者则是关联企业无独立意思在资产与负债方面的客观表现。由于各关联企业有无独立意思表示能力，更多的是对主观状态的考察，其正确判断往往会被主观因素影响，甚至扭曲。所以，法人人格混同判断的关键是具有可客观评价标准的资产与负债是否严重混同。

判定关联企业的人格混合程度是否需要适用实质合并破产的具体标准，是资产和债务是否混同到无法区分的程度，或者对资产和债务的独立区分费用等综合成本是否过高。破产法所要解决的是如何公平、有序、及时地将债务人财产清偿全体债权人，包括通过重整挽救程序清偿债权人。所以，破产法的立法目的就决定了，在法人人格混同项下，判定是否适用实质合并破产的关键因素

---

* 本文原载于《法治日报》2021年6月9日，第11版。

就应当是资产和债务是否严重混同。至于关联企业间存在的其他一些情况,如关联企业的控制人同一、高管人员的相互兼职、经营场所的相同或一定程度上的混同使用、相互担保、相互融资等,是集团企业或多或少都会存在的正常运行特征。集团企业因各关联企业间存在控制权而形成,控制权最常态的表现就是控制人的同一、高管人员的相互兼职等。这些现象单纯从混同角度分析,至多只能算是一般性事务的混同,而不涉及人格混同的层次,不能作为适用实质合并破产的充分理由。在评价法人人格是否混同时,要将为保障集团企业对下属关联企业的正常控制以及相互协助、降低成本、方便工作等需要而存在的不影响企业独立性的资源共用情况,与人格混同性质的情况相互区分。

对资产与负债严重混同的概念应当有正确的理解。第一,这种混同不要求关联企业间的资产和负债完全混同,全部无法区分,而是指主要的资产与负债相互混同,达到无法认定企业具有独立人格的程度。因为,在实践中全部资产和负债完全混同的现象是很少发生的,作为运营中的企业肯定会有一些资产是产权明晰的,如办公设施、用品、产品等,但这并不妨碍其整体意义上存在资产与负债的严重混同。相反,基本正常运营的关联企业间有时也会出现少量资产和负债的混同,但这并不是构成实质合并破产的理由,即便需要予以纠正也是适用其他方法。要正确理解和判断事务性质从量变到质变的过程与界限。

第二,资产与负债严重混同有两种表现情况。其一,资产与负债无法区分,是指关联企业的资产与负债达到完全混同的程度,所谓“完全”不是指数额上的全部,而是指混同程度上的完全。无法区分是指资产与负债的混同造成无法确认其产生与现状的基础法律关系性质,无法区分各方的权利义务性质,无法界定彼此的收益或者亏损等权益、损失的承担等。需要注意的是,有些资产可能自其产生就存在混同现象,而有些资产则可能是从最初的各自独立,随着混同因素、权重的增加而逐步演化到严重混同。在从独立至混同的过程中,既要看到彼此独立的开始,也要看到最终严重混同的结果。不能只看前面而否定后面,也不能看到后面而困惑于前面,要客观、历史地分析混同的全过程并予以确认。其二,区分的成本过高。所谓区分成本是一种综合性的集成成本,包括直接成本、间接成本以及社会成本。直接成本主要是指对资产与负债混同的识别确认成本和纠正后果成本。识别确认成本,是指通过对关联企业的财务专项审计、法律调查以及对企业股东、高管人员、财务人员访谈等,查明关联企业间存在资产与负债混同各项具体情况的成本。纠正后果成本，是指对已查明的资产与负债混同情况进行独立性区分，采取法律等措施纠正非市场化配置资源各种不当后果的成本。如行使破产撤销权追回财产、纠正行为的成本，包括进行诉讼、仲裁的费用、时间成本等。这些成本造成债务人企业中债权人可分配财产的直接减少。间接成本主要是指债权人等利害关系人的间接财产损失，如因债务清偿时间推迟造成的财产贬值、磨损损耗等损失，因未及时清偿产生的利息和收益损失、通货膨胀与货币贬值损失，因清偿资金的延迟回收而产生的替代使用资金的利息等借贷成本，负债的增加以及因商业机会丧失而导致的间接损失，等等。社会成本主要是指由于企业的土地、厂房、设备、人力等社会资源不能得到优化配置、及时使用，而造成社会财富的损耗和减少，社会负担的增加，经济发展的延缓，以及对资产与负债混同的独立区分而发生的对司法与社会资源的占用和耗费等。

所谓区分成本过高的具体表现：一是指对资产与债务混同的区分与纠正结果和费用成本，使原外观上看似资产较多的关联企业的债权人可能得到的清偿，低于合并破产的平均清偿率。这时继续以企业法人人格独立作为破产程序就丧失了实际意义，与实现债权人清偿利益最大化的破产立法与司法目标相冲突。独立破产的过高成本给债权人带来的不再是公正，而是损失。二是区分资产和债务的费用以及大量的时间与资源成本，会使所有债权人受到严重的综合性损失。

在识别资产和负债是否混同时，要注意从财务账簿方面进行考察分析。《全国法院民商事审判工作会议纪要》第10条指出，在认定是否构成人格混同时，应当综合考虑以下因素：股东无偿使用公司资金或者财产，不作财务记载的；股东用公司的资金偿还股东的债务，或者将公司的资金供关联公司无偿使用，不作财务记载的；公司账簿与股东账簿不分，致使公司财产与股东财产无法区分的；等等。资产和负债是否都进入账簿记载，是一个很关键的识别因素。这里的账簿是指公开的、合法的账户，不包括非法的、内部的隐蔽账簿、私下账簿。在非法的、内部的隐蔽账簿、私下账簿中的记载，因为不为监管部门、交易人等知悉，不能视为作出财务记载。

区分资产和债务的成本，涉及复杂的财务与法律调查、性质判定、行为纠正、财务调整、资产回收、诉讼和仲裁费等方面发生的工作与费用等成本，可能使债权人的清偿利益受到综合性损失。所以，将区分关联企业资产和债务成本过高作为适用实质合并破产的事由，是符合破产法立法目标的。

谈关联企业实质合并重整后的法人资格问题*

在集团企业的运营过程中，可能出现因控制权的不当行使、过度一体化经营，使各关联企业在资产、负债、管理、经营、财务、人事等多方面出现人格严重混同，以至于失去独立进行破产程序的基础，需要通过实质合并以实现破产法的公平清偿等立法目标。关联企业的实质合并破产，是指将两个及两个以上的关联企业视为一个单一企业，合并资产与负债，在统一财产分配与债务清偿的基础上进行破产程序，包括实质合并重整或清算，各企业的法人人格在破产程序中不再独立。最高人民法院发布的《全国法院破产审判工作会议纪要》（以下简称会议纪要）在第36条规定了实质合并审理的法律后果，“人民法院裁定采用实质合并方式审理破产案件的，各关联企业成员之间的债权债务归于消灭，各成员的财产作为合并后统一的破产财产，由各成员的债权人在同一程序中按照法定顺序公平受偿。采用实质合并方式进行重整的，重整计划草案中应当制定统一的债权分类、债权调整和债权受偿方案”。

实施实质合并重整（包括和解，下同）面临的一个问题是，重整程序结束后，各关联企业原独立而又在重整程

---

* 本文原载于《法制日报》2018年6月27日，第12版。

序中经实质合并的法人资格应如何处理。会议纪要在第 37 条“实质合并审理后的企业成员存续”中规定:“适用实质合并规则进行破产清算的,破产程序终结后各关联企业成员均应予以注销。适用实质合并规则进行和解或重整的,各关联企业原则上应当合并为一个企业。根据和解协议或重整计划,确有需要保持个别企业独立的,应当依照企业分立的有关规则单独处理。”这一规定是不妥的,它将破产法上实质合并的法律性质完全混同于公司法等组织法上的企业合并。该规定对实质合并清算没有实质性影响,因为所有的破产清算企业都是要注销的,无论其是以破产清算完毕为理由,还是以实质合并为理由(尽管这一理由从法理上讲是不能成立),最终效果实际都相同,对司法实践的影响主要是出现在实质合并重整中。

问题的关键是对实质合并破产的法律性质存在错误认识。实质合并破产中的“合并”,并不是公司法、企业法上的组织合并。当法院作出实质合并破产的裁定时,并不具有所涉各关联企业在破产程序中实行公司法上合并程序的效力,如注销被合并的公司等,即使是在维持企业持续经营的重整程序中也是如此。在实质合并破产时,各企业的法人人格仅仅是在破产程序中不再独立。也就是说,这是一种以对资产与负债统一公平处理为目的的法人人格模拟合并,解决的是以资产与负债混同为关键特征的法人人格混同问题。虽然在破产程序中,实质合并对各关联企业的资产与负债产生实体法意义上的合并法律后果。但在重整程序结束,经过实质合并重整处置消除了各企业法人人格混同的不当后果,即修复独立法人人格后,各企业应恢复原正常的独立状态。

要求对实施实质合并重整的各关联企业采取组织合并措施,是没有法律依据的,也是违背法理的,而且将使集团企业的正常经营受到严重不利影响。

首先,从法律上分析。在我国的司法实践中,关联企业实质合并重整最典型的事由或许也是目前唯一的事由,是法人人格严重混同。《公司法》第 20 条第 3 款规定:“公司股东滥用公司法人独立地位和股东有限责任,逃避债务,严重损害公司债权人利益的,应当对公司债务承担连带责任。”在司法实践中,法院在目前没有相关立法的情况下,主要就是参照《公司法》这一有关“法人人格否认”的规定,解读出关联企业实质合并破产适用的制度空间。

需要强调指出的是,无论是在公司法上还是在破产法上,法人人格的混同并不是认定对各混同企业进行组织合并的法律理由,也不产生企业合并的法律效力与后果。在公司法上,对“公司股东滥用公司法人独立地位和股东有限责任,逃避债务,严重损害公司债权人利益”的处理,是“揭开公司面纱”,由股东“对公司债务承担连带责任”,而不是合并企业。在破产法上,从集体清偿的角度,对各关联企业法人人格严重混同的处理,是进行实质合并破产,是对各企业的资产与负债统一处置,同样也不应是合并企业。也就是说,无论是在非破产程序中对法人人格混同企业的“揭开公司面纱”,还是在破产程序中的实质合并,在法律上对法人人格混同的处置措施,都是超越企业独立人格、纠正人格混同不当行为产生的法律后果,而不是组织合并,即解决的是债务清偿的法律责任问题,而不是组织调整问题。因为只要在重整程序中通过实质合并纠正了各关联企业法人人格混同的所有不当后果,各个关联企业之间便不再存在人格混同,根本不存在进行组织合并的理由和需要。这时,各个关联企业的独立法人人格与组织独立应当得到法院的充分尊重。相反,强行要求适用实质合并规则的各关联企业必须合并为一个企业,是没有法律依据的。无论是在公司法中还是企业法中,乃至任何一个国家的破产法中,都没有法院可以以法人人格混同为理由强制企业进行合并的规定。由于强制合并都是没有法律依据的,先强制合并再强制分立,就更没有法律依据了。综上所述,对于法人人格混同问题,法院的司法权限是纠正违法行为的不当后果,而不能介入当事人自治领域的企业组织形态问题,强制合并或者强制不允许自由分立都是错误的。

其次,从实际操作效果看,这种对企业合并或分立的强制控制将对企业集团的正常运营造成严重的困难,将使企业集团形式的所有市场组织优势全部丧失。在市场经济中,企业集团与关联企业的存在已是常态。企业以集团结构经营可以弥补不发达的市场制度,降低交易成本与商业风险,优化资源配置,避免独立企业间竞争中产生的社会成本与市场损耗,获取最大经济收益,具有经济上充分的合理性。通过合理组建集团成员企业,不仅可以通过专业化经营取得更高盈利,而且可以将涉及技术创新、风险投资、环境责任、消费者责任等高风险的营业限定于集团的特定成员,使其余企业免受潜在风险责任的影响。还有利于规避行政限制,集中资源获得政府颁发的经营资质与牌照、业务许可证或特许证等。而跨国的集团结构则更易满足所在国对企业设立与经营等监管方面的要求,规避有关法律限制,减轻纳税等负担。这些企业集团的市场组织优势都将因法院的强制合并而丧失。此外,大型集团的各关联企业往往分布在全国各地不同省份,甚至世界各国,强行合并后的公司治理与经营管理也会存在严重问题。

会议纪要虽不属司法解释,但在破产法的实施中将起到重要的指导作用。目前之所以采取会议纪要而不是司法解释的形式,是因为对破产法相关问题在理论上还需要探讨,实践经验也有待积累,在纪要得到充分补充完善之后方具备制定为司法解释的条件。所以其内容在很多方面既是创新,也是一种试错的尝试,仍需要我们积极地进行探索,不断完善。

个人破产与跨境破产

用市场经济的理念评价和指引个人破产法立法*

破产是市场经济规律下必然发生的社会经济现象，破产法是保障市场经济正常运行的基础法律，这已经是大家的共识。市场经济与破产法存在有机互动的关系。一方面，市场经济采用何种模式、发展到何种程度，破产法立法与实施的理念、宗旨、规则也就会呈现相应的特色。另一方面，破产法的立法与实施状况，也会对市场经济的发展产生正向的促进作用，或者反向的阻滞作用。从历史发展的整体角度看，两者是处于不断的平衡、失衡、平衡的相互促进、不断发展的进程中。这是市场经济的规律，虽然探索、停滞乃至倒退也可能在一定阶段存在，但历史的发展趋势是无法从根本上改变的，破产法前进的脚步终究是不会停止的。

从《企业破产法》立法之时就存在是否将个人（本文对个人与自然人在同一意义上使用，尤其是在引文中）纳入适用范围的争议。近年来，随着我国市场经济的发展、《企业破产法》的普遍适用，主张制定个人破产法的呼声愈加高涨。在数届全国人大与政协会议上均有代表提出对个人破产法的立法建议。2019 年 2 月 27 日，最高人民

---

* 本文原载于《法律适用》2019 年第 11 期。中国人民大学书报资料中心《复印报刊资料·民商法学》2019 年第 9 期转载。

法院也在《关于深化人民法院司法体制综合配套改革的意见——人民法院第五个五年改革纲要(2019—2023)》中提出"研究推动建立个人破产制度"。对个人破产法立法的必要性、可行性已经有很多文章进行分析,已有的研究已经足以说明各方的观点与依据,剩下的只是立法决策与利益权衡问题。本文主要是试图从市场经济的理念和规律溯本求源,探讨如何评价和指引个人破产立法,如何建立符合中国市场经济理念和需求的个人破产法律制度。

一、市场经济与个人破产法

个人破产法无疑会对债权人与债务人的正当权益起到重要的保障作用。但是,"自然人破产制度的主要目的并非是基于特定债权人和债务人孤立的收益,而是基于更广泛的社会收益。"①所谓"更广泛的社会收益",便是个人破产制度对市场经济与社会所产生的全方位、多层次的调整、协调与促进作用,这是我们在评价和进行个人破产立法时必须充分考虑的因素,并要有意识地致力于实现这些社会利益。

第一,市场经济的发展需要最大限度释放市场主体的经济活力,尤其是释放个人特别是企业家的创造能量,排除各种障碍与顾虑,促使经济活动最大化,为人们的创业、创新与发展,为人们积极参加社会经济活动,提供制度支撑、风险控制和社会保障。个人破产法中的各项制度设计,要实现促进竞争、鼓励创新、宽容失败、保障生存的立法目的,并通过自由财产和免责等个人破产的特色制度激励财务失败的债务人积极融入社会、创造财富,客观上达到使各方利害关系人减少损失或共同受益的效果,同时促进市场经济发展、维护社会稳定。实际上,债务人在个人破产制度中获得的大部分收益都会在社会上产生外溢效果。②

第二,市场经济要求确立公平、公正的基本理念,尤其是在维系市场经济商品交换、资源配置、信用交易、合同履行正常运转的债权债务制度上。而在债务人丧失清偿能力的极端情况下如何建立规范、公平的债务清偿制度,保障市场经济秩序,便离不开破产法的支撑与调整。目前在我国已经制定了《企业破产法》,但仅有《企业破产法》尚不足以实现破产制度的社会调整目标。因为即使是在企

① 《世界银行自然人破产问题处理报告》,殷慧芬、张达译,中国政法大学出版社2016年版,第33页、第34页。

② 同上书,第32页。

业破产制度下，真正需要保护的也是在企业背后的个人，包括企业家、投资人、经理人、职工等。尤其是在我国私营企业破产时，企业家及其家庭亲友为企业担保的情况非常普遍，导致企业破产法上的重整程序可能救得了企业，却救不了老板及其家庭，从而使重整制度的适用与效果大为削弱。“如果一个企业家因无法获得任何个人破产救济而毁灭，获得未来生产力或者企业活力的机会也就丧失了。只有给自然人带来破产救济的制度才能抓住问题的要害。”①只有个人破产法与企业破产法的有机结合，才能保障破产法立法目标的顺利实现，才能建立起保障债务公平清偿的完整法律制度体系。

第三，通过个人破产法促进信用发展。信用是促进市场经济发展的重要因素。信用交易是商品交换、配置资源、维持生活最重要的方式，它可以加速资金周转和资本集中，促进贸易发展，扩大市场规模，使市场经济的运行模式向信用经济方向转变，即从以原始支付手段为主流的市场交易方式向以信用交易为主流的市场交易方式的健康转变。所以现代市场经济也被称为信用经济，而信用关系也就必然成为维系市场经济正常运转与配置资源的决定性关键。在信用化的市场经济中，每一个人都可能是债权人，也可能是债务人，所以必须保障信用及其形成的债权债务关系的实现。个人破产法的制定与实施有助于支撑和促进信用市场经济的健康发展。

第四，通过个人破产制度的建立促进社会诚信的发展。个人破产法中的许多制度都是建立在市场经济的诚信原则基础之上的，如免责制度是针对诚实而不幸的债务人适用，而破产撤销权与行为无效等制度则是针对不诚信的债务人适用。个人破产法要通过各项制度鼓励诚实信用行为，打击破产欺诈逃债等失信行为，健全完善市场经济社会的诚信理念与保障体系。

第五，个人破产法的制定有助于保障债务人的人权，即其作为人的生存权与发展权，使其在财务破产崩溃的情况下能够维持其正常的经济活动与社会生活。这是任何一个市场经济社会应当具备的基本功能，所以在个人破产法中要设置与企业破产不同的相关制度，尤其是自由财产制度。自由财产是指专属于破产人的财产和为维护破产人生计等不纳入破产财产范围的保留财产。② 换言之，就

---

① 《世界银行自然人破产问题处理报告》，殷慧芬、张达译，中国政法大学出版社 2016 年版，第 21 页。

② 参见王欣新：《破产法》，中国人民大学出版社 2011 年版，第 108 页。

是债务人财产中不用于破产清偿债务而由债务人自由支配的财产。自由财产制度正是生存权和发展权在个人破产法中的具体化。①

第六,通过对个人债务在破产法律制度下的妥善处理,缓和、化解、消除由此可能产生的诸多社会矛盾、负面因素,乃至因债务纠纷激化、生活无出路产生的违法犯罪行为,营造一个建立稳定、和谐社会的坚实基础,为市场经济的健康发展提供法律与制度保障。个人破产法对债务关系的顺利解决具有重要的意义。“破产体制主要通过解决普通债务执行(收债)制度的两大弱点,使债权人受益,即:(1)无效价值寻找机制,以及单个债权人盲目进行申请执行的诉讼,这些诉讼对他们自己以及其他债权人都不利,而且还会带来浪费。(2)可得价值的偏颇清偿,对某个或某些积极的或有经验的债权人的不公平的分配,这会损害所有债权人的集体利益。”②所以个人破产法的制定具有重要的积极社会意义。

第七,通过个人破产法的立法,进一步健全完善破产制度,为市场经济下的金融环境与经济活动提供全面的稳定性和可预期性,提升我国的营商环境,与国际规则与惯例接轨,更好地融入国际经济贸易体系。

从以上分析中可以看出,个人破产法对我国具有的意义,不仅是解决个人债务的公平清偿问题,还具有促进市场经济全面发展完善的重要作用。“破产制度……把触角深入到了社会经济发展、社会分配、社会风险承担、人民生计居住、劳动就业、金融风险的防范和消化等领域。虽然个人破产制度并不是这些领域的中心枢纽,却在系统的正常运行中起到了消化不良主体和疏通流通障碍作用……如果没有在设计个人破产制度时考虑这些方方面面的问题,个人破产现象的增加和随着制度缺陷、制度之间的冲突总和作用的负面功能就会凸显,对这些领域产生恶劣的影响,并在经济、道德、社会制度等领域出现危机时起到雪上加霜和落井下石的作用。”③

例如,我们要落实中央的改革开放任务,促使市场经济发展,除供给侧结构性改革等措施外,还需要进一步刺激个人消费者的消费。而在我国刺激消费的关键,一是要提高社会保障水平,使人们不需要为将来的基本生存而担忧,敢于

---

① 参见刘静:《个人破产制度研究》,中国检察出版社 2010 年版,第 211 页。

② 《世界银行自然人破产问题处理报告》,殷慧芬、张达译,中国政法大学出版社 2016 年版,第 33 页、第 34 页、第 25 页。

③ 刘静:《个人破产制度研究》,中国检察出版社 2010 年版,第 84 页。

花钱,不仅敢花今天的钱,还敢通过消费信贷花明天的钱;二是要有个人破产制度,保障个人在创新创业与参加工作赚钱的过程中,在信贷消费花钱的过程中,万一出现财务失败,仍能够有自由财产维持生活,能够有债务免责的机会,有东山再起的可能。

个人破产问题牵涉社会方方面面,十分复杂,所以在个人破产法中要制定多程序、多渠道、多方式来解决个人债务问题,并辅之以庭外解决程序。个人破产法律与制度的建设,并不局限于债务人的破产程序之内,还必须将破产法的实施触角延伸至破产程序之外,建立完善相关法律制度,以保证个人破产法立法宗旨的全面实现。例如,设置专门的机构或人员对个人破产程序结束后、免责前的财产收入与支出进行严格监控等。

随着市场经济的发展,个人破产的理念与制度也应与时俱进。"个人破产法发展的总体趋势是,个人破产的功能从单纯的分配转向预防、再建和分配等多种功能并存;具有破产能力的主体范围不断扩大;免责的范围和深度不断扩大,更加注重对个人持续发展的基本生存权和发展权的关怀;更加着重从社会分配、风险分配和危机控制与消化的视角调整个人破产制度的程序和规则的设计;在简化程序、程序多元化的同时注重主体的切身利益和感知;划分破产犯罪和破产的民事责任的界限越加清晰,突出破产法的民事性质;赋予债务人更多选择权的制度设计对其清偿行为和财务行为予以积极的规范和引导。"①

二、个人破产中的自由财产制度

个人破产与企业破产的一项重大区别,即企业在破产清算程序终结后就要注销消灭,而个人在破产清算程序终结后仍会继续生存存在。为了维持个人在破产程序终结后的生存,就需要在破产程序中为债务人保留必要的自由财产,建立合理的自由财产制度。这是市场经济长远发展的客观要求,也是社会文明与人道主义的体现。"自由财产的理念是,当债务人获得免责、退出破产并获得全新的开始时,他们首先应该有足够的财产以满足自己和家人在破产后的最低生活需要,必要时包括最低的业务需要。"②

① 刘静:《个人破产制度研究》,中国检察出版社2010年版,第70页、第71页。

② 《世界银行自然人破产问题处理报告》,殷慧芬、张达译,中国政法大学出版社2016年版,第92页。

自由财产制度要解决的是,为债务人及由其抚(扶)养家庭成员的基本生活提供必要的金钱与财产保障,为其继续工作提供合理的条件,以及为其重新创业提供无生存负担的环境,但不是为其保留或提供用于经营活动的、超出工作保障条件的财产与资金资源。

有人认为,在自由财产的保留中,应当充分考虑债务人的发展权,即将来的重新起步问题。一般而言,这一理念有其合理性,但关键是如何在公平保障债权人与债务人权益的前提下付诸实施。这就需要确定所谓"发展权""重新起步"中的"发展"与"起步"指的是什么,在自由财产保留中合理的底线应当在哪里。笔者认为,"发展"与"起步"指的是提供能够使债务人维持较低水平生活和正常工薪工作的条件,而不能理解为要为其保留用于投资和经营的财产,所以其合理的范围应当是保留作为工薪职工的工作工具和日常生活用品与费用,仅在此范围内有浮动调整的余地。如果为所谓"发展"与"起步"而保留的财产可以使债务人过上与普通工薪者完全相同的生活水平,甚至还要为其发展与起步、投资经营保留资金与财产,那么破产就会变成对经营或生活失败、财务过错的鼓励,这就违背了市场经济的基本规律。宽容失败决不能等于鼓励失败、奖励失败,这在各国尤其是中国的国情之下是不可能被接受的。自由财产保留维持个人破产人的生活水平一定要低于一般工薪阶层的生活水平,这样的个人破产制度才能够体现出责任的公平,才能为人们所接受,也符合市场经济社会的常识与逻辑。再者,在免责制度中,往往会要求债务人在破产程序终结后、获得免责前仍然要持续清偿债务达到一定期间,而在这一通常被称为"良好品行期""妥善行为期"的期间内,债务人超过生活必要保留费用的收入部分仍然要用于清偿债务,这也从另一个角度表明对"发展权""重新起步"应当如何正确理解。"良好品行期"的设置是我国个人破产法规定免责制度时必须经过的一个阶段。所以,脱离对债权人的合理保护、脱离实际国情,谈债务人的"发展权"与"重新起步"是没有意义的。我们认同自由财产制度维护破产人的"发展权"与"重新起步"的理念,但对这些概念的现实含义也要向大众予以明释,使之能够正确理解,以免因漂亮的词语而疑惑或误导,以致对个人破产法产生误解。

确立自由财产范围的原则,第一,维持债务人及由其抚(扶)养家庭成员基本生活水平的必要费用与生活用品。所谓基本生活的水平,在债务人无工资收入的情况下,可大致以低保能够维持的生活水平为基准浮动;在债务人有工资收入的情况下，因其为劳动所得，可以地方最低工资标准为基准浮动，高于确定限额的收入部分在“良好品行期”内应继续用于清偿在破产程序中未清偿的债务。第二，职业工具，此处的工具是指作为职工工作的必要工具，而且对此应有财产价值的上限限制。第三，与债务人有特定人身关系的财产，通常是指对债务人具有特殊纪念意义的物品或具有特殊精神价值的物品，包括宠物等，对此也应有财产价值的上限限制，价值较高、实质性影响债权人清偿利益者不应予以保留。第四，自由财产对破产人提供的生活保障具有有限性和暂时性，而不是持续性、补充性地提供。自由财产制度的设立，并不是要解决破产人终生的生存问题，而只能是解决破产人在破产终结后一定期间内的生存问题。自由财产提供给破产人的生活保障，只能是最低限度的生活保障，意在使破产人重新寻找生活出路和事业的重新再起有一个最基本的支撑点。①

此外需注意的是，债务人的许多生活用品财产对债权人而言并不具有值得关注的价值或曰货币价值，甚至完全没有市场货币价值，但是对债务人而言，则具有很大的生活使用价值，这些财产的价值与使用价值之间存在严重的不对称性。在此种情况下，将这些财产纳入破产财产范围进行变卖分配，实际上是对社会财富的浪费与损害。在确定自由财产范围时，应尽量将这些财产保留给债务人，使其能发挥最大的社会价值与经济价值，而这也符合市场经济的基本原则。

对自由财产范围的立法规定模式，第一，可考虑采取概括性规定与列举性规定结合的方式，以概括性规定确定一些原则，以列举性规定确定一些重要财产或特殊财产的保留问题，如债务人及其家庭的唯一一套住房在何种情况下可以保留，可保留住房的财产价值上限限制，何种情况应当纳入破产财产分配，纳入破产分配时债务人及其家庭的居住问题如何解决，在住房上设置有抵押担保如何处理，等等。第二，鉴于我国不同地区的发展与生活水平不同，所以立法对自由财产范围的规定不能“一刀切”，而应具有一定的灵活性，对不同地域自由财产的范围可以在规定基本原则的前提下，交由地方法院酌情确定。此外，对于法院确认的自由财产的范围，债权人有权提出异议，应为利害关系人设置相应的法律救济渠道。

在自由财产制度中还应规定对自由财产转换行为的限制与撤销。个人破产

---

① 参见文秀峰：《个人破产法律制度研究》，中国人民公安大学出版社2006年版，第145页。

法允许将债务人的部分财产保留为不用于破产清偿的自由财产,这就可能诱使债务人在进入破产程序前,通过交易安排对原有财产形式进行转换,即将非自由财产转换成自由财产,从而实现保留更多财产、减少债务清偿的目的。既然法律允许存在自由财产,对债务人在正常生活数量范围内的财产转换行为法律应持宽容态度,但对于非正常、欺诈性的财产转换行为就应当予以纠正。为此,需要对债务人在破产程序启动前一定期间内进行的财产转换行为进行甄别,对非正常的具有欺诈债权人、恶意逃避债务、损害公平清偿性质的行为,可以对其行使撤销权,以矫正违法行为及其后果。

三、免责制度

竞争是市场经济的基本规律,有竞争就必然会有成功者与失败者,财务失败到极点便是债务人的破产,市场经济要想正常的发展就必须承认破产的存在。但放任竞争失败者破产不加以救济,反过来又会因为破产人失去生活保障、失去恢复希望、放弃创造财富的努力,而对市场经济的发展产生阻滞作用。所以市场经济对此必须有自我矫正机制,以解决个人破产可能对市场经济产生的诸种负面影响,如果仅靠市场之力量尚且不足,则需要国家法律的介入。由于这是对整个社会有益的任务,故需所有市场经济的参与者共同解决,需要在保障市场经济顺利发展的原则下对各方利益权衡处理,需要对社会与个人的损失和风险予以分担,而对个人破产人的免责制度便是其重要手段之一。“免责的规定是为了公共的福利而作出的宪法允许的、必要而合理的对财产所有权的限制”。①

免责制度是个人破产法中最具特色的制度之一。在立法时要以中国的国情现状为基础,确定市场经济需要并能接受什么样的免责制度,要通过哪些具体规定加以实现。破产法尤其是其中的免责制度,既是对债务人与债权人利益的合理衡平保护,也是在债务人合理免责与逃避债务和不当行为之间博弈的领域。“任何破产制度的首要目标就是在这两个相互竞争的理念中保持谨慎的平衡:首先,对负有义务的人作出要求。其次,不要对因经济波动和其他生活中常见危险而遭受痛苦的受害者提出超过其合理承受限度的要求。”②

---

① [日]石川明:《日本破产法》,何勤华、周桂秋译,中国法制出版社 2000 年版,第 227 页。

② 《世界银行自然人破产问题处理报告》,殷慧芬、张达译,中国政法大学出版社 2016 年版,第 51 页、第 52 页。

免责制度保护的是诚实而不幸的债务人,是为使债务人及早摆脱债务困境,减轻社会负担,同时促使债务人尽早提出破产申请、减轻债权人损失,并保障债务人早日回归社会正常状态。对那些进行欺诈债权人、损害债权人利益行为或违反破产法规定义务者,是不适用免责制度的。在设置免责条件时,既不能过于严苛,否则债务人难以获得免责就不会积极地申请适用破产程序,达不到立法想要达到的调整目的;同时又不能过于宽松,以防止出现债务人利用制度空隙逃脱债务,损害债权人权益。目前在司法实践中,相当一部分债务人诚信道德缺失,法律意识淡漠,恶意的或投机性的逃债行为严重。为此,在设计个人破产免责制度时就必须适应目前的社会现状。我国应当采取许可免责主义,而不能采取当然免责主义。对债务人免责之前要设置一定期间的良好品行期,在此期间内债务人应以保留生活费用之外的收入持续清偿债务。有的国家实行直接免责,也称"全新开始",无延长清偿债务期间,此方式显然不适合于我国。在良好品行期期间要强化对破产人的监督,限制债务人的一定行为,如收入支配限制、高消费限制、出入境限制等,并设定债务人的财产状况定期强制报告制度。

在我国免责制度的设计中需要解决以下问题:

第一,什么样的债务人可以免责。从各国相关立法的规定看,只有诚实的债务人才可以享受免责待遇,而且要求是在一定期限内未发生连续破产者,因犯罪、赌博、挥霍财产等违法行为而破产的,或存在其他不诚信欺诈行为的,通常也不可以享受免责待遇。

第二,各国立法通常规定债务人的若干种行为属于不免责行为,有此类行为者便不予免责。不免责行为通常包括:破产欺诈行为,包括转移、隐匿、无偿转让财产,虚构、承认不实债务,恶意损耗财产,有碍公平的偏袒性清偿行为等;破产违法行为,如在破产程序中不如实提供财产报告、债权债务清单等文件,导致重大财产下落不明,在破产程序中虚假陈述、拒绝回答问题,不履行法律义务,不服从法院命令和管理人的管理;等等。

第三,在免责制度中,需要根据市场经济的原则、债权的社会属性以及债务人的行为等,确定什么样的债务属于不免责债务。即使债务人可以获得免责利益,但这部分债务不在免责范围内,仍需要债务人继续清偿。不免责债务通常包括:债务人未列入应向法院和管理人提交的债权表中的债权、因犯罪产生的债权、因人身侵权(或故意侵权)产生的债权、抚(扶)养费、(部分)国家税收、行政罚款、刑事罚金等。需要注意的是,对部分种类债权的处理在企业破产与个人破产中是不同的。例如,行政罚款、刑事罚金在企业破产中属于劣后债权,一般得不到清偿,在破产程序终结后便实际被免除,以免其在破产程序中的受偿会导致处罚对象由债务人向债权人的转移。在个人破产程序中,这些债权虽然也劣后清偿,但在破产程序终结后并不免责,债务人要继续清偿,因为不存在处罚对象转移的问题。

第四,在我国的免责制度中应当设置良好品行期,并在这一延缓期间维持债务人持续还债的义务。良好品行期期限的长短,与债务人的破产清偿率应当建立正相关的关系,并随实际破产清偿率的高低而调整。良好品行期期限的长短要适当,笔者认为,最长 6 年的期间较为合适。期限过短会影响债权人的权益,过长的延伸还债期间又会压抑债务人积极参加经济活动的动机,降低个人破产制度对债务人的吸引力。此外,希望通过延长还债期限使债权人获得全部清偿是不现实的。"现行所有的重要破产体制的经验都显示,无论还款期限的长短,几乎没有债务人在债务人的基本需求和破产系统的管理成本之外还有足够的资金为债权人产生实质性利益。"[①]

第五,免责程序中还要重视对债权人权益的维护,要保障债权人的知情权、异议权、监督权以及对免责的撤销权(通常各国规定撤销期间为一年),要有具有可操作性的具体规定,以保证权利能够切实行使。

四、个人破产法及其社会配套法律制度的健全与完善

破产法是市场经济的产物,要想使个人破产法能够顺利制定并得到市场化的实施,就必须逐步地健全、完善整个社会的市场化程度,尤其是要有针对性地健全、完善与个人破产法制定和实施直接相关的各种法律制度。《2015 年中央经济工作会议公报》强调,"要依法为实施市场化破产程序创造条件"。企业破产法如此,个人破产法也是如此。任何关于处理自然人破产问题的制度都应该考虑这个因素:该制度必须要与法律、政策以及实践的周边背景相协调。[②]

"破产法的市场化实施是以有一个较为完善的市场化社会体系为前提和基

① 《世界银行自然人破产问题处理报告》,殷慧芬、张达译,中国政法大学出版社 2016 年版,第 104 页。

② 同上书,第 10 页。

础的，所以市场化是一个社会整体性的概念。破产法能否市场化的顺利实施，取决于其所面对的整个社会的市场化程度。破产法作为一个外部性极强的实践性法律，是无法脱离开围绕企业破产产生的诸多衍生社会问题的解决与相关制度的制约，而以单枪匹马的突破获得普遍顺利实施的。所以，讲到破产法的市场化实施，我们就不能把视野仅仅停留在破产法的范围内思考问题、解决问题，而更多的是要跳出破产法，从更为宏观的社会角度去思考问题，去解决市场化实施的基础性问题。"①这段话虽然是对企业破产法实施而言的，但对于个人破产法的立法与实施也同样适用。随着个人破产法的制定、颁布与实施，我们必须尽快着手解决个人破产法的社会配套法律与制度建设问题。例如，进一步完善财产登记制度、健全财产查询系统、建立财产变动实时监控系统等；要完善社会信用制度，包括征信制度、失信惩戒、信用修复等；还要进一步完善社会保障制度，解决破产人在自由财产制度保障之外的生活、工作与社会救济问题，等等。

此外，市场经济处于不断的发展过程中，并在发展中不断自我矫正、自我完善。破产法包括个人破产法也在不断的发展过程中，也需要不断的修改完善，所以个人破产法的制定不是"毕其功于一役"的事情，切不可有法律制定出台后就"得胜回朝"的想法。个人破产法的出台仅仅是我们迈出的第一步，而不是最后一步，万里长征刚刚始于脚下。在法律的实施过程中，要根据实践的检验和发展的需要，不断地、及时地修改完善立法。这就要求在法律修订的指导思想上纠正旧的观念与操作模式。过去在法律修订方面的一个思想误区（现在已有较大改善），就是过分追求法律的稳定性，或者说，重立法、轻修法，重外观形式、轻实际效果，立法机关的观念和工作脱节于司法机关和社会的实际需要。"立法应当慎重严谨，朝令夕改确实有损法的严肃性和权威性。但法是社会关系的反映，在目前我国政治经济关系不断变革的时期，就必然要求随着不断变化的社会关系而立法"，②尤其是及时的修法。笔者建议，在个人破产法（其他法律也应如此）出台实施之后，就成立一个专业化的法律实施评价组织，或者说立法修改小组，开始进行法律实施的检查与评估，发现问题，找到解决办法后，提出法律修改建议，并即时启动法律修改程序。例如，对自由财产制度为债务人保留财产的范围与

① 王欣新：《论破产法的市场化实施》，载《人民法院报》2017 年 12 月 6 日，第 7 版。

② 王欣新：《公司证券法治与司法制度研究》，中国法制出版社 2011 年版，第 312 页。

数额上,可能就需要根据社会发展、经济状况(如通货膨胀率等)、生活水平变化等进行年度定期调整。对一些需要随改革开放和经济发展不断调整的法律,可以建立每年或每两年提交一项立法修正案的制度,确保法律能够及时地跟上司法实践的需要。法律的生命就在于通过不断的修订实现自我发展、自我完善。

个人破产法的立法模式与路径*

破产是市场经济在其竞争、优胜劣汰等规律下必然发生的社会现象。破产法是保障市场经济正常运行的基础法律，它通过对债权人、债务人等利害关系人权益的保护，使市场经济的商品交换等活动得以正常进行。目前，我国已经制定了企业破产法，但是尚没有制定个人破产法（本文中对个人破产法与自然人破产法在同一意义上使用），使很多因个人债务纠纷引发的社会问题与矛盾无法在个人破产制度下得到合理解决，并严重影响企业破产法的顺利实施。在近年连续几届的全国人大与政协的会议上，均有代表提出制定个人破产法的立法建议。2019年2月27日，最高人民法院在《关于深化人民法院司法体制综合配套改革的意见——人民法院第五个五年改革纲要（2019—2023）》中提出“研究推动建立个人破产制度”。2019年6月22日，国家发展和改革委员会、最高人民法院等13个国家部门联合发布《尽快完善市场主体退出制度改革方案》（以下简称《市场退出改革方案》），指出对市场主体退出制度的总体改革目标，是要“逐步建立起与现代化经济体系相适应，覆盖企业等营利法人、非营利法人、非法人组织、农民专业合作社、个体工

---

* 本文原载于《人民司法》2020年第10期。荣获2020年“金达莱”杯二等奖。

商户、自然人等各类市场主体的便利、高效、有序的退出制度,市场主体退出渠道进一步畅通,市场主体退出成本明显下降,无效低效市场主体加快退出,为构建市场机制有效、微观主体有活力、宏观调控有度的经济体制提供有力支撑”。而对破产法律制度改革完善的一项重要任务,就是研究建立个人破产制度,重点解决企业破产产生的自然人连带责任担保债务问题;明确自然人因担保等原因而承担与生产经营活动相关的负债可依法合理免责;逐步推进建立自然人符合条件的消费负债可依法合理免责,最终建立全面的个人破产制度,实现个人破产立法促进竞争、鼓励创新、宽容失败、保障生存的立法目的。

目前,企业破产法的修订工作已经纳入全国人大常委会的立法规划,正在逐步启动,而个人破产制度的建立也得到国家有关部门的充分重视,并在社会上获得积极反响。时不我待,如何合理、高效、迅速、低成本地完成《企业破产法》修订和个人破产立法的任务,确立正确的原则和方法,解决立法工作中的各种实际问题,值得认真探讨。

一、个人破产立法对主体适用范围的设定

对个人破产法的主体适用范围存在多层次的差异观点。其实早在企业破产法立法之时就对此存在争议。有人主张,对所有企业和自然人均适用破产制度,消费者丧失清偿能力也适用破产法调整。有人主张,除企业外,仅对从事营利活动的商自然人即个人独资企业、合伙企业等自然人企业及其出资人和从事工商经营活动(具有营业执照)的个体工商户(农村承包户、专业户除外)适用破产制度,对消费者则不适用破产法调整。也有人主张,破产制度只宜扩大适用到自然人企业等营利性的经济组织及其出资人。还有人主张,破产制度只扩大适用到自然人企业等营利性的经济组织,不包括其出资人。① 当然,这是该法立法时的观点,现在对我国个人破产法的适用范围最终应当包括所有自然人,无论其是否从事营利活动,在大多数人中已经达成共识,尤其是在《市场退出改革方案》出台之后。在我国,立法观点的不同主要不在于是否需要将所有的自然人都纳入个人破产法的调整范围,而在于个人破产法是应当对所有自然人同时统一立法,还是根据自然人主体是否有营利性的经济活动,按照商自然人和消费者自然人分

---

① 参见王欣新:《破产法》,中国人民大学出版社 2019 年版,第 26 页。

别立法或分阶段立法。

笔者认为,个人破产法应当对所有自然人同时统一立法,不需要也不应当因主体经济活动性质存在差异而分别立法。但是在统一立法后,如果实践需要,在法律的实施上可以对不同类型的主体分阶段进行,即对某些类型的主体如果认定其实施基本条件不完全具备,可以暂时性地予以延后适用。

首先,商自然人和消费者自然人在一些场合已经难以区分。在现在的市场经济中,由于电子商务、网络经济和经营与办公模式的日益创新发展,尤其是在"大众创业、万众创新"的社会政策之下,一些营利活动已不一定以取得营业执照为必要前提了。2019 年实施的《电子商务法》第 10 条规定,个人销售自产农副产品、家庭手工业产品,个人利用自己的技能从事依法无须取得许可的便民劳务活动和零星小额交易活动,不需要办理市场主体登记。但在实践中,上述界限有时并不清晰,存在广泛的灰色地带,且难以监管。这些变化就使在一些情况下区分商自然人和消费者自然人失去了法律上明确的外观界限。尽管有很多人仍以传统的商事身份从事营利活动,如投资设立企业等,但也有一些人,甚至越来越多的人,在以消费者的外观身份或多或少地进行商事营利活动,如坐在家中就可以进行网络和微信朋友圈中的代购和销售等营利活动,甚至借此解决就业问题,创业谋生。经营营利活动与生活消费活动在相当程度上的交叉和混同,使在一些领域尤其是新兴业态领域,商自然人和消费者自然人的身份已经不易在立法上严格区分。此外,有时当事人对其活动和债务性质在一定程度上可能依主观意思而转换,这使法律更难以对其界限作出准确的规定。

而且,在个人破产制度的适用主体方面,中国还存在更为复杂的农民问题。我国农民的生活方式仍在一定程度上具有自然经济的属性,这使其生产营利活动和生活消费活动的区分难度更大,使其商自然人或消费者自然人的身份往往处于一种混同和游离状态,不易准确确定。据国家统计局发布的中国人口数量有关数据,目前全国农村人口数量有 57,661 万人,占全国人口的 41.48%(这是 2017 年下发的相关数据,仅供参考)。如果按照户籍制度确认农民身份,则中国有 9 亿名农民,但在城市打工、做生意的农民约为 3 亿名,再减去生活在农村的未满 18 岁的未成年人以及 60 岁以上的老人,以及住在农村但不干农业的人,真正在农村从事农业生产的农民大约有 3 亿名。如果对商自然人和消费者自然人的破产采取分别立法的方式处理,可能导致一个巨大的社会群体在法律适用上的主体资格不明确或确认不合理,这显然既不利于立法也不利于法律实施。

其次,在我国个人破产立法中区分两类自然人主体没有实际意义。即使是商自然人,在其债务构成中也会存在相当的消费债务。从破产原因的角度看,商自然人因为消费债务而陷于破产境地的情况也屡见不鲜。由于进行营利活动与消费活动的主体具有同一性,债务责任主体也具有同一性,在个人破产领域按照主体活动性质分别立法是没有实际意义的。当然,对于资产与债务状况不同的自然人主体,个人破产立法需要设置不同的具体程序处理,但这并不是按主体活动性质的分别立法。

最后,对我国的立法来讲,还有一个更为实际的问题,就是一旦将部分自然人主体排除出本次个人破产立法的适用范围之外,没有抓住这次难得的立法机会,以后再想将他们纳入个人破产法的调整范围,可能就遥遥无期了。社会情况和法律需求的变化是迅速的,但立法往往都是滞后的。"凡事预则立,不预则废",在个人破产立法方面,我们应当听听古人之言。有法,哪怕在必要时对部分主体适当延后实施,与没有法,等到出现社会需要时再匆匆立法,社会效果必然是大不相同的。

在此,我们还要对《市场退出改革方案》的有关规定有正确的理解。该方案指出:"建立个人破产制度,重点解决企业破产产生的自然人连带责任担保债务问题。明确自然人因担保等原因而承担与生产经营活动相关的负债可依法合理免责。逐步推进建立自然人符合条件的消费负债可依法合理免责,最终建立全面的个人破产制度。"这里指的是个人破产法的实施重点和推进进程,是指最终在社会上要达到的实际法律效果,而不是指立法的模式和路径,不是要对不同的自然人主体分别立法,或分阶段立法。我国已经有2006年《企业破产法》且已实施十余年,在该法适用过程中那些因企业破产而直接牵涉到的上述个人债务问题,因在实践中屡屡发生且已经实际影响《企业破产法》的实施,对其的解决需求在社会上自然会显得更为紧迫。其中最突出的问题,便是在企业尤其是私营企业破产时承担保证责任的自然人如股东、高管及其家人等的担保债务,如何通过个人破产制度解决,合理免责。这便是《市场退出改革方案》为什么将此列为首要考虑解决问题的原因。但是,哪些社会问题应当在立法上尤其是法律实施中优先考虑解决,与解决这些问题和其他相关社会问题的法律应当如何制定、法律的适用主体范围如何科学界定,乃是不同层面的问题,不能混淆,立法有其必须遵循的自身的科学性、逻辑性与体系性。

此外,建立个人破产制度,并非仅仅制定个人破产法这一项任务就可以彻底完成,我们还需要制定相关的各种辅助法律制度,其中最为重要的是建立个人债务的庭外清理制度。“个人债务庭外清理”这个概念,是以庭内个人破产制度的存在为前提而成立的,没有庭内,自然就无所谓庭外。尽管在个别国家,个人破产法制定之前就出台有个人债务清理制度如消费和债务咨询制度等(但是有企业破产法作为制度借鉴),但大多数国家在建立个人债务庭外清理制度时,都存在一个默认的前提,就是已经有个人破产法作为个人债务庭外清理制度坚实的地基。只有在个人破产法为个人债务的庭外清理提供明确的规则和行为底线,为各方利害关系人提供全面的具有确定性的法律结果预期,才能使人们在各种庭外债务清理模式的运作中、在各种利益的复杂博弈中,以最大限度的理性谈判、妥协,并取得良好的有效成果。换言之,只有在个人破产法为其撑起一片绿荫时,个人债务庭外清理制度才会有最好的发展生态环境,才能充分发挥其作用。个人债务庭外清理制度的建立,有助于我国个人破产问题得到更为普遍、便利、快速、合理的解决。我国可能陷于债务破产境地的自然人人数众多,仅仅依靠法院的审判力量,单一渠道以法庭内程序解决个人破产问题,从社会各方面看都是不够的。个人债务庭外清理制度的建立有助于个人债务问题更加市场化地解决,但没有个人破产法,即使有了个人债务庭外清理制度,也难以真正实现对个人债务问题的全面法治化解决。在债务庭外清理制度中,对不同财产和负债情况的自然人,同样需要设计有针对性的不同适用程序,但并不需要因适用主体是否进行营利活动而作出区分规定。

综上所述,与我国当前要实现的个人破产法立法目的与利益相比较,商自然人和消费者自然人之间即使存在一些差异,也已经不足以构成对两类自然人分别立法或分阶段立法的充分理由。

二、个人破产立法与企业破产法修订的关系

单纯就个人破产法与企业破产法的关系而言,既可以是分别独立的,也可以是统一合一的,采用何种立法模式关键看国情与需要。考虑到我国立法法对立法程序的要求、司法实践中对个人破产制度的迫切需要和过去破产立法实际的进行情况(2006 年《企业破产法》立法过程长达 12 年),笔者认为,我国应当对个

人和企业的破产问题采取统一立法的模式,并借此次修订《企业破产法》的机会,以扩大破产法主体适用范围的方式,将个人破产制度纳入破产法修订的内容,制定统一的破产法典。

这种立法模式在目前的情况下具有多方面的优势。第一,有助于尽快完成个人破产制度的立法任务,解决《市场退出改革方案》中指出的因企业破产产生的自然人连带责任担保债务等个人破产问题,迈出促进经济体制改革、完善市场主体退出机制的重要一步。鉴于企业破产法是由全国人大常委会负责制定的法律,我们推定个人破产法也是由全国人大常委会负责制定的立律。根据立法法的规定,要制定一部新的法律如独立的个人破产法,首先需要由全国人大常委会采纳该项立法提案,并将其纳入立法规划和年度立法计划。现在个人破产法并未纳入全国人大常委会的立法规划和年度立法计划,而立法规划是5年一编制。尽管在这一期间内有可能通过特别程序临时在立法规划中增加立法项目,但个人破产法如采取单独立法的方式,仅完成这一程序就需要较长期间,此外还要完成单独组建立法班子等复杂的程序性工作,必然会使立法很长时间难以出台。而企业破产法的修订工作目前已经启动,法律的修改本就可以包括对其主体适用范围的扩大。如将制定个人破产制度作为《企业破产法》修订的内容,可以减少程序性障碍,大幅加快其立法进度,使之能尽快服务于我国经济和社会的发展,以适应社会对个人破产法律关系调整的迫切需要。

第二,有利于高效率、低成本地完成个人破产制度的立法任务。通过将个人破产制度纳入企业破产法的修改程序中,可以进行统一协调的立法工作,如组建统一的立法起草组,减少对企业破产和个人破产分别立法时的重复性工作,大幅简化全国人大常委会对立法草案的会议审议程序,不必就企业和个人破产立法问题重复采取座谈会、论证会、听证会等形式听取意见,不必重复地向社会征求对立法草案的意见,可以节省大量人力、物力、时间、费用等各方面资源,提高立法效率,降低立法成本,符合经济立法的原则。

第三,对企业破产和个人破产统一立法,有助于合理、简洁地设置破产法的章节和条款,确立共同原则,提高立法质量,避免对企业和个人破产分别立法时可能出现的制度衔接不顺和法律适用冲突,同时可以减少大量共同适用条款的重复,突出重点,大幅简化立法条文,便利法律适用。

如前所述,在立法模式上,一定要将个人破产制度纳入企业破产法的修订程序,统一立法,分编制定,形成完整的破产法典,否则个人破产制度的出台将可能遥遥无期。同时,在操作和实施层面,可以根据实际需要采取一些灵活措施。如在立法过程中,个人破产制度的制定确实存在一些疑难或争议问题短时间难以解决,而企业破产制度又需要尽快出台,可以采取对企业破产与个人破产各篇分时颁布,先后实施的方法,即先将实践中迫切需要的企业破产制度修订完成并及时出台实施,而个人破产篇可以适当延后完成制定、颁布实施。其他国家也有采取类似的分篇章补充完成统一立法的方式。

三、司法实践中个人债务集中清理程序的意义

目前我国尚未制定个人破产法,但司法实践中对个人破产制度却存在日益强烈的需求。为解决因立法和制度缺失而导致的个人丧失债务清偿能力时出现的社会难题,引导正确的解决方法,在浙江台州、温州和广东深圳等地已经通过"个人债务集中清理"等方式,进行类似个人破产的试点工作,并取得了很好的社会效果。如在浙江省高级人民法院的支持下,台州市中级人民法院于 2019 年 4 月 26 日出台了《执行程序转个人债务清理程序审理规程(暂行)》,对符合一定条件的债务人进行债务的集中清理,并在征得债权人同意的情况下对其未能清偿的余债予以免责。

所谓"个人债务集中清理",在现有法律框架内应当属于执行和解的范畴,但其试点的目的在于获得与实施个人破产制度类似的社会效果。此项试点的实施具有重要的现实意义,除了为制定个人破产法提供必要的制度实践和案例素材外,还可以缓解个人债务因没有破产法而产生的矛盾与困境,提供新的解决思路和实施路径。现在各地的实践主要是重点解决企业破产产生的自然人连带责任担保债务问题,并集中于个人破产最为典型的制度如自由财产制度、债务免责制度等方面进行试点,为推动个人破产制度的立法和实施提供了很好的经验。

1. 通过试点工作,以鲜活案例进行深入宣传教育,改变社会落后观念,夯实个人破产制度立法与实施的社会基础。尽管我国的企业破产制度已经建立并实施 30 余年(从《企业破产法(试行)》的出台和实施起算),但对个人破产制度的建立,社会上仍有部分人质疑,存在一些与其冲突的陈旧观念,如欠债还钱、天经地义等,成为建立个人破产制度的阻碍。在进行个人破产制度立法的同时,通过类破产的个人债务集中清理前期试点,可以宣传个人破产的市场化、法治化理

念,使社会充分理解个人破产制度的重要意义,助力于个人破产法的立法和实施。

2. 通过类破产的个人债务集中清理试点,可以为个人破产制度的立法与实施取得多方面的实践经验,如对债务人用于维持个人和家庭生活与职业工作的个人自由财产的保留范围确定合理的判断标准,明确债务人应当继续偿还债务的良好行为期的期间适当设置,对债务人的债务免责应当符合什么条件,免责应当通过何种程序进行,对债务人免责后如何进行监督,对债权人异议权的保护,等等。

3. 在类破产的个人债务集中清理试点实施中,对案件是否纳入试点范围、债务人的余债是否予以免责等问题,均是采取当事人自愿的原则解决。试点的推行,可以更好地确立个人破产中的市场化协商机制,引导自愿原则的适用,减少适用强制性手段,为个人破产制度的实施树立可供复制借鉴的经验,保障个人破产的立法目的顺利实现。

4. 有助于个人破产制度出台后,在推进个人债务庭内破产解决的同时,引导建立个人债务的庭外清理制度,并得到顺利实施。许多国家和地区为了更好地解决个人债务的清偿等社会问题,在个人破产法之外,还建立了一系列个人债务庭外清理制度。如新加坡的个人债务偿还计划、日本特定调解法的法庭外个人债务清理程序倒产 ADR、马来西亚的自愿安排计划、中国香港特别行政区的个人自愿偿债计划以及一些国家的个人债务咨询制度等。联合国国际贸易法委员会第五工作组即破产法组,也已经启动了解决大部分是自然人企业的小微企业破产问题的示范法制定工作,力图多方面、多层次地解决自然人企业及相关自然人的债务清偿问题。而我国目前试点的个人债务集中清理,实质上就是一种建立在自愿、协商基础上的庭外债务清理制度,尽管尚不完善,但可以为个人破产制度出台后的庭外债务清理制度建设提供理论基础和实施经验。

个人债务的庭外清理制度有广义和狭义之分。从各国的情况看,存在两类债务清理制度:一是基于执行效力的个别清偿程序下的清理,包括各种和解、还债计划等;二是基于破产原理的集体清偿程序下的清理。广义的个人债务庭外清理制度两者均包括在内,而狭义上的个人债务庭外清理制度则专指后者,即以破产法为支撑基础的债务清理制度,也就是我们将来要建立的个人债务庭外清理制度。建立在集体清偿程序下的债务清理,离不开个人破产法的基础性支撑,是无法摆脱破产法原则的影响与制约的。

我国建立和实施个人债务庭外清理制度，还需要考虑解决几个方面的问题。第一，个人债务庭外清理制度的效力模式，是完全由当事人自行自愿协商解决的市场化模式，还是对当事人具有一定非自愿强制效力的准司法模式？例如，在个人债务庭外清理中是否中止或暂缓执行问题、债权利息是否停止计算问题、债务人自由财产的范围问题、何种债务在何种条件下可以免责问题，等等。而赋予庭外程序具有一定的司法效力，是需要经过相应国家机关的法律制度支持的。如果能够在个人破产立法中对个人债务庭外清理制度予以原则肯定，将对这一制度在我国推行起到促进作用。第二，建立个人债务庭外清理的组织实施机构和辅助机构，如调解组织、咨询机构等，要确保有相应的非营利性的政府机构或公益性机构，或者营利性的社会中介机构，为个人债务的庭外清理提供高水平的中介服务，以保障其正确顺利实施。第三，建立健全与个人债务庭外清理相关的、广泛的社会配套法律与制度，如对破产欺诈逃债的责任与惩戒制度、有效的财产追查制度、商业银行对债务催收和减免的更为合理的制度、对债务清偿计划履行的监督制度、个人信用修复制度等。

个人破产制度的立法与实施，是我国市场经济体制完善与健全过程中必须走出的重要一步。如何确定个人破产法的立法模式和路径，根据现有国情高速度、高效率、高质量、低成本地完成这一任务，是我们当前要尽快解决的问题。

《贸易法委员会关于承认和执行与破产有关判决的示范法》与我国相关立法的完善*

随着改革开放的深入和“一带一路”倡议的推进，我国吸引外资数量与企业赴海外投资数量均有大幅提升。从 2015 年起我国已成为全球第二大对外投资国，2018 年我国吸引外资规模创历史新高，达到了 8856.1 亿元人民币。然而，随着国际经济结构的持续调整，地区性经贸环境动荡，近年来全球能源、船运、百货零售等大型跨国企业破产案件频发，其中涉及我国跨境债权人众多。由于各国破产规则的冲突和差异，以及破产财产地域主义保护倾向，国际上对建立统一的跨境破产规则一直没能达成共识，直到 1997 年联合国国际贸易法委员会（以下简称联合国贸法会）颁布了《贸易法委员会跨境破产示范法》（以下简称《跨境破产示范法》），以灵活的方式建立起一套可供各国直接采用的跨境破产承认和救济规则。该规则自颁布至今已被美国、加拿大、墨西哥、英国、澳大

---

* 本文与雷雨清合作，原载于《法律与适用（理论应用）》2019 年第 19 期。本文发表时，《贸易法委员会关于承认和执行与破产有关判决的示范法》尚未公布正式版本，现根据正式版本，对文章引用内容进行调整。

利亚、日本、韩国、新加坡等44个国家采用,[①]成效显著。然而,由于该示范法在制定时没有明确跨境破产程序派生判决的承认和执行是否包括在调整范围内,造成这类判决的跨境承认和执行缺乏共同规则,实践中一些与破产程序密切相关的外国判决被迫另案处理,大大降低了跨境破产财产处置的程序效率和完整性。在这一背景下,2018年7月的第50届联合国贸法会大会审议通过了《贸易法委员会关于承认和执行与破产有关判决的示范法》(UNCITRAL Model Law on the Recognition and Enforcement of Insolvency-Related Judgments,以下简称《示范法》)。

一、《示范法》的基本内容

(一)填补破产派生判决承认和执行空白

1997年联合国贸法会通过了《跨境破产示范法》对承认和执行外国破产程序进行了专门规定。经过了一段时期的实施,一些国家的司法裁决[②]中暴露出《跨境破产示范法》在承认对象的范围上仍具有不确定性,该规则第7条和第21条都没有对承认和执行与破产有关判决作出具体规定或授权,[③]且无任何可适用的国际公约或其他制度来解决这一问题。[④] 这一部分法律缺失可能造成破产程序中的相关人员或资产跨境转移、逃避债务。为了解决这一问题,使《跨境破产示范法》在各成员中得到更广泛的普及和认可,在2014年第46届会议上,联合国贸法会第五工作组决定以现有的《跨境破产示范法》的范围和内容为参照基准,制定另一部专门的示范法或条文处理该问题。

(二)以灵活示范规则统一协调各国实践

为了协助各国参照立法并完善国内法,进一步促进跨境破产程序的统一和协调,同时给各国采用统一案文时留有可进行修改的空间,联合国贸法会采用了

---

① 参见 Status UNCITRAL Model Law on Cross-Border Insolvency(1997),http://www.uncitral.org/uncitral/en/uncitral_texts/insolvency/1997Model_status.html,2019年5月5日访问。

② Rubin v Eurofinance SA,[2012]UKSC 46(对原判[2010]EWCA Civ 895和[2011]EWCA Civ 971的上诉);《法规判例法》判例第1270号。

③ 《跨境破产示范法》第7条是关于本国根据其他法律可向外国代表提供进一步援助的权力,第21条是关于承认外国程序时可给予的救济规定。这两条关于额外救济和援助的规定都没有将与破产有关判决的承认和执行问题作出安排。

④ 参见《贸易法委员会关于承认和执行与破产有关判决的示范法颁布指南》第3段。

示范法的形式,其适用方式较为灵活,易被普遍接受,可以作为各国法律的组成部分予以施行。与国际公约不同,各国对示范法的采纳适用不需要与其他国家进行协调或通知。颁布后的《示范法》将为跨境破产案件当事人的权益维护和采取补救措施创造更大的确定性,最大限度避免各国司法或行政程序的重叠与冲突,促进各法域之间的合作和礼让,以较低的成本实现判决承认和执行目的,保全破产财产价值的最大化。当然,为了各国规则的统一,联合国也希望各国在采用时尽可能少做改动,增强采用这一规则的国家在承认和执行与破产有关判决方面的透明度和可预期性。①

(三)以拒绝承认和执行条件为核心内容

《示范法》除关于立法目的的序言外,共有 16 条主要条款和 1 条第 × 条款(立法依据索引条款),主要围绕承认和执行与破产有关判决应满足的具体条件展开,其中第 13 条"决定承认和执行与破产有关的判决"是最为核心的条款。其余条款都是围绕第 13 条做出承认和执行决定所需要的各方面条件展开,包含了对"与破产有关的判决"的适用范围、定义、管辖机关、承认和执行的条件、拒绝承认和执行的理由、判决的效力和可执行性、程序、临时救济、可分性等内容。这些规则在联合国贸法会第五工作组多届会议上经反复讨论形成,反映了各国在该领域可接受的最大范围立法实践,对完善我国《企业破产法》关于跨境破产规则有较高的参考价值。

二、我国现有立法规定的不足

(一)缺乏可操作性

《企业破产法》第 5 条是我国目前破产立法关于跨境破产的唯一规定,包含两方面内容:一是我国破产程序对债务人在境外的财产发生效力;二是外国判决在我国的承认和执行规则,即外国法院作出的发生法律效力的破产案件判决、裁定,涉及债务人在我国境内的财产,申请或者请求我国法院承认和执行的,人民法院在审查存在互惠关系后,在不违反我国法律基本原则,不损害国家主权、安全和社会公共利益,不损害中华人民共和国领域内债权人的合法权益前提下,裁定承认和执行。从承认和执行外国破产判决这一规则上讲,我国现有规则对于

① 参见《贸易法委员会关于承认和执行与破产有关判决的示范法颁布指南》第 18 段。

申请承认和执行的主体、对象范围、条件、效力、救济方面的规定过于简单,使规则不够明确并较难具体操作。

(二)适用范围较窄

从适用范围上来讲,我国现有承认和执行的外国破产判决仅包括发生法律效力的破产判决和裁定,而国际上一般使用的是外国破产程序这一概念。对于破产程序中的裁定和破产程序派生的判决裁定,如果是与破产有密切相关,是否可以通过破产承认和执行程序一并解决,我国现有规则并不明朗。如果外国做出破产判决或裁定的机构并非法院,而是具有法律授权的行政机构,这类机构做出的决定是否能够得到我国法律的支持,我国现有规则并未明确。对于临时保全措施等在破产程序中出现的为防止财产迅速转移的措施是否可以得到跨境协助,我国现有规则也没有纳入讨论范围。实践中,如果仅对有限的具有最终效力的破产判决、裁定进行承认和执行,很可能不足以实现跨境破产协助的目的,无法及时、迅速地防止财产的跨国界转移。

(三)与国际统一规则存在距离

目前我国《企业破产法》中关于跨境破产问题的规定,与国际主流做法存在一定的距离。虽然《跨境破产示范法》和新颁布的《示范法》不是强制性的国际规范,但在我国主要贸易伙伴已经基本上采纳了统一规则的背景下,我国也应尽量参照国际统一规则来处理跨境破产案件。如果不能及时参照国际通行的规则对我国破产立法进行相应修改,在司法实践中处理跨境破产案件时就可能出现缺乏共同语言、难以沟通理解的问题。

三、《示范法》与我国破产立法

(一)承认和执行与破产有关判决的对象范围

《示范法》将承认和执行的对象延伸至"与破产有关的判决",这类判决应满足两种条件,一是判决是作为破产程序的结果产生的,或实质上与破产程序相关联,无论破产程序是否完结;二是判决是破产程序启动时或启动后做出的,破产程序的启动判决不属于此类判决。①

具体来讲,首先,判决应与破产程序有密切关联。为达到破产清算或重整目

① 参见《示范法》第2条定义。

的，破产程序中经常伴随一些衍生的判决或裁定，如撤销不当财产减损交易、追究临近破产期间债务人代表或董事的不当行为、确认一项重整或清算计划、准予解除债务人债务、核准自愿或庭外重组协议等，这些判决与破产程序结果有密切关联，如果仅对破产程序进行承认而将这些与破产有关的判决另案处理，那么跨境破产判决承认和执行的效果也将被大幅减损，对这类型判决的承认不仅能提高承认和执行跨境破产判决的效率，而且有助于避免因此后单独承认所产生裁决结果的不合理差异。①

从时间角度来讲，"与破产有关的判决"是不包括破产程序启动的判决或裁定的，这类判决是《跨境破产示范法》的承认和执行对象，没有必要在新《示范法》中进行解决。还有一些判决虽是破产启动时做出的，但产生了破产启动之外的其他法律效果也属于新《示范法》规定的对象，例如，破产启动后同时对破产管理人进行任命，破产首日发布命令支付员工债权和继续保持员工的应享权利，留用和支付专业人员，接受或拒绝尚未执行的合同，以及使用现金抵押和启动后融资等，这些作为启动破产程序后结果产生的判决即使发生在破产启动同时也属于与破产有关的判决。② 此外，与破产有关的判决也可能出现在破产程序完结后，如在重整计划获得法院核准和确认后提出的撤销权诉讼，这类判决也有必要获得承认和执行。③

从发布机构来讲，新《示范法》认为做出"与破产有关的判决"的机构不仅包括法院，还包括能做出与法院判决同等效力裁判的行政机关。虽然这一要求与我国当前破产法的规定存在差异，但笔者认为，随着我国破产法实践的进步，也不能排除我国今后可能出现专门处理部分破产程序与事务的行政机构，只要行政机关所做出的与破产有关的决定，实质上与我国法院对相同事项所做裁判具有同等的法律效力，就可以将该行政机构的决定纳入承认和执行"与破产有关的判决"的范围。

从判决的终局性来讲，新《示范法》还特别指出临时保全措施不属于被承认和执行的与破产有关的"判决"范围。这一问题在联合国贸法会第五工作组会议

① See Stefania Bariatti, Recent Case-Law Concerning Jurisdiction and the Recognition of Judgments under the European Insolvency Regulation, Rabelsz Bd. 73(2009) S. 629 - 659.

② 参见《贸易法委员会关于承认和执行与破产有关判决的示范法颁布指南》第58段。

③ 参见《贸易法委员会关于承认和执行与破产有关判决的示范法颁布指南》第59段。

讨论时曾出现不同意见，进行了较长时间的争论。一些代表认为，为了扩大各国承认和执行判决的范围，应将临时保全措施涵盖进"判决"范围内。而包括我国在内的多数国家代表认为，临时保全措施由于不具有终局性，各国司法在审查和配合上难度很大，且可能出现逆反，建议排除在外。这一意见最终得到采纳，确认临时措施不属于可被承认和执行的与破产有关的判决。

新《示范法》在《跨境破产示范法》的基础上对承认和执行的对象范围进行了延伸，明确将与破产有关的判决纳入国际统一规范中，对完善我国现有立法具有重要借鉴意义。从我国《企业破产法》第 5 条文字描述看，我国法律规定的承认和执行对象是"外国法院作出的发生法律效力的破产案件的判决、裁定"，并没有依据新《示范法》的思路，将裁判区分对破产启动程序的判决和与破产有关的判决，而是强调其是破产案件的判决、裁定。所以从理论上讲，只要是外国破产案件中的判决、裁定，均可以为我国所承认和执行。但是《示范法》中规定的与破产有关判决实际包括两部分，即破产程序中的裁定（不包括受理裁定）和破产衍生诉讼的判决。按照我国《企业破产法》第 5 条的规定，破产衍生诉讼的判决并不在其调整范围内。即使这些判决能够得到承认和执行，也不是从对跨境破产裁判承认的角度作出的。这种立法格局会削弱我国对外国破产程序承认的实际效果。对衍生诉讼判决的承认和执行，有助于达到全面维护跨境破产案件当事人权益、持续协助和救助的目的。因此，从立法角度讲，我国现有承认和执行外国破产案件判决、裁定的法律规定范围应当予以扩大，同时涵盖破产启动程序的判决、裁定和与破产有关的判决、裁定。

（二）承认和执行与破产有关判决的申请主体

《示范法》第 13 条（b）项规定了寻求与破产有关的判决承认和执行的人是第 2 条（b）项含义内的"破产管理人"，或者是根据第 11 条第 1 款有权寻求该项判决获得承认和执行的"其他人"，这里的其他人也包括利益受到判决影响的债权人。[①]《示范法》关于申请主体的规定范围要比《跨境破产示范法》中承认和执行破产程序的申请人更宽泛，增加了有权寻求该项判决获得承认和执行的"其他人"这部分主体，这是因为《示范法》立法目的就是解决《跨境破产示范法》所不包含的破产衍生判决，这类判决涉及的利益相关方众多，赋予这类主体寻求承认

① 参见《贸易法委员会关于承认和执行与破产有关判决的示范法颁布指南》第 84 段。

和执行的权利才能使跨国界破产案件得到更有效的解决。

各国一般认为破产管理人是跨国界破产中有权提出承认和执行申请的适格主体,无论是作为外国破产判决还是与破产有关判决的申请人,对此都不存在争议,但对外国破产管理人的认定范围可能存在一定争议。《示范法》第2条(b)项规定的"破产管理人"可以是在破产程序中被授权管理这些程序的人,如果是在颁布国以外的国家进行的程序中,也可以是专门为代表这些程序而被授权的人。这种授权可以不必来自法院,其他机构的授权也可以,而且临时作出的任命也可,甚至破产程序启动后仍然占管资产的债务人也包括其中。[①] 美国、英国、新加坡采用了与以上规定基本相同的范围,即包括一般意义的破产管理人和仍然享有控制权的债务人,后者即我国破产重整程序中的自行管理的债务人。欧盟破产程序条例在对一般意义上的破产管理人进行描述外,还尊重了各国对破产管理人的多样化定义。韩国《债务人重整与破产法》对破产管理人进行了限缩规定,认为被外国法院承认作为外国破产程序管理人或代表的人才是适格的申请主体。日本《外国破产程序承认和协助法》对"外国管理人"的定义较为宽泛,在破产程序中有权管理和处置债务人财产的除债务人以外的人、在外国破产程序中被指定的外国管理人,或者在没有指定管理人情况下的债务人以及根据第32条第1款被指定管理债务人在日本的经营和财产的人都属于破产管理人。集合以上各国或地区的规定,破产管理人大体可包括法院指定的、除法院外其他机构指定的、临时指定的外国破产程序代表,以及重整程序中自行管理财产的债务人。我国《企业破产法》规定,在重整程序中虽然可以由债务人自行管理财产并制定重整计划,但是同时也指定管理人,由其负责监督职能。这时由何人作为适格的申请主体,或二人均具有申请资格,需要立法予以进一步确认。同时,对外国破产管理人的范围是否包括占有中的债务人即自行管理的债务人,也需要加以解决。

(三)《示范法》拒绝承认和执行与破产有关判决的程序理由

《示范法》第7条及第14条列举了拒绝承认和执行与破产有关判决的9项

① 参见《贸易法委员会关于承认和执行与破产有关判决的示范法颁布指南》第50段。

理由。[①] 为了最大限度地推动破产有关判决的承认和执行,此处的列举是穷尽式的,没有提及的理由将不适用。[②] 用我国的立法语言表述,就是《示范法》没有设置兜底条款,不允许法院在规定的情况外进行自由裁量。条文之间是选择性关系,只要有一个条件满足,法院就可以拒绝承认和执行。原则上,所列理由的证明责任在于反对承认和执行判决的当事方。[③] 从程序角度来看,拒绝承认和执行与破产有关判决的理由有如下几方面。

1. 通知不适当

《示范法》第 14 条(a)项规定法院可因判决所针对的对方当事人没有得到适当程序通知而拒绝承认和执行。这包括两种情况:一是当事人未充分提前得到已启动该程序的通知,因而不能够作出抗辩安排,除非原判国法律允许对通知提出异议的情况下,该当事人在原判法院出庭陈述时未对通知事宜提出异议;二是虽已得到启动该程序的通知,但通知的方式与接案国文件送达的基本原则不符。通知的不适当不仅包括没能做出启动程序的通知,而且包括没有对诉讼的基本内容做出通知,使被告没法提前做出抗辩安排。[④] 实践中,对于何为适当的通知可能各国理解有所差异,《贸易法委员会关于承认和执行与破产有关判决的示范法颁布指南》中指出,进行判断的标准是不充分的通知是否实质上剥夺了被告行使抗辩权的机会,或者因举证问题可能导致原判决结果发生改变。被告对于未进行适当通知的抗辩应在出庭陈述阶段提出,否则无权以缺乏适当的通知作为理由不承认随后的判决,除非在原判法院不可能对通知事宜提出争辩。[⑤] 目前我国所签订的所有双边民商事司法协助条约都规定有正当程序要求,但尚未将通知不当单独列为拒绝承认和执行的理由,《民事诉讼法》及其司法解释也没有因

---

① 《示范法》第 7 条是关于公共政策的例外。第 14 条拒绝承认和执行与破产有关判决的理由包括:(a)原诉讼程序的通知不适当,影响了被告行使抗辩的权利,或不符合接案国关于送达文件的基本原则;(b)原判决通过欺诈方式获得;(c)判决与接案国相同当事人之间的一项争议作出的判决不相一致;(d)判决与另一国此前就相同当事人之间同一事由作出的判决不相一致,此前的判决符合接案国获得承认和执行的必要条件;(e)承认和执行判决将干扰对债务人破产程序的管理;(f)判决将直接影响到债权人和其他利益关系人权利;(g)缺乏适当的管辖权依据;(h)某些国家对仅涉及资产判决有特殊保留规定。

② 《贸易法委员会关于承认和执行与破产有关判决的示范法颁布指南》第 98 段。

③ 同上。

④ See Antonio F Perez, The Intemational Recognition of Judgments: The Debate Between Private and Public Law Solution, Journal of International Law, 2001(19):44.

⑤ 《贸易法委员会关于承认和执行与破产有关判决的示范法颁布指南》第 100 段、第 101 段。

通知不适当而拒绝承认和执行的规定。实际上,通知是否适当,是直接影响到当事人权利的第一因素,必须予以充分重视。对照《示范法》的规定,我国立法对此问题的重视程度不够。《示范法》制定中将拒绝承认和执行的理由明确化、具体化,目的是增加各国间对与破产有关判决的承认和执行的共识和可操作性。我国也有必要将通知是否适当问题从违反正当程序中抽离出来,作为拒绝承认和执行的独立理由,同时仍可将正当程序作为承认和执行与破产有关判决的一项一般性标准。

2. 欺诈

《示范法》第 14 条(b)项规定如果与破产有关的判决是通过欺诈方式获得的,法院也可拒绝承认和执行。这里的欺诈是指在产生该项判决结果的程序进行过程中实施的欺诈。① 例如,当事人通过提交虚假证据或故意隐瞒关键证据而对法院或对另一方当事人实行欺诈,故意向对方错误地址发出令状,贿赂或误导法官、证人等。欺诈要求行为是故意做出的,而非单纯的疏忽大意。② 考虑到在跨境破产承认问题上的国际理论共识与实践一致性的要求,我国也应当将欺诈单独列出作为拒绝承认和执行破产裁判的理由。

3. 管辖权不适当

《示范法》第 14 条(g)项规定,在原判决管辖权不适当情况下,法院可拒绝承认和执行该判决。该项对于不适当的管辖权还有 4 个例外规定:(1)法院在对方当事人明确同意基础上行使的管辖权;(2)法院在对方当事人服从基础上行使管辖权,即当事人在原判国法律规定时限内未对管辖权提出异议;(3)法院以我国管辖权法律依据行使管辖权;(4)法院行使管辖权的依据并不与我国法律规定相冲突。前两者认为,明示或默示的同意是一国具有管辖权的依据;后两者认为,如果接案国法律可以接受或不反对该管辖权依据,则应当认为原判具有管辖权,不能以原判法院没有正当行使管辖权为由而拒绝承认和执行与破产有关判决。

我国《民事诉讼法》及其司法解释均未具体规定承认和执行外国法院的判决时原判法院需具有适当的管辖权。只有最高人民法院在《关于中国公民申请承认外国法院离婚判决程序问题的规定》第 12 条第 2 款中规定,作出判决的法院

---

① 《贸易法委员会关于承认和执行与破产有关判决的示范法颁布指南》第 103 段。

② See Richard Fentiman, International Commercial Litigation 18 – 37, Oxford University Press, 2015.

必须具有管辖权,但没有规定适用哪一国家的法律来判断外国法院的管辖权。[①]从双边条约层面来看,对于管辖权的确认有 4 种不同做法:一是作出国法院必须具有管辖权;[②]二是不侵犯接受国法院的专属管辖权;[③]三是必须符合接受国有关法院管辖权的规定;[④]四是条约明确规定作出国法院必须具有管辖权依据,同时承认和执行不得侵犯接受国法院专属管辖。[⑤] 相比来看,第二种做法与《示范法》采用的立法方式更为接近,即在不侵犯接受国法院专属管辖权的前提下,只要当事人以我国法律可以接受的方式同意该管辖权,无论明示还是默示,判决都可被承认和执行,而无论依据作出国法律法院是否具有管辖权。

《示范法》关于外国作出跨境破产判决的法院其管辖权是否适当的规定,已经十分全面地考虑到各种因素,并且实际上与我国关于法院管辖权适当的评判标准相吻合,且与我国法院的专属管辖权不相冲突,所以可以直接为我国采纳使用。

(四)拒绝承认和执行与破产有关判决的实体理由

1. 与既有判决不一致

《示范法》第 14 条(c)(d)两项规定当与破产有关的判决与相同当事人之间的另一项判决产生冲突时,可能被法院拒绝承认和执行。其中(c)项是该寻求承认的外国判决与接案国做出的针对相同当事人的判决不一致,包括事实认定的不一致和法律结论的不一致。在此种情况下,示范法允许接案国法院优先考虑本国法院作出的判决,而拒绝承认和执行外国判决,即使该判决与寻求承认和执行的判决诉讼理由或事由并不相同,只要受该项判决约束的当事方相同即符合本项规定。[⑥] (d)项规定寻求承认和执行的外国判决与另一国先前做出的相同当事人相同事由的判决不一致的情形。这里允许拒绝承认和执行的范围比(c)项更窄:(1)所寻求承认和执行的判决后于相冲突的判决做出;(2)争议的当

---

① 参见郭玉军、张飞凤:《〈跨国民事诉讼规则〉管辖权规定之研究》,载《武大国际法评论》2007 年第 1 期。

② 《中华人民共和国和意大利共和国关于民事司法协助的条约》第 21 条。

③ 《中华人民共和国和俄罗斯联邦关于民事和刑事司法协助的条约》第 20 条第 2 项。

④ 《中华人民共和国和巴西联邦共和国关于民事和商事司法协助的条约》第 23 条第 2 项。

⑤ 《中华人民共和国和越南社会主义共和国关于民事和刑事司法协助的条约》第 18 条,《中华人民共和国和老挝人民民主共和国关于民事和刑事司法协助的条约》第 22 条。

⑥ 参见《贸易法委员会关于承认和执行与破产有关判决的示范法颁布指南》第 105 段。

事各方相同;(3)争议的事由相同;(4)无论根据本法、国内其他法律或公约,相冲突的先前判决都符合颁布国获得承认的必要条件。关于对冲突判决的拒绝承认和执行,我国民事诉讼法及其司法解释均未进行规定,但双边民商事协助条约有所涉及。例如,中国与法国民事协助条约规定,如被请求一方法院对于相同的当事人之间就同一事实和要求的案件已经作出确定的裁决,或者被请求一方法院已经承认了第三国法院对于相同的当事人之间就同一事实和要求的案件所作的确定裁决,那么该项判决可以被拒绝承认和执行。[①] 中国和意大利、[②]中国和老挝[③]的司法条约也有类似规定。我国今后立法也可考虑采纳该规则,以相同当事人的此前已有判决与待承认的判决相冲突为由拒绝承认和执行,以保护本国司法裁判的确定性。

2. 干扰破产程序的管理

《示范法》第 14 条(e)项规定,如果判决的承认和执行将干扰债务人破产程序的进行和管理,则接案国法院可予以拒绝。例如,接案国的中止令不允许启动或继续进行某个别诉讼,但该判决承认和执行的结果将启动该个别诉讼,与中止令相违背,扰乱了正在进行的破产程序,干扰多个破产程序之间的合作。[④] 这是《示范法》一条独特的规则,目前我国立法中没有类似规定,考虑到破产判决承认和执行的目的是使债务人破产程序顺利进行,如果与破产有关的判决阻碍实现这一目的,理应拒绝。我国在司法实践中也应采用作为拒绝承认和执行与破产有关判决的一项理由。

3. 影响债权人和利益关系人利益

《示范法》第 14 条(f)项规定,如果承认和执行一项判决将对债权人的权利产生普遍重大影响,或者在作出判决的程序中债权人和其他利益关系人的权利,包括债务人的利益,未得到充分保护时,接受国法院可予拒绝。提出反对的主体只能是自身利益受影响的主体,重整计划或自愿重组协议不影响其利益的主体,将无权根据本规定援引他人利益受影响的理由而提出反对,否则可能影响判决

---

① 《中华人民共和国和法兰西共和国关于民事、商事司法协助的协定》第 22 条第 6 项。

② 《中华人民共和国和意大利共和国关于民事司法协助的条约》第 21 条第 4 项。

③ 《中华人民共和国和老挝人民民主共和国关于民事和刑事司法协助的条约》第 21 条第 5 项。

④ Anker Sorensen, The Need for Cross-Border Insolvency Regulation Reform to Address Vagueness in the Law, 2012 WL 6636427.

的权威性,并产生不必要的重复诉讼。对于何为重大影响,(f)项作出了列举规定,如判决判定了是否应当确认一项重整或清算计划,是否应当准予债务人解除责任或解除债务,或是否应当核准一项自愿或庭外重组协议等,这些对破产程序的继续产生的影响是重大的,而单纯涉及双方当事人其他类型双边争议的判决,如可能导致破产财产数量发生变化的判决,虽也会间接影响债权人或利害关系人的利益,但不属于适用此项规定的情形。

此规定也是示范法在拒绝承认和执行理由上的一个特殊创新,是由破产程序本身特点带来的,一般民商事判决的承认和执行规则无此类规定。我国《企业破产法》第5条第2款规定,损害我国领域内债权人的合法利益,可拒绝承认和执行外国破产判决。据此,如与破产有关判决对债权人合法利益造成不利影响,也可作为拒绝承认和执行的理由之一。考虑到保证各方利益不因承认和执行判决而受到重大不利影响的原则,也应当将其他利害关系人纳入适用范围。

4. 公共政策例外

与《跨境破产示范法》类似,《示范法》第7条也进行了公共政策例外的规定,如果承认和执行与破产有关判决将明显违反我国公共政策,包括违反我国程序公正的基本原则情况下,本法概不阻止法院拒绝采取这一行动。由于公共政策概念多被各国在国内法上进行规定,《示范法》没有给出统一定义,但从措施上适用了"明显"一词,表明《示范法》希望各国在宽泛的含义下对其进行限缩解释,只有在违背法律的基本原则或宪法性规则时才可进行援引,对于仅违背国内法强制性规则的情形应谨慎使用。同时,还要区别考虑用于国内法和国际事务的公共政策,在承认和执行时应该以不妨碍国际合作为目的,使用范围更窄的适用于国际事务的公共政策。我国《企业破产法》也规定了公共政策例外条款,虽然我国没有明确区分国内法和国际事务的公共政策,但限制使用公共政策例外已成为立法和司法中的一般性共识。结合欧美在跨境破产中援引公共政策例外的审判实践来看,违反正当程序原则、违反隐私权、违反外国主程序中的自动中止规定等宪法性权利或破产法的核心规则将触发公共政策例外条款,而两国赔偿金额的差异、程序规则差异、实体法差异和法律适用差异不会构成对公共政策的保留。[①] 我国司法实践中

① 参见黄圆圆:《公共政策例外条款在跨界破产中的适用与启示》,载《时代法学》2018年第4期。

应对这些已有判决进行重点参考。

5. 某些国家对仅涉及资产判决的特殊保留规定

《示范法》第 14 条(h)项规定了如果原判国的破产程序不可能获得破产承认,那么法院可对与此破产程序相关的衍生判决拒绝承认和执行。这是由于与破产有关判决通常具有从属性,如果该破产程序不会得到承认,那么对这类判决的承认可能也不会产生过多的法律效果。但该条还规定了一种例外情形,即"破产管理人参加了原判国进行的程序,深入这些程序涉及的诉讼理由和实质性案情评判",且"该项判决仅涉及在原判国启动该程序时位于原判国的资产"。结合《示范法》立法指南的解释,笔者认为,这一看似复杂的规定实际上是为了解决这样的一种情形:当接受国既非债务人主要利益中心所在地国家,也非营业所在地国家,该国本无义务对原判国的破产程序进行承认和执行,也无义务对与破产有关判决进行承认和执行,但如果原判国的一项判决涉及了位于接受国的资产,对这一资产的处理将有助于追回大量债务人破产财产,那么则有单独对这类判决进行承认和执行的必要。

值得注意的是,《示范法》第 16 条规定如果与破产有关判决具有可分性,即使有一部分判决出现了以上拒绝承认和执行的理由,那么接受国可以对另一部分可予获得承认和执行的判决进行执行。

四、对我国未来相关立法的展望

《跨境破产示范法》和新颁布的《示范法》为各国间的破产判决和与破产有关判决的承认和执行提供了具体的规则指引,为维护跨境破产判决的各方当事人权益和及时采取补救措施创造了更大的确定性,有利于避免各国破产司法或行政程序的重叠与冲突,促进各法域之间更为广泛的合作,以实现判决承认和执行的目的。新《示范法》的出台对我国跨境破产制度的建立与完善具有重要的借鉴意义。展望我国相关立法与制度的建立与完善,笔者提出以下建议。

第一,充分研究并借鉴联合国贸法会关于《跨境破产示范法》和《示范法》等相关规则和立法指南规定,将我国承认和执行破产及与破产有关判决的制度建立在世界各国立法智慧、经验与共识的基础上。如果说,现在我们还无法决断修改破产法时是否直接、全面(部分条款可以做保留)采纳联合国贸法会涉及跨境破产的各项示范法,至少对其中大部分技术性的规定内容是完全可以结合我国实际予以采纳的。这不仅有助于加快立法进程、提高工作效率和立法水平，而且可以与其他国家在跨境破产承认和协助上取得更好的共识和基础。

第二，在制定的条款与内容方面应当采取“宜细不宜粗”的原则，要强调程序规则的具体、详细、简单、快速和可操作性，确保能够在司法实践中得到全面、准确的适用，特别是保证有权受理对外国破产判决与裁定承认和执行案件的法院及审理法官，能够依据出台的法律文件完全独立地作出正确裁判，不需要不断地向各级上级法院请示汇报、寻求解释、征求意见、报请批准。目前，《企业破产法》第5条的规定已经十分抽象原则化，如果新的立法仍然是原则化的内容，不具有足以解决实际问题的详尽具体规定和充分的可操作性，就完全没有制定的意义。立法的目的是“用”，而不是“看”，更不能是让人“猜”的。在有关外国破产案件裁判的承认和执行问题上，破产案件的性质客观上决定了其是特别需要强调时效性的，如果审查拖延时间过长，即使最终得到承认也会失去实际意义，当事人的权益已经受到无法弥补的损害。据了解，我国曾接收到其他国家破产管理人提出的承认和执行申请，但其后当事人迟迟得不到回复又撤回了申请，这种拖延使当事人认为即使获得承认也无意义。

第三，在立法形式上，建议在《企业破产法》进行修改之前，先由最高人民法院制定相关司法解释。如果认为制定正式司法解释的时机尚不成熟，需要在司法实践中进一步探索尝试、积累经验，也可以先制定类似指导意见的规范性文件，结合《示范法》和我国实践情况对申请的程序与拒绝承认和执行的理由等重要问题作出具体规定，指导司法实践。

跨境破产问题在我国破产法的实施中还是一个新的挑战，需要我们以改革、开放、创新担当的精神来完成历史赋予我们的任务。

跨境破产国际规则：联合国国际贸易法委员会破产法工作组工作纪实*

跨境破产是任何一个市场经济的国家都会遇到的问题。当位于一个国家内的企业或自然人债务人进入破产程序时，其财产可能存在于多个其他国家或法域地区，由此便会产生一国破产法的域外适用效力问题，即一国的破产程序对破产人位于其他国家或法域地区的财产是否有效。破产程序的域外效力问题发生在跨境破产的情况下。跨境破产，也称为跨国界破产，是指同时涉及本国与外国或其他法域地区因素的破产程序，通常导致跨境破产形成的实质因素是债务人的财产位于两个以上的国家或法域地区。如果不能妥善地解决上述问题，就可能出现不同国家或法域地区之间破产法适用的冲突，甚至可能导致债务人利用这种冲突在不同国家之间转移财产、逃避债务，个别债权人则借此获得偏袒性清偿，出现各种违背破产法立法宗旨和基本原则的现象。

过去各国主要采取缔结双边协定或多国国际条约的方法，解决外国破产程序在本国的法律效力问题。为了能够普遍、统一、高效且规范地解决这一难题，1995 年联合国国际贸易法委员会（以下简称贸法会）承担起了为

---

* 本文原载于《破产法茶座》（第 4 卷），法律出版社 2020 年版，第 233～240 页。

各国破产立法尤其是跨境破产立法提供示范法、立法指南以及建议、解释性法规的工作。目前在联合国国际贸易法委员会下共设有6个工作组,分别负责不同的立法制定工作。各组的分工是:第一组:中小微企业;第二组:争议解决;第三组:投资人与国家间争议解决的改革;第四组:电子商务;第五组:破产法;第六组:司法拍卖船舶。当一个工作组完成一项立法主题后,就会按照贸法会的指示转换到其他立法主题工作上。如第六组原来是研究担保交易问题的,在工作完成后立法方向已经转换为司法拍卖船舶。

负责破产法制定工作的第五组,是在1995年根据贸法会第28次会议的决定,于其1995年10月底第18届会议开始破产法立法工作的。在破产法之前该组的立法研究主题是“新的国际经济秩序”。破产法工作组设立后,除2000年的研究主题是国际合同惯例外,至今为止其他年度的各次会议均是研究破产法立法问题的。根据2019年的贸法会文件,破产法工作组由下列60个成员国组成:阿尔及利亚(2025年[①])、阿根廷(2022年)、澳大利亚(2022年)、奥地利(2022年)、白俄罗斯(2022年)、比利时(2025年)、巴西(2022年)、布隆迪(2022年)、喀麦隆(2025年)、加拿大(2025年)、智利(2022年)、中国(2025年)、哥伦比亚(2022年)、科特迪瓦(2025年)、克罗地亚(2025年)、捷克(2022年)、多米尼加共和国(2025年)、厄瓜多尔(2025年)、芬兰(2025年)、法国(2025年)、德国(2025年)、加纳(2025年)、洪都拉斯(2025年)、匈牙利(2025年)、印度(2022年)、印度尼西亚(2025年)、伊朗伊斯兰共和国(2022年)、以色列(2022年)、意大利(2022年)、日本(2025年)、肯尼亚(2022年)、黎巴嫩(2022年)、莱索托(2022年)、利比亚(2022年)、马来西亚(2025年)、马里(2025年)、毛里求斯(2022年)、墨西哥(2025年)、尼日利亚(2022年)、巴基斯坦(2022年)、秘鲁(2025年)、菲律宾(2022年)、波兰(2022年)、韩国(2025年)、罗马尼亚(2022年)、俄罗斯联邦(2025年)、新加坡(2025年)、南非(2025年)、西班牙(2022年)、斯里兰卡(2022年)、瑞士(2025年)、泰国(2022年)、土耳其(2022年)、乌干达(2022年)、乌克兰(2025年)、英国(2025年)、美国(2022年)、委内瑞拉玻利瓦尔共和国(2022年)、越南(2025年)和津巴布韦(2025年)。工作组成员国到期后可以继续连任,如中国在2019年任期届满后又得到连任至2025年。并非

① 此处为任期截止时间。下同。

每个成员国都会参加每一次的工作组会议,总会有一些国家经常缺席,根据笔者在会场上看,估计有1/5左右的国家缺席。除工作组成员国外,参加第五组会议的还有获长期邀请以观察员身份参加会议和工作的非会员国以及国际政府间组织(如欧盟)。此外,接到邀请的国际非政府组织(如国际破产协会、世界银行、美国律师协会等)也可以作为观察员出席本届会议,并可就各自组织拥有专门知识或国际经验的事项发表意见,以推动会议对法案的审议工作。在对立法法案发表意见的权利与地位方面,工作组的成员国、非成员国以及其他观察员组织实际上是完全相同的。

工作组的每次会议都需要通过提名选举产生会议主席。在第55届会议之前,会议主席通常是由泰国的韦西·威希索拉教授(Prof. Wisit Wisitsora-At)担任(在其出席会议的情况下)。韦西先生是泰国司法部常务次长,在破产法工作组担任主席近20年,同时他还是贸法会2019年度主席。韦西先生担任泰国司法部常务次长后,因国内工作事务繁忙,参加第55届会议后,退出了破产法工作组。2019年第56届会议的会议主席由新加坡的参会代表傅先勇·哈罗德(Xian Yong Harold FOO)先生担任。这虽然是他第一次担任破产法工作组的会议主席,但主持会议很有经验和成效,笔者估计以后一段期间内,他可能将持续担任会议主席。工作组设有专职的秘书处及负责立法事务工作的秘书,由秘书处负责相关立法文件的文字起草工作,并负责根据会议的讨论情况对文件案文进行修改。在每届会议结束前的最后一次会议,则要通过工作组对本届会议的会议报告。

笔者从2015年第48届会议开始参加破产法组的工作,此后作为中国代表团的成员一直参加其工作至今。破产法组每年开两次固定性会议,5月的会议在纽约,12月在维也纳,具体日期每年略有差异。其中,纽约是联合国的总部,而维也纳则是贸法会的总部。由于维也纳是贸法会的总部,在这里可以找到贸法会公开出版的所有法规文件,包括中文版、英文版等,可以免费领取,但有时候会缺货。现在已经是第56届会议,笔者共参加了工作组的9次会议。工作组设立的早期,因为会议工作事项较多,每次会议日期为11天左右。笔者参加工作组工作时,每次会期基本上是5天,个别会议事项少的时候则是4天。每天开会的时间为6个小时,如第56届会议是从上午9时30分至中午12时30分、下午2时至5时,具体时段每届也不完全一致。其中,第一天的会议会比其他会议晚半个小时开会,以便参会代表办理安检以及领取出入证件等手续。会议向与会者提供全程的列入联合国工作语言的多种语言同声传译。

破产法工作组对法案通常是采取逐条逐项审查的方法。在主席提议进入对某一条款规定的审查程序后,各参会国及各个参会单位有意见的就可以立牌请求发言,发言由主席批准后进行。发言以国家和组织为发言单位,一国可以由多个代表分别发言,但每次只能由一人发言。会议的讨论有时会十分激烈,一个条款可能讨论一两个小时。客观地讲,会议的发言主体主要还是发达市场经济国家。从会议整体上看,基本上属于一个破产法科学的专业研讨会,不存在固定的观点联盟,也不存在对某一方的歧视,以大多数人接受的专业观点论英雄。会议通过的示范法等文件,也只是对各国起到指导和借鉴作用,没有强制性,各国在接受示范法时还可以对其中的部分条款予以保留。

在联合国的会议工作除了倒时差的难受外,还有一项比较难受的事就是不习惯的伙食。

在工作组的立法过程中,制定的文件包括示范法、立法指南和建议、解释性法规文件三类,有时示范法与解释性的颁布指南会颁布在同一个文件中。目前已经制定出台的示范法包括:《贸易法委员会企业集团破产示范法附颁布指南》(2019 年 7 月)、《关于临近破产期间企业集团公司董事的义务》(2019 年 7 月)、《贸易法委员会关于承认和执行与破产有关判决的示范法附颁布指南》(2018 年)、《贸易法委员会跨境破产示范法》(1997 年);立法指南和建议包括:《贸易法委员会破产法立法指南》(共四部分,分期制定完成,第一部分和第二部分 2004 年,第三部分 2010 年,第四部分 2013 年)、《贸易法委员会跨境破产示范法:司法角度的审视》、《贸易法委员会跨境破产合作实务指南》(2009 年)。上述立法与解释文件均由贸易法委员会作为出版物公开出版。

目前破产法组正在制定的文件是《微型、小型和中型企业的破产:简易破产制度》,其中实质性的重点是小微企业的简易破产程序。这一文件原拟作为破产法立法指南的第五部分,但也有较强意见主张将其作为独立的示范法,这一项目估计在 2020 年内完成。下一步可能启动的新立法项目,由工作组成员建议,贸法会决定。在 2019 年 5 月的纽约会议上,欧盟提出的立法议题是“破产法律的协调”,美国建议的立法项目是“跨境追缴债务人财产的合作”,最后启动什么项目将由贸法会在 2020 年确定。

目前由《贸易法委员会跨境破产示范法》等示范法以及立法和实务指南形成的跨境破产体系已被美国、加拿大、墨西哥、英国、澳大利亚、日本、韩国、新加坡等40多个国家采用,[①]形成国际上跨境破产问题解决体系中最大的规则共同圈(此外影响较大的还有欧盟国家在《欧盟破产规则》下形成的欧盟内部国家跨境破产规则圈)。

在跨境破产问题上,世界主要国家正在努力实现法律与实践的统一化,并在联合国等国际组织的推动下取得了显著的进展。联合国国际贸易法委员会颁布了《贸易法委员会跨境破产示范法及立法指南》《贸易法委员会跨境破产合作实务指南》《贸易法委员会跨境破产示范法与颁布及解释指南》等文件,以指导各国破产立法和司法实践。2018年,贸法会通过《贸易法委员会关于承认和执行与破产有关判决的示范法》。这一新示范法的制定,是因为在《贸易法委员会跨境破产示范法》中所明确承认的外国破产程序,是破产程序本身启动的判决,而对于其他破产程序启动判决之外的与破产案件有关的判决是否属于其适用范围则规定不明。《贸易法委员会关于承认和执行与破产有关判决的示范法》制定的目的,就是要解决这一调整空白问题。所谓与破产有关判决,在我国通常包括破产程序中受理裁定以外的其他裁定和破产衍生诉讼的判决。对这类判决的承认和执行,有助于避免因在破产程序考虑外对涉破产判决的单独承认可能造成的裁决结果出现不合理的差异。

我国《企业破产法》第5条规定对跨境破产问题采取了有限制的普及主义原则。《全国法院破产审判工作会议纪要》在其第九部分“跨境破产”中对此作有一些原则性指导性规定,但其中也有一些规定存在问题。如其第50条规定:“依照企业破产法第五条的规定,开展跨境破产协作。人民法院认可外国法院作出的破产案件的判决、裁定后,债务人在中华人民共和国境内的财产在全额清偿境内的担保权人、职工债权和社会保险费用、所欠税款等优先权后,剩余财产可以按照该外国法院的规定进行分配”。此条规定的制定理念上存在问题。如它要求所有我国破产法规定具有不同优先权或优先清偿顺位的境内债权,包括职工债权、社会保险费用和所欠税款等债权,均优先于境外债权分配,包括优先于外

① 参见 StatusUNCITRAL Model Law on Cross-Border Insolvency (1997) 网址 http://www.uncitral.org/uncitral/en/uncitral_texts/insolvency/1997Model_status.html,最后访问时间:2018年5月27日。

国担保债权清偿。这不仅存在对外国债权人的不平等歧视,存在对担保债权权益的侵害,而且存在对我国债权人“合法权益”保护的过度误读,与《企业破产法》的基本原则不符。如按此操作,可能就只剩下无任何优先权的普通债权一种债权去接受对外国破产裁判的承认与执行效力。如果各国均按此操作模式与我国“互惠”执行,所谓对外国破产裁判的承认与执行的效力范围就会大幅缩小,会在很大程度上失去承认与执行破产裁判的实际意义,不仅不符合其第49条中规定的“同类债权同等保护的原则”,不利于公平维护全体债权人的权益,而且会严重影响对我国营商环境的评价和正常的国际经贸往来。

展望我国跨境破产立法与制度的建立与完善,笔者提出以下建议:

第一,将对外国的破产案件判决、裁定以及与破产有关的判决裁定一并纳入承认和执行的范围,以达到尽快与国际惯例与实践接轨,避免各国破产程序适用中的重叠与冲突,顺利实现对跨境债务人和债权人救助等目的。

第二,充分研究并借鉴《贸易法委员会跨境破产示范法》《贸易法委员会关于承认和执行与破产有关判决的示范法》等相关示范法和立法指南的规定,将我国承认和执行破产及与破产有关判决的制度建立在世界各国立法智慧、经验与共识的基础上,甚至可以直接承认这些示范法(不排除作出一定保留条款的规定)。这不仅有助于加快立法进程、提高工作效率和立法水平,而且可以在今后的司法实践中与其他国家在跨境破产问题上的相互承认、执行与协助方面提供更好的实施基础和更多的制度共识。

第三,在制定的条款与内容方面应当采取“宜细不宜粗”的原则,要强调全面、具体、程序简单快速和具有充分可操作性,确保能够在司法实践中得到全面、准确的适用。特别是要保证有权受理对外国破产判决与裁定承认和执行案件的下级法院及审理法官,能够依据出台的法律文件完全独立的及时迅速作出正确裁判,不需要不断地向各级上级法院请示汇报、寻求解释、征求意见、报请批准。目前《企业破产法》第5条的规定已经是十分抽象原则化,如果新的立法或司法解释仍然是原则化的内容,不具有足以解决实际问题的详尽具体规定和充分可操作性,就完全没有制定的意义了。立法的目的是“用”,而不是“看”,更不能是让人“猜”的。法律规定是为了解决问题的,而不是安慰自己、防范官位风险的。在有关外国破产案件裁判承认和执行的问题上,破产案件的性质客观上决定了其特别需要强调时效性,如果对承认申请的审查拖延时间过长,导致本可以通过对债务人财产中止执行、解除查封和扣押等强制措施获得保护的全体债权人公平清偿利益和债务人挽救利益无法及时实现,即使最终得到承认也会失去实际意义,因为当事人的权益已经受到无法弥补的损害。在跨境破产问题上,我们要本着快速、高效,减少、取消审批层次,受理案件法院独立裁判,上级法院在审批外监督的原则,予以妥善解决。

中国在参与贸法会破产法立法包括跨国界破产立法方面是积极的,也得到了各国与会人士的好评。

《贸易法委员会关于承认和执行与破产有关判决的示范法》与我国跨境破产立法*

2018年7月,联合国国际贸易法委员会(以下简称贸法会)第51届会议审议并以协商一致的形式通过了《贸易法委员会关于承认和执行与破产有关判决的示范法》(以下简称示范法)及其颁布指南。贸法会于2014年7月在47届会议上指示第五工作组(破产法组)制定此法,历时4年完成。在示范法制定中借鉴了诸多国家的相关立法与司法经验,充分考虑到与破产有关的判决的承认和执行的特殊性,考虑到各国的普遍立场与基本诉求,强调立法的普适性、灵活性和实操性,体现出很高的立法水平。示范法补充完善了1997年联合国《贸易法委员会跨境破产示范法》(以下简称跨境破产示范法)的相关内容,填补了海牙国际私法学会承认外国民商事判决国际公约的空白,对各国完善与破产有关的判决承认和执行的相关立法具有重要的借鉴作用,有助于各国在达成广泛共识的基础上,提高国际承认和执行与破产有关的判决的效率,促进跨境破产案件处理的公平与公正。笔者自2015年贸法会第五工作组第48次会议始,一直作为中国代表团成员参加示范法的制定工作。

---

* 本文与梁闽海合作,原载于《人民司法(应用)》2018年第34期。

一、示范法的起草背景

示范法是对贸法会1997年跨境破产示范法的完善和补充。1997年，针对全球跨境破产日益呈现的问题，贸法会制定了跨境破产示范法，对外国程序在内国的准入、承认、救济以及境内外程序的合作和协调进行了系统规定，其宗旨在于协助各国完善或建立一个现代、协调、公平的跨境破产法律制度。该法不是国际公约，而是通过立法示范为各国提供立法借鉴，促进各国跨境破产制度的趋同，从而提高跨境破产案件的解决效率，实现资产处置或企业重整的最佳效益。跨境破产示范法得到许多国家的响应。截至2018年10月，全世界共有44个国家在46个法域通过了以跨境破产示范法为基础的立法。

贸法会之所以就与破产有关判决的承认与执行制定示范法，原因为：其一，跨境破产示范法对其适用范围是否包括与破产有关判决的承认和执行规定不明，在国际司法实践中存在争议。这导致一些国家虽然接受跨境破产示范法，但拒绝承认和执行与破产有关的判决，所以需要新的示范法加以解决。其二，近年来随着国际经贸关系的发展，与破产有关判决产生的承认和执行问题日益突出，影响跨境破产案件的顺利解决，需要制定示范法以统一实施。其三，跨境破产示范法不承认在主要程序和非主要程序之外仅以债务人的资产所在地为根据而启动的破产程序，与之相应，与此种破产程序有关的判决也不会在该法下得到承认与执行，相关问题只能通过个别法院和管理人的谈判协调解决，影响破产程序的顺利进行，也不利于跨境商人对相关商业问题的预期判断，需要建立新的规则，对特定条件下的此类判决也予以承认和执行

二、示范法的立法特点

示范法不是国际公约，只是向各国建议的立法适用条款，通过其国内法的采纳而获得实施，以实现各国立法的趋同与普适，因此，充分尊重各国立法主权、负担的国际义务及其公共利益成为示范法的重要原则。颁布国采纳该法不影响该国原有承认和执行与破产有关判决的法律条款的效力，二者可以并存，可以通过对明显违反公共政策情况的排除适用，使其尽可能与颁布国的基本法律原则和国情相适应。示范法将与破产有关的判决定义为：在破产程序启动或启动后作出的，因无论是否终结的破产程序而产生或与破产程序有实质上关联的判决，如

破产财产界定诉讼,破产撤销权诉讼,临近破产期间董事、高管的责任诉讼等。示范法的目的在于制定一套明确清晰的程序,使判决的承认和执行简单易行、结果可预测。这体现在以下 5 个方面:

1. 确认的条件和程序规定明确、简单易行。只要申请主体和申请的判决适格,未发现不得承认情况的,申请即确定能够得到承认和执行。包括:(1)受理法院不仅是管辖相关破产案件的法院,其他法院在审理案件时,如有相关问题涉及对与破产有关的判决的承认问题,有关当事人以抗辩的方式或以附带申请的方式提出的,该法院也有管辖权。这既可便利申请,也可避免法院间的重复工作。(2)申请人包括破产管理人和根据原判国法律有权申请承认和执行判决的其他人,申请只要向法院提交两类文件即可:一是申请承认和执行的与破产有关的判决书正式副本;二是证明判决效力、复审信息、可执行性的文件。如果无法提交这两类文件,还可以变通提交可供法院酌情判断并采信上述两项内容的其他证据。对有关申请文件是否应翻译成颁布国官方语言,是否需要进行认证,则不作硬性要求,法院有权酌情推定申请材料的真实性。(3)一项判决被承认以在原判国生效为前提,被执行则以具有可执行性为前提,但为避免败诉方滥用诉权拖延执行,示范法规定了变通措施,包括:由申请人提供担保后先予承认或执行;可以先承认判决,但推迟执行;酌情承认或执行该判决。

2. 示范法第 13 条对拒绝承认和执行与破产有关判决的理由进行了不带兜底条款的有限列举式规定,所列出的理由旨在作为一份无遗漏的完整清单,进而限制受理法院的自由裁量权。示范法颁布指南指出,除明显违反公共政策外,允许不予承认和执行判决的情形仅限于下列 7 种:受理通知不当;判决系通过欺诈方式得到;与另一项判决不一致;干扰对债务人破产程序的管理;未充分保护全体债权人及其他利益关系人集体利益;原判国法院无管辖权;与判决有关的原判国破产程序在接案国不可能获得承认。

3. 决定是否承认和执行判决的条件清晰。示范法对申请是否能被准许提供很强的可预测性,申请人、判决、申请材料、受理法院符合规定条件的,只要排除第 2 点中所列可以拒绝的情形,判决就当然可以得到承认和执行。

4. 判决承认后的法律效果明确,以确保胜诉方可能在接案国得到具有实质意义的救济。示范法提供了两个方案,建议颁布国二选一:赋予判决与在原判国相同的效力;与假设由我国法院作出该项判决时的效力相同。如果原判国对该判决规定的救济是颁布国法律所没有的，则应尽可能将效力调整为与原判国法律效力相等，但不超过接案国法律可允许的救济范围。

5. 临时救济。从申请人申请对判决进行承认和执行之时至法院作出决定之前可能发生一些紧急情况，从而导致该判决失去得到承认尤其是执行的可能性。为此，示范法规定了临时救济制度，允许申请人单方面请求法院给予临时救济，对有关的资产和行为进行保全，以保证判决被承认时仍有资产可供执行。

三、示范法与跨境破产示范法的关系

示范法与跨境破产示范法一脉相承，是对其的补充和完善。

1. 示范法明确了与跨境破产示范法适用范围的区别，它不适用于后者已经解决的承认和执行破产程序启动的判决，而是适用于与这些破产程序有关的判决。但与破产程序启动判决承认和执行无直接关系的内容，示范法也有规定，如启动破产程序判决同时任命管理人等。

2. 示范法完善了跨境破产示范法第 21 条的酌情救济方案，使其更具有合理性和可操作性。

3. 如前所述，示范法在可能承认和执行的判决范围上，较之跨境破产示范法有所扩大，允许跨境破产示范法不承认的不属于外国主要程序或非主要程序、仅因位于该国的资产而启动破产程序的有关判决，在例外情形获得承认和执行。即如果该项判决仅涉及在原判国启动破产程序时已位于该国的资产，并且有其他国家的外国主要程序或非主要程序的破产管理人深入参加了原判国的程序，且对有关诉讼请求及事实发表了主张的，则可以对该判决进行承认和执行。这一规定有利于收回债务人资产，实现破产财产的最大化，有利于解决与这些资产有关的争议。

四、示范法与我国相关立法

（一）我国对与破产有关判决的承认与执行立法的必要性

与破产有关的判决，在我国通常包括破产程序中的裁定和破产衍生诉讼的判决。这些判决与其他民商事判决相比，具有许多特殊性。第一，涉及全体债权人的集体利益。对有关判决的承认和执行，除判决本身内容之外，还要考虑判决文书之外的因素，如对破产债权人的整体清偿利益是否公平、对破产程序进行是否有利等。而普通民商事判决的承认一般只需考虑判决中直接体现的法律关系的主体利益及相关内容。第二,延伸涉及对破产程序是否应得到承认的审查。在通常情况下,承认了与破产有关的判决,就意味着承认了相关破产程序,因此,需要考虑与判决有关的破产程序是否可能得到我国的承认。第三,在立法上,破产判决域外效力的承认是特别法问题,民事诉讼法中的规定无法涵盖。在承认与破产有关的判决后,对其执行远较一般民商事判决的执行复杂,涉及境外管理人对我国境内资产的管理、对境内破产财产采取的司法救济措施、对境内债权人清偿利益保护等许多特殊的法律安排,需要通过立法予以明确。第四,需要与境内外相关破产程序的进行相互协调。如破产程序启动后,执行与保全措施应当中止或解除,在执行相关判决时就不能再进行个别清偿,等等。这些问题都属于破产法范畴,不可能在普通的民商事判决的承认和执行规则中加以规定,因此,关于承认与执行民商事判决的国际公约,包括 1971 年民商事外国判决的承认和执行公约、2005 年法院选择协议公约、2015 年开始拟定中的一项全球判决公约,均将与破产有关的裁判排除在上述公约外,因这些裁判可能被视为非常专业化、最好由专门的国际安排处理,或者可能被视为与公法问题紧密交织在一起的。目前,我国对涉外民商事判决的承认和执行,主要是通过民事诉讼法律体系进行规范,但其难以适应破产判决以及与破产有关判决的特殊性,因此我国应当对此专门立法,以免在对破产判决以及与破产有关判决的承认和执行中影响各国破产程序的合作和协调,阻碍破产程序顺利进行。

(二)完善我国承认和执行破产判决以及与破产有关判决的立法

目前,我国涉及承认和执行破产判决以及与破产有关判决的立法,仅在《企业破产法》第 5 条第 2 款作了原则性规定,2018 年最高人民法院在《全国法院破产审判工作会议纪要》中又提出了两点指导意见,但仍远不够满足现实需要。目前,法学理论界和实务界对深入扩大对外经济往来、加强境内外司法协作已经达成共识,国内已经出现对破产判决以及与破产有关判决相互予以承认和执行的案例。例如,2003 年广东省佛山市中级人民法院对意大利米兰法院破产裁决的承认;2005 年广东省广州市中级人民法院对法国普瓦提艾商业法院破产判决的承认;2012 年湖北省武汉市中级人民法院根据互惠原则承认德国法院的破产裁定;而美国 2015 年在浙江尖山光电案中对我国破产程序域外效力的承认,势必会推进中美两国依据互惠原则对破产程序的相互承认。

目前,我国亟待解决两个问题:一是如何规定承认和执行破产判决以及与破产有关判决的规则,如作为申请人的外国管理人的条件、可以承认的破产程序的范围是否仅限于主要程序和非主要程序、承认和执行的接受及拒绝条件等;二是承认之后的法律效果和救济措施如何规定,如承认外国破产程序域外效力后,对境内管理人如何安排、境外管理人如何管理境内财产、境内债权人的特别保护、境内外程序的合作和协调等。这些问题不仅具有较强的法律程序性,而且包含较多境内外程序的协调与合作的实质性内容,理论性与实践性很强,关系相对复杂,目前在理论与实践上还需要深入研究。但司法实践迫切需要尽快解决承认和执行破产判决以及与破产有关判决问题,因此笔者建议,可以采取先制定指导意见等内部工作文件的方式,尽快出台以指导司法实践,在深入理论研究和取得实践经验的基础上,再及时制定司法解释予以规定。

(三)借鉴贸法会示范法对我国的意义

就破产判决的承认和执行达成国际条约十分不易,我国相关司法协助条约仅有 36 项,而且其中多数国家与我国的经贸往来并不密切,目前实践中互惠原则是我国与外国相互承认和执行判决的主要基础。近年来,法学理论界和实务界普遍认为,接受推定互惠有利于我国的对外经济往来和利益维护,即在确定外国是否对我国存在互惠的认定上,不再以外国曾经对我国相关判决先有过承认为互惠存在的前提,只要该国在立法上有可能对我国判决予以承认和执行,就可推定已经对我国有互惠安排,并以此作为承认和执行外国判决的基础。2015 年,最高人民法院在《关于人民法院为"一带一路"建设提供司法服务和保障的若干意见》中提出,有条件地接受推定互惠;2017 年,在第二届中国—东盟大法官论坛通过的《南宁声明》中进一步对推定互惠达成共识。在市场经济发达国家,推定互惠已经成为一般性承认和执行外国判决的主流标准。贸法会对跨境破产问题的多部示范法,集各国专家智慧,采先进法域经验,已成为当代影响最大的跨境破产规则。示范法的作用是以建立立法共识、统一立法规则的方式,跨越已显陈旧的互惠观念的束缚,保障跨境破产问题的顺利解决。我国立法应当充分借鉴示范法的成果,在其原则之上结合我国国情之需要尽量予以采纳,更有力地促进境内外破产程序的合作和协调。这样不仅可以完善国内立法,而且有利于我国破产程序的域外效力获得更广泛的承认。

谈航运企业破产时的法律适用*

航运企业是指以船舶运输为营业的企业。在此类企业破产时，涉及破产法、海商法与海事诉讼特别程序法等法律及相关司法解释的适用，可能出现适用上的法律冲突，其中存在诸多理论与实务问题需要研究解决。笔者虽对破产法有一定的研究，对海商法等法律并不太熟悉，但问题又确实需要解决，故试对有关法律适用问题探讨，有不当之处，尚望读者指正。

一、法律适用的基本原则

首先，在航运企业的破产中，"破产法更突出程序性制度设计，而海商法则以运输关系和船舶关系为关注点"。[①] 航运企业破产时的特殊性，并不足以构成海事法律对破产法的取代性适用，尽管其有些规定在破产程序中也具有实施意义。据此，航运企业破产时存在的主体程序是破产法程序，而不是海事法程序，所以在遇到法律冲突时整体上优先适用的法律必然是破产法，这是毋庸置疑的基本原则。无论是破产法还是海商法、海事诉讼法立法与实施的目的都是要解决实际问题，而仅对海事

---

* 本文原载于《法律适用》2018 年第 21 期。

① 郭靖祎：《海商法与破产法的冲突与弥合》，载《华东政法大学学报》2018 年第 1 期。

法律的适用是不能解决航运企业破产问题的。如无法解决航运企业的挽救问题,无法满足重整程序挽救企业的需要,无法解决债务人财产(包括船舶在内)的整体处置、价值提升问题,无法解决对多数利益冲突债权人的公平清偿等问题。但优先适用破产法并不妨碍在破产程序中一体化解决海事诉讼中需要解决的债务清偿等问题,而任由海事诉讼完全脱离破产程序对船舶财产进行扣押、拍卖等处置,还可能影响破产程序立法目标的实现。换言之,海商法、海事诉讼法不能涵盖破产法的调整对象,而破产法却基本上可以涵盖海事诉讼的调整对象。从这一角度讲,破产法的适用也应当得到优先。但这并不妨碍在符合破产法适用目的与原则的情况下,借助海事诉讼程序简易、方便、低成本的实现破产法的目的,使两者更好地相互衔接配合。

其次,需要分析在航运企业的破产中,不同性质的法律适用的情况。企业的破产同时涉及实体性法律问题和程序性法律问题,所以破产法是实体与程序内容合一的综合性法律,这与《民法总则》《合同法》《民事诉讼法》等实体或程序单一性质的法律是完全不同的。在债务人发生破产原因,即已经丧失债务清偿能力、债权人难以得到全额清偿的情况下,破产法更强调程序的公平,以程序公平为立法和实施的主线。

破产法中的程序性规范,主要是针对企业破产的需要而特别规定的,如破产的申请与受理、管理人制度、债权人会议、重整程序、和解程序,等等。这些特别程序在民事诉讼法或海事诉讼特别程序法中往往并不存在,更不可能为这些法律或其他法律规定的程序所取代。因为破产程序构成了企业破产审判的主线,所以对于航运企业破产的程序性法律问题,应当依据破产法的规定执行。仅在有利于保护当事人权益、降低程序与社会成本、提高程序效率的个别情况下,可以由受理破产案件的法院灵活调整部分破产程序在航运企业破产时的适用。所以,在程序问题上,破产法的适用应当优先,即使是在破产法没有规定的情况下,也不能想当然地适用海事诉讼法律。

在破产法中通常并不创设完全新型的实体性民商事权利,其适用的实体性法律规范的基础源于民商法中债权、物权等制度,同时根据破产法的特殊调整需要,对这些法律规范的实体性权利义务内容加以扩张与限制,作出制度补充与发展,以更好地实现程序公平、保障实质公平。故作为一般性的实体权利,还是以破产法外的其他相关法律的规定为基础的。但是破产法在考虑一般情况后专门作出特别调整者,应当遵守破产法的规定,如破产法中的撤销权、抵销权、取回权等权利。这些权利虽然源生于一般民商事法律,但在破产程序中的适用则与民商事法律的一般性规定存在较大的区别。所以,对于实体性法律问题的适用首先看破产法有无特别规定,在破产法无特别规定时,原则上应当尊重《海商法》中的有关规定,尤其是优先权等问题,如对船舶优先权、船舶抵押权、船舶留置权等的规定。但破产法已规定进行调整的内容除外,如破产程序启动后破产债权应当停止计息等。这一点在其他法律如物权法、担保法的适用上也是如此。据此,在实体性问题上如优先权等,《海商法》的规定在破产程序中可以继续沿用,但破产法有明确不同规定者除外。

综上所述,基于两个法律不同的特点与破产案件的基本属性,在航运企业破产时,涉及实体性法律问题,海商法有特别规定而破产法无规定的,在不违背破产法的立法宗旨和基本原则的情况下,可在破产法中沿用乃至优先适用;涉及程序性法律问题的,则适用破产法规定。

此外,还有人主张,航运企业的破产案件由海事法院管辖,这是不妥的。在企业破产法中,对于破产案件的管辖,确定由普通法院管辖,没有对特定类型案件可以由特殊法院管辖的规定;而在地域管辖上,则确定由债务人住所地人民法院管辖,也不是由跨区域的特殊法院管辖。[①] 据此,海事法院受理破产案件缺乏明确的法律依据,而且通常其也不具备破产案件的审判力量,加之海事法院并没有在全国普遍设立,且与现行法律确定管辖地的标准不相协调,由其作为对航运企业破产案件的管辖法院目前看是不适宜的。

二、航运企业破产时的职工工资债权

航运企业的职工可能涉及两部分工作性质的人员,一是船员,二是非船员的岸上职工。岸上职工的工资债权(以下简称普通职工债权),按照《企业破产法》第 113 条的规定清偿;[②]船员的工资债权(包括船长、船员和在船上工作的其他在

---

① 《企业破产法》第 3 条规定:“破产案件由债务人住所地人民法院管辖。”

② 《企业破产法》第 113 条规定:“破产财产在优先清偿破产费用和共益债务后,依照下列顺序清偿:(一)破产人所欠职工的工资和医疗、伤残补助、抚恤费用,所欠的应当划入职工个人账户的基本养老保险、基本医疗保险费用,以及法律、行政法规规定应当支付给职工的补偿金;(二)破产人欠缴的除前项规定以外的社会保险费用和破产人所欠税款;(三)普通破产债权。破产财产不足以清偿同一顺序的清偿要求的,按照比例分配。破产企业的董事、监事和高级管理人员的工资按照该企业职工的平均工资计算。”

编人员根据劳动法律、行政法规或者劳动合同所产生的工资、其他劳动报酬、船员遣返费用和社会保险费用的给付请求),①作为实体性权利义务法律关系,则应当按照《海商法》的有关规定享有船舶优先权。

在不同的国家,船员概念存在狭义与广义的差异。狭义的船员概念不包括船长,多数普通法系国家采用这一概念。广义的船员概念把船长与船员统称为船员,大陆法系国家采用这种概念。我国属于大陆法系国家,所以对船员采用将船长包括在内的概念。②《船员条例》对船员还作有更详细的规定,即船员是指依照该条例规定经船员注册取得船员服务簿的人员,包括船长、高级船员、普通船员。③ 船长外的船员中,持有适任证书的人员和政委(限于中国)、事务长、船医为高级船员,其他船员为普通船员。但是在法律(包括《海商法》)文字表述中,船长的概念有时会独立使用于船员概念。

在航运企业工作的船员又包括两类:一是与航运企业签订有劳动合同的船员;二是在航运企业租船运营等情况下,由他人如船舶所有人雇佣的船长、船员。后一类船员不属于航运企业职工,在航运企业破产时,仅对其工作的船舶享有船舶优先权,对进入破产程序的航运企业不享有普通职工债权。下文中谈及船员概念,除有明确说明者外,均是指与航运企业签订有劳动合同的船员。

船员的工资债权享有船舶优先权。根据《海商法》第 21 条规定:"船舶优先权,是指海事请求人依照本法第二十二条的规定,向船舶所有人、光船承租人、船舶经营人提出海事请求,对产生该海事请求的船舶具有优先受偿的权利。"第 22 条规定:"下列各项海事请求具有船舶优先权:(一)船长、船员和在船上工作的其他在编人员根据劳动法律、行政法规或者劳动合同所产生的工资、其他劳动报酬、船员遣返费用和社会保险费用的给付请求;(二)在船舶营运中发生的人身伤亡的赔偿请求;(三)船舶吨税、引航费、港务费和其他港口规费的缴付请求;(四)海难救助的救助款项的给付请求;(五)船舶在营运中因侵权行为产生的财

① 参见《海商法》第 22 条。

② 《海商法》第 31 条规定:"船员,是指包括船长在内的船上一切任职人员。"

③ 《船员条例》第 4 条规定:"本条例所称船员,是指依照本条例的规定经船员注册取得船员服务簿的人员,包括船长、高级船员、普通船员。本条例所称船长,是指依照本条例的规定取得船长任职资格,负责管理和指挥船舶的人员。本条例所称高级船员,是指依照本条例的规定取得相应任职资格的大副、二副、三副、轮机长、大管轮、二管轮、三管轮、通信人员以及其他在船舶上任职的高级技术或者管理人员。本条例所称普通船员,是指除船长、高级船员外的其他船员。"

产赔偿请求。载运2000吨以上的散装货油的船舶,持有有效的证书,证明已经进行油污损害民事责任保险或者具有相应的财务保证的,对其造成的油污损害的赔偿请求,不属于前款第(五)项规定的范围。"由此产生船员工资债权的性质、清偿范围、清偿顺位等一系列问题。

受雇于破产航运企业的船员的工资债权具有双重属性,作为一般属性,其属于债务人企业的职工债权,作为特殊属性,其属于享有船舶优先权的特殊职工群体的债权。其特点体现为:第一,船员工资债权是享有法定特别优先权的担保债权,是针对该船员服务的特定船舶行使的物权担保权利。而《企业破产法》第113条规定的普通职工债权仅是在无担保破产财产分配上享有一般优先权。一般优先权仍属于普通破产债权,只是其分配顺位排序在先。第二,普通职工债权是针对债务人财产行使的权利,而船员的工资债权则是直接针对特定船舶行使的权利。根据《海商法》的规定,船舶优先权是对船舶所有人、光船承租人、船舶经营人行使的权利,并不限于进入破产程序的航运企业。据此,所谓特定船舶的范围不限于债务人财产,既可能是债务人的财产,也可能不是债务人的财产,如在光船承租下,承租航运企业破产时的船舶属于船舶所有人。第三,对债务人财产即船舶享有船舶优先权的船员,可能并不是债务人企业的职工,如在光船承租下出租人破产时的对船舶所有人享有船舶优先权的船员是承租航运企业的职工。这时就相当于债务人以其财产为他人提供物权担保。第四,《海商法》规定的船员工资债权的范围与破产法规定的职工债权的范围有所差异。根据《海商法》的规定,船员工资债权包括"根据劳动法律、行政法规或者劳动合同所产生的工资、其他劳动报酬、船员遣返费用和社会保险费用"。而《企业破产法》列入第一清偿顺序的普通职工债权的范围限于"破产人所欠职工的工资和医疗、伤残补助、抚恤费用,所欠的应当划入职工个人账户的基本养老保险、基本医疗保险费用,以及法律、行政法规规定应当支付给职工的补偿金",其中的社会保险费用仅包括划入职工个人账户的基本养老保险、基本医疗保险费用,破产人欠缴的社会统筹部分的社会保险费用则不包括在内,被列入第二清偿顺序。而船员工资债权未做此区分,所有应清偿的社会保险费用均属于船舶优先权的范围,或许这也与产生船员工资等债权的船舶并不一定属于债务人财产有关。第五,《企业破产法》第113条第2款的规定"破产企业的董事、监事和高级管理人员的工资按照该企业职工的平均工资计算",不适用于船员特别是船长等高级船员享有的船舶优先权,即使其可能属于航运企业的高级管理人员。

此外,根据海商法的有关规定,在非破产程序中,船舶优先权的行使是有特定方式的,必须通过法院对产生优先权的相关船舶进行扣押保全措施来行使。[①] 而根据企业破产法的有关规定,在人民法院受理破产申请、启动破产程序后,对债务人财产包括其船舶财产的扣押等各种保全措施都必须解除,统一纳入管理人的管理之下。[②] 据此,在破产程序启动前的债务个别清偿中,船舶优先权应当通过扣押船舶行使,以向其他债权人等昭示其对船舶的优先权。但是在破产程序中,船员包括其他船舶优先权人行使船舶优先权不应也不能再采取扣押船舶的方式,海事法院也无权再扣押相关船舶,因为这种以个别清偿为目的的方式违背了破产法集体清偿的基本原则。在破产程序启动后,已经为个别债权人利益扣押的船舶依法都应当予以解除扣押措施,尚未扣押者自然也就不得再行扣押。这时法定的船舶优先权依然成立,但是需要根据权利行使外部法律情况的变化,赋予当事人新的行使权利渠道。所以在进入破产程序后,就应当按照企业破产法的规定,船舶优先权人应当通过向管理人申报船舶优先权债权的方式行使。对船舶优先权债权的申报就是对权利的主张与行使,此后如果因债权纠纷提起债权确认诉讼时,也应当以船舶优先权人申报债权的日期,作为计算其权利行使的期间并确定诉讼时效,这一原则对其他船舶优先权的行使也同样适用。

三、船舶优先权人与债权人会议

首先,涉及船员与债权人会议的关系。在船员不属于债务人企业职工、船舶属于债务人企业的情况下,享有船舶优先权的船员以担保债权人的身份参加债务人企业的债权人会议。在船员属于债务人企业职工但船舶不属于债务人企业的情况下,如通过对外行使船舶优先权可以保证船员工资债权得到全额清偿,则船员不再参加债权人会议。如不能保证船员工资债权得到全额清偿,船员以职工身份参加债权人会议,并依破产法就未能获得清偿的工资债权行使普通职工债权人的权利。在船员和船舶都属于债务人企业的情况下,船员以担保债权人身份参加债权人会议并行使权利。

---

① 《海商法》第28条规定:"船舶优先权应当通过法院扣押产生优先权的船舶行使。"

② 《企业破产法》第19条规定:"人民法院受理破产申请后,有关债务人财产的保全措施应当解除,执行程序应当中止。"

其次,船舶优先权人在重整程序中债权人会议的分组问题。《企业破产法》第82条规定,讨论和表决重整计划草案的债权人会议应当分组进行,并根据债权的不同性质列示了一些具体的分组组别。有人认为,企业破产法对债权人分组的规定是强制性分组,在法律已经列出的组别之外不允许再划分其他新的组别。这是不符合立法本意和司法实践需要的。如果将立法中的债权人分组理解为强制性分组,其前提应是这种分组确实能够涵盖实践中对分组的全部需要,解决所有不同利益者的分组问题。① 但目前显然并非如此,如对船舶优先权人、次级债债权人等均未设独立组别,而这些债权人的权利与其他组别债权人是有重大区别的,需要独立设置组别进行表决。表决组别的设置是一种技术性措施,只要能够更全面、准确地体现不同债权人团体间的利益诉求,能够更好地体现表决结果的公正性,法院完全可以根据重整计划草案下债权的不同性质、对债权的不同调整方案,决定在法律列示的组别外再分设其他组别。② 但是,对表决组别的设置不得损害表决结果的公平性。据此,基于保障在重整计划中不同权利人、不同权利的公平调整和保障表决公平的原则,享有船舶优先权的每个不同清偿顺位的债权(包括船员工资债权),因其权利性质、清偿顺序和清偿对象与债务人企业职工债权和其他担保债权均可能有不同,原则上应当分别组成独立的表决组,必要时(不能保证不同船舶的各项优先权均能得到全额或相同比例调整下的清偿)可以考虑每条船舶单独设立表决组。但相应项目船舶优先权的清偿顺位与物权担保债权相同时,应并入同一表决组。

四、船舶优先权与破产法中的担保债权的清偿顺位

《海商法》对船舶优先权的清偿顺位作有明确规定。其第23条规定:"本法第二十二条第一款所列各项海事请求,依照顺序受偿。但是,第(四)项海事请求,后于第(一)项至第(三)项发生的,应当先于第(一)项至第(三)项受偿。本法第二十二条第一款第(一)、(二)、(三)、(五)项中有两个以上海事请求的,不分先后,同时受偿;不足受偿的,按照比例受偿。第(四)项中有两个以上海事请求的,后发生的先受偿。"第25条规定:"船舶优先权先于船舶留置权受偿,船舶

---

① 参见王欣新:《破产法》,中国人民大学出版社2011年版,第270页。

② 同上。

抵押权后于船舶留置权受偿。前款所称船舶留置权，是指造船人、修船人在合同另一方未履行合同时，可以留置所占有的船舶，以保证造船费用或者修船费用得以偿还的权利。船舶留置权在造船人、修船人不再占有所造或者所修的船舶时消灭。”在此需注意的是，所谓船舶留置权概念与一般的民商事法律中的留置权有重大区别，不同情况下其清偿顺位也有所不同。

对船舶优先权与破产法上物权担保债权即别除权的关系，实践中主要有三个观点：一是船舶优先权整体优先原则；二是排除船舶优先权原则，统一按《企业破产法》第 109 条、第 110 条和第 113 条等规定受偿；[①] 三是混合优先原则，即将《企业破产法》第 113 条第 1 款第 1 项和第 2 项与《海商法》第 22 条第 1 款第 1 ~ 3 项规定结合起来，不区分船上和岸上，按同类债权同一顺序受偿。[②]

船舶优先权属于实体性权利，对此问题破产法没有特别规定，在破产程序中对船舶优先权应当按照《海商法》的规定予以全面承认，即原则上采纳前述三种观点中的第一种观点，但不排除对个别问题根据破产法的立法目标和基本原则进行必要调整。

笔者认为，对船舶不属于债务人财产的，船舶优先权的清偿应当完全按照《海商法》的规定执行，原则上不受破产程序的影响，仅在船舶拍卖款不足以清偿优先权时会转为普通破产债权加入破产清偿。对船舶属于债务人财产即破产财产的，各项船舶优先权内部的清偿顺位原则上也应当按照《海商法》的规定执行，但在船舶优先权的清偿顺位与相应物权担保债权相同时并入同一顺位清偿。在船舶变价款不足清偿船舶优先权的，除海员工资债权（在其作为破产企业职工的情况下）因其同时具有职工债权身份而可以在破产财产分配中继续以第一顺序普通债权人身份受偿外，其他船舶优先权则因担保财产的不足清偿而丧失优先权，其未获得清偿债权部分可以作为无优先权的普通破产债权，在债务人无担保财产中继续获得清偿分配，这一点与破产程序中其他物权担保债权的清偿原则

---

① 参见孟强：《单船公司破产债权受偿顺序问题研究》，载《法学》2008 年第 2 期。转引自吴胜顺：《海事诉讼与破产程序的冲突与衔接》，载《中国破产法论坛执行转破产暨船舶企业破产专题研讨会论文集》2018 年 7 月。

② 参见罗猛、李智渊：《船舶管理公司破产清算顺序初探》，载《经济研究导刊》2010 年第 11 期；金秀琴：《船舶管理公司破产债务的范围及种类辨析》，载《经济研究导刊》2010 年第 35 期。转引自吴胜顺：《海事诉讼与破产程序的冲突与衔接》，载《中国破产法论坛执行转破产暨船舶企业破产专题研讨会论文集》2018 年 7 月。

完全相同。

基于船舶优先权对船舶的处置与其他破产案件中对担保物的处置一样。首先考虑程序的性质与目的，在重整程序中，要优先考虑企业挽救目的的实现，原则上对船舶的处置要暂停，除非企业经营中不需要该船舶。在破产清算程序中，对船舶的处置原则上不受限制。① 根据《全国法院破产审判工作会议纪要》(法〔2018〕53 号)第 25 条"担保权人权利的行使与限制"的规定："在破产清算和破产和解程序中，对债务人特定财产享有担保权的债权人可以随时向管理人主张就该特定财产变价处置行使优先受偿权，管理人应及时变价处置，不得以须经债权人会议决议等为由拒绝。但因单独处置担保财产会降低其他破产财产的价值而应整体处置的除外。"据此，如果船舶优先权人请求对船舶进行拍卖以清偿优先权，受理破产案件的法院应当允许，不得以须经债权人会议决议、需要进行统一分配等理由拒绝。

五、航运企业破产时的若干程序问题

《海事诉讼特别程序法》第 113 条规定："债权人向海事法院申请登记债权的，应当提交书面申请，并提供有关债权证据。债权证据，包括证明债权的具有法律效力的判决书、裁定书、调解书、仲裁裁决书和公证债权文书，以及其他证明具有海事请求的证据材料。"第 116 条第 1 款规定："债权人提供其他海事请求证据的，应当在办理债权登记以后，在受理债权登记的海事法院提起确权诉讼。当事人之间有仲裁协议的，应当及时申请仲裁。"据此，在海商法适用中，船舶优先权的确认必须经过诉讼或仲裁程序。这与船舶优先权的行使必须以法院扣押产生优先权的船舶为前提有密切关系，因为法院对船舶的扣押与处置需要有生效的法律文书为依据。笔者认为，在破产程序中，受理破产申请的裁定具有对债务人全部财产包括船舶予以保全的法律效用，船舶优先权的行使不再以单个债权人扣押船舶为必要前提，当然也不排除受理破产案件的法院在必要情况下为保全权利对船舶采取扣押措施。据此，船舶优先权人对船舶优先权债权的申报，如果管理人和债权人会议审查后认为没有异议，可以不通过诉讼或仲裁即确认船

① 参见王欣新：《论破产程序中担保债权的行使与保障》，载《中国政法大学学报》2017 年第 3 期。

舶优先权,以避免对时间的浪费和破产成本不必要的增加。

破产程序中往往会涉及对程序启动前已扣押船舶的处置。根据破产法规定,破产申请受理后对债务人财产的强制措施均应当解除。但是在实践中涉及船舶扣押的,还应当考虑破产企业的现实需要与实际利益确定相应的处置模式。在重整程序中,航运企业需要保留并使用船舶继续运营,应当考虑以解除扣押、管理人接管船舶以维持企业营业为原则。如是在破产清算程序或者不需要保留船舶的重整程序中,在债务人企业的船舶被其他海事法院扣押时,就要根据是否有利于实现债务人财产价值最大化、破产成本最低化、船舶优先权人的权益保护等具体情况,决定是否解除船舶的扣押予以接管,并不排除由受理破产案件的法院继续委托海事法院扣押乃至拍卖船舶。此外,地方法院受理债务人破产案件后,需要扣押、拍卖船舶的,也可以委托海事法院实施。从破产法最终目标与利益实现的意义上讲,船舶的扣押、拍卖程序由哪个法院进行并不一定是问题的关键,关键是管理人对债务人财产的管理、变价和分配权利以及破产债权人的利益不得受到不利影响,变价款要依法纳入对全体债权人的公平清偿。在不变更船舶扣押主体的情况下,"为保证管理人全面掌握船舶企业的财务状况,此时应当将被扣押船舶的权利证书转交给管理人,如此既不会因解除扣押带来船舶逃逸致船舶优先权无法实现,也不会影响管理人工作的顺利进行。"①

---

① 姚彬、陈亮:《涉船企业破产法律问题实务研究》,载《中国破产法论坛执行转破产暨船舶企业破产专题研讨会论文集》2018 年 7 月。

典型案例点评

最高人民法院第29批破产类指导性案例点评*

近日，最高人民法院发布第29批指导性案例，指导案例163号江苏省纺织工业(集团)进出口有限公司及其5家子公司实质合并破产重整案(以下简称江苏纺织实质合并重整案)和指导案例165号重庆金江印染有限公司、重庆川江针纺有限公司实质合并破产清算案(以下简称重庆金江实质合并清算案)，是两个正确适用实质合并破产制度审理的典型案例。两案的实质合并破产裁定虽然都是在《全国法院破产审判工作会议纪要》(以下简称纪要)出台之前作出的，但都遵循了纪要规定的原则和内容，体现了法院依据法理和事实的正确探索。两法院对关联企业实质合并破产中的程序启动、申请审查方式、实质合并判断标准、实质合并法律效力等问题的规范审理与正确裁判，对实现实质合并破产在司法实践中的准确适用，具有重要的规范指导作用，为纪要有关关联企业实质合并破产规定的施行以及《企业破产法》的修改提供了有益的经验与范例。

关联企业以企业集团形态经营已是市场经济的常态。以集团结构经营可以弥补不发达的市场制度，降低交易成本，锁定经营风险，优化资源配置，避免独立企业

---

* 本文原载于微信公众号“人民法院报”，2021年10月16日。

间竞争中产生的社会成本与市场损耗,获取更大经济收益。凡是关联企业相互之间都会存在程度不同的控制关系,存在控制关系是中性的概念,本身并不违法,更不能仅据此就主张进行实质合并破产。只要在关联企业之间不存在违背市场经济规则、滥用控制关系的问题,即使多个关联企业同时破产,也要遵循纪要中“关联企业成员的破产应当以适用单个破产程序为原则”的规定。但是,一些关联企业间存在对控制关系的滥用,将资产、债务等资源与责任在不同企业间非市场化设定和转移,进行利益输送,导致法人人格的混同,损害相关企业尤其是其债权人的权益。这时关联企业的独立破产就可能出现债务人恶意逃债,各关联企业资产与负债情况失实,债权人之间不能得到实质公平的清偿。而且因关联企业的法人人格高度混同,导致彼此间资产、负债无法区分或区分成本过高,各关联企业的运营资产和经营体系不完整,单体独立经营效益低下,难以实现债务人资产价值最大化和企业挽救的目的,使破产程序无法顺利进行。为此,只有遵循纪要规定,审慎地对人格严重混同的关联企业采用实质合并破产的方法,才能解决司法实践中的难题。关联企业实质合并破产应符合的基础条件:(1)拟实质合并企业均为关联企业;(2)各企业实质上均已发生破产原因;(3)各企业存在人格混同,尤其是资产与负债严重混同或区分成本过高。作为申请人的管理人等和审理法院应当对上述问题作出逐项的举证、说明和法律分析。

这两个指导性案例的裁判要点,对法院审理实质合并破产案件具有指导性意义,主要体现在以下几个方面:

1. 明确是否应当进行实质合并破产的判断原则和审理要点,并对相关事实证据和法理依据进行深入的分析,作出具有事实和法律(理)依据的充分说理的裁判。根据纪要的规定,关联企业法人人格高度混同,各关联企业财产无法区分或区分成本过高,严重损害债权人公平清偿利益时,可以适用实质合并的方式进行审理。以江苏纺织实质合并重整案为例,南京市中级人民法院在审理中查明,除人员任职高度交叉、缺乏完整独立的组织架构、形成高度混同的业务经营混合体等在人员、业务方面的一般混同情形外,6 家公司的资产与负债也存在严重混同,即判定是否应进行实质合并破产的关键因素严重混同。各企业缺乏独立的财务核算体系,互相之间存在大量利益法律关系不明的资金调度、关联债务及担保等,各企业的成本、收益难以正当区分,导致各企业的资产、负债高度混同,区分成本过高。南京市中级人民法院在确认 6 家公司存在严重的法人人格混同后,裁定对其实质合并破产重整。在裁定中,法院对关联企业存在法人人格混同的各项事实与证据进行了深入的分析和法理论证,进而得出有说服力的实质合并重整裁判理由,而不是仅写上一两句形式主义的空话,使相关利害关系人对实质合并裁定不服,向上一级人民法院申请复议时,都难以对没有说理的裁定提出有针对性的反驳理由。不能说明事实与法律依据、不能以理服人的裁判,不是正当、合法的裁判,尤其是在实质合并破产案件中。两个指导案例对法院如何正确判断应否实质合并破产以及正确出具裁定具有重要的实践指导意义。

2. 实质合并破产的法律后果是,将各关联企业在破产程序中视为一个企业,对其资产与负债进行模拟的合并处理。在实质合并重整后,各关联企业间的债务因债权债务主体的合一而消灭。各企业的财产作为合并后统一的破产财产,由全体债权人在同一程序中按照法定清偿顺位公平受偿。南京市中级人民法院还指导管理人在实质合并重整的计划草案中,制定统一的债权分类、债权调整和债权受偿方案,将合并后的全体债权人作为一个整体进行分组表决。债权人对 6 家公司同时存在债权债务的,在合并后进行抵销。这些做法体现了关联企业实质合并重整中资产与负债统一处理、债权统一清偿的法律原则,具有规范指导意义。

3. 保障当事人的知情权、选择权与异议权。在这一点上,两地法院均表现突出。如在江苏纺织实质合并重整案中,法院在接到实质合并重整申请后,组织债权人、债务人代表、职工代表、管理人、审计机构等进行听证,听取各方关于公司是否存在人格混同等事实的陈述,同时对管理人提交的资产与负债混同调查情况、审计专项报告,以及各方提交的相关证据进行全面审核,在充分听取各方的意见后,慎重作出实质合并重整的裁定。在重整计划制定中,对"现金 + 债转股"的债务清偿方案预先征求债权人意见,就债转股的必要性、可行性及清偿的具体方法,由管理人进行全面、充分说明,债权人对此预先书面发表意见即进行预表决,并在充分考虑债权人意见的基础上制定、完善重整计划草案,体现出了对债权人知情权、选择权与异议权的高度重视与保护,对破产审判实践具有一定的指导意义。

4. 对关联企业破产方式的正确选择。重庆金江实质合并清算案由重庆市第五中级人民法院指定江津区人民法院于 2016 年审理。由于当时纪要尚未出台,对实质合并破产的判断标准等问题缺乏指导性的规定,法院的依据主要是破产法法理和公司法的有关规定,判断如何处理更为复杂。据承办法官介绍,法院对如何处理关联企业的人格混同问题,曾仔细比较不同的法律解决手段。第一,对关联企业分别独立破产,对其滥用控制权损害债权人利益的行为通过破产撤销权、取回权等方式予以纠正;或者适用公司人格否认制度,通过"揭开公司面纱",依据公司法的规定由控制股东及获利公司对其他关联企业的债务承担连带责任;或者对关联企业之间的债权适用衡平居次原则,列为破产劣后债权;或者三者适当并用。第二,采取程序合并方式审理,即协调审理。由同一法院受理两家公司的独立破产案件,指定同一管理人,协同处理两公司破产程序中的财产处置与变价、财产分配等重要事务,实现破产财产价值最大化,保障债权人权益。第三,对各关联企业实行实质合并破产。借鉴联合国贸易法委员会《破产法立法指南》第三部分"破产企业集团对待办法"等域外制度规定和操作经验,对各关联企业在破产程序中视为一个统一主体,进行实质合并破产清算,以保障全体债权人的公平清偿权利。

这种审理思路对落实此后出台的纪要对关联企业实质合并破产规定的相关原则具有重要意义。纪要强调对"关联企业成员的破产应当以适用单个破产程序为原则",而江津区人民法院优先考虑能否通过实质合并破产之外的法律手段解决问题,充分体现了这一原则,具有重要指导意义。在目前的司法实践中,存在一些滥用实质合并破产的情况。个别法院适用实质合并破产不是依据纪要规定的标准,不对事实情况进行客观的分析和判断,不是为保障全体债权人的公平清偿,而是为了实现其他目的,如解决法院或管理人的工作难度与困难,或迁就某些债权人的不合理要求,或是单纯为所谓企业重整成功业绩,受利益诱导将不符合实质合并标准的优质资产或财产较多的企业强拉入合并破产中。这些做法均不符合纪要规定,应予以纠正。

在管理人提出实质合并破产清算申请后,法院启动审查程序,召开听证会,两债务人公司、实际控制人、债委会成员、各组别债权人等利害关系人与审计、评估等相关机构参加听证。法院审查了管理人提交的审计机构出具的对关联企业的专项审计报告、对法人人格混同的其他调查材料,以及债务人的财产和负债混同调查情况等证据,听取了债权人等利害关系人的意见。在根据权衡各种法律调整手段后,法院认为,两关联公司存在严重的滥用控制权,非市场化配置资源,任意调整债务责任,输送利益,资产与负债严重混同等情况,而通过前两种审理方式均不能有效解决关联公司的人格混同问题,保障对全体债权人的公平清偿,最终决定采用实质合并破产方式。法院指出,“两公司人格高度混同、资产与负债难以分离(或分离时间、成本过高)、两公司存在不当的利益输送严重损害两公司债权人利益行为”等情形,经综合考虑关联企业之间资产的混同程度及其持续时间、各企业之间的利益关系、债权人整体清偿利益,裁定受理两公司的实质合并破产申请。

法院裁定两公司实质合并清算后,管理人在法院指导下召开债权人会议,制定两公司破产财产统一拍卖、统一清偿分配的《财产变价方案》和《财产分配方案》,提交债权人会议表决,获得两公司债权人的高票通过,案件处理效果和社会反响良好。据该案承办法官介绍,重庆市高级人民法院在案件结案后,将本案作为指导性案例在重庆市的破产审判中推广适用,起到了良好的指导作用。

实质合并破产是在破产程序中突破法人人格独立的特殊调整措施,必须符合相应的法律条件,体现制度设置的法律目的,实现公平、公正、公开解决实际问题的社会需求。上述两个有关实质合并破产的案例有助于指导破产实践,具有重要的意义。

方正集团重整方案的解读与启示*

北大方正集团有限公司(以下简称方正集团)等5家公司实质合并重整案一直备受瞩目,无论是国内第一家知名校企重整,还是以中国人民银行牵头组织清算组担任管理人,都表明这个项目意义重大,被赋予更多期待。近日,通过媒体报道了解到,重整案件取得重大进展,重整计划如期而至。历经多轮竞争激烈地投资人市场化遴选,以及投资人确定后的沟通、谈判,优化方案,最终的重整计划果然不负债权人和社会各界的期待,方案不乏亮点,较其他大型集团重整案例更加切实地保护了债权人利益。

方正集团由400余家公司组成,集团中有多家金融机构、上市公司。集团关联企业资产类型复杂多样,且一些资产存在权属瑕疵,债务结构复杂,涉及融资融券、境内外债券、结构性融资等问题。债权人类型较多,势必对清偿方案的诉求也会存在较大差异,如何通过方案有效满足不同类型债权人的诉求,工作难度极大。加之方正集团历史情况复杂,各类遗留的股权和资产纠纷问题较多,使方正集团企业的实质合并重整困难重重。在“府院联动”机制的支持下,管理人根据企业实际情况,在市场化、法治化的原则下,对方正集团企业的实质合并重整进

* 本文原载于微信公众号“中国破产法论坛”,2021年5月6日。

行了周密设计和规范实施,精准确定重整企业范围,依法适用实质合并,辅之以适度创新,使方正集团实质合并重整有较多可借鉴之处,也使重整计划更具可接受度、可执行性。

根据管理人发布的公告内容及提供给债权人的重整计划草案,以下几个方面值得重点解读。

一、坚持集团“整体重整”原则,“一揽子”化解全部债务风险

重整实践中大部分案例选择只保留主营业务,很大部分资产进行处置,或者各类资产分别找投资人承接。方正集团企业业务板块多元化,各板块的资产价值差异大,投资者最感兴趣的板块又高度相同。如果对方正集团的各项实体业务进行切割,分板块对企业实施重整,将出现投资者围猎投资优质板块,债权人为在优质板块内获得清偿而博弈等复杂局面,显著增加重整难度和未来重整计划执行的不确定性。主业分拆重整还可能出现资产处置风险难以管控、处置时间无法确定、处置价值缺乏保障的被动局面。因此,管理人坚持集团“整体重整”优先原则,要求投资者整体承接集团及其关联企业的资产包括对外投资,“一揽子”化解风险,最大限度维护集团企业营运价值,公平维护全体债权人的整体权益。全集团3400多亿元债务,纳入重整程序的将近2000亿元,依照重整计划进行清偿,未纳入重整的下属公司成为新方正集团的资产,相应债务通过市场化方式处理。

二、以“出售式重整”应对企业存续式重整中的各种难题

“出售式重整”的模式,即将债务人企业主要优质资产及业务出售或实质性出售,使其在新的企业中可以得到挽救、继续经营,债务人以出售所得对价及未转让资产处置所得清偿全体债权人。通过出售式重整,有利于隔离方正集团历史遗留风险和其他潜在风险,减轻债务重组收益税负,有利于企业未来经营发展。按照这一思路,管理人将其重整企业的资产分为保留资产和待处置资产。保留资产出资设立新方正集团和各业务平台公司,作为收购公司,同时也是投资者持股和运营平台,并承接相应业务和职工就业。根据普通债权人对清偿方案的选择情况,新方正集团主要股权由投资者有条件受让,剩余股权全部抵偿债权。待处置资产设立信托计划,处置所得在优先支付相关费用后对受益人补充

分配。

方正集团的资产出售式重整相较于其他项目还有一个特点,同步对老方正集团的股权进行调整,全部归属债权人,原股东彻底退出,真正实现全部资产都用于清偿债权人。

三、市场化竞争方式公开招募战略投资人达成最优投资方案

投资人的招募历时近 10 个月,最初有 29 家投资人报名,经过多轮筛选。在投资人遴选过程中,管理人坚持市场化竞争的原则,制订每一轮遴选方案和评价体系,公平公正对待全部投资人,促使有实力的投资人提出更好的重整投资方案,提供最优偿债和发展资源,受到市场广泛关注和好评。管理人在投资人招募过程中积极引导,针对每一轮投资方案都制订了方案指引,包括重整模式、交易结构安排、未来经营计划、债权清偿方案、职工权益保护、后续风险控制、监管整改计划等方面,使投资方案符合重整目标和债权人诉求。优选的投资者的自有业务与债务人具有高度的匹配度和协同性,具有承接管理债务人相关业务的丰富资源和整合经验,并承诺将调动一切资源全面改善及提升方正集团企业的经营业绩。通过这样机制确定的投资者一起制定的重整计划已经是对债权人最优的方案,可以保证充分实现债权人的清偿权益。

四、为债权人提供了灵活多样、高比例、全方位保障的清偿方案

第一,重整计划草案中设计的清偿方式充分考虑普通债权人的不同诉求,制订有多种清偿方案供灵活组合选择。近几年大型集团重整中对于普通债权基于都是债转股安排,或者提供一定比例的现金,债权人基本没有选择权。方正集团重整提供了灵活搭配的清偿方案,在实施"现金 + 以股抵债"清偿方案的同时,债权人可自主选择将预计可受让的"抵债股权"全部置换为当期现金清偿("全现金"方案),或置换为在新方正集团留债("现金 + 留债"方案),或继续持有股权并在第 7 年要求信用等级为 AAA 的主体无条件溢价回购,尽量满足不同债权人的清偿需要。

第二,在清偿方案中最大限度满足债权人的现金清偿需求。担保债权在担保财产评估价值范围内全额现金清偿。在模拟破产清算情况下,普通债权的清偿比例约为 14%。重整计划草案规定 100 万元以下小额债权一次性全额现金清

偿,还为其他普通债权提供了20%的保底现金清偿(选择进行债转股者),不进行债转股的全现金清偿方案一次性现金清偿比例超过30%,选择部分留债的方案最终现金清偿比例也超过30%。这与一些大型重整项目中担保债权长期留债、普通债权单一债转股的简单安排形成鲜明对比,更好地体现出对债权人现实清偿利益的考虑。

第三,重整计划草案合理确定以股抵债价格,并提供了明确的兜底回购退出机制。“以股抵债”的价格在专业机构对新方正集团企业重整后盈利预测所确定的合理股价范围之内,选择“以股抵债”的综合清偿比例超过60%。考虑到金融机构在重整程序中被动持股后,因短期内难以退出而衍生潜在的监管风险,重整计划为选择以股抵债清偿方案的债权人提供了确定的退出机制,安排信用等级为AAA的主体定期无条件溢价回购。目前,市场上一些债转股安排无合理支撑的高转股价格并缺乏退出机制,方正集团重整的安排可以更好地保护债权人利益。

第四,重整计划草案还明确设置了对债权人的追加分配机制。所有因各种原因未能分配的偿债资源,都将在一定期限届满后转为现金,向未获全额清偿的债权人补充分配,充分保障债权人权益。为了体现股东的责任并尽可能地维护债权人的利益,方正集团的股东将股东权益无偿让渡给以未获全额清偿的债权人为受益人的信托计划,信托计划通过方正集团间接持有其他4家重整主体100%股权。在信托计划项下实现待处置资产及或有权益清理、确权和处置等工作,处置所得在优先支付相关费用后向未获全额清偿的债权人追加分配。补充分配机制的设置真正做到了全部资产用于清偿债权,还债资产不仅包括现有资产,还包括未来可能追回的资产。

方正集团的重整计划草案一经公开,引起重整理论界和实务界的广泛关注,上述亮点均被热议。这一重整计划是目前大型集团重整中给予债权人最多选择、最高清偿、最切实保障的重整计划。然而,我们不应该仅关注重整计划本身,因为任何一个重整计划的制定是所有重整工作的成果,从重整范围的确定、重整模式的选择到重整投资人的遴选、债权人的沟通、债权的审查、审计评估等每项重整工作都值得总结、反思。

目前,《企业破产法》正在进行全面修订,而重整制度的创新与完善则是立法修订的重要内容。实践是检验真理的标准,市场化、法治化是破产法立法与施法的原则,遵循立法宗旨,体会法规本意,贯彻法理原则,是确保破产法顺利实施,实现立法目标的关键。方正集团企业实质合并重整案件带给我们很多启示,为大型集团重整提供了新的模式,对立法修订具有重要借鉴意义。

重整涅槃向生　处置落后产能

——云南煤化工集团程序合并重整案点评*

一、实施关联企业程序合并重整，科学制定重整计划

煤化工集团5家企业呈四级产权结构，破产案件分属于昆明市中级人民法院、曲靖市中级人民法院及曲靖市沾益区人民法院3个法院管辖。在债权人对集团企业向各法院分别提出重整申请后，云南省高级人民法院与相关法院研究分析了5家企业的内部关系和上市公司的保壳目标等情况，通过指定管辖将集团系列重整案件通过程序合并归集至昆明市中级人民法院统一管辖，确保了企业集团重整工作的统一协调、系统处理和整体推进。在合并程序重整的基础上，充分考虑单个重整主体与集团内其他重整主体、程序外集团企业的联动调整、有序衔接，遵循最大限度维护债权人利益、各方利益平衡共赢的理念，制定出集团企业相互衔接、上下联动、具有创新性的重整计划草案，一体化解决了企业集团的挽救问题。

关联企业在破产程序中的合并有实质合并与程序合并之区别。实质合并是企业的合并，即将多个关联企业视为一个单一企业，在统一财产分配与债务清偿的基础上进行破产程序，如实质合并重整或清算，各企业的法人

---

* 本文原载于《中国审判》2017年第33期。

人格在破产程序中不再独立。实质合并主要是以各关联企业资产与负债严重混同导致法人人格混同为适用条件。程序合并是案件的合并审理,体现为不同法院管辖的多个企业破产案件的并案审理、整体重整或破产,通过统一制定集团各企业相互协调衔接的重整计划乃至整个集团企业合一的整体重整计划,达到企业挽救目的。在过去的司法实践中,关联企业的实质合并适用较多,而对程序合并手段则不够重视,较少适用。由此形成了一些潜在不良影响,如为解决关联企业破产的特殊问题,对需要程序合并但尚不具备实质合并条件的企业强行实质合并,或放弃程序合并,从而影响部分利害关系人的合法权益,并影响企业的重整挽救。

煤化工集团在程序合并基础上的整体重整,整合了集团所有资源,显著提高了债权人的清偿比例,同时保障了企业集团生产运营体系的完整与市场价值的保值。在统一重整程序的保障下,管理人科学制定了体现"自下而上"重整工作顺序的系列重整计划草案。系列重整方案考虑到煤化工集团和云维集团均为下属公司提供大量担保,而下属公司很少为集团提供担保的现实,首先使下属公司先完成重整,一方面在其部分清偿债权后,逐级减少上级公司为下级公司承担的担保债务(经过征询各担保债权人同意),未清偿的债权则通过担保关系由上级集团继续清偿;另一方面通过下级公司偿还上级公司的借款等债权,向上级企业输送现金、股票等偿债资源,解决了集团企业间债务和偿债资源不匹配、清偿时间错期等问题。实践证明,程序合并保障下的"自下而上"重整思路,奠定了煤化工集团系列重整案成功的基础。应当说,创新性地结合企业实际运用程序合并重整,是煤化工集团系列重整案成功的关键环节之一,其经验值得借鉴。

二、地方政府鼎力支持,"府院联动"解决难题

煤化工集团企业的重整成功离不开地方党委和政府在各方面的鼎力支持。云南省政府同法院之间建立起"府院联动"机制,尊重法院独立行使审判权,自觉运用法治思维加强对国有资产管理部门、金融监管部门等相关部门的指导,以不越位、不缺位的态度更好地发挥政府作用,积极落实政府的维稳属地责任及公共服务和社会管理职能,主动与法院协调解决重整程序中衍生的职工救济安置等社会问题,充分发挥破产法在"僵尸企业"处置中的作用。另外,云南省政府还积极协调解决了企业重整中的各种特殊难题,如清偿债务与经营资金的筹措、"债

券平移”接盘人的引入、对省属国资企业债权人放弃现金清偿而以股份清偿的协调等，不计较一案之中的利益得失，以大局观从宏观上考虑并有担当地支持企业重整工作，维护了云南省良好的金融与投资环境，这是煤化工集团企业能够重整成功的又一支柱。

法院在重整中组织专案领导小组，指派多名富有经验的法官组成合议庭，确保重整程序顺利进行，作出有担当、有创新的重要贡献，包括在其批准的云维股份等企业的重整计划中承诺，在重整计划执行过程中，如涉及股份划转和资产过户等手续需要相关部门协助执行，重整企业或有关主体可向昆明市中级人民法院申请出具协助执行的相关法律文书。这也是值得一些地方政府和法院反思与借鉴的。

三、上市公司重整与重大资产重组相衔接

云维股份是上市公司，陷入经营困境和财务困境已无力清偿到期债务，并面临暂停上市及退市风险。集团企业重整的一项关键性工作，是将上市公司的重整与重大资产重组有序衔接，化解退市危机，并为集团企业清偿债务提供资源。为此，管理人制定了有针对性的重整计划草案。第一，以资本公积金转增股本，并通过对出资人权益的调整方案，由全体股东无偿让渡部分股票，用于清偿债权人，不仅增加云维股份的偿债能力，还向云维集团及煤化工集团输送了股票偿债资源。第二，根据偿债资源情况，针对金融普通债权与非金融普通债权制定不同的清偿方案。第三，在通过重整程序豁免债务，取得债务重组收益，化解退市危机的同时，进行重大资产重组，使两者密切衔接，保障企业挽救成功。

四、在地方政府协调下创新设计“债券平移”，化解债券危机

本案创新性地采用了以“债务转移”为理论基础的“债券平移”方案，在煤化工集团进入重整程序前，通过云南省政府的协调，经债券持有人会议同意，将债券的还本付息责任平移至资信评级较高的另一家省属国资公司（该公司成为债券发行企业的债权人），使企业在进入重整程序前解脱债券负担，避免发生债券违约，化解了债券刚兑的即期偿付压力和短期融资能力之间的矛盾，维护了云南省企业在债券市场的信用和声誉，赢得市场广泛好评。

此外，煤化工集团企业系列重整案在对部分企业采用债转股措施时，聘请财

务顾问对股权价值出具评估分析报告,为合理确定股权抵债价格提供依据,并为制定煤化工集团经营发展方案披露充分信息,也具有借鉴意义。

综上所述,我们可以看到,在煤化工集团系列重整案件中,无论是法院、管理人还是地方政府都在法律范围内倾其“洪荒之力”以挽救企业,千方百计想把事情办成,而非百般逃避承担责任,不以法律无规定而束手不为,不以实践无先例而裹足不前,视野不限一事,努力不拘一格,正是有此之担当精神方能有诸多创新举措,方能有值得借鉴之经验问世。虽然每个重整企业的情况、背景与资源乃至政府支持力度均有不同,煤化工集团系列重整案中的某些方法未必能简单复制,但只要我们具备这种精神,秉承破产法的立法宗旨与原则,以敬业之心努力求索,破产法的市场化、法治化普遍实施必将实现。

破产法挽救困境企业的成功范例

——东北特钢重整案点评*

东北特殊钢集团有限责任公司、东北特钢集团大连特殊钢有限责任公司、东北特钢集团大连高合金棒线材有限责任公司(以下统一简称东北特钢)的重整案,经过10个月的紧张工作,终于在法律程序上落下帷幕。2017年8月8日,东北特钢债权人会议分组表决通过了重整计划草案。8月11日,大连市中级人民法院批准了东北特钢重整计划。至此,东北特钢的破产重整法律程序宣告终止,进入了重整计划的执行阶段。我们相信,在相关各方的共同努力和支持下,东北特钢一定能够战胜困难、再度辉煌。

在短短10个月间,成功完成对东北特钢集团3家企业数百亿资产和债务的重整程序,显然是要经过复杂、艰辛的工作。总结管理人介绍的情况,东北特钢重整案之所以能够获得成功,主要有以下几方面的经验:

第一,在重整程序中坚持市场化、法治化的原则。破产法是市场经济发展到一定阶段源其规律而产生的法律,所以只有顺之以市场化的方法实施方符合其法律本性,才能达到其立法目的。市场经济具有法治经济之本性,所以只有用法治化的手段规范实施,破除各方面的不

---

* 本文原载于《辽宁日报》2017年8月14日,A5版。

当影响,尤其是旧体制遗留的不当行政干预,才能真正实现破产法对市场经济的社会调整作用。保证破产法能够市场化、法治化实施的关键,首先就是要遵循市场经济活动的基本原则,即自愿、公平、平等、诚信的原则,充分尊重各当事方的权利与意愿,通过平等协商、通过当事人在法律规定事项上的自主表决来决定破产程序中的重大事项。其次是要遵循法治的基本原则,即保障破产程序的公开、公平与公正,运用市场机制和法治手段公平、合理地调整当事人的权益。为此要坚持市场与法治的基本理念,要让破产程序的各个参与方和相关方尤其是法院、各级政府转换旧的观念,扭转在旧破产法及政策性破产实施中不当形成的非市场化思维定式和操作模式,才能使破产法在市场化、法治化的原则下,常态化、制度化地实施。市场化、法治化原则的重要指导作用,不仅在于保障对破产法已有法律规定的正确理解与实施,更为关键的是,保证了在法律尚不够健全,对一些事项没有明确或具体规定的情况下,在需要人们在重整程序中以担当精神、以创新方法挽救企业时,能够提供明晰的前进方向和行为判断准则,能够破除一些人所谓法律没有规定就不能做,宁可放任社会损失发生也不担当社会责任解决问题的惰性思维与消极不作为行为。坚持市场化、法治化的原则,奠定了东北特钢重整获得成功的基础。破产重整在我国还是一个新生事物,在企业挽救的过程中,在以创新方法解决问题的探索中,难免存在考虑不周之处与实施瑕疵,但东北特钢的重整案例告诉我们,只要坚持正确的指导原则,以社会担当的精神努力工作,就一定能够成功。

第一,在重整程序中将法律实施的公平、公正建立在公开的基础之上,将实质公平的实现建立在程序公平的基础之上,真正尊重债权人等各方利害关系人在破产程序中的知情权、异议权、参与权、监督权等权利,充分尊重各方利害关系人的意愿和自由选择权。这既是市场化、法治化原则在重整实践中的具体体现,也是东北特钢的重整能够获得各方利害关系人的理解与支持,最终获得成功的关键。

东北特钢的重整实行债务人自行管理制度,并充分发挥管理人的专业能力。债务人的自行管理虽然有利于维持企业的持续经营、掌握企业实际情况制定重整计划,但是也可能存在出现利益矛盾、难以获得债权人及各方利害关系人的充分信任等风险。为化解这些问题,在重整程序启动后,管理人、债务人与债权人等利害关系人进行了充分的沟通。如为选聘审计和评估机构,管理人与债务人共同与金融债权人委员会进行交流,通报审计、评估机构选聘方案等事项,听取其意见,并邀请债权银行代表中国银行、国开行、农行直接参与评审,最终在大连市中级人民法院监督下,通过无记名投票的方式确定了担任审计和评估工作的中介机构,获得债权人的信任。为充分保障债权人的知情权、参与权等,尤其是营造和谐、稳定的银企关系,为企业重整后的正常经营建立基础,由管理人、债务人、债权人代表等利益相关各方共同组成了东北特钢重整方案联合工作组,进行相关工作,作为债权人会议主席的中国银行也参加了重整方案联合工作组。对在破产程序中经常引发争议的审计、评估报告,由债权人会议主席组织专业人员代表债权人对审计、评估报告进行复核,意向投资人也聘请其他中介机构进行了复核,最终两个报告得到了各方的共同认可。管理人与债务人在重整程序中主动做到信息公开、资料开放,审计与评估报告、破产程序中的重要事项,均对债权人等利害关系人全面公开,积极配合债权人的参与,并主动接受监督,有效保障了债权人的参与权和监督权,也为取得债权人对重整工作的理解、信任与支持奠定了基础。在新战略投资人的选择上也是如此,管理人与债务人以竞争机制为基础,充分听取不同类别债权人的意见,接受金融债委会对重整投资人的推荐,并邀请金融债委会作为债权人代表直接参与重整投资人的选择,通过多轮的竞争性报价与谈判,最终由金融债权人委员会综合评审确定投资人人选。

平等、诚信的交流与沟通是人与人之间建立信任与合作的基础。企业破产之际,本是各方利益冲突最为激烈,也是最难以建立信任合作的时候。要想在这种氛围下协调各方利害关系人的权益,解决冲突,挽救陷于破产困境的企业,就特别需要在平等的基础上进行全面、诚信的信息交流,发挥协商机制,消除对抗情绪。信息的沟通、诚信的解释,是解决问题的前提,有时人们反对某一事情或拒绝接受某一结果,原因可能仅仅是因为不能行使自己的权利了解事实真相。看到管理人介绍的东北特钢重整经验,不禁让人想起过去在一些企业的重整中,有的管理人拒不向债权人等利害关系人提供审计与评估报告查阅,对债权人等就审计与评估报告、企业资产负债情况等提出的质疑、异议不予理睬或不予合理回复,重整重要事项不告知或不及时、真实告知债权人,甚至故意向债权人隐瞒,害怕、阻碍债权人的知情和参与,更不要说主动启动债权人直接深度介入的审计与评估报告复核程序,主动让债权人代表参与投资人的推荐与选定。这些错误做法不仅严重损害了破产程序的公开与公正原则,损害了债权人的知情权、异议权等合法权益,还破坏了企业挽救活动本身,破坏了重整制度的信誉与权威。除管理人缺乏业务能力素质与诚信等职业道德之外,其背后往往还隐藏着某些人或机构的不当私利和违规操作。与之相比,东北特钢重整案从正面为我们提供了一个管理人、债务人与债权人等利害关系人诚恳沟通、相互理解与支持的良好范例,实在值得在今后的企业重整中推广。

在东北特钢的重整过程中,为了保障重整程序的效率,还尝试利用科技化、信息化手段进行工作。如本案债权申报的数额超过2000笔,涉及人数众多,为有序召开债权人会议,管理人制作并向债权人发放带有条形码的入场券,以扫描入场券条形码的方式实现债权人的快速入场,通过扫描表决票上条形码的方式快速统计债权人表决结果,通过全国企业破产重整案件信息网实现网络会议与现场会议的同步召开等,不仅提高了工作效率与质量,而且为债权人行使权利提供了充分便利。

第三,坚持各方利益共赢的重整原则,依照法定优先顺位维护各方当事人的权益,努力实现债权人利益最大化,根据企业实际情况公平地实现企业挽救目的。根据企业的实际情况,东北特钢重整计划草案规定,东北特钢原出资人中的辽宁省国资委、物产集团、黑龙江省国资委持有的出资人权益全部调减为零,股东方资产因为本次重整贡献了新价值,故保留其部分出资人权益。重整计划并没有因为原股东是地方国有资产管理人或国有企业就予以偏袒,而是依照法定优先顺位公平维护各方当事人的权益,调整取消了他们的股权。

对有抵押等物权担保以及享有特别优先权的建设工程价款债权,因为其债权对应的担保财产属于企业生产经营无法或缺的资产,所以不能通过担保物变现来清偿债权。另外,担保债权的数额巨大,甚至超过新战略投资人投入偿债的资金总额,由投资人再对其提供资金全部清偿是几无可能的。所以,重整计划规定对这部分债权实质上采取延期清偿的方法解决,为了保障债权人的利益,在延期清偿期间向债权人支付相应利息。这一根据企业实际情况制定的方案,经过充分的信息沟通和解释协商,在重整计划草案的分组表决中,得到了该类债权人百分之百的同意,无一反对。

为进一步缓解新战略投资人投入偿债资金的压力,经协商,债务人东北特钢为具有偿债能力的其他企业提供担保形成的债权,不在重整计划中安排清偿,不占用重整程序中筹集的偿债资金,而是督促主债务人企业履行清偿责任,同时由东北特钢继续承担担保责任,以维护债权人的权益。

对普通债权人来说,根据重整计划以及中介机构提供的有关报告,可以通过重整得到比破产清算更高的清偿率。同时考虑到小额债权人的抗风险能力较弱,重整计划规定,对每家债权人 50 万元以下部分(含本数)予以全额现金清偿,以更好地维护弱势群体债权人的权益。

除此之外,在东北特钢的重整中还采取了集团关联企业实质合并重整措施,在部分债权人中实行了债转股,尽管在方案设计与执行上可能由于经验不足存在个别尚待完善之处,但对维护相关债权人的实质权益起到了积极的作用。

重整成功的关键是要公平维护各方利害关系人的权益,在力争债权人利益最大化的情况下实现挽救企业的目的,实现大家利益的共赢。东北特钢的重整就是遵循这样的原则取得了成功。但是实践中,有些企业的重整却是背道而驰,是在力争债权人利益最小化的前提下,为债务人企业、为企业股东、为投资人、为地方政府谋求利益最大化,这就与破产制度、重整制度设立的目的相违背了。企业挽救是一定要有法律与社会公平底线的,破产重整是保护而不是损害债权人利益的法律制度。

第四,地方政府对企业重整积极、正确的支持。破产法是一部具有强外部性的法律,对整个社会与经济产生着广泛、重要的影响。一个企业的破产不仅会产生债权债务清偿、财产资源分配等法律问题,还会产生诸如职工就业安置、社会救济、非经营性资产处置、工商注销程序、税务破产调整、企业信用修复等一系列需要各级政府履行职责解决的社会衍生问题。没有充分的外部法律与制度环境的支撑与保障,是难以实现破产法普遍的市场化、法治化实施的。

在其他市场经济国家,经过长期的社会发展,破产衍生社会问题已由政府通过制定相应法律予以制度化、社会化的解决,不需借道破产程序。但由于我国破产制度实施时间尚短,有关破产法实施的各种社会配套法律与制度远未健全完善,导致在很多地方企业破产诸多问题的解决还不得不借助地方政府直接或间接的个案行政支持。这种制度缺陷的存在以及目前采取的解决方式具有较大的不确定性风险,严格地讲是人治而非法治的非常态化手段,这是我国破产法至今难以完全市场化、法治化、常态化实施的主要原因之一,也是我们在深化市场经济体制改革中必须解决的问题。

目前,企业破产社会配套法律与制度不健全的原因之一,是一些政府部门未能主动、有预见地及时建立起切实保障市场经济正常运行、“实施市场化破产程序”的各种法律机制和相应制度。现在已有的一些与企业破产相关的法律和制度往往仅着眼于对正常经营企业的常态化调整,而缺乏对处于债务困境尤其是处于破产程序中的非常态企业进行常态化调整的理念和措施,以至于远远落后于现实发展的需要。这些法律和制度与破产法之间的生态关系往往处于隔离、缺失与冲突的状态,不仅不能对破产法的实施起到有机配套、衔接与融合的保障效应,其制度缺陷反而成为制约破产法顺利实施的阻力乃至难以克服的障碍,如税收制度、信用修复制度等。

为此,在2015年《中央经济工作会议公报》中明确提出,“要依法为实施市场化破产程序创造条件”。这就需要包括中央政府在内的各级政府积极履行职责,及时修改那些影响、阻碍破产法市场化实施的各项法律与制度,不能再放任其继续影响破产法的顺利实施,要主动为实施市场化破产程序创造条件,保障市场在企业破产的资源配置中起决定性作用,并更好地发挥政府作用,以法治化、市场化、制度化的方式解决社会配套制度不健全的破产法实施难题。

所以现在面对的不是企业破产衍生社会问题要不要解决,政府要不要发挥作用的问题,而是政府应当通过何种方式解决问题,如何在市场化、法治化的原则下更好地发挥作用,如何添彩而非添乱。解决问题的正确方法不是向后退缩,将政府重新推向行政直接干预企业破产的前台,走非市场化、非法治化的政策性破产老路,而是应当由政府尽快建立起完善的社会配套制度,如常态化的政府财政支持企业破产社会费用制度,建立职工工资保障基金、管理人报酬保障基金等制度,以及在工商管理、证券发行融资、重整企业信用修复、破产税务合理调整、企业破产注销、企业档案保存管理等方面及时进行适应企业破产需要的全面改革,建立相应的调整机制,从根本上解决问题。在以法律和制度统一解决问题前的过渡阶段,应当由地方政府采取类似浙江等地区建立的“府院联动”机制,对企业破产提供全面的临时性协同处理和个案支持,同时通过政府发布相关文件、达成各方的会议纪要等方式总结经验,逐步建立起常态化调整制度,使个案的成功处理经验成为在不同案件中可复制的范例,进而实现中央“为实施市场化破产程序创造条件”的目标。

东北特钢的重整工作能够顺利且很快成功,离不开中央、国家部委和辽宁省及大连市两级地方党委政府的高度重视和大力支持,尤其辽宁省政府在其中发挥了重要协调作用。为解决东北特钢的重整挽救问题,辽宁省政府成立了由政府多个部门组成的东北特钢集团脱困(重整)工作领导小组,全面统筹协调东北特钢脱困相关工作,并多次召开专题会议讨论研究,采取相应措施,及时有效地避免了社会风险的发生和不良影响的扩散。为保障重整期间企业的生产经营和职工的情绪稳定,经东北特钢集团脱困(重整)工作领导小组和辽宁省国资委协调,安排省属企业本钢集团向东北特钢集团提供借款2亿元,用于支付职工工资和生产经营费用,有效地保障了企业的现金流运转与生产物资的供应。辽宁省政府还高度重视东北特钢职工队伍的稳定等问题,积极帮助企业救助困难职工,同时发挥舆情导向作用,及时排解员工队伍中的不良情绪,维护社会稳定,保障企业正常生产经营。投资人引进工作是东北特钢重整成功的关键,为成功吸引投资人,省政府相关领导多次到张家港拜访、邀请沙钢集团参与重整,展现省政府对东北特钢重整的决心与诚意,并及时对沙钢集团提出的各项具体问题做出积极回应,承诺在税费、直供电、项目审批等方面充分利用和挖掘政策资源,给予投资人最大限度的支持。

应当说,很多地方政府对于本地企业尤其是重要企业的破产重整都是非常重视的,但在重视之下应当如何正确地支持企业解决重整挽救难题,做法却可能存在原则性差异。一些地方政府受传统错误观念和地方利益诱惑的影响,在企业重整中可能出现两方面的行为偏差。一是消极对待破产法的实施,不履行解决破产衍生社会问题的应尽职责,懒政、怠政的不作为行为;二是滥用行政权力、不当干预重整程序、损害债权人等当事人利益的乱作为行为。在中央多次强调破产法重要作用的背景下,后一方面的问题日益突出。如在重整程序启动前,长期强令法院拖延乃至拒绝受理对本地债务人的诉讼,拒绝对债务人的财产执行,乃至强迫、欺骗银行继续贷款;在重整程序中,直接或间接出面压制债权人特别是银行债权人正当权益的行使,干预破产案件正常审理,压制法院强制批准债权人会议表决不通过的不符合法律规定的重整计划草案等。为此应当明确,地方政府在破产法实施中的职责,主要是协助解决在企业破产重整中衍生的各种社会问题,而不能干预对破产案件的正常审理。我们必须认识到,地方政府的行政目标与破产法的立法目标之间是可能存在差异的。政府本能关注的是其行政利益与目标,包括维护社会和谐稳定、维护地方经济、保护地方企业与政府财政利益等,往往并不在意债权人等利害关系人的利益与债务清偿的公平等。所以,如不约束地方政府行政权力的行使就可能影响破产法的市场化实施,乃至使破产程序变成政府不当干预市场经济的渠道,在过去的企业重整中已经出现了这种错误的倾向,值得人们警惕。而今天,在东北特钢的重整中,辽宁省政府遵循市场化、法治化的原则,在为企业排忧解难的同时,不越位滥用行政权力干预重整程序,为地方政府如何支持企业重整,如何在破产法领域更好地发挥政府作用,做出了良好的示范,希望能够认真总结经验,并逐步予以制度化,使之在今后其他企业的重整挽救中继续发扬光大。

对今日的东北特钢而言,重整的法律程序已经成功,在沉舟侧畔已经扬帆启程,在病树前头更现万木春光,但要使企业完全恢复活力,再度辉煌,同志还需努力!

完善重整挽救制度　优化东北营商环境

——大连机床、北方重工等重整案例点评*

市场经济的发展与其营商环境如何密切相关。世界银行每年对各国营商环境进行的评分和排名因其具有权威性和客观性,逐渐成为衡量国家市场经济体系发达程度的公认标准。该项评分以企业从设立到破产的全生命周期为参考,分为开办企业、办理施工许可证、获得电力、产权登记、获得信贷、保护少数投资者、纳税、跨境贸易、合同执行和办理破产 10 个评分项,进行单项及综合评估。在 2019 年世界银行发布的《2020 全球营商环境报告》中,中国的综合排名由 2018 年的第 46 名提升至第 31 名。其中,值得关注的是在办理破产的单项指标中,排名由 2018 年的 61 位上升至 51 位,打破了该项指标连续 3 年排名未获提高的局面。然而,相较于中国在其他项目上的评分,办理破产这一单项上的评分仅获得 62.1 分(满分为 100 分),在全部 10 个评分项中处于第 8 位,依然存在很大的提高空间。努力提升我国营商环境在办理破产方面的国际评价,已成为社会各界特别是法律界的共识。

2019 年最高人民法院向全国人大提交的工作报告中指出,要加大产权司法保护力度,依法平等保护各类市

---

* 本文与郑志斌合作,原载于《中国审判》2020 年第 1 期。

场主体合法权益,努力营造稳定公平透明、可预期的营商环境。最高人民法院审判委员会专职委员刘贵祥表示,人民法院要通过加强破产审判和处置“僵尸企业”进一步发挥破产在优化营商环境、深化供给侧结构性改革中的积极作用。2019 年 3 月 28 日,最高人民法院出台了《关于适用中华人民共和国企业破产法若干问题的规定(三)》,针对世界银行营商环境指标对我国《企业破产法》进行补充完善。2019 年 11 月 14 日,最高人民法院发布了《全国法院民商事审判工作会议纪要》特别指出,“审理好破产案件对于推动高质量发展、深化供给侧结构性改革、营造稳定公平透明可预期的营商环境,具有十分重要的意义”,并以专章指导破产案件审理中存在问题的裁判思路。

为振兴东北经济、挽救困境企业,2019 年东北地区在破产法实施方面作出突出成绩,连续有辽宁大连机床、吉林昊融、辽宁沈阳北方重工、沈阳机床等大型企业集团的破产重整取得成功。几大企业的浴火重生,凸显出破产重整在优化东北营商环境中的积极作用。

一、司法重整助力,昔日明星企业涅槃重生

大连机床、吉林昊融、沈阳北方重工、沈阳机床 4 家集团企业都是昔日的明星企业,历史上在辽宁、吉林两省享有盛誉,其品牌、资产、收入、利润、职工人数均曾在全国同行业中名列前茅,对地方经济与社会发展作出过重要贡献。

近年来,受世界经济尤其是所处行业整体下行及企业经营管理不善的影响,4 家企业先后陷入债务困境和经营危机,一度处于停产、无力支付职工工资、诉讼执行缠身的严峻局面,债权人、职工、股东等利害关系人的权益受到严重损失,企业面临重大危机。

4 家企业陷入债务与经营危机后,曾长时间试图通过自身改革及庭外协议重组进行自救,但终因涉及利益关系错综复杂难以协商调整、缺乏法律制度性强制支撑、各方面问题积重难返等宣告无果,企业状况日益恶化。2017 年至 2019 年,4 家企业陆续进入破产重整程序。在重整制度的引导与支持下,借助《企业破产法》规定的停止计息、禁止个别清偿、出资人权益调整、重整事务多数决、债转股清偿等一系列强有力的重组机制保障,4 家企业得以复产并维持了基本的生产经营,较快完成了债权申报、审查、审计、评估偿债能力分析、招募重组方、制定重整计划等工作。2019 年 4 月至 12 月,4 家企业重整计划草案陆续获得法院裁定批

准,重整计划进入执行阶段,企业稳步进入恢复再生阶段。破产重整不仅解决了企业的债务困境与经营管理危机,而且改善了东北地区的营商环境,取得了良好的社会效果。

二、破产法市场化法治化实施下的政府积极协调作用

破产法是随市场经济而诞生的,是市场经济的重要支柱性法律,必然需要市场化、法治化的实施。市场化是一个社会整体性的概念,破产法的市场化实施是以存在较为完善的市场化社会体系为基础的,而市场化实施的程度也取决于整个社会的市场化程度,这不是仅有良好的意愿就可以实现的。因此,《2015 年中央经济工作会议公报》强调:“要依法为实施市场化破产程序创造条件”。为此,必须逐步健全、完善整个社会的市场化程度,尤其是那些与破产法市场化实施直接相关的各种法律制度。

在企业破产的过程中,不仅要解决债务清偿、财产分配等破产法上的问题,还要对因企业破产而衍生出的一系列在破产法之外的社会问题在破产程序中一并解决。而这些社会问题的解决往往并不在法院的审判权限与控制资源之内,更不是中介机构管理人能够处理的。这些社会问题本属于各级政府职责内应当解决的问题,只不过由于其发生在法院主导的破产程序中,导致一些人产生应由法院和破产法解决的误解。目前,我国有关破产法实施的各种社会配套法律与制度远未健全完善,一些与破产相关的法律制度如信用、税收、企业登记与注销等制度,往往仅着眼于调整正常经营的常态企业,而缺乏对处于债务困境与破产程序中的非常态企业进行常态化调整的理念和措施,其与破产法之间的生态关系往往处于隔离、缺失与冲突的状态,不仅不能对破产法的市场化实施起到有机配套、衔接与融合的保障效应,其存在的制度缺陷有时反而成为破产法实施的障碍,使司法实践中企业的挽救与退出机制的实现有时显得格外艰难。这就使法院、管理人在破产案件尤其是重大案件中,有时不得不主动寻求政府行政力量的介入,以解决企业破产引发的一些社会难题。一些大型企业集团尤其是国有企业集团的重整,往往离不开地方党委和政府的支持与协调。加之对这些企业的挽救影响到地方经济、金融及社会的稳定,直接关乎政府利益,也需要通过政府这双“有形的手”积极协调和推动解决,为此在许多地方形成了以“府院联动”为代表的有效机制。由于这是利用政府的力量解决现实市场调整不足的缺陷,是

更好地发挥政府作用,所以这种适当介入会对破产法的市场化实施及相关制度的完善起到促进和推动作用,并不是所谓的破产法实施的行政化趋势。在市场制度本身存在缺失的情况下,有时我们不得不暂时借助非市场化的手段去解决现实问题和破产法市场化实施的"瓶颈"。立足于现实才能解决问题,但又不能被不完满的现实所束缚,不能把短暂阶段存在的现象和过渡性解决方法视为永存的合理规则,要辨明破产法现实灵活适用与未来发展方向的关系,要逐步通过市场法律制度的健全完善取代政府的介入效用,而不能满足于现状停滞破产法市场化实施的脚步。

大连机床、吉林昊融、沈阳北方重工、沈阳机床的重整成功,离不开地方政府的大力协调与支持。地方政府在大型国有企业重整中的角色往往更为复杂,既有股东义务,又有监管责任,从政府社会管理职能角度还要考虑就业、税收、稳定等方面的社会问题,所以在挽救企业方面具有充分的积极性。此外,在困境企业引入投资人方面,地方政府也有着不可或缺的作用,地方政府的公信力和对企业未来发展的支持力度是大多数投资人参与挽救困境企业的重要考量要素。

三、平衡各方利益,发挥人民法院的保驾护航作用

破产重整是司法程序,这也是其能在困境企业重组挽救中发挥奇效的关键。司法重整一方面要尊重利益相关方的意思自治,另一方面也要运用司法权守护公平与效率。这就需要人民法院不仅要在法律规定范围内理顺程序、衡平权益,还要从社会价值角度出发,依法发挥司法能动性,融入市场化思维强化司法调节器功能,为重整成功保驾护航。

辽宁省大连市中级人民法院、沈阳市中级人民法院和吉林省吉林市中级人民法院在4家企业重整案件中始终秉持公平、公正、公开的司法态度,运用司法智慧助力企业涅槃重生,将危在旦夕的企业重新扶上复兴之路。在沈阳北方重工重整案中,沈阳市中级人民法院制定科学灵活和多效创新的审判路径,开拓了北方地区引入商业银行共益债的首例,创造了国内上市公司改制和重整战略投资人联合推进的首例,综合运用创新手段破解北方重工重整困局,最终使重整计划获得高票通过。在沈阳机床重整案中,沈阳市中级人民法院创新性地开拓多种模式提升审判质效:在重整模式上,根据案件特点采取"集团公司整体重整、上市公司单体重整、全部重整主体协调审理"的模式,极大提高了债权清偿率,有效

提升了审判效率；在破产财产处置方式上，以“资产价值最大化、处置时间最小化、处置方式最优化”的理念为指导，探索多元化的破产财产处置路径，处置方式从单一销售向多元处置转变，融资渠道从政府垫资向市场融资转变；在债权核查和债权人会议召开方式上，创新性地采用了会上、会下相结合的债权核查方式，弥补了单一性会议核查方式存在的异议堆积、沟通不及时、处理滞后的弊端。在大连机床重整案中，大连市中级人民法院在利益平衡方面发挥突出作用，一是裁定关联企业实质合并，二是裁定批准重整计划草案，两者都是在纷繁复杂的利益冲突或博弈僵局情况下的司法介入解决。这充分体现了大连市中级人民法院对重整制度综合价值取向的准确把握和依法、果断行使司法权为降杠杆、供给侧改革及制造业转型升级等国家大政方针贡献司法资源的担当精神。

四、整合各种市场资源，积极探索新型金融工具

企业重整能否成功，在相当程度上取决于各方对重整资源的挖掘、拓展和运营能力。重整资源既包括债务人自身资源的发掘，也包括投资人、地方政府等外部主体所能给予增量资源的投入。如何合理配置甚至放大这些资源则离不开有效金融工具的探索和使用。

在前述 4 个重整案例中，企业重整的成功在相当程度上也可以视为整合资源的成功。大连机床重整案争取到了地方政府对于税收、社保、土地的优惠政策及对于非主业资产变现的帮扶。为了稳定大连机床生产经营，中国信达资产公司投入 8300 万元共益债务资金，为大连机床的复产奠定了坚实基础。在吉林昊融重整案中，对集团体系内的资产重新划分与整合，提出“发展一块、培育一块、退出一块”的理念，借助投资人的增量资源和集团内在的潜力实现了产业发展方向的顺利转型。同时，地方政府还为企业积极争取了 10 年的税收优惠政策。在沈阳北方重工重整案中，创新性地将重整企业战略投资人招募与上市公司市场化改制联合推动，引入民营企业联动搭配对国有企业进行战略性重组，大大优化了营商环境，稳定了地方经济，或将成为国企混改的标杆性案例。另外，该重整案中还联合银行债权人、战略投资人、AMC 公司和政府平台共同创立混改基金收购金融债权，充分发挥市场资源的整合力量，实现国有资本和社会资本的优势互补，推动区域经济协调发展，赋予了重整投资新理念。在沈阳机床重整案中，沈阳市委、市政府充分运用司法重整在引进投资方面的效率优势与制度优势，充

分协调政府资源，提供平台为标的企业彻底解决“三供一业”问题，代管内退、工伤和大病职工保障人员安置，兜底受让拟剥离资产解决资产处置问题，通过让渡资源、调剂资源、给予优惠政策等多种方式提升投资预期，增加投资效益，提供环境保障，极大地优化了营商环境，最终成功引入通用集团为战略投资者。这些对拓展重整资源的努力，是企业重整成功的关键。

五、引入新的投资人

企业陷入困境的原因多样，一般表现为债务负担沉重、资金缺乏、盈利能力不足等，但在企业内部往往还存在经营理念错位、管理能力不足等根本性问题。投资人的引入不仅仅意味着获得新的资金和资源，还意味着引入新的经营管理理念。前述4家企业的重整，引入的重组方均为实力雄厚且对困境企业所处行业有着长远布局的产业投资人。其中，在沈阳北方重工重整案中，采用了“困境企业重整＋上市公司混改＋联动引入战略投资者搭配”的创新性战略，由实力雄厚的民营企业作为战略投资人，实现了“引资”和“引制”的双结合，将公司治理和健全制度体系摆在突出位置，借助战略投资者的商业智慧，发挥好引入资本对转换机制的促进作用，实现各种资源和资本的取长补短、相互促进、共同发展。沈阳机床重整利用全新的改革模式取得成功后，以服务国家战略为导向，主动承担有关“卡脖子”技术和装备的任务，逐步完成从传统制造商向工业服务商的优化转型。

困境企业的控制权由原股东向重整投资人的转移，往往是企业重整架构中最重要的资源优化配置。重组方带来的不仅是短期的增量现金，更重要的是各利益相关方对企业降本增效、持续投入、稳定经营的信心。上述企业的重整既有央企入驻民营企业，也有民营企业入驻国有企业，这恰好充分说明重整投资人选择的市场化，不是简单的意识形态化的国进民退或是国退民进，市场资源的优化配置不应受限于所有权性质。一个拥有良好营商环境的市场经济体，资源配置的市场流向永远是效率和质量最高的一方。

我国营商环境的国际认可度正在快速提升，这对促进深化改革开放和完善市场经济有着积极的作用。东北地区近期的企业重整实践取得了良好的效果，4家企业在地方政府和人民法院的大力支持下，通过破产重整获得新生，在新的投资人的管理和投入下持续稳定经营，并使债权人利益得到最大限度的保全。东北地区营商环境的提升，有利于提高投资人、债权人对东北复兴的信心。这一切表明，为进一步提升我国营商环境的国际评价，办理破产指标应当成为一个持续的发力点，以努力实现破产法的市场化、法治化，实现破产法的立法目标。

后　记

2022年5月，我们举办恩师王欣新教授70华诞暨从教36周年纪念活动，借此契机出版王欣新教授第四部自选集，举办破产法学术思想研讨会，致力于团结破产法同仁，凝聚破产法共识，推动破产法和中国法治事业的进步。

恩师王欣新教授具有多重身份。作为中国人民大学法学院教授，他几乎凭一己之力开创了人大法学院的破产法学科，独著“新编21世纪法学系列教材”之《破产法》，入选普通高等教育“十一五”国家级规划教材；主编《破产法原理与案例教程》，成为全国法律专业学位研究生教育指导委员会秘书处推荐教材；他承担了本科生和研究生的“破产法”课程，主持的“破产法”课程被评为2010年度国家级精品课程（网络教育类）；他精心指导100多位硕士研究生和博士研究生，为国家法治建设培养了一批优秀的人才。作为中国人民大学破产法研究中心主任和北京市破产法学会会长，以及这两个机构的创建者，他在推进学科发展、人才培养和课程建设的基础上，克服困难搭建了“中国破产法论坛”及其专题研讨会、破产法文库、破产法前沿系列讲座等学术平台，得到了全国理论界与实务界同仁的高度认可和大力支持，使其成为国内破产法领域砥砺思想、凝集共识的顶尖学术交流平台。作为全国人大财经委《企业破产法》起草工作组成员和修改工作组成员，他秉持学术报国之心，热忱投入破产立法工作，坚守学术立场，博采各方思想，在博弈和妥协的立法过程中尽可能地追求法律的完美。作为最高人民法院企业破产法司法解释起草小组顾问，他深度参与企业破产法系列司法解释的起草和论证，以及破产法司法解释理解与适用的著作撰写。作为联合国国际贸易法委员会第五工作组（破产法组）中国代表团成员中唯一的学者代表，他自2015年至今每年都坚持参加联合国在纽约、维也纳召开的工作会议，参与了《贸易法委员会关于承认和执行与破产有关判决的示范法》《贸易法委员会企业集团破产示范法》《临近破产期间董事的义务：企业集团》《便利跨国企业集团的跨国界破产：立法条文》《小微企业破产法立法建议》《贸易法委员会跨境破产示范法：司法角度的审视》《破产程序中民事资产追查和追回》《破产程序的适用法律》等一系列国际文件的起草和审议，在国际舞台发出了中国声音。

恩师王欣新教授早年学习刑事诉讼法，毕业留校后进入经济法教研室，研究涉及公司法、证券法、破产法等多个领域，最终聚焦在破产法领域20余载。毫无疑问，破产法是老师投入精力和感情最多的专业领域。从理论到实务，从讲台到田野，从学术到普法，从立法到司法，从国内到国外，都有老师的身影、步伐和成果，值得我们记载和总结。

我作为弟子代表，有幸蒙受恩师王欣新教授在为人与治学方面的言传身教长达21年之久，继续负责编辑出版其继《破产法理论与实务疑难问题研究》《公司证券法治与司法制度研究》《破产法前沿问题思辨》之后的第四部自选文集。在我指导的博士研究生梁春瑾同学的协助下，挑选整理了王欣新教授自2017年以来发表的46篇文章，集成《绝境再生——破产法市场化法治化实施之路》一书，纳入"破产法文库"并由法律出版社出版。本书内容涵盖"破产法的市场化实施与营商环境""破产法与民法典的协调适用""破产法与债务人困境拯救""破产程序与担保责任""破产债权的保护""程序启动与实质合并""个人破产与跨境破产""典型案例点评"8个主题，接近40万字的篇幅较为完整地呈现了恩师近5年来的思想和观点。

透过本书，我们可以看到王欣新教授关注的问题点随着破产法的深入实施和时代的进步而与时俱进，而不变的是老师对法治事业的赤诚之心，对破产法实施问题的持续关注和对破产法理论逻辑的一以贯之。本书关于破产法在营商环境优化建设中的地位和作用、破产法与民法典的协调、债转股问题的论辩、破产与担保的关系、预重整制度的构建、管理人制度的改革、府院联动机制的完善、个人破产立法的设想等诸多问题的分析,既有破产法律框架体系调整之“尽广大”,亦体现了细节问题深入论证之“尽精微”。王欣新教授关于破产法的理论思想和学术观点,建基于其深厚的理论法学功底和综合的部门法知识,体现了万变不离其宗的精神,不仅凸显了破产法基本理论研究的价值,更保证了破产法律规则体系内在逻辑之完备与自洽。

恩师王欣新教授始终保持严谨的治学精神和谦虚的学术态度,其在自序中有言:“现代人的寿命大大延长了,需要后续教育的东西很多,而且现在的社会又太复杂,充满各种欲望的诱惑,所以只能改曰‘七十而不惑’。也就是说,要退休10年,过惯了与在职不同的退休生活后,才可能看破红尘。而我感觉自己对人情世故乃至学术问题仍有许多看不清的困惑、疑问,需要进一步研究学习。”恩师“七十而不惑”的人生领悟和每隔5年出版一部自选集的频率,让我等后学晚辈更加深知自己还有很多未知的领域和未解之难题需要去钻研和解决。师者如此,我等岂敢懈怠。

谨承师训,砥砺前行!

弟子徐阳光

2022年4月18日

谨识于明德法学楼